WICCA
4 libri in 1

Esplora la magia dei rituali e incantesimi wicca. Il potere nascosto della luna, delle erbe, delle candele e dei cristalli. Crea il tuo grimorio della strega.

D1641268

Illes Arin

Indice

WICCA per principianti

Capitolo 8
Impostare l'altare Wicca

Capitolo 9
Capire gli incantesimi e i rituali

Capitolo 10
Guida ai rituali per principianti

Capitolo 5
Il nuovo cammino con le erbe   236

Capitolo 11
Uso degli oli essenziali

Capitolo 12
Incantesimi di magia a base di erbe

Conclusione

Incantesimi e rituali WICCA

Introduzione

Capitolo 1
La Wicca

Capitolo 2
Introduzione agli incantesimi Wicca   394

Capitolo 3
Passi base per qualsiasi incantesimo   406

Capitolo 4
Rituali Wicca   409

Capitolo 5
Incantesimi Wicca con le candele

Capitolo 6
Incantesimi Wicca con i cristalli

Capitolo 7
Incantesimi di cristalli e candele   476

Conclusione

WICCA Magia della Luna

Introduzione

Capitolo 1
Cos'è la Wicca?

Capitolo 2
Il culto della luna

Capitolo 3
L'importanza della luna

Capitolo 7
Strumenti per la magia della Luna 603

Capitolo 8
Magia della luna 627

Capitolo 9
La Triplice Dea 636

Capitolo 10
Rituale della luna e basi dell'incantesimo 640

Capitolo 11
Incantesimi preferiti 650

Capitolo 12
Ritmi della luna 654

Capitolo 13
Creazione di un grimorio lunare 657

Capitolo 14
L'influenza della luna sull'anno Wicca 659

Capitolo 15
Segni della luna 661

Capitolo 16
Incantesimi di magia lunare 669

WICCA

per principianti

Manuale essenziale per principianti per addentrarsi nelle pratiche magiche.

Illes Arin

Introduzione

State per intraprendere un viaggio magico e misterioso nel mondo della Wicca. Una antica pratica di connessione con le energie divine degli elementi e del mondo degli spiriti che risale ai primi incontri dell'uomo con la natura, i rimedi erboristici, la magia e molto altro ancora.

Imparerete a praticare efficacemente la Wicca in un breve periodo di tempo ma che richiede dedizione e determinazione. L'obiettivo di questo libro è quello di rendere questo percorso semplice e facile da eseguire.

La Wicca è una delle tradizioni pagane più popolari che esiste da tempo immemorabile, tenuta nascosta per secoli, poiché, in passato, i membri temevano le persecuzioni. Attualmente, le leggi permettono la libertà di culto e i seguaci della Wicca sono uno tra i gruppi protetti.

La religione Wicca mira a guidare l'uomo attraverso il Divino, vissuto dall'individuo in prima persona. La spiritualità permette all'essere e alla sua conoscenza di evolversi attraverso tecniche complesse, mettendo in contatto diretto il Divino con l'uomo, senza intermediari.

Noi seguaci crediamo negli spiriti e li invochiamo costantemente attraverso incantesimi e canti. Le credenze includono anche l'animismo, dove tutto nell'universo è consiste nell' avere un'anima.

La maggior parte delle pratiche di oggi sono tratte dal *Libro delle Ombre*, che è stato scritto da Gardner, e i seguaci Wicca si sforzano di vivere secondo le disposizioni in esso contenute. La pratica Wicca è stata tenuta segreta per molto tempo.

Attraverso questa religione, potete praticare la meditazione e imparare ad essere consapevole di te stesso e di ciò che ti circonda. Imparerai a conoscere l'anno solare delle streghe e l'importanza di queste festività, le cui origini sono precedenti al cristianesimo.

Molte religioni cristiane moderne hanno preso in prestito le festività e i rituali sacri dall'anno Wicca. Scoprirete una guida pratica, passo dopo passo, su come eseguire rituali di base per qualsiasi periodo dell'anno, così come una lista di incantesimi che potrete iniziare a praticare sin da oggi!

Il nostro scopo è anche quello di sfatare alcuni dei miti che circondano la Wicca e la stregoneria, e collocarla nel contesto più ampio delle religioni mondiali, antiche e moderne.

Conoscere gli incantesimi e i loro scopi, acquisendo le conoscenze di base per avere una visione della verità dietro il mito!

Poiché, tutti gli incantesimi contenuti in questo libro sono molto semplici, i materiali necessari per eseguirli sono di solito facilmente reperibili. Leggendo questo manuale, acquisirete le basi necessarie per migliorare la vostra vita, il vostro benessere, le vostre relazioni, allontanare le energie negative e mantenere voi stessi e la vostra famiglia al sicuro.

Alla fine del libro, avrete una buona comprensione di cosa sia la Wicca e di come poter iniziare la sua pratica con la giusta convinzione e predisposizione. Sarete in grado di creare il vostro cerchio magico e lanciare il vostro primo incantesimo.

Questo viaggio alla scoperta della religione Wicca si rivelerà molto istruttivo, benefico, appassionato e meritevole del vostro tempo. Possa la luce del Divino illuminare il vostro viaggio attraverso la magia.

CAPITOLO 1
Primordi della Wicca

N ella pratica della magia Wicca, il Rede Wicca e la Triplice Legge sono le pietre miliari di questa religione. Il Rede afferma: "Fai ciò che desideri senza nuocere l'altro". Questa è fondamentalmente la versione Wicca della Regola d'Oro. La mia interpretazione personale è che siamo liberi di usare il dono divino della magia per il nostro uso personale, finché questi usi non danneggino gli altri o noi stessi. Questo proibisce gli incantesimi che sono destinati a ferire gli altri, così come gli incantesimi che richiedono che l'incantatore faccia del male ad un'altra persona o animale. Il Rede forma la base della moralità Wicca, ma ha anche uno scopo pratico a causa della Triplice Legge.

Qualunque sia l'energia che un praticante Wicca mette fuori nel mondo, gli sarà restituita tre volte. Questa è la legge delle "tre volte". Se lancio un incantesimo usando energia positiva, quell'energia positiva mi ritornerà tre volte. Viceversa, se lancio un incantesimo usando energia negativa, quell'energia negativa mi ritornerà tre volte. Gli incantesimi per danneggiare gli altri si basano sull'energia negativa. Quindi si dovrebbe agire con saggezza e considerare attentamente le conseguenze delle proprie azioni.

Cos'è la Wicca?

La Wicca è considerata una religione moderna derivata da antiche tradizioni di stregoneria. Questo sistema di credenze spirituali è esistito molto prima della nascita di altre religioni. La chiesa medievale potrebbe aver distrutto la maggior parte dei documenti della fede Wicca, ma alla fine le scoperte archeologiche hanno dimostrato che i primi uomini del Paleolitico veneravano le loro divinità della caccia e della fertilità.

La Wicca è un modo di vivere più che essere una fede vera e propria. Significa acquisire consapevolezza della natura che ci circonda nel suo assoluto rispetto, riconoscere l'esistenza di poteri più grandi e assumersi il ruolo di promotrici di questa filosofia della continua ricerca del benessere fisico e mentale.

Riconoscere il potere in ogni cosa e in ogni creatura vedere il potere divino in qualsiasi elemento scelga di manifestarsi. Potrebbe manifestarsi nella forma di rami degli alberi ondeggianti dal vento autunnale, o potrebbe mostrarsi in ogni petalo di un fiore che germoglia in primavera.

La chiesa medievale ha fatto di tutto per demonizzare l'immagine della fede Wicca in passato, ma questa religione promotrice di pace e di uno stile di vita senza alcuna violenza è riuscita a farsi apprezzare in tutto il mondo. Il nostro obiettivo è quello di coesistere in armonia con tutte le creature di questa Terra e con le potenze divine che ci circondano. Un devoto della Wicca non crede nell'l'idea di un male assoluto come Satana. A differenza dei credenti di altre religioni, i wiccani non sono spinti dalla paura della punizione nell'aldilà o della dannazione eterna. La nostra fede ci incoraggia ad essere gentili con il prossimo e a comportarci in questa vita in sintonia con tutto ciò che ci circonda, abbracciando le diversità. Come wiccani, rispettiamo e sosteniamo sempre il diritto dell'individuo di scegliere il modo in cui vuole vivere la sua vita. Questo significa che non ci sono regole che governano la fede Wicca.

Essere in sintonia con l'universo per attingere alla saggezza universale per poi accedere alla conoscenza della magia. Questo privilegio è accompagnato da una grande responsabilità. Secondo la Legge del Triplice Ritorno, qualsiasi energia che inviate nel mondo, sia negativa che positiva, ritornerà a voi, e quando lo farà, sarà tre volte più forte. Si tratta semplicemente di una reazione naturale. Pensate all'universo come ad un vasto oceano di energia che collega le energie di tutti gli esseri viventi. Quando invierete la vostra energia sotto forma di un'azione o di una richiesta specifica, essa verrà rilasciata in quel vasto oceano restituendovi quell'energia potenziata. Il Consiglio delle streghe ha proclamato i *13 Principi del credo Wicca* per regolare questa pratica. Dentro di noi c'è un potere innato che dobbiamo scoprire, controllare ed esercitare, in modo da poter convivere in armonia con la natura e gli esseri viventi,

Ognuno di noi è composto da realtà interne ed esterne, ed è nostro dovere nutrire entrambe le dimensioni. Come praticante Wicca, dovete apprezzare il potere creativo dell'universo, che si rivela attraverso la fusione delle energie maschile e femminile. Per i wiccani, il sesso è il simbolo della vita e una fonte di energia che può essere potente quando convogliata nella magia.

Ogni congrega è governata dall'Alta Sacerdotessa o dal Gran Sacerdote. Diventare membro di una congrega significa accettare di vivere secondo alcune regole ma si può praticare anche in maniera totalmente solitaria.

Qualunque strada scegliate, ricordate che la bontà del vostro cuore, la vostra coscienza e la purezza della vostra intenzione sono una guida molto più grande di qualsiasi regola fissata nella pietra.

Storia della Wicca

La Wicca è una religione antica, ma il concetto di questa pratica ha avuto un'apertura culturale occidentale solo dall'inizio del XX secolo. È stata resa popolare negli anni '50 in Europa grazie all'inglese Gerald Gardner, un sostenitore dei rituali naturali e delle pratiche pagane dei primi secoli. Già dalla metà del 1800, la gente in America e in Europa cercava una nuova religione e guardava verso le forme meno banali e più controverse di piacere e dottrine religiose. Contrariamente alle religioni del cristianesimo, la Wicca è celebrata come una delle pratiche pagane più originali che precede una lunga serie di civiltà e culture. Molte persone hanno praticato i principi fondamentali del paganesimo e successivamente della Wicca.

Come avviene spesso, però, per paura e ignoranza la pratica di tali conoscenze o mestieri è stata bandita per la sua eresia nei confronti dalla fede cristiana.

Diamo uno sguardo alle origini della Wicca e al motivo per cui non è stata resa popolare fino alla prima parte del secolo scorso. La stregoneria ha avuto il suo posto in tutte le culture e lo ha ancora oggi in tutto il mondo, diverse culture e persone celebrano vari tipi di sciamanesimo, magia delle erbe e spiritualità. Molte di queste pratiche rituali e credenze culturali hanno un filo comune in tutte le credenze culturali pagane o wiccane. Adottano la natura come guida per la loro pratica; adorano divinità per affermare il loro potere ed energia, e usano rituali specifici per realizzare intenzioni e promuovere il flusso vitale energetico attraverso i loro incantesimi.

In tutta Europa, nelle Americhe, in Cina, in Russia, in Africa e oltre, ci sono culture che eseguono rituali magici che veicolano un'influenza energetica nella vita di chi li pratica e nelle persone a loro vicine. Molte persone sono state perseguitate per le loro credenze e le loro pratiche, come la grande caccia alle streghe del XVI e XVII secolo. L'ipocrisia di quest'epoca di persecuzione contro i pagani ha lasciato una grande ferita nel corso della storia.

In quest'epoca infatti, possiamo considerare la stregoneria molto simile a quella che viene svolta oggi attraverso la pratica della Wicca. Coloro che praticavano la stregoneria a quei tempi, erano principalmente donne, svolgendo rituali e pratiche quotidiane di adorazione della natura e delle figure della Dea donna e del Dio Uomo. C'era una grande conoscenza della guarigione e di come fornire rimedi per le malattie. Le donne che erano appartenenti alle varie congreghe o nei rituali di gruppo erano considerate come alte sacerdotesse, venerate per il loro potere e la loro forza.

L'adorazione del divino femminile non era un prodotto delle fedi cristiane, che imponevano una visione più patriarcale della religione e del credo imponendo l'adorazione di un solo Dio e di suo figlio. Le donne considerate streghe in questo periodo storico erano un pericolo per la morale della chiesa di Dio, perchè tali pratiche erano considerate opera del diavolo, secondo le fedi cristiane. La caccia alle streghe è stato un periodo storico drammatico per coloro che praticavano la cultura delle erbe. Questo periodo ha avuto luogo principalmente durante il Medioevo e la prima età moderna, tra il 15° e il 18° secolo. Durante questo periodo, le autorità ecclesiastiche e secolari hanno condotto una serie di processi per stregoneria in cui le persone venivano accusate, processate e condannate per stregoneria, e le punizioni per questi reati spesso includevano la tortura, la prigionia e la morte. Era sufficiente avere una conoscenza della magia e dei rimedi a base di erbe, per essere considerato una strega e condannato a morte per i crimini contro Dio.

Per fortuna, i wiccan, o pagani come venivano chiamati a quei tempi, non hanno mai desistito dal praticare in segreto lontana da quella fede Cristiana che avrebbe cercato di eliminare ogni traccia di tale cultura.

Con il tempo la pratica pagana sembrava un'arte perduta ma in realtà è stata tramandata segretamente e silenziosamente, di generazione in generazione, fino alla sua definitive popolarità e accettazione. Questa caccia alle streghe avveniva in gran parte nelle civiltà occidentali, mentre altre culture come la Cina, Tibet e India hanno rispettato e celebrato il culto della magia e dell'energia degli elementi.

La Wicca si concentra principalmente sulle religioni pagane che si sono diffuse in Europa e in Nord America dopo la loro colonizzazione. La realtà della pratica religiosa pagana è nata dalle prime connessioni umane con la propria spiritualità. Gli uomini creavano una comprensione del mondo attraverso rituali e riti sacri e imparavano a guarire con la magia delle piante, erbe, fiori, alberi e arbusti.

Le persone imparavano a coesistere con la natura, identificandola con qualcosa di più grande rispetto a ciò che potevano vedere e comprendere. Gli uomini divennero consapevoli della magia e dei misteri del mondo e di ciò che si trova al di là, sviluppando pratiche religiose per accogliere questa nuova visione. È interessante notare che i primi medici dell'Età della Ragione, in seguito al contraccolpo contro il paganesimo e i rituali occulti, prendevano in prestito e assorbivano le pratiche delle streghe solite a rimedi a base di erbe per guarire e curare i malati.

All'inizio del 1900, l'epoca vittoriana ha visto l'aumento della popolarità dell'occulto e dei riti spirituali, che erano praticate al di fuori della fede cristiana, pertanto non era considerato un tabù rendersi partecipi in tali pratiche o esperienze. Infatti, fu la stessa regina Vittoria a rendere popolare questa pratica quando iniziò a tenere sedute spiritiche per comunicare con il suo defunto marito, il principe Alberto.

La resurrezione dell'occulto nella cultura popolare occidentale ha reso possibile una crescente integrazione di nuove pratiche, incluso il paganesimo, come una forma accettata di pratica spirituale. La promozione della Wicca da parte di Gerald Gardner, attraverso i suoi libri e i suoi circoli religiosi, fu solo l'inizio di un percorso diffuso in molte culture, permettendo alle persone di ritrovare il loro rapporto con Madre Natura e le divinità, attraverso l'arte degli incantesimi e rituali. Egli ha enfatizzato il culto della Dea e del Dio, la venerazione della Madre Natura, la pratica della magia e l'importanza della celebrazione delle festività cicliche dell'anno solare.

La passione di Gardner per la Wicca è nata dalle sue esperienze personali e dalle sue ricerche. Egli ha dichiarato di essere stato istruito in una tradizione wiccana esistente nell'Inghilterra del dopo guerra, trascorrendo anni a studiare la storia e la mitologia pagana.

Oggi, i wiccani praticanti seguono un'ampia varietà di rituali e incantesimi che derivano dai concetti e dalle idee originali di Gardner.

Essi sostengono e supportano queste tradizioni originarie, mentre altri preferiscono l'adorazione della sola Dea, o viceversa.

Dagli anni '50, la Wicca ha aperto il suo orizzonte culturale e creativo dando origine ad una varietà di pratiche e credenze nuove. Sia le congreghe che gli individui singoli creano i propri rituali divini seguendo la propria personalità rispettando le line guida delineati da Gardner. La Wicca è una religione che non ha una struttura organizzativa centralizzata, quindi è difficile quantificare esattamente quante persone seguono questa religione. Inoltre, molti seguaci della Wicca preferiscono mantenere la loro fede privata, quindi potrebbero non essere inclusi in statistiche ufficiali. Secondo alcune stime, ci sono tra 200.000 e 2 milioni di seguaci della Wicca negli Stati Uniti.

È stata in gran parte una religione sotterranea, a causa della paura delle persecuzioni. Tuttavia, oggi, le persone di tutto il mondo sono desiderose di celebrare una delle religioni più originali nella storia del mondo. La Wicca è un'espressione dell'antica pratica di connessione con la Terra e di adorazione delle sue energie divine attraverso l'uso di rituali regolari e incantesimi. Per far risorgere il vostro Dio o Dea pagana interiore, la Wicca di oggi è il sentiero che vi può riportare indietro nel tempo assimilando l'energia di madre natura.

Benefici della Wicca

La Wicca è una religione che si concentra sull'armonia con la natura, l'autoconsapevolezza e il potere personale. Alcuni dei benefici che le persone possono trovare nella pratica della Wicca possono essere:

Connessione con la Madre Natura: La Wicca enfatizza il rispetto e la venerazione per la Madre Natura, incoraggiando i seguaci a vivere in armonia con l'ambiente e a sviluppare una relazione personale con la Terra.

Autoconsapevolezza: La Wicca incoraggia l'individuo ad esplorare se stesso e a sviluppare la propria spiritualità attraverso la meditazione, la visualizzazione e la pratica rituale.

Potere personale: La Wicca insegna che ogni individuo ha il proprio potere interno, e che attraverso la pratica magica, gli incantesimi e i rituali, è possibile attivare e utilizzare questo potere per migliorare la propria vita.

Comunità spirituale: La Wicca incoraggia la formazione di gruppi di pratica e la costruzione di una comunità spirituale, fornendo un senso di appartenenza e supporto per i suoi seguaci.

Sviluppo del proprio percorso spirituale: La Wicca incoraggia l'individuo a creare il proprio percorso spirituale, invece di seguire una dottrina fissa, permettendo quindi una maggiore flessibilità e personalizzazione.

Questi sono solo alcuni dei benefici che le persone possono trovare nella pratica della Wicca, e variano a seconda delle esigenze e dell'individuo. Come per ogni religione o pratica spirituale, l'effetto dipende dalla persona che la pratica e dalle sue credenze.

Non si tratta solo di incantesimi magici o di creare pozioni, ma piuttosto di voler migliorare se stessi. Ci sono molti benefici nell'essere wiccan. La Wicca e la stregoneria pongono l'accento sull'uso dell'energia della terra e della natura, e anche sul riportare l'energia del cielo e dell'aria nella terra. Essere wiccano significa sentirsi un tutt'uno con la Terra, con tutti gli esseri viventi che ti circondano e ti abbracciano. È una religione pacifica.

Responsabilità

La Wicca è una religione che si basa sulla libertà individuale e sulla responsabilità personale, quindi non esistono regole rigide o dogmi che i seguaci devono seguire. Tuttavia, ci sono alcune responsabilità comuni che i seguaci della Wicca possono scegliere di assumere:

Rispetto per la Madre Natura: La Wicca enfatizza il rispetto e la venerazione per la Madre Natura, quindi i seguaci possono scegliere di vivere in armonia con l'ambiente e di prendersi cura della Terra.

Autocontrollo: La Wicca insegna che ogni azione ha una reazione, quindi i seguaci possono scegliere di essere consapevoli delle proprie azioni e di assumersi la responsabilità delle conseguenze.

Pratica magica: La Wicca incoraggia la pratica magica e gli incantesimi per migliorare la propria vita, quindi i seguaci possono scegliere di imparare e utilizzare queste tecniche in modo etico e responsabile.

Comunità spirituale: La Wicca incoraggia la formazione di gruppi di pratica e la costruzione di nuove interazioni durature.

Rispetto per se stessi e per gli altri

Se tutti vivessero secondo questi principi, il mondo sarebbe un posto molto più felice. La natura continuerebbe a sopravvivere per altri secoli.

Tutti gli esseri viventi crescerebbero e prospererebbero in un bel posto dove vivere. Questo è il motivo per cui la Wicca è così benefica.

"Fai ciò che desideri senza nuocere l'altro", rispetto della Terra o verso qualsiasi cosa o persona intorno a voi, semplicemente vivi, perdona e lascia andare.

La Wicca non giudica

La Wicca enfatizza il rispetto per la diversità e l'individualità, quindi i seguaci sono incoraggiati a rispettare le scelte spirituali degli altri.

Inoltre insegna che ogni individuo ha il proprio percorso spirituale unico e che non c'è una verità universale. Ciò significa che non c'è una verità assoluta e che ognuno è libero di seguire il proprio cammino spirituale, quindi non c'è una gerarchia che giudica o condanna le azioni degli altri. Ciò incoraggia l'individuo a sviluppare la propria spiritualità in modo autonomo e a rispettare la diversità degli altri.

La Wicca è rispettosa della natura e della Terra

La Terra è parte di noi, e noi siamo parte della Terra e di tutto ciò che ha da offrire. Celebriamo il cibo e gli dei/le dee per averci fornito tutto ciò che abbiamo. Noi wiccani siamo connessi con tutti gli elementi viventi sulla Terra.

La Wicca onora il fisico

Sì, la Wicca onora il fisico, noi seguaci della Wicca consideriamo il nostro corpo come un tempio sacro e rispettiamo la nostra salute fisica, insegnandoci che il corpo e la mente sono interconnessi e che la salute fisica è importante per la salute mentale e spirituale.

Inoltre, la Wicca enfatizza il collegamento tra la Madre Natura e il proprio corpo. Consideriamo la Madre Natura come una forza vitale che ci nutre e ci sostiene, e che il nostro corpo sia parte integrante della natura. Di conseguenza, i seguaci della Wicca possono scegliere di vivere in armonia con essa e di prendersi cura del proprio corpo nutrendolo con cibi naturali e sani.

In sintesi, la Wicca considera il proprio corpo come un tempio sacro, che va rispettato e nutrito, e che è una parte fondamentale della Madre Natura e della propria spiritualità.

La Wicca nel nostro mondo moderno

Con la creazione dei vari rituali - che fossero per la fertilità, per la crescita dei raccolti, per il successo nella caccia o per condizioni meteorologiche migliori – nacque la necessità di promuovere tale cultura attraverso i "saggi". Essi, nella cultura Wicca nascono attraverso un processo di iniziazione e studio, per apprendere e praticare i principi e le pratiche della Wicca. La conoscenza e la comprensione dei rituali, della mitologia e della filosofia Wicca sono considerati le fondamenta per divenire un saggio in questa tradizione spirituale.

I Witan erano un consiglio di saggi e leader tribali nell'antica Inghilterra. Il termine "Witan" deriva dall'antica parola anglosassone per "saggi" o "consiglio". Essi erano composti da leader tribali, sacerdoti e altri individui di alto rango che aiutavano il re nel prendere decisioni importanti per lo stato e nell'amministrazione della giustizia.

I Witan erano anche responsabili dell'elezione del nuovo re dopo la morte o l'abdicazione del precedente. Essi erano un'istituzione importante nell'Inghilterra anglosassone e continuarono ad esistere fino all'arrivo dei Normanni nel 1066.

Questi sacerdoti dovevano avere una conoscenza approfondita non solo della magia, delle tradizioni e della divinazione, ma anche della storia, della medicina e della politica. Per il popolo, i wiccani erano i portavoce degli dei. Tuttavia, quando si trattava di eseguire dei rituali, gli stessi Wiccani erano considerati alla pari degli dei. Poi arrivò il cristianesimo.

Streghe Wicca

Il termine "streghe" è associato quasi sempre agli individui che praticano la Wicca. I wiccan non hanno un'idea rigida riguardo alla corretta definizione di bene e male. Il giudizio viene dal profondo della propria coscienza. Essere responsabili delle proprie azioni è un aspetto significativo del sistema di credenze wiccan.

Uno dei caratteri più significativi è il pentagramma. Esso raffigura i cinque elementi che sono molto rispettati nella Wicca: Aria, Fuoco, Terra, Acqua e Spirito. Tuttavia, il pentagramma Wicca assomiglia al pentagramma invertito normalmente seguito dai seguaci di Satana. Questo ha portato confusione generando nelle persone una similitudine con la magia nera. La Wicca ha sempre sostenuto l'uso della magia per aiutare gli individui che hanno bisogno di assistenza spirituale usando gli incantesimi come mezzo di riflessione e meditazione. La Wicca è stata considerata una minaccia alla religione cristiana dominante e alle autorità politiche, e quindi coloro che la praticavano erano spesso vittime di discriminazione e persecuzione. Oggi fa parte del tessuto sociale e viene rispettata, sono poche le società che la considerano una minaccia alla loro fede o alla loro morale.

Simboli Wicca

I simboli della Wicca, così come altri simboli pagani, esistono da diversi anni. Attualmente, sono utilizzati dalle streghe per incanalare l'energia durante i rituali o per concentrarsi su una divinità o un elemento particolare. Basato sulle dinamiche del nostro sistema solare e del nostro pianeta, il simbolo e la fede Wicca sono una ricca eredità dei nostri antenati. Esistono diversi simboli Wicca, di seguito quelli più noti.

Il simbolo più forte è senza dubbio il **pentacolo**. Consiste in una fusione dei simboli wiccan dei cinque elementi (cioè, Fuoco, Acqua, Terra, Spirito e Aria). Come tale, il pentacolo è confinato all'interno di un cerchio unificante. Tra i simboli wiccan, il pentacolo fornisce la protezione più affidabile quando viene usato da un individuo. Il suo potere può essere rafforzato se nella sua costruzione vengono utilizzati vari tipi di metallo. Se il pentacolo contiene argento, evocherete la protezione aggiunta della Dea della luna. Se il pentacolo è fatto d'oro, invocherà la sicurezza aggiunta del Dio Sole. Altri simboli wiccan includono il cerchio degli spiriti (che si presenta con due incroci) e una freccia sporgente racchiusa in un cerchio (che simboleggia anche i cinque elementi). Il simbolo Wicca del Dio Cornuto e la triplice luna sono sempre utilizzati per raffigurare e connettersi con le divinità maschile e femminile contemporaneamente.

Occasionalmente indicato come la Dea, la rappresentazione della **triplice luna** è una luna piena che si trova tra due lune crescenti. Questo simboleggia la nascita, la vita e la morte. Il mese lunare mostra anche il tempo del ciclo mestruale umano. Il Dio Cornuto è occasionalmente indicato con il suo nome celtico, Cernunnos, ed è raffigurato da un cerchio sormontato da due corna a forma di mezzaluna rovesciata. Quando viene utilizzato in unione con la triplice luna e simboleggia una divinità maschile o la Natura. Questi simboli della Wicca sono potenti simbolizzazioni della forza complementare degli opposti.

La stella a sette punte, conosciuta anche come l'**eptagramma**, è l'ultimo simbolo tra i simboli wiccani semplici. Simboleggia i giorni presenti in una settimana e i corpi astrologici riconosciuti, cioè Venere, la luna, il sole, Saturno, Giove, Marte e Mercurio. Tutti i punti presenti nella stella possono essere utilizzati durante i rituali, per incanalare l'energia di quel pianeta nello stesso modo in cui i punti di un pentacolo possono essere utilizzati per incanalare le energie presenti negli elementi della Terra. Ci sono diversi simboli che rappresentano varie categorie di energia e parti del regno spirituale. I più facili da comprendere sono gli elementi semplici. Questi sono considerati come il fondamento di tutti i componenti fisici.

Quando si parla di simboli Wicca, la **Terra** è il primo elemento di cui dovremmo parlare. Il simbolo della Terra è un triangolo rovesciato con una linea orizzontale che lo attraversa. La Terra è il fondamento di tutte le cose. Simboleggia la forza, la fertilità, la stabilità, la visione, la crescita e la ricchezza materiale. È anche simboleggiata su una bussola come il nord. La Terra è simboleggiata dall'angelo Raphael ed è dominata da Mercurio. Si deve avere una piena comprensione di questo simbolo perché è il fondamento di tutto. È il regno fisico, ed è da dove traiamo il nostro cibo. Inoltre, la Terra ci ripara; questa è la ragione per cui è stata a lungo conosciuta come ‹Madre Terra'. Ci dà cibo, ci veste, ci nutre e ci ripara.

Un secondo simbolo di cui dobbiamo parlare è l'**acqua**. Questo elemento rimane solido, ma comincia a muoversi verso il mondo degli elementi intoccabili. Tutti gli elementi possono essere percepiti, ma non si può tenere l'acqua come si terrebbe la terra. L'acqua è rappresentata da un triangolo rovesciato. Simboleggia il cambiamento di flusso, la simpatia, l'amore, la volontà e l'intuizione. L'ovest è la direzione cardinale che l'acqua simboleggia. La luna è il pianeta legato all'acqua, mentre l'angelo associato all'acqua è l'angelo Gabriele. L'acqua è essenziale per la vita umana, poiché la sua assenza porterebbe alla morte di tutti gli esseri viventi. È l'elemento più importante per la sopravvivenza.

Il **fuoco** è il prossimo simbolo Wicca. È rappresentato da un triangolo rovesciato. Il fuoco rappresenta le energie dell'allargamento, della fedeltà diretta, della fiducia, della creatività, della purificazione, del desiderio di osare e del sé superiore. Michele è l'angelo associato al fuoco, mentre l'ovest è la direzione cardinale di questo elemento. Il fuoco è anche associato al pianeta sole ed è fondamentale per cucinare e riscaldare.

Man mano che saliamo nella tabella di questi elementi, entriamo in regioni che possono essere percepite ma non toccate o tenute, come la terra e le rocce.

L'**aria** è il prossimo e quarto simbolo. Questo elemento è rappresentato da un triangolo rovesciato con una linea orizzontale che passa attraverso il suo centro. L'aria è anche simboleggiata dal sud sulla bussola, e contiene aspetti di concentrazione, interazione, spontaneità, compassione, preoccupazione, generosità, empatia e guerriglia. Ariel è l'angelo associato all'aria, mentre il pianeta associato a questo elemento è Venere. L'aria è quella parte di libertà, respirazione e mobilità che è vitale per il benessere di tutti gli esseri viventi.

Il quinto e ultimo simbolo Wicca è lo spirito. Questo simbolo o elemento è situato sulla bussola direttamente in mezzo a tutti gli altri elementi. Lo spirito è considerato come l'equilibrio tra gli altri elementi e comprende la capacità di passare facilmente da uno all'altro. Simboleggia la comprensione degli altri elementi. Tutto è uno spirito, e lo spirito è tutto. Il pianeta Saturno rappresenta lo spirito, mentre l'angelo associato allo spirito è Cassiel.

Assicuratevi di avere una buona comprensione di tutti questi simboli Wicca e di usarli regolarmente. Man mano che approfondirai i tuoi studi e imparerai ad essere un praticante Wicca, la tua visione personale di questi elementi sarà fondamentale per la creazione degli incantesimi.

Denominazioni della religione Wicca

Proprio come la religione cristiana, anche la religione Wicca ha diverse denominazioni.

Gardneriano

Questa è considerata la religione originale e prende il nome da Gerald Gardner. La tradizione Gardneriana è considerata una delle principali tradizioni Wicca esistenti. Gardner ha sviluppato una versione moderna della Wicca basata sulla sua comprensione della tradizione pagana e della stregoneria europea, integrando elementi di rituali, cerimonie e mitologia. La tradizione gardneriana è caratterizzata da riti solisti e coven (gruppi di praticanti) che seguono un calendario liturgico basato sui cicli lunari e solari.

La tradizione Gardneriana è anche conosciuta per l'enfasi sull'equilibrio tra la Dea e il Dio nella pratica, l'uso di rituali di stregoneria e magia e l'importanza dell'iniziazione per diventare un praticante completo. Anche se la tradizione Gardneriana rimane una delle più popolari, ci sono molte altre tradizioni Wicca e neopagane che hanno preso spunto dalle idee di Gardner.

Alessandrino

La Wicca alessandrina è abbastanza simile a quella gardneriana. È stata fondata nel 1960 dalla coppia Alex Sanders e Maxine Sanders. Il termine "Alessandrino" si riferisce ad una tradizione Wicca fondata da Alex Sanders, un britannico che ha sviluppato una sua versione negli anni '60 e '70. Sanders ha dichiarato di essere stato iniziato in una tradizione Wicca "che si perde nel tempo" da sua nonna.

La tradizione alessandrina è simile alla tradizione gardneriana, in quanto segue un calendario liturgico basato sui cicli lunari e solari, ma ha alcune differenze nei rituali e nella pratica. Ad esempio, i praticanti della tradizione alessandrina utilizzano spesso una maggiore quantità di elementi cerimoniali e simboli esotici, come l'utilizzo di incensi, oli e pietre, e tendono ad essere più teatrali nei loro rituali.

Come la tradizione gardneriana, l'enfasi nella tradizione alessandrina è posta sull'equilibrio tra la Dea e il Dio nella pratica e l'importanza dell'iniziazione per diventare un praticante completo. Anche se la tradizione alessandrina è meno diffusa rispetto alla tradizione gardneriana, ci sono ancora molti praticanti che la seguono e che la considerano la loro tradizione principale.

Georgiano

Il georgiano è un altro ramo della religione Wicca che è abbastanza simile al gardneriano. Fu fondata da George Patterson nel 1971, ed è una delle tradizioni wiccane popolari praticate oggi. La Wicca georgiana è molto simile a quella gardneriana, con le iniziazioni di congrega come un must e un giuramento di segretezza, ma Patterson non è mai stato in grado di mostrare una linea diretta con Gardner. La tradizione georgiana si differenzia dalle altre tradizioni Wicca perché si concentra sulla pratica individuale e non richiede necessariamente l'appartenenza a un coven (gruppo di praticanti) per essere praticata. Inoltre si differenzia per la sua enfasi sulla pratica magico-religiosa basata sull'uso della meditazione, della visualizzazione e della pratica magico-religiosa individuale. La tradizione georgiana segue un calendario liturgico basato sui cicli lunari e solari, ma l'enfasi è posta sull'autonomia del praticante e sulla loro capacità di creare i propri rituali e cerimonie. Il Dio e la Dea sono presenti nei rituali e nella pratica, ma non sono considerati come esseri divini a sé stanti, ma piuttosto come simboli dell'energia maschile e femminile presenti in ognuno di noi. La tradizione georgiana è meno diffusa rispetto ad altre tradizioni Wicca, come la gardneriana e l'alessandrina.

Dianic

La tradizione Wicca Dianic è una tradizione femminista fondata da Zsuzsanna Budapest negli anni '70 negli Stati Uniti. Essa si concentra sulla Dea come unica divinità venerata e sul potere femminile. E' stata fondata principalmente da donne e per questo motivo i coven (gruppi di praticanti) sono solo donne. La tradizione Dianic segue un calendario liturgico basato sui cicli lunari e solari, dove l'accento è posto sulla celebrazione della Dea in tutte le sue forme e sulla celebrazione della forza e della potenza femminile. I rituali e le cerimonie sono guidati dalla luna e dalle fasi del ciclo mestruale delle donne presenti.

CAPITOLO 2
Filosofia Wicca

L a Wicca si distingue come una religione di vasta portata, in virtù della sua capacità di abbracciare una infinità di realtà e credenze. Questa profonda filosofia costituisce un insieme di credenze e pratiche spirituali, che hanno come fondamento il rispetto per la natura e l'armonia con gli elementi naturali, la divinità femminile e maschile e il ciclo eterno della rinascita.

Al centro della Wicca vi è l'idea sacra che tutto ciò che esiste è pervaso da una energia divina, che traspare in ogni cosa. I praticanti della Wicca si dedicano a entrare in contatto con questa energia vitale, tramite meditazione, visualizzazione e la celebrazione delle festività del calendario liturgico, che segnano i momenti salienti della connessione con il sacro.

Uno dei tratti distintivi della Wicca è la promozione dell'equilibrio tra mente, corpo e spirito, spingendo noi seguaci a vivere in armonia con noi stessi e con gli altri. Questa religione abbraccia una flessibilità di pensiero, senza aderire a un dogma preciso, lasciando ampio spazio alla libertà interpretativa. Di conseguenza, una molteplicità di tradizioni Wicca si differenziano notevolmente tra di loro, permettendo a ciascun individuo di trovare la via spirituale che meglio si adatta alle proprie inclinazioni. I forti conoscitori della Wicca, in particolare, giocano un ruolo fondamentale all'interno di questa comunità, essendo coloro che hanno raggiunto una profonda comprensione delle antiche tradizioni, dei misteri e delle pratiche sacre. Essi guidano i praticanti lungo il cammino spirituale, con la saggezza che deriva dall'esperienza e dalla conoscenza dei segreti ancestrali. E' una religione che si evolve con il passare del tempo, integrando le prospettive contemporanee e mantenendo una connessione forte con la natura e il ciclo della vita. Attraverso il rispetto per il libero arbitrio e l'amore per il Creato, i seguaci della Wicca si impegnano a vivere in armonia con l'ambiente circostante, contribuendo alla tutela del pianeta e di tutte le sue creature.

La natura è divina

La maggior parte di noi wiccani vi dirà che la natura è divina. Siamo tutti membri di questa Terra: ogni roccia, albero, foglia, pianta, animale, uccello, insetto e persona, per non parlare delle centinaia di migliaia di altre specie e paesaggi.

La Terra è la casa sacra e noi siamo una parte di essa. È dove tutta l'energia vitale è immagazzinata e ricreata, e noi siamo una parte di quei cicli e sistemi. Adorare la natura è adorare l'essenza stessa di tutte le cose. Ogni festa è segnata da un solstizio o da un equinozio. Tutti gli Esbat sono segnati dal ciclo della luna. Quasi tutti gli ingredienti dei rituali e degli incantesimi di queste feste provengono in qualche modo dalla natura. C'è anche una celebrazione nella natura dell'unità di forze opposte. C'è sempre un equilibrio tra la luce e l'oscurità, e il culto della natura offre l'opportunità di guardare la vita da quel luogo di equilibrio e serenità. È la presenza del maschio e della femmina in tutte le cose; lo yin e lo yang. Questa è la natura.

Molti degli strumenti che userete per i vostri rituali e incantesimi sono derivati dalla natura. Vi troverete a raccogliere erbe o pezzi di legno per fare una bacchetta. Potreste raccogliere certe piante da appendere intorno alla vostra casa per una certa festa, o vestire il vostro altare con i profumi e oggetti provenienti dal bosco o dal mare. Tutto ciò è un processo potente che vi aiuterà a connettervi con il divino della natura.

Antenati

Non è raro invocare gli antenati nella pratica dei rituali e dei lanci Wicca. I nostri antenati sono sempre con noi, guidandoci e mostrandoci la via. Il concetto di onorare gli antenati non è specifico della Wicca, ma deriva dal bisogno di abbracciare il passato e traghettarlo anche nel presente.

Il Rede Wiccan

La Rede Wiccan è la regola centrale che i wiccani seguono in tutte le loro attività. "Fai agli altri quello che vorresti fosse fatto a te". Essa a sua volta è chiarita dalla Legge delle Tre Volte, che afferma che qualsiasi cosa tu faccia, buona o cattiva, ti tornerà indietro per tre volte. I wiccani credono molto nell'essere responsabili della propria condotta. Pertanto, dovete essere consapevoli delle vostre parole e azioni, assicurandovi di promuovere un buon karma. Siate propositivi e attenti a come agirete e reagirete alle forze esterne. L'armonia con la natura è la chiave di tutto il processo, le persone vivono in sincronia con la Terra e contano sulla generosità del mondo per sopravvivere. La filosofia Wicca sostiene che dopo la morte il ciclo della vita ci trasforma in altre forma di vita. Essa si affaccia ad una concezione del ciclo della vita che abbraccia la trasformazione e la continuità dell'esistenza dopo la morte. La morte non è da considerarsi come un termine definitivo, ma piuttosto come un passaggio attraverso il quale si entra in una nuova fase di evoluzione spirituale.

Il concetto di reincarnazione è uno degli aspetti fondamentali della Wicca, sostenendo che l'anima dopo la morte abbandona il proprio corpo fisico per abbracciare un nuovo corpo, una nuova forma di vita. Questo processo di rinascita è intrinsecamente legato al principio di ciclicità presente in ogni aspetto della natura. Così come il sole sorge e tramonta, le stagioni si susseguono, e la luna passa attraverso il suo ciclo, anche l'anima sperimenta un perpetuo movimento di nascita, morte e rinascita.

La Wicca riconosce che l'anima attraversa varie esistenze, ciascuna volta ad apprendere nuove lezioni e crescendo spiritualmente. Questo ciclo incessante di trasformazione offre agli individui l'opportunità di perfezionarsi, superando le sfide e progredendo verso una comprensione più profonda della propria essenza e della connessione con l'universo. Questo insegnamento implica un grande rispetto per ogni forma di vita, poiché, tutte le creature hanno un'anima e un posto nel grande disegno della natura. La morte viene vista come un passaggio da un piano di esistenza all'altro, e quindi, il processo di morire è considerato un momento sacro e di transizione.

La Wicca insegna che le azioni compiute in una vita influenzano la successiva incarnazione. Questa prospettiva attribuisce grande responsabilità al comportamento etico e al modo in cui ci si rapporta con gli altri e con l'ambiente circostante. In tal modo, il ciclo della vita e della morte diventa anche una guida per una condotta etica e rispettosa verso tutte le forme di vita. I rituali e le celebrazioni riflettono la comprensione di questo ciclo eterno. Festività come Samhain, la festa dei morti, commemorano i defunti e celebrano la transizione delle anime verso il regno dei morti. Allo stesso modo, l'Equinozio di Primavera rappresenta la rinascita e il rinnovamento, simboleggiando la continua evoluzione della vita.

Le divinità e il divino

Il Dio e la Dea possono essere visti come entità/figure uguali ma opposte, che rappresentano energie maschili e femminili. In generale, la relazione tra il Dio e la Dea nella cultura Wicca è vista come una rappresentazione dell'unità e dell'equilibrio tra gli opposti, e come simbolo della continua trasformazione e rinascita. La Dea rappresenta la madre terra, la forza vitale, la fertilità e la creatività. Il Dio, d'altra parte, rappresenta il padre celeste, la forza attiva, la protezione e la guida spirituale. La relazione tra il Dio e la Dea è vista come una rappresentazione del ciclo vitale, dove la Dea rappresenta la nascita, la crescita e la morte, mentre il Dio rappresenta la morte, la trasformazione e la rinascita. La loro relazione è vista come un simbolo dell'eterna danza tra la vita e la morte, e come una rappresentazione dell'unità e dell'equilibrio tra la natura e l'umanità.

I praticanti Wicca celebrano la relazione tra il Dio e la Dea attraverso rituali e cerimonie, come il Sabbat, che celebra i cambiamenti delle stagioni e i cicli della vita. In questi rituali, si celebra la relazione tra il Dio e la Dea come un modello per il rapporto tra l'uomo e la donna, e come un simbolo di equilibrio e armonia nella vita.

Il concetto di dualismo non è esclusivo della religione Wicca. Molte altre religioni e pratiche spirituali incorporano qualche tipo di dualismo (principalmente, il concetto di "figure uguali ma opposte") nei loro sistemi di credenze. Per esempio, lo yin e lo yang del taoismo è un'idea molto simile, di due figure divine che rappresentano qualità opposte (per esempio, buio e luce).

La Wicca si lega ai cicli della natura, e la natura è tutt'altro che bianca o nera. Ci sono aspetti di luce e di oscurità nella Dea e nel Dio, proprio come ognuno di noi ha un lato più scuro e uno più chiaro. Nessuno dei due è migliore o peggiore dell'altro; entrambi i lati hanno diversi significati. Questo vale anche per l'idea della vita e della morte. Nella Wicca, la morte non è vista come qualcosa di terribile e definitivo.

Onorare le divinità

L'onorare le Divinità è un atto di devozione, gratitudine e rispetto verso le forze sacre che permeano ogni aspetto dell'esistenza. Come anticipato, La Dea rappresenta la Madre Terra, la creatrice, la fonte della vita e della fertilità. Il Dio è il Signore del Sole, della caccia e delle energie maschili. Entrambi incarnano le diverse sfaccettature del cosmo e sono visti come unione complementare di forze, simboleggiando l'equilibrio e l'armonia presenti nell'universo.

Nella pratica della Wicca, l'onorare le Divinità avviene attraverso vari rituali, meditazioni e celebrazioni. Durante i rituali, i praticanti si rivolgono alle Divinità con preghiere, offerte di fiori, cibo, candele o altri simboli sacri. L'energia e l'intenzione positiva riversate durante questi momenti sono considerate come un atto di scambio e comunione con le Divinità.

Le celebrazioni delle festività del calendario liturgico wiccano, come ad esempio Sabbat e Esbat, sono un'occasione speciale per onorare le Divinità in modi specifici. Ad esempio, durante il Solstizio d'Estate si potrebbe celebrare il Dio come Signore del Sole, mentre nel Solstizio d'Inverno ci si potrebbe rivolgere alla Dea come Madre Terra per accogliere la luce e la rinascita.

L'onorare le Divinità non si limita solo ai momenti rituali, ma è uno spirito di gratitudine e connessione costante con la sacralità del mondo circostante. I praticanti della Wicca riconoscono il divino in ogni creatura, nella natura e negli eventi della vita quotidiana. Ogni atto di cura per l'ambiente, ogni gesto gentile verso gli altri, è visto come un'offerta alle Divinità e come una testimonianza della propria fede. Ciascun individuo è incoraggiato a sviluppare una relazione personale con le Divinità, scoprendo le loro sfumature uniche e connettendosi con esse a livello spirituale. Questo rapporto intimo con le Divinità offre una profonda fonte di ispirazione, guida e supporto lungo il cammino spirituale.

Comunicare con rime e canti.

Si utilizzano canti vocali o canzoni per entrare in contatto con le energie magiche e invocare il Divino. Parlare durante i rituali è un ottimo modo per sentirsi più impegnati ed entrare in sintonia con la magia. Rime e canti sono di solito facili da ricordare. La meditazione, la visualizzazione o movimenti simbolici (come accendere candele o fare gesti con le mani) sono altri metodi classici. I canti possono essere utilizzati per evocare le energie degli elementi e delle stagioni, o per evocare le energie dei pianeti o degli animali. Inoltre, durante i rituali le rime e i canti possono essere utilizzati per creare una sorta di "cornice" per la magia, aiutando a creare un'atmosfera propizia per la magia e a concentrare l'energia. Alcuni praticanti creano personalmente i testi per i propri incantesimi e canti, altri utilizzano quelli tradizionali.

La Dea (La Trinità Sacra della Dea)

Onorare le Divinità rappresenta una pratica sacra e centrale. La Dea è una figura multiforme e possiede molti nomi, tra cui la Madre Terra, la Dea della Luna e la Triplice Dea. Questa Triade divina è composta da tre aspetti: la Madre, la Fanciulla e la Crone, ognuno delle quali è associato alle fasi lunari.

La Madre: Questo aspetto della Dea rappresenta l'antica Dea madre, simbolo di fertilità, potere e vita. Corrispondente alla luna piena, è una figura matura, stabile e ricca di energia magica. Invocare la Madre è particolarmente significativo per incantesimi di fertilità e di potere, per accrescere la forza interiore e realizzare i propri scopi. L'antica Dea greca Selene è strettamente legata a questo aspetto, incarnando la dea della luna nella mitologia greca.

La Fanciulla: Questo aspetto giovanile della Dea rappresenta la verginità, i nuovi inizi e la giovinezza. È simboleggiata dalla luna crescente, segnando la fase di crescita della luna. La Fanciulla rappresenta il cambiamento, l'inizio di nuovi percorsi nella vita e l'esplorazione di nuove opportunità. L'antica dea greca Artemide è associata a questa forma della Dea, rappresentando la dea vergine della caccia.

La Crone: Questo aspetto maturo della Dea porta una profonda comprensione della vita e della morte. La Crone è rappresentata dalla luna calante, e come la morte, non deve essere temuta ma accolta come guida attraverso i momenti difficili e un'occasione per crescere da errori e sfide. L'antica Dea greca Ecate è associata alla Crone, simboleggiando la Dea della magia, dell'erbologia e dei fantasmi.

Il Dio: Equilibrio e Ciclicità con la Divinità Maschile. Accanto alla Dea, il Dio è una figura altrettanto importante nella Wicca. Egli può essere invocato come il Dio Cornuto o il Dio Sole, oppure presentarsi con i doppi titoli di Re della Quercia e Re dell'Agrifoglio.

Dio Cornuto: Questo aspetto del Dio è il consorte o il marito della Dea, spesso raffigurato come un uomo selvaggio con corna, simbolo della sua mascolinità, sessualità e associazione con la natura selvaggia. Il Dio Cornuto è il dominatore del deserto e rappresenta la virilità, la caccia e gli animali selvaggi. L'antica divinità celtica Cernunnos è strettamente associata a questo aspetto del Dio.

Dio Sole: Il Dio Sole è connesso ai cicli delle stagioni e della Ruota dell'Anno. Egli nasce dalla Dea Madre durante l'inverno e cresce con le giornate più lunghe fino a raggiungere la sua massima espressione durante l'estate. Questo simbolismo riflette i cambiamenti della natura e della vita, con la continua rinascita e crescita. Durante il ciclo dell'anno, la Dea e il Dio Sole si sposano, rappresentando l'unione sacra tra forze maschili e femminili. Le storie di due fratelli, il Re della Quercia e il Re dell'Agrifoglio, in cui si alternano nel dominio delle stagioni, sono parte integrante di questa rappresentazione ciclica del Dio.

La Ruota dell'Anno: Celebrazioni e Ciclicità delle Stagioni

Nella cultura Wicca, ogni ciclo dell'anno è celebrato attraverso Sabbat ed Esbat, che rappresentano momenti sacri per onorare i cambiamenti della Terra e i cicli del Dio Sole e della Dea Luna. Queste celebrazioni sottolineano l'importanza della connessione con la natura e l'armonia con i ritmi della vita e delle stagioni.

L'Intenzione: Cuore della Pratica Wicca, l'intenzione è un elemento cruciale. Rappresenta il desiderio o l'obbiettivo che si vuole raggiungere attraverso un incantesimo o una cerimonia. L'intenzione è la forza motrice che concentra l'energia e determina l'obiettivo del rituale. Nella pratica magica , è essenziale che l'intenzione sia chiara, positiva e in armonia con l'amore e il rispetto universali. La consapevolezza e l'approfondimento dell'intenzione sono parte integrante di questa pratica, permettendo ai praticanti di connettersi con il divino nella natura e di armonizzarsi con il fluire ciclico della vita. In definitiva, onorare le Divinità nella Filosofia Wicca è un cammino di connessione e comprensione della sacralità della vita e del mondo naturale. La Dea, con i suoi molteplici aspetti, e il Dio, con la sua ciclicità e forza maschile, rappresentano l'equilibrio e l'interconnessione nella visione Wicca. La Ruota dell'Anno e l'intenzione guidano i praticanti lungo il percorso sacro, permettendo loro di celebrare la natura ciclica dell'esistenza e di manifestare l'energia vitale che li circonda.

CAPITOLO 3

Credenze Wicca

La Wicca è una religione che pone al centro il culto della natura e l'importanza di preservare la Terra e le sue ricchezze. Le sue credenze e principi sono diretti e si basano sull'amore e il rispetto verso l'ambiente e ogni forma di vita. Vediamo alcuni di questi concetti fondamentali:

Sacralità della Natura: la natura è considerata sacra e divina. Ogni pianta, animale, fiume, montagna e ogni elemento della Terra sono riconosciuti come parte integrante del sacro disegno dell'universo. Questo culto della natura si traduce in una connessione profonda e spirituale con l'ambiente circostante. I praticanti della Wicca onorano la natura come un'incarnazione del divino e cercano di vivere in armonia con essa.

Cicli della Natura: essa abbraccia il concetto di ciclicità presente in ogni aspetto della natura. Le stagioni, le fasi lunari, il ciclo di vita e morte sono considerati parte essenziale dell'esistenza. Questi cicli rappresentano la rinascita, la crescita e la trasformazione, simboli del continuo rinnovamento presente nel tessuto della vita. I rituali e le celebrazioni riflettono l'osservanza di questi cicli naturali, rafforzando la connessione con la Terra e il divino.

Responsabilità Etica: Un principio fondamentale della Wicca è l'importanza della responsabilità etica. I praticanti sono chiamati a essere consapevoli delle conseguenze delle proprie azioni sulla natura e sugli altri esseri viventi. La regola del "Rede Wicca", spesso citata come "Fai ciò che vuoi, purché non danneggi nessuno", sottolinea l'importanza di agire con rispetto e amore verso tutti gli esseri e l'ambiente che ci circonda.

Preservazione della Terra: Questa filosofia promuove l'attenzione e l'impegno attivo per la preservazione della Terra e delle sue risorse. I praticanti sono incoraggiati a essere custodi della natura, adottando pratiche sostenibili, riducendo l'impatto ambientale e sostenendo la protezione dell'ecosistema. Questa consapevolezza si riflette anche nella scelta di un approccio più naturale per la cura personale.

Interconnessione Universale: Un altro principio chiave della Wicca è l'interconnessione universale. La religione riconosce che ogni cosa nell'universo è collegata in un intricato intreccio di energia. Questa consapevolezza della nostra interdipendenza con il resto del creato ci spinge a coltivare l'empatia, la compassione e il senso di responsabilità verso il pianeta e ogni essere vivente.

Le credenze e i principi della Wicca, quindi, sono semplici e diretti, concentrati sulla venerazione della natura e sulla necessità di preservare la Terra rispettando il ciclo eterno della vita e preservando le sue preziose ricchezze per le generazioni future.

Il Dio maschile e la Dea femminile

Il Dio maschile e la Dea femminile sono le figure divine principali nella Wicca. La Dea rappresenta la Madre Terra, la natura, la vita, la creatività e la sorgente di tutte le cose. Viene spesso associata alle energie della Luna, dell'acqua e della vegetazione. La Dea è una figura amorevole, materna e protettiva, che rappresenta la forza creatrice della vita.

Il Dio, d'altra parte, rappresenta la forza maschile, la morte, il cambiamento e la rinascita. Viene spesso associato alle energie del Sole, del fuoco e della caccia. Il Dio è una figura forte, virile e protettiva, che rappresenta la forza distruttrice della morte, ma anche la possibilità di una nuova vita attraverso la rinascita.

Entrambi sono considerati come una coppia divina, che rappresentano l'equilibrio tra la vita e la morte, la femminilità e la mascolinità, la creatività e la distruzione. I wiccani sono liberi di scegliere come rappresentare i loro Dei, essi possono essere visti come divinità storiche o come simboli della forza divina universale.

Diverse festività pagane e wiccane ruotano intorno a specifici Dei e Dee, al fine di ospitare la loro connessione con la stagione o la fase della rotazione della Terra. Ogni festività nel corso dell'anno solare è direttamente correlata a uno specifico periodo dell'anno e alla sua relazione con l'energia della stagione. Come le stagioni, gli Dei e le Dee hanno qualità e caratteristiche che riflettono la vera natura del processo temporale.

Tutte le energie viventi hanno in sé sia l'energia maschile che quella femminile. Anche le persone, che siano di genere maschile o femminile, porteranno in sé le qualità e le energie sia del divino maschile che del divino femminile.

Raggiungere un'ampia varietà di Dei e Dee nella vostra pratica Wicca è un modo comune per aprirsi a tutte le possibilità che la essa può offrire. Potete essere fortemente connessi con un Dio o una Dea specifica e scegliere di lavorare principalmente con l'energia di quella divinità per motivi personali.

Madre Terra e gli elementi

Uno dei più grandi principi della Wicca è l'adorazione della Madre Terra. Lei è la nostra casa e tutte le sue creature, erbe, alberi, foreste, persone ed elementi sono una potente magia da rispettare con fermezza. Per assimilare le credenze della Wicca, dovete accettare la natura, non c'è potere più grande di quello che si trova nella superficie Terrestre. Gli elementi sono un concetto importante nella nostra cultura. L'acqua, la terra, il fuoco e l'aria, sono considerati come simboli delle forze naturali della Terra. Ogni elemento rappresenta una particolare energia o qualità.

L'acqua rappresenta la purificazione, l'emozione e l'intuizione. La terra rappresenta la stabilità, la prosperità e la crescita. Il fuoco rappresenta la passione, la trasformazione e la volontà. L'aria rappresenta la comunicazione, la libertà e la mente.

Gli elementi sono spesso utilizzati nella pratica magica e nei rituali per evocare e concentrare le energie necessarie per raggiungere un determinato scopo. Nella Wicca, il lavoro con gli elementi è un modo per connettersi con la natura e l'energia universale.

Fasi della luna

La luna riveste un ruolo dominante nel funzionamento dei rituali wiccani, considerata una guida spirituale e fonte di ispirazione per la pratica magica. Associata ai cicli e alle trasformazioni, sia fisiche che spirituali, la Luna presenta un ciclo mensile di 29,5 giorni, che si manifesta attraverso diverse fasi lunari: la nuova luna, la luna crescente, la luna piena e la luna calante. Ognuna di queste fasi possiede un'energia specifica, fondamentale per la pratica Wicca.

Luna Nuova: Questa fase è associata alla semina dei desideri, alla creazione e alle nuove iniziative. È un momento di potenziale, in cui si pone l'attenzione sulle intenzioni e i progetti futuri. I praticanti wiccani sfruttano l'energia della luna nuova per avviare nuove imprese e visualizzare i propri obiettivi.

Luna Crescente: Durante questa fase, la luna sta crescendo ed è associata alla crescita, all'espansione e alla magia del guadagno. È un periodo ideale per lavorare su progetti in corso e per promuovere la crescita personale e spirituale. I rituali eseguiti durante la luna crescente mirano a nutrire e aumentare ciò che è stato iniziato nella fase precedente.

Luna Piena: La luna piena è un momento di massima espressione ed è associata al completamento e alla realizzazione. La sua energia è potente e completa, rendendola una delle fasi lunari più celebrate dai wiccani. Durante la luna piena, i praticanti sfruttano questa energia per portare a compimento progetti e desideri, celebrare il successo e la realizzazione e connettersi con la Dea nelle sue forme più luminose e potenti.

Luna Calante: In questa fase, la luna si sta ridimensionando e la sua energia si focalizza sulle conclusioni, il rilascio e il distacco. Per noi wiccani questa fase serve per liberarci da ciò che non serve più, per lasciar andar via vecchi schemi e per fare spazio a nuove opportunità. La luna calante è impiegata per rituali di purificazione e liberazione.

Molti di noi osservano attentamente le fasi lunari e le integrano nella propria pratica spirituale e magica. Alcuni preferiscono celebrare i rituali durante la luna piena per accedere alla loro energia potente, mentre altri scelgono la luna calante per liberarsi di ciò che non è più utile o necessario.

La Luna svolge un ruolo fondamentale, non solo nell'indicare i tempi dei rituali, ma anche come rappresentazione delle energie femminili della Dea. È pratica comune tra i wiccani avere a disposizione un calendario lunare per seguire con attenzione le diverse fasi e comprenderne il significato simbolico e il potere magico.

Rituale stagionale e rito di passaggio

L'anno solare di una strega è pieno di feste e rituali che celebrano le stagioni al loro inizio. Di solito coordinati su specifici cicli di luna piena o luna nuova, questi rituali stagionali sono una parte importante di come i Wiccani celebrano la natura, le stagioni e i cicli della vita. Il principio di onorare i riti di passaggio attraverso il tempo è una grande parte della filosofia Wicca. Seguire i cambiamenti stagionali e vivere la vita attraverso i ritmi della Terra è parte di questa pratica.

Il Rede Wicca

Esso sostiene che ogni individuo è responsabile delle proprie azioni e che le decisioni vanno prese alla luce di ciò che è meglio per sé stessi e per gli altri. Inoltre ci si deve impegnare a creare amore e armonia nella propria vita e nelle relazioni con gli altri.

Il Rede è spesso interpretato come un invito alla libertà personale e alla responsabilità, ma anche come un richiamo all'amore e alla cura per gli altri. E' una guida per la nostra vita quotidiana e lo usiamo come una sorta di codice morale da seguire nella pratica magica e nella vita quotidiana.

Credenze Wicca

Le antiche civiltà, tra cui gli Egizi, i Romani, i Celti e i Greci, avevano un'ampia varietà di pratiche spirituali. La Wicca è una delle numerose tradizioni esistenti, con al suo interno diverse correnti, ognuna caratterizzata da pratiche e scopi spirituali distinti. Tuttavia, tutti i wiccani sono uniti da alcune credenze fondamentali, anche se queste possono manifestarsi in modi diversi.

Una delle caratteristiche peculiari della Wicca è la sua visione plurale della divinità, che comprende sia aspetti femminili (la Dea) che maschili (il Dio). Questa concezione può portare i wiccani ad essere politeisti, enoteisti, panteisti o a combinare elementi di tutte e tre queste prospettive. Tra gli elementi sacri fondamentali della Wicca vi sono il Sole, la Luna e la Terra, considerati corpi planetari essenziali da cui è possibile evocare potere e energia. Solitamente, essi sono venerati come il Dio Sole, la Dea Luna e la Dea Terra.

L'alternarsi delle stagioni sulla Terra svolge un ruolo cruciale nella spiritualità Wicca. Le significative alterazioni simboliche che si verificano nel ciclo delle stagioni sono intrecciate con le nostre vite individuali. In particolare, la celebrazione dei Sabbat della Ruota dell'Anno, conosciuto anche come il Giro della Ruota, costituisce un momento importante nel calendario Wicca, durante il quale si onorano gli influssi delle stagioni e si riconnette con i cicli naturali del cosmo.

Le pratiche Wicca hanno radici antiche e spesso includono rituali, meditazioni, l'utilizzo di erbe e cristalli, nonché una stretta connessione con la natura e la magia. La Wicca è una religione moderna, ma le sue origini affondano nelle tradizioni pagane pre-cristiane, eppure continua a evolversi e ad adattarsi alle esigenze e alle prospettive contemporanee. La libertà di interpretazione e l'accento sulla responsabilità individuale caratterizzano la pratica Wicca, che si basa sulla forza interiore, l'armonia con la natura e la reciproca interconnessione tra tutti gli esseri viventi.

CAPITOLO 4

La congrega e il suo stile di vita

La congrega è un gruppo di praticanti che si riuniscono regolarmente per celebrare i rituali, condividere la pratica magica e sostenersi a vicenda. Le congreghe possono essere composte da pochi o da molti membri, e possono essere organizzate in modo informale o formale. In generale, la congrega è guidata da un leader o un gruppo di leader, chiamati Sacerdotesse o Sacerdoti. Essi sono responsabili della conduzione dei riti, dell'educazione e della guida dei membri della congrega. In alcune congreghe, sono anche responsabili della selezione e dell'addestramento dei nuovi membri.

Alcune congreghe sono aperte a tutti, mentre altre sono più selettive e possono richiedere un processo di candidatura o di addestramento per diventare membri. In generale, le congreghe tendono ad essere molto rispettose della privacy e della sicurezza dei loro membri, e spesso richiedono che gli stessi mantengano il riserbo sulla loro appartenenza alla congrega.

La congrega, quindi, rappresenta un'importante comunità di supporto per i praticanti Wicca, fornendo loro un ambiente sicuro e di supporto per la pratica e la crescita spirituale, oltre ad organizzare eventi e attività per la promozione e la comprensione della filosofia Wicca. Per unirsi ad una congrega è importante essere aperti, rispettosi e disponibili all'apprendimento. E' importante rispettare le regole e le tradizioni della congrega ed essere disposti a collaborare con gli altri membri. Inoltre, le congreghe possono fornire un ambiente sicuro e di supporto per esplorare la propria spiritualità e per crescere come praticanti. Il viaggio alla scoperta dei propri aspetti spirituali e magici può essere molto gratificante. Per molti, essere inclusi in un raduno di wiccani è una parte vitale della religione.

Una congrega tipica è tra i dieci e i quindici membri, anche se vi sono gruppi più grandi. Alcuni credono che il numero ideale di membri sia tredici, in parte per il simbolismo, ma anche perché questo è il numero di membri gestibile da un singolo sacerdote/alta sacerdotessa. Una congrega richiede una cerimonia di iniziazione, ovvero al praticante sarà richiesto di studiare con la congrega per un anno e un giorno prima che avvenga l'iniziazione al gruppo. Ci possono essere diversi gradi di appartenenza. La tradizione/coven stabilisce i requisiti specifici per ogni livello.

L'addestramento e lo studio vengono prima che il neofita possa diventare un iniziato. Alcune congreghe richiederanno un ulteriore giuramento da parte del principiante, per dichiarare formalmente che intende studiare il mestiere e diventare un iniziato per quella particolare congrega. Alcune congreghe imporranno una linea guida rigorosa di studio per un anno e un giorno, altre baseranno semplicemente la tempistica sulla conoscenza e la dedizione del dedicante. Tipicamente, la familiarità con il mestiere avviene attraverso lezioni, meditazione, rituali, Esbat, letture, esercizi assegnati, e il proprio personale viaggio spirituale. Se la congrega è una struttura gerarchica, allora sarà la sacerdotessa/alto sacerdote a decidere; altrimenti conferiranno con gli anziani della congrega e un consenso di gruppo deciderà sul percorso del principiante.

In genere, il principiante farà l'apprendista con un altro praticante della congrega. La partecipazione agli Esbat e ai Sabbat è relativamente obbligatoria durante questo periodo. Un iniziato di secondo grado diventa un anziano della congrega quando la pratica della religione Wicca farà parte integrante della sua vita quotidiana. Dovranno essere pronti ad assumersi ulteriori responsabilità e agiranno come guida per gli altri, spesso come mentore. Un iniziato di terzo grado è un sommo sacerdote/sacerdotessa maestro del mestiere. Sono completamente dedicati a questo mestiere. Ciò che li distingue da un iniziato di secondo grado è il tipo di addestramento ricevuto. Il sommo sacerdote/la sacerdotessa ha la facoltà di formare la propria congrega, che sarà considerata totalmente indipendente e separata, anche se non gli è richiesto obbligatoriamente. Strutturalmente, ci sono anche iniziati di quarto e quinto grado, ma questi livelli sono molto complicati da perseguire. La Wicca tradizionale riconosce solo i primi tre gradi. Ogni congrega stabilirà le proprie linee guida e le regole per le procedure necessarie ad ottenere qualsiasi dei gradi all'interno della congrega. Una congrega si riunirà per osservare i Sabbat e gli Esbat, e la partecipazione può essere obbligatoria. Una delle ragioni per cui un iniziato deve far parte di una congrega per un anno e un giorno, è per assicurarsi l'adattamento con il resto dei membri. Ogni praticante dovrebbe avere il proprio *Libro delle Ombre* (o Grimorio), una congrega avrà un libro di gruppo che conterrà i contributi di tutti i membri della congrega: erbe, incantesimi, scoperte, osservazioni, ecc.

Diventare un praticante

Diventare un wiccano è un viaggio personale che ogni individuo sperimenterà in modo diverso. Il primo passo da intraprendere leggendo questo libro è continuare ad incrementare la tua conoscenza ogni giorno, troverete il vostro percorso spirituale personale con il tempo. Non dovete sentirvi sopraffatti dalla quantità di informazioni su questa religione. Iniziare qualcosa di nuovo è indubbiamente un percorso fatto di tentativi ed errori, ma diventerete illuminati e troverete il vostro destino molto presto. Tutti i sentieri sono validi. Ogni individuo ha la libertà di trovare la propria strada, a condizione che non creiate ostacoli agli altri nel processo.

Gli otto Sabbat

Gli 8 Sabbat sono festività importanti nella Wicca e rappresentano i cicli della natura e delle stagioni. Ecco una lista di questi 8 Sabbat con le loro caratteristiche:

Samhain: è considerato il Capodanno celtico e viene celebrato il 31 ottobre. In questo giorno le barriere tra il mondo dei vivi e quello dei morti sono particolarmente sottili. Questo è un momento per ricordare i defunti e onorare i morti. I cibi preferiti in questo periodo sono tutto ciò che contiene mele e zucche. Le attività e le tradizioni celebrate in questo periodo sono l'intaglio di lanterne con le zucche, il ricordo dei morti e la divinazione.

Yule: viene celebrato il 21 dicembre e segna il solstizio d'inverno. Questo è un momento per celebrare la luce e l'energia che sta tornando alla Terra. In questo giorno viene acceso un grande fuoco per celebrare il ritorno della luce. Yule è anche conosciuto come Saturnalia e Solstizio d'inverno. I cibi preferiti serviti nella celebrazione di Yule sono mele, zucca al forno, pan di zenzero e sidro. Le attività e tradizioni comuni osservate durante questo periodo sono appendere il vischio, accendere candele, fare regali, accendere un tronco di Yule, decorare un albero e fare regali.

Imbolc: è celebrato il 2 febbraio e segna l'inizio della primavera. Questo è un momento per celebrare la rinascita della vita. Noi wiccani accendiamo candele per rappresentare la crescita della luce e del calore. I cibi preferiti da servire per celebrare questo giorno sono i semi di zucca, burro, il cavolo, la zuppa di patate, lo stufato di agnello, lo yogurt e la crema. Le attività consuete e le tradizioni fatte durante il giorno sono l'accensione di candele, le previsioni del tempo, l'accensione di un falò, le pulizie di primavera, e la realizzazione di una croce intrecciata.

Ostara: viene celebrato il 21 marzo e segna l'equinozio di primavera. Questo è un momento per celebrare la nascita della vita e la rinascita della natura. E' normale per noi piantare semi e fare offerte alla Dea per celebrare la nuova vita. I cibi preferiti per la celebrazione di questo Sabbat sono i panini a forma di croce calda, le verdure a foglia, le fragole, l'agnello e tutto ciò che contenga uova.

Beltane: viene celebrato il 30 aprile e segna l'inizio dell'estate. Questo è un momento per celebrare la fertilità e l'unione sessuale. accendendo fuochi per celebrare la vita e la fertilizzazione. I cibi preferiti in questa occasione sono il vino, pane appena sfornato, miele, idromele. Le attività tradizionali in questo giorno sono la magia delle fate, la raccolta dei fiori selvatici, l'intreccio di catene di fiori, la danza, i falò e i nastri danzanti intorno a un palo di maggio.

Litha: viene celebrato il 21 giugno e segna il solstizio d'estate. Questo è un momento per celebrare la crescita e la prosperità. E' uso raccogliere fiori e frutta per celebrare l'abbondanza. Segna l'inizio dell'altra metà dell'anno in cui le notti diventano più lunghe dei giorni. Se si è un devoto praticante, questo giorno è essenziale per raccogliere le erbe per i rituali utili fino al successivo Litha. Il regno delle fate in questo arco temporale è molto ricettivo. Le fate sono viste come spiriti della natura che regnano sul mondo selvatico e sulla terra. La magia delle fate è associata alla natura, alla bellezza e alla gioia. Le fate sono evocate per aiutare a creare bellezza, armonia e pace. Si può evocare l'energia delle fate per creare una connessione più profonda con la natura e per incoraggiare la crescita e la prosperità. La magia delle fate è anche associata alla guarigione, alla bellezza interiore e all'equilibrio emozionale. Per evocare l'energia delle fate, si può creare un altare dedicato, utilizzando erbe e pietre, creare incantesimi e formule magiche specifiche, ballare e cantare. Inoltre, si possono omaggiare le fate con offerte, come fiori e cibo, per chiedere la loro benedizione.

Lammas: viene celebrato il 1° agosto e segna la mietitura. Questo è un momento per celebrare le benedizioni della natura e per ringraziare la Terra per il suo dono. Si raccolgono grano e altri raccolti per celebrare la mietitura. Rappresenta la prima delle tre feste del raccolto dell'anno, i primi raccolti dei primi cereali e del mais. Durante questo periodo sono comuni anche i rituali di sacrificio, usanza per il successo dei raccolti di tutto l'anno. Questa celebrazione prende il nome da Lugh, un Dio celtico legato alle abilità sportive e al sole.

Un altro nome per questa celebrazione è Lughnasadh, che ricordo essere un momento per esprimere gratitudine alla Dea Terra, alla Dea della natura e al Dio Sole per il loro contributo alla crescita dei raccolti durante la stagione estiva. È un periodo di connessione con la terra, di meditazione sulla ciclicità della vita, della morte e della rinascita.

Il cibo preferito servito durante la celebrazione è il sidro, semi di girasole, zucca estiva, mais e pane fresco. Le attività e le tradizioni comuni sono i giochi di abilità all'aperto, la creazione di bambole di pula di mais e la lavorazione e cottura del pane.

Mabon: viene celebrato il 21 settembre e segna l'equinozio d'autunno. Questo è un momento per celebrare la fine dell'abbondanza estiva e per onorare la morte. Si fanno offerte ai morti e si celebra il passaggio verso l'inverno. I cibi preferiti serviti in questo giorno sono tutto ciò che contiene more e uva. Viene servito anche il tacchino.

Altare Wicca

È considerato un punto focale per la connessione con le divinità, gli elementi, gli spiriti e le forze della natura. L'altare è uno strumento importante per noi wiccani, poiché rappresenta un luogo di potenza e di raccoglimento delle energie, oltre che un centro di attività rituali e magiche. Gli altari possono variare notevolmente in termini di dimensioni e disposizione, a seconda delle preferenze e delle tradizioni individuali del praticante. Essi possono essere permanenti o temporanei, a seconda delle esigenze e delle possibilità logistiche. I componenti di un altare wiccano possono includere:

Elementi naturali: Gli altari Wicca sono adornati con elementi della natura, come pietre, cristalli, conchiglie, fiori, erbe o legna, che rappresentano gli elementi della terra, dell'acqua, dell'aria e del fuoco. Questi elementi simbolici sono importanti per stabilire una connessione con il mondo naturale e le sue energie.

Strumenti rituali: Gli oggetti sacri, come il calderone, il calice, la bacchetta e l'athame (dagger), possono essere posizionati sull'altare durante le cerimonie. Ciascuno di questi strumenti ha una funzione specifica e simbolica.

Candele: Le candele sono sempre presenti sull'altare e possono rappresentare la luce divina, la purificazione, l'energia e la trasformazione. I praticanti possono accendere candele di colori diversi a seconda del tipo di rituali o delle intenzioni specifiche.

Deità: Le immagini o le rappresentazioni delle divinità venerate nella tradizione del praticante possono essere poste sull'altare come forma per onorare e invocare la presenza delle divinità durante i rituali.

Oggetti personali e simbolici: Gli oggetti di significato personale, come gioielli speciali, amuleti o ciondoli, possono essere collocati sull'altare per rafforzare la connessione con l'energia personale e la spiritualità del praticante.

Ogni elemento posto sull'altare ha un significato specifico e contribuisce a creare un'atmosfera sacra durante le pratiche Wicca. L'altare è considerato uno spazio sacro, dedicato al culto e alla magia, alla sua creazione e alla sua profonda spiritualità.

Wiccani solitari

I wiccan solitari sono praticanti senza un gruppo o una congregazione. Invece di partecipare a cerimonie e rituali con altri wiccani, scelgono di seguire la propria via spirituale individualmente. I wiccan solitari possono fare riferimento a testi scritti o seguire una tradizione Wicca specifica, ma hanno la libertà di personalizzare la propria pratica come meglio credono. Possono anche scegliere di unirsi a un gruppo o a una congregazione in qualsiasi momento se lo desiderano. Essere un wiccano solitario come me, significa essere responsabile del proprio percorso spirituale, avere una grande autodisciplina e motivazione interiore.

Il sentiero della Wicca attraverso l'autorealizzazione

Qualunque sia la ragione, un individuo che sceglie di entrare nella religione Wicca deve essere consapevole di dover affrontare un importante lavoro di ricerca e auto-realizzazione nella pratica quaotidiana. Il sentiero della Wicca attraverso l'autorealizzazione è una concezione che vede la nostra pratica Wicca come un mezzo per raggiungere la nostra crescita personale e spirituale. Per noi il wiccanesimo non è solo una religione o un insieme di credenze, ma un modo per diventare più consapevoli di noi stessi e del mondo che ci circonda, e per realizzare il nostro potenziale umano.

Attraverso la pratica dei rituali, la meditazione, la connessione con la natura e la conoscenza della propria storia e delle proprie radici, noi praticanti possiamo trovare una maggiore comprensione di noi stessi e del nostro posto nel mondo. Questo aiuta a raggiungere una pace interiore, a sviluppare relazioni più sane e a vivere una vita più appagante.

CAPITOLO 5
Comprendere il Libro delle ombre

I l *libro delle Ombre* è un libro concettuale che può essere trovato non solo nella Wicca ma in molte altre tradizioni spirituali. Il *Libro delle Ombre* è un termine derivato da Gardner, ma il concetto è molto più antico, e risale ad un tempo in cui l'alfabetizzazione era bassa, e l'accesso al materiale non era possibile. Il concetto che il libro sia un "libro di incantesimi" è fuorviante; un vero *Libro delle Ombre* è pensato come strumento magico, registrazione e diario personale.

Il *Libro delle Ombre* è un libro personale che i praticanti wiccan usano per tenere traccia delle loro conoscenze, delle loro pratiche spirituali e dei loro rituali. Il contenuto di ogni *Libro delle Ombre* è unico e dipende dalle esperienze e dalle credenze individuali del proprietario.

Esso può contenere molte informazioni diverse, come:

- ○ Le credenze Wicca fondamentali e la teologia
- ○ Gli incantesimi e i rituali che il proprietario ha creato o adottato
- ○ Le festività wiccane e i modi per celebrare

◦ La storia personale del proprietario e i suoi progressi spirituali

◦ Le visioni e le meditazioni che il proprietario ha sperimentato

Il *Libro delle Ombre* è considerato sacro dai wiccani e viene spesso usato durante i rituali. Viene trattato con rispetto e di solito viene conservato in un luogo sicuro e privato. A volte viene trasmesso di generazione in generazione all'interno di una famiglia o viene condiviso solo con i membri stretti di una congregazione o di un gruppo wiccan.

Guida pratica al Libro delle Ombre

Consiglio di creare il tuo *Libro delle Ombre* usando la tua scrittura. Vi permette di avere tempo per pensare e di connettervi maggiormente a voi stessi. Scegliete un materiale adeguato come carta, pelle o pergamena o un materiale che si adatta alle vostre esigenze.

Decidete il formato, il *Libro delle Ombre* può essere un diario, un blocco di appunti o un quaderno. Scegliete il formato che vi piace di più e che sarà facile da usare per voi. Create un indice in modo che possiate facilmente trovare le informazioni che cercate. Inserite le vostre credenze principali. Aggiungete incantesimi e rituali che avete creato o che avete adottato da altre fonti. Inserite una sezione sulle festività Wicca e sui modi per celebrarle. Menzionate la vostra storia personale e i vostri progressi spirituali. Inserite una sezione sulle visioni e le meditazioni che avete sperimentato.

Usate il vostro *Libro delle Ombre* regolarmente, consideratelo come un elemento vitale, annotate i vostri pensieri, le vostre esperienze e i vostri progressi spirituali. Trattatelo con rispetto e conservatelo in un luogo sicuro e privato.

Il raccoglitore di ombre ad anelli

Il tuo *Libro delle Ombre* deve essere uno strumento di lavoro pratico per la tua pratica. Per questo motivo, il raccoglitore di ombre ad anelli è un tipo di *libro delle ombre* che utilizza un sistema di anelli per tenere le pagine insieme. Questo tipo di libro è molto flessibile e consente di aggiungere o rimuovere facilmente le pagine, il che lo rende ideale per chi desidera modificare o espanderlo. Potete anche usare guaine di plastica per proteggere ogni pagina, il che è utile per evitare di danneggiare il contenuto con la cera delle candele o altri oggetti usati per fare incantesimi e rituali. Alcuni praticanti preferiscono lasciare che queste gocce fuoriuscite cadano sulle pagine dei loro libri, permettendo loro di assumere un po' di potere da ogni rituale.

Scegliere la lingua

Alcune streghe impiegano cifrari elaborati, lingue o codici per creare il loro *Libro delle Ombre*. Come per tutte le cose, un wiccan dovrebbe semplicemente scrivere nel modo che ritiene più opportuno. Molti wiccan preferiscono utilizzare una lingua antica o archaica come l'antico inglese o il latino, mentre altri preferiscono usare la loro lingua madre. Ci sono anche molte parole e frasi in uso comune nella Wicca che possono essere utilizzate nel *libro delle ombre*. L'importante è che la lingua utilizzata sia comprensibile per l'utente e che esso sia in grado di utilizzarla in modo efficace durante gli incantesimi e i rituali. In ogni caso, è importante che la lingua scelta sia adeguatamente scritta per esprimere il significato e la potenza degli incantesimi e dei rituali.

Biografie divine

Una sezione del vostro *Libro delle Ombre* può essere dedicata alle vostre divinità individuali; qui potete includere miti, leggende e qualsiasi altra informazione che ritenete rilevante per le vostre divinità personali. Col tempo potreste scoprire relazioni con altre divinità, e potrete continuare ad aggiungere altre informazioni se necessario.

Grafici di corrispondenza

Questi sono strumenti importanti per il mestiere di qualsiasi strega. Includono tabelle che tracciano le fasi lunari, dettagli degli equinozi, corrispondenze tra cristalli, erbe, colori, pianeti e diverse entità spirituali, inclusi gli dei e le dee. Le fasi lunari sono considerate particolarmente importanti per la pratica della magia, dunque, avere un anno di esperienze scritte nel vostro *Libro delle Ombre* è importantissimo.

I Sabbat

Gli otto Sabbat sono punti cruciali dell'anno per chi appartiene a qualsiasi tradizione di stregoneria. Tenere un registro del tempo, dei significati e dei rituali associati ad ogni Sabbat dovrebbe essere considerato essenziale. Le celebrazioni dei Sabbat possono essere complesse ma anche semplici, potete includere sia le versioni tradizionali che le vostre personali.

Incantesimi

Gli incantesimi possono essere scritti in un *libro delle ombre* come una serie di parole, simboli e gesti che il praticante deve seguire durante il rituale. È norma scrivere gli incantesimi che ti sembrano più facili e intuitivi. Scoprirai man mano che eserciterai, che le tue preferenze si adatteranno alla tua personalità così da creare un tuo stile personalizzato.

Ricette

Per noi wiccan la cucina e un elemento importante nella pratica degli incantesimi. La cucina è tradizionalmente, il cuore della casa, il cibo è il nucleo della nostra esistenza e la sua preparazione ha molto in comune con il rituale. Sta a voi decidere se aggiungere alcune ricette sul vostro *Libro delle Ombre*. La cucina e le ricette giocano un ruolo importante nella pratica religiosa della Wicca, poiché gli ingredienti utilizzati nelle ricette sono spesso associati a particolari divinità o elementi della Natura.

La cucina viene vista come un'opportunità per celebrare le stagioni, le festività e i cicli della vita. Ad esempio, durante la festa di Samhain (nota anche come Halloween), i seguaci della Wicca possono preparare cibi speciali come zuppe di zucca o dolci a base di mele per celebrare la fine dell'estate e l'inizio dell'inverno. Questi cibi sono spesso condivisi durante i rituali e le cerimonie, creando un senso di comunità e connettendosi con le energie delle stagioni.

Le ricette Wicca sono anche utilizzate per aiutare a concentrare l'energia e l'intenzione durante i rituali e le cerimonie. Ad esempio, è possibile preparare una "pietanza sacra" per evocare determinate energie o per invocare una divinità specifica. Questi cibi sono arricchiti con erbe e spezie che sono associate a specifici elementi o divinità, e sono serviti durante i rituali come un modo per connettersi con loro.

Inoltre, molte ricette sono progettate per aiutare a mantenere la salute e il benessere fisico. Ad esempio, si possono utilizzare erbe e spezie per preparare tisane che hanno proprietà medicinali, o cucinare cibi che sono considerati particolarmente nutrienti per il corpo e la mente. Attraverso queste pratiche, ci si connette con la Natura, le divinità e se stessi, creando una vita più equilibrata e armoniosa.

CAPITOLO 6

Devozioni Wicca

Il nostro successo dipende dalla vostra capacità di concentrare le risorse per trasmetterle all'universo. Se trascurate la vostra connessione con il potere Magico, il vostro potere diminuirà.

Una pratica devozionale aiuta ad aumentare la forza in diversi momenti della giornata. Rafforzano la connessione e portano energia positiva alla vita. Trovate una routine giornaliera che sia giusta per voi e seguitela con costanza. Le devozioni vi trasmetteranno emozioni positive, così come maneggiare il vostro *Libro delle Ombre* ogni sera prima di dormire. Ecco una lista di devozioni quotidiane:

Meditazione: è abitudine iniziare la giornata con una meditazione per concentrarsi sugli obiettivi e le intenzioni del giorno.

Gratitudine: esprimendo gratitudine per le benedizioni della vita quotidiana, ci si impegna a mantenere un atteggiamento positivo e a concentrarsi su ciò che si ha, invece che su ciò che manca.

Affermazioni positive: recitare affermazioni positive o incantesimi di protezione durante il giorno aiuta a mantenere una mente positiva e a proteggere l'energia personale.

Connessione con la Natura: trascorrere del tempo all'aria aperta, camminare o praticare il giardinaggio sono modi per connettersi con la Natura e le sue energie.

Riti alimentari: si può scegliere di benedire il cibo prima di mangiare, per ringraziare le divinità per il nutrimento.

Cerimonie di luna: celebrare le fasi della luna, con cerimonie o meditazioni per connettersi con essa.

Canto di benedizione: recitare una benedizione prima di andare a dormire può aiutare a mantenere una mente e un corpo protetti durante il sonno.

Ogni individuo è libero di personalizzare e adattare queste pratiche in base alle proprie esigenze e convinzioni. L'importante è che ogni devozione aiuti a creare una connessione più profonda con se stessi, la Natura e le divinità.

Connettersi al Signore e alla Signora

Le rappresentazioni divine maschile e femminile della Dea e del Dio può essere fatto attraverso la preghiera, la meditazione o la partecipazione a cerimonie specifiche. Questo tipo di connessione è importante poiché aiuta a connettersi con l'energia divina e a ricevere guida e ispirazione nella nostra vita quotidiana.

La Dea rappresenta la Madre Terra e la Terra stessa, e il Dio rappresenta il Cielo e la Natura. La connessione con il Signore e la Signora aiuta a creare un equilibrio tra le forze maschili e femminili all'interno di sé stessi e nel mondo esterno. Questo equilibrio è considerato importante per la salute e il benessere spirituale.

Iniziate la vostra meditazione, respiri profondi e lenti.

Preparazione: trovate un luogo tranquillo dove sedervi o sdraiarvi comodamente. Accendete una candela o un incenso per creare un'atmosfera più tranquilla.

Respirate profondamente: inspirate lentamente attraverso il naso e poi espirtea lentamente dalla bocca. Ripetete questo esercizio per alcuni respiri.

Immaginate la luce: una luce brillante che vi circonda e vi protegge. Questa luce è la vostra energia personale e la vostra protezione.

Connessione con la Dea: immaginate la Dea, l'incarnazione della femminilità divina, che entra nella vostra vita. Potete visualizzarla nella forma che risuona di più con voi, raffigurandola come una figura radiante di luce o con attributi che richiamano aspetti della natura, come la Luna o la Terra. Chiedete gentilmente alla Dea di connettersi con voi, di condividere la sua energia e la sua guida. Questo è il momento di aprire il vostro cuore e accogliere la presenza amorevole della Dea nella vostra meditazione.

Connessione con il Dio: seguite una procedura simile per connettervi con il Dio. Visualizzate il Dio come una figura ispiratrice, magari associandolo al Sole, alla forza, o a una figura mitologica che vi ispira. Fate la richiesta di connessione, aprendo la vostra mente e il vostro spirito per accogliere la sua energia e la sua saggezza. Questo momento di connessione vi aiuterà a stabilire un legame profondo con il maschile divino.

Ricevere la loro energia: una volta stabilita la connessione con la Dea e il Dio, immaginate la loro energia fluire attraverso il vostro corpo. Visualizzate questa energia positiva che riempie ogni cellula del vostro essere, donandovi una sensazione di pace, equilibrio e forza interiore. Sentitevi rinvigoriti e guidati dalla loro presenza mentre questa energia fluisce attraverso di voi.

Ringraziamento: al termine della vostra meditazione, mostrate gratitudine verso il Signore e la Signora. Ringraziateli per aver condiviso la loro energia e la loro guida con voi. Chiedete loro di continuare a illuminare il vostro cammino e di proteggervi durante la giornata e oltre.

Ritorno alla realtà: lentamente aprite gli occhi e riportate la vostra attenzione nella realtà circostante. Continuate a respirare profondamente, portando con voi l'energia del Signore e della Signora nella vostra giornata. Questo rituale di ritorno alla realtà vi aiuterà a mantenere la connessione con la divinità nel vostro quotidiano.

Questa meditazione è solo un esempio e potete modificarla o adattarla in base alle vostre esigenze e alle vostre convinzioni personali. L'importante è che vi sentiate connessi e a vostro agio durante la meditazione, permettendo alla Dea e al Dio di guidarvi nel vostro percorso wiccan.

Le tue devozioni quotidiane

Intraprendere un percorso magico all'interno della religione Wicca richiede una profonda comprensione dell'energia magica e la capacità di canalizzarla verso l'universo per manifestare i vostri desideri e obiettivi. Il rapporto con questa energia è essenziale e richiede attenzione costante, poiché un collegamento debole può indebolire la vostra capacità di manifestare i vostri intenti. Per i principianti wiccan, la pratica dei percorsi energetici e magici è cruciale, e le devozioni quotidiane rappresentano un modo efficace per rafforzare la vostra abilità nella gestione dell'energia magica interiore. Queste devozioni possono variare ampiamente e dovrebbero essere scelte in base a ciò che vi ispira e rende felici, trovando spazio anche nelle pagine del vostro *Libro delle Ombre*, dove potrete registrare le vostre esperienze e le pratiche preferite.

Di seguito, vi presentiamo uno schema di alcune devozioni quotidiane che potete considerare di includere nella vostra pratica wiccan. Scegliete quelle che risuonano maggiormente con voi e che vi mettono in sintonia con le energie della natura e dell'universo:

Saluto al Sole o alla Luna: ogni mattina o sera, salutate il Sole o la Luna, a seconda del momento della giornata. Questo gesto simbolico vi connetterà alle forze celesti e rafforzerà il vostro legame con l'energia cosmica.

Meditazione e Visualizzazione: dedicate del tempo ogni giorno alla meditazione e alla visualizzazione. Potete immaginare voi stessi circondati da luce positiva o concentrarvi su un obiettivo specifico che desiderate manifestare. La meditazione vi aiuterà a centrarvi e a sintonizzarvi con l'energia magica.

Offerte alla natura: fornite offerte alla natura come un segno di gratitudine per l'abbondanza e la bellezza del mondo naturale. Queste offerte possono includere fiori, incenso, o addirittura una semplice preghiera di ringraziamento.

Percorso nell'aria aperta: trascorrete del tempo all'aperto, magari in un parco o in un bosco. Camminate con consapevolezza, ascoltando i suoni della natura e respirando profondamente. Questo vi aiuterà a connettervi con gli elementi naturali.

Stesura del Libro delle Ombre: registrate le vostre esperienze, pensieri e pratiche spirituali nel vostro *Libro delle Ombre*. Questo è un atto di devozione che vi consentirà di tenere traccia del vostro progresso e delle vostre scoperte spirituali.

Incantesimi e rituali brevi: eseguite piccoli incantesimi o rituali quotidiani per manifestare desideri specifici o per invocare la protezione e la guida delle divinità wiccan. Questi rituali brevi possono essere personalizzati in base alle vostre esigenze e intenzioni.

Espressione artistica e creativa: Coltivate la vostra creatività attraverso l'arte, la scrittura o la musica. Questa espressione artistica può fungere da devozione e connettervi con le vostre energie interiori.

Ricordate che la pratica delle devozioni quotidiane è altamente individuale, e potete modificarla o adattarla secondo le vostre esigenze e preferenze personali. L'obiettivo è sentirvi in armonia con le forze della natura, con le divinità wiccan, e con voi stessi mentre intraprendete il vostro cammino magico all'interno della religione Wicca.

CAPITOLO 7

Strumenti Wicca

L'altare

L'altare per noi Wiccan è uno spazio sacro dove si svolgono rituali e cerimonie. È un luogo dove si raccolgono gli strumenti e gli oggetti necessari per la pratica della religione. La sua funzione principale è quella di fornire un punto focale per la concentrazione e la meditazione, nonché un luogo dove noi praticanti possiamo onorare le divinità e la Terra.

Gli altari possono essere costruiti in molti modi e possono includere una varietà di oggetti, come candele, incensi, pietre, cristalli, erbe e oggetti personali. Possono anche essere decorati con simboli wiccan e elementi della natura come foglie, fiori e acqua.

Gli altari sono utilizzati per una vasta gamma di scopi, come la meditazione, la guarigione, la protezione, la prosperità e l'amore. La utilizziamo anche per offrire doni alle divinità, con cibo, bevande e fiori. L'altare dei nostri antenati contiene foto, ceneri, cimeli e diari o libri tramandati.

Besom

La besom è una scopa di paglia, ed è usata per spazzare un'area cerimoniale o rituale. E' uno strumento solitamente realizzato con rami di salice o vischio, utilizzato in molti rituali e cerimonie wiccan. Il besom viene utilizzato per purificare e benedire lo spazio durante i rituali, e viene passato sopra l'altare e intorno al cerchio di protezione. Viene utilizzato per invocare la pioggia durante i rituali di raccolta, e come simbolo di purificazione e protezione durante i riti di guarigione. Inoltre, il besom è considerato un simbolo di unione e armonia tra l'umanità e la natura. Utilizzato anche come strumento di guida durante i rituali di passaggio, come ad esempio la cerimonia del matrimonio wiccan.

Athame

L'Athame è uno strumento rituale usato nella nostra pratica quotidiana. È un coltello speciale, solitamente a forma di daga o di pugnale, che viene usato per tracciare il cerchio di protezione durante i rituali e per rappresentare il potere maschile e l'energia.

L'Athame è associato al Dio wiccan e viene utilizzato per rappresentare il suo potere durante i rituali. Viene utilizzato per invocare gli spiriti, per la meditazione e per la concentrazione dell'energia. E' considerato un simbolo di protezione e viene usato per tagliare il filo del destino. Utilizzato anche per evocare l'energia per raggiungere uno scopo specifico durante il rituale. Se desiderate personalizzarlo, potete incidere dei simboli sul manico.

Un athame non deve essere necessariamente di metallo, può essere di legno o di pietra tagliata.

Candele

Le candele giocano un ruolo importante in qualsiasi rituale. Esse sono un grande simbolo di vita nella pratica della Wicca. Nessuna riunione Wicca è completa senza candele. Ogni colore di ogni candela ha un significato specifico e viene utilizzato per evocare una determinata energia o per rappresentare un particolare aspetto della Dea o del Dio. Le candele sono utilizzate per rappresentare la luce, il calore e la vita, e vengono accese durante i rituali per invocare l'energia divina. Sono anche utilizzate per creare un'atmosfera sacra e per concentrare l'energia durante la meditazione.

E' usanza accendere le candele in coppie di colore diverso per rappresentare la Dea e il Dio, o per rappresentare altri aspetti della natura come la luna e il sole. Ad esempio, la candela bianca viene spesso utilizzata per rappresentare la Dea e l'energia femminile, mentre la candela nera viene utilizzata per rappresentare il Dio e l'energia maschile.

L'atto di accendere una candela è una potente vibrazione energetica di intenzione e apre una porta per connettervi più profondamente con la potente magia che desiderate invocare. Usare le candele in tutti i vostri rituali e incantesimi è un buon modo per portare avanti questa energia e concentrazione.

Boline

E' un coltello che viene utilizzato per vari scopi, come la raccolta di erbe e piante per i rituali, per l'apertura di cerchi magici, e per la guarigione e l'eliminazione di blocchi energetici. La boline è un piccolo coltello a lama dritta, generalmente con una lama corta di circa 10-15 centimetri e un manico generalmente di legno o metallo. Questo strumento ha una serie di scopi e funzioni all'interno della tradizione nostra tradizione:

Taglio delle erbe e delle piante: la boline è utilizzata per raccogliere, tagliare o preparare erbe, piante o ingredienti rituali utilizzati nelle pratiche, come la preparazione di pozioni, incensi o sacchetti amuleto. Questa è una parte importante della pratica, in quanto molte erbe e piante sono associate a specifiche corrispondenze magiche e possono essere utilizzate per scopi diversi.

Incisione di candele e simboli: la lama affilata della boline consente di incidere candele rituali con simboli, parole o intenzioni specifiche. Queste candele sono utilizzate nei rituali per concentrare l'energia magica su un obiettivo particolare.

Preparazione di oggetti rituali: la boline è utilizzata per la creazione o la preparazione di oggetti rituali, come amuleti, talismani o pentacoli. Gli oggetti realizzati con attenzione e intenzione hanno un significato speciale.

Sacrifici rituali simbolici: In alcune tradizioni wiccan, la boline viene utilizzata per effettuare sacrifici simbolici durante i rituali, come tagliare un pezzo di pane o frutta come offerta agli dei o agli spiriti.

Attività quotidiane rituali: utilizzata nelle attività quotidiane, come la preparazione di cibi rituali o la realizzazione di amuleti personali.

E' uno strumento pratico e simbolico, poiché rappresenta la capacità di tagliare via l'energia negativa o indesiderata e di concentrarsi su intenti positivi e magici. Inoltre, come con tutti gli strumenti wiccan, la boline dovrebbe essere trattata con rispetto e utilizzata con attenzione per evitare lesioni fisiche o danni accidentali.

Campana

La campana è uno strumento importante e viene utilizzata in diversi contesti rituali e cerimoniali. E' considerata uno strumento che rappresenta la voce della Dea e viene utilizzata per stabilire una connessione tra i praticanti e il Divino. Ecco ulteriori informazioni sulla campana nella pratica wiccan:

Chiamata alla Dea e al Divino:

La campana è spesso suonata all'inizio di un rituale o di una cerimonia per attirare l'attenzione della Dea e del Divino. Il suono della campana è considerato un richiamo per le forze divine, invitandole a prendere parte al rituale e a offrire la loro guida e la loro presenza.

Purificazione e Guarigione:

Durante un rituale, la campana può essere utilizzata per eliminare l'energia negativa o indesiderata presente nell'ambiente. Il suono della campana agisce come un purificatore energetico, pulendo lo spazio e preparandolo per il lavoro rituale. Alla fine di un rituale, la campana può essere suonata nuovamente per portare energia di guarigione e amore nell'ambiente, assicurando che tutti i partecipanti siano protetti e rinvigoriti.

Concentrazione e Focalizzazione:

Il suono della campana può servire a concentrare e focalizzare l'energia durante i rituali. I praticanti possono suonare la campana in momenti specifici per aumentare l'intensità dell'energia magica o per invocare l'attenzione delle divinità durante momenti cruciali del rituale.

Materiali e Decorazioni:

Le campane possono essere realizzate in vari materiali, tra cui rame, argento o bronzo. Molte campane sono decorate con incisioni o simboli che rappresentano l'intento del rituale o la connessione con le divinità. Questi dettagli aggiungono significato e potenza all'uso della campana.

Rituali e Cerimonie:

In alcune pratiche la campana viene suonata all'inizio e alla fine di una cerimonia per segnalare l'inizio e la conclusione del rituale. Questo gesto ha una funzione simbolica importante nel creare un confine sacro tra il mondo materiale e il mondo spirituale.

Di fatto è uno strumento versatile e significativo nella pratica wiccan, utilizzato per chiamare le energie divine, purificare lo spazio, concentrare l'energia e aggiungere simbolismo ai rituali e alle cerimonie. Il suono della campana rappresenta un'importante connessione tra i praticanti e il Divino, sottolineando la sacralità di ogni momento rituale.

Calice

Il calice è uno degli strumenti più importanti sull'altare. Rappresenta la Dea Madre ed è lo *yin* dell'altare. E' considerato un simbolo di purezza, santità e abbondanza, e viene utilizzato per rappresentare l'elemento dell'acqua durante i rituali. Il calice può essere fatto di diversi materiali, come argento, oro, cristallo o ceramica, e può essere decorato con incisioni o simboli che rappresentano l'intento del rituale. Durante i rituali, il calice viene riempito con acqua o vino, e viene utilizzato per rappresentare la purezza dell'anima o per rafforzare la connessione con la divinità. Utilizzato anche durante il Cerimoniale della Cena, durante il quale viene condiviso come simbolo di comunione con la divinità e con gli altri membri del coven.

Piatto della libagione

Un piccolo piatto, una ciotola o una tazza può andar bene, destinato per ottenere contributi per gli esseri divini e le dee.

Potete usare tranquillamente anche il vostro calice o un calderone per tale scopo. Terminato il vostro piatto di doni, dovrete seppellire il contenuto in giardino o lasciandolo galleggiare lungo un fiume o un ruscello per essere condotti al Divino come simbolo di gratitudine e riconoscimento verso la divinità.

Pentacolo

Il pentacolo è uno dei più importanti strumenti dell'altare in quanto fornisce protezione e potere attirando i cinque elementi insieme, da non confondere con il pentagramma. Il pentacolo è composto da una stella a cinque punte, all'interno della quale è disegnato un cerchio. Il pentacolo rappresenta la relazione tra l'uomo e il divino, e simboleggia le cinque essenze fondamentali della vita: acqua, terra, fuoco, aria e spirito. E' un simbolo di protezione, e viene usato durante i rituali come talismano per evocare le energie positive e per proteggere il praticante dalle energie negative. Il pentacolo viene anche utilizzato come un simbolo per invocare gli spiriti e le divinità, e viene spesso disegnato sull'altare durante i rituali.

Il pentacolo può essere realizzato in diversi materiali, come argento, oro, legno o pietre preziose, e può essere portato come amuleto o come talismano per proteggersi durante l'attività quotidiana.

Acqua salata

L'acqua salata è un elemento che viene utilizzato come una forma di purificazione e protezione. La salinità dell'acqua simboleggia la purificazione e l'eliminazione delle energie negative, mentre l'acqua stessa rappresenta la vita e la guarigione. Durante i rituali, l'acqua salata viene benedetta e utilizzata per purificare gli strumenti rituali, le persone presenti e l'area in cui viene effettuato il rituale. Inoltre, l'acqua salata viene utilizzata per sigillare l'intenzione e la protezione nei nostri rituali. Il sale e l'acqua non sono usati solo nel mondo fisico per la pulizia, ma anche nel regno energetico.

Piuma

La piuma rappresenta l'aria, uno dei quattro elementi fondamentali della Wicca, e viene utilizzata per rimuovere le energie negative e far entrare nuove energie positive. La piuma viene usata per spruzzare acqua benedetta o incenso per purificare l'area e le persone presenti, o per guarire e portare equilibrio energetico. La piuma viene anche utilizzata come strumento per la divinazione e la meditazione, per aiutare a concentrarsi sugli spiriti guida e sulle energie divine. Ricapitolando:

Aria e Elemento Aereo: le piume sono spesso associate all'elemento dell'aria. L'aria rappresenta la mente, la comunicazione, l'intelletto e la libertà. Le piume, che fluttuano nell'aria, simboleggiano la leggerezza dell'elemento e la capacità di sollevarsi sopra le questioni terrene. Utilizzate per rappresentare l'elemento aria su un altare wiccano o durante un rituale legato a questo elemento.

Simbolo di Dea e Spirito: Le piume sono talvolta associate alla Dea e agli spiriti. La leggerezza e l'eterea bellezza delle piume possono richiamare l'immagine di una Dea o di uno spirito che è presente ma sfuggevole, come il vento. Le piume possono essere utilizzate come offerte o doni agli spiriti o come parte di un'invocazione alla Dea.

Guida e Segni: Le piume sono considerate segni o messaggi dagli spiriti o dalla Dea stessa. Trovare una piuma durante una passeggiata nella natura o in un momento significativo può essere interpretato come una guida o un segno dall'alto. Le piume possono essere raccolte e conservate come talismani o amuleti per attirare la guida e la protezione spirituale.

Decorazioni Rituali: Utilizzate per decorare oggetti rituali, come bastoni magici o calici, per aggiungere una connessione simbolica con l'elemento dell'aria o con la spiritualità legata alla Dea. Possono anche essere incorporate in oggetti rituali come ventagli o mazzi di tarocchi per conferire loro un tocco magico.

Purificazione e Pulizia: Impiegate per purificare lo spazio rituale o per pulire le energie negative. Agitando una piuma attraverso l'aria servirà per spazzare via le influenze indesiderate e per creare un ambiente sacro e puro durante un rituale.

Cerimonie Legate all'Aria: Usate in cerimonie specifiche legate all'elemento dell'aria. Queste cerimonie possono coinvolgere l'uso di piume per rappresentare la direzione dell'Est, associata all'elemento dell'aria, e per invocare l'energia e la saggezza legate a questa direzione.

Bacchetta

Canalizzazione dell'energia: La funzione principale della bacchetta è quella di canalizzare e dirigere l'energia magica. La bacchetta agisce come un'estensione del braccio e dell'intenzione del praticante, consentendo di concentrare e indirizzare l'energia verso un obiettivo specifico durante i rituali o i lavori magici.

Puntamento e direzione: Essa può essere utilizzata per "puntare" l'energia verso un oggetto, un luogo o un'area specifica. Ad esempio, durante un rituale, la bacchetta viene utilizzata per tracciare cerchi magici o per indicare direzioni cardinali, stabilendo così un confine sacro o focalizzando l'attenzione in una determinata direzione.

Incorporazione dell'elemento Aria: Essa è associata all'intelletto, alla comunicazione e all'energia mentale. Durante i rituali legati all'elemento aria o quando si vuole evocare la sua energia, la bacchetta è un simbolo efficace.

Gesti rituali: La bacchetta può essere utilizzata per eseguire gesti rituali che hanno significati specifici. Ad esempio, è utilizzata per tracciare simboli magici nell'aria o per eseguire movimenti cerimoniali durante un rituale.

Connessione con le divinità: In alcuni rituali, la bacchetta è utilizzata per onorare, invocare o connettersi con specifiche divinità. Questo atto di offrire o utilizzare la bacchetta in un contesto rituale simboleggia la connessione con le forze divine.

Supporto nella divinazione: In alcune pratiche divinatorie, la bacchetta è impiegata per puntare o indicare specifiche carte, rune o altri strumenti divinatori. Questo gesto aiuta a focalizzare l'energia e ad ottenere risposte più chiare durante la divinazione.

Personalizzazione e simbolismo: La bacchetta è quasi sempre personalizzata dal praticante con simboli intagliati, rune o incisioni sulla bacchetta per aumentarne il significato e la potenza magica. Ogni bacchetta ha un significato unico per il suo possessore.

Parte dell'altare: La bacchetta è posizionata sull'altare come uno degli strumenti principali. Quando non viene utilizzata attivamente durante un rituale, rimane posizionata come simbolo e strumento sacro.

Calderone

Il calderone è un altro strumento rituale importante nella pratica wiccan.

Simbolo della Dea e del Ciclo della Vita: Il calderone è associato alla Dea nella sua triplice forma (giovane, madre e anziana) e rappresenta il ciclo della vita, la morte e la rinascita. È un simbolo potente della Dea e del suo potere creativo e rigenerativo.

Preparazione di Pozioni e Infusi: Esso è utilizzato per preparare pozioni, infusi e decotti magici. È il luogo dove gli ingredienti vengono combinati e mescolati per creare miscele magiche utilizzate in rituali, incantesimi o per scopi terapeutici.

Offerte e Sacrifici: In alcuni rituali wiccan, il calderone può essere utilizzato per offrire cibi, erbe o altri oggetti alla Dea, agli spiriti o agli antenati. Questi sacrifici simbolici possono essere parte di un atto di gratitudine o di invocazione.

Focalizzazione dell'Energia: Il calderone viene utilizzato per focalizzare l'energia durante un rituale o un incantesimo. Gli oggetti o le miscele magiche all'interno del calderone possono essere utilizzati per concentrare l'intenzione del praticante e generare energia per il lavoro magico.

Divinazione e Sciamanesimo: Utilizzato come strumento per la divinazione. Gli oggetti, come acqua, olio, cera o specchi, possono essere posti nel calderone per facilitare l'accesso ai mondi spirituali o per ottenere visioni.

Fuoco Sacro: Impiegato come un luogo per bruciare incenso, erbe sacre o candele rituali. Questo rappresenta il fuoco sacro e utile per purificare lo spazio o per creare un'atmosfera sacra durante un rituale.

Rappresentazione dell'Elemento Acqua: Esso rappresenta anche l'elemento acqua. Questo è particolarmente evidente quando il calderone viene riempito con acqua e utilizzato per scopi rituali legati a questo elemento.

Calderoni Individuali: Alcuni praticanti wiccan possono avere calderoni individuali come parte dei loro altari personali. Questi calderoni più piccoli sono spesso utilizzati per bruciare incenso, candele o offerte personali.

Libro delle ombre

Il *Libro delle Ombre* è un elemento centrale nella pratica della Wicca e di altre tradizioni esoteriche. Si tratta di un registro personale, un diario magico e un manuale di riferimento che un wiccan tiene per registrare le sue esperienze, conoscenze, rituali e incantesimi.

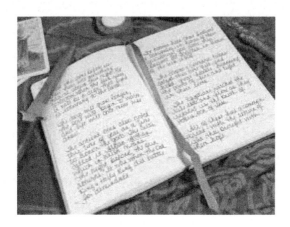

Un Registro Personale: Il *Libro delle Ombre* è essenzialmente il diario personale di un wiccan. Viene utilizzato per registrare i pensieri, le esperienze e le riflessioni del praticante sulla sua pratica spirituale. Questo registro personale può includere sogni, visioni, intuizioni e altre esperienze legate alla spiritualità.

Manuale di Riferimento: Oltre a essere un diario personale, il *Libro delle Ombre* funge anche da manuale di riferimento. Contiene informazioni dettagliate su rituali, incantesimi, erbe, simboli, divinità, corrispondenze magiche e altre conoscenze utili per la pratica.

Custodisce la Tradizione: Esso può contenere gli insegnamenti tradizionali della coven (gruppo wiccan) o dell'individuo stesso. È il mezzo attraverso cui la tradizione e la conoscenza Wicca viene trasmessa e preservata per le generazioni future.

Rituale e Incantesimi: Uno dei principali usi del *Libro delle Ombre* è registrare dettagliatamente i rituali, gli incantesimi e le pratiche magiche. Questo permette al praticante di documentare i risultati e le variazioni nelle pratiche, nonché di riflettere sul loro impatto spirituale ed energetico.

Segretezza e Privacy: Poiché la pratica wiccan spesso coinvolge aspetti personali e privati della spiritualità, il *Libro delle Ombre* è mantenuto segreto e protetto da occhi non autorizzati. Questo garantisce che le informazioni personali e i segreti rituali rimangano confinati al praticante o alla coven.

Personalizzazione: Ogni *Libro delle Ombre* è unico e riflette la personalità, le credenze e le esperienze del suo possessore. I praticanti personalizzano il loro libro con disegni, simboli, decorazioni e annotazioni personali, rendendolo un'opera d'arte magica e un riflesso della loro pratica spirituale.

Evoluzione Spirituale: Esso evolve insieme al praticante. Con il passare del tempo, il contenuto del libro può cambiare per rispecchiare la crescita spirituale e l'acquisizione di nuove conoscenze e esperienze.

Trasmissione delle Tradizioni: Quando un praticante wiccan insegna la sua tradizione o forma un nuovo allievo, il *Libro delle Ombre* è spesso uno strumento chiave nella trasmissione delle tradizioni, delle pratiche rituali e delle conoscenze.

Smudging

Il bastone per lo smudge è uno strumento utilizzato per purificare e proteggere l'ambiente. E' un rituale di purificazione in cui vengono bruciati erbe, resine o altri materiali per pulire l'energia negativa o gli spiriti negativi da uno spazio o da una persona. Viene eseguito con erbe sacre come la salvia bianca, che viene raccolta, essiccata e bruciata in un recipiente. Mentre l'erba brucia, il fumo viene utilizzato per purificare lo spazio o la persona di riferimento. Questa pratica viene utilizzata per molti scopi, ad esempio, come pulizia di uno spazio specifico prima di un rituale oppure come purificazione di un'area negativa e quindi per la sua rimozione. Il fumo prodotto ha la funzione di "benedire" o purificare oggetti, persone e ambienti, creando un'atmosfera protettiva e positiva. È anche utilizzato in rituali e cerimonie per celebrare le festività e i cambiamenti di stagione, nonché per creare un'atmosfera spirituale durante la meditazione o le pratiche magiche.

E'una pratica rituale che coinvolge l'uso di erbe sacre o di piante aromatiche essiccate e legate in un mazzo, per purificare e benedire uno spazio, oggetti o persone. Questa pratica ha origini nelle culture indigene delle Americhe, ma è stata adottata e adattata in molte tradizioni spirituali.

Scelta delle Erbe: La base dello smudge è costituita da erbe o piante aromatiche. L'erba più comune utilizzata è il biancospino (Salvia apiana) nelle culture delle Americhe, ma altre erbe come la salvia bianca (Salvia officinalis), la lavanda, il cedro, il rosmarino, il palo santo e l'abete possono essere utilizzate in base alle tradizioni regionali o alle preferenze personali.

Purificazione con il Fumo: Lo smudge viene solitamente praticato bruciando l'erba scelta, creando così del fumo. Questo fumo viene utilizzato per purificare lo spazio o la persona. Il fumo viene generato spegnendo la fiamma in modo che le erbe brucino lentamente, rilasciando il fumo aromatico.

Preparazione e Intento: Prima di avviare il processo, è importante prepararsi mentalmente e stabilire un intento. L'obiettivo può variare, ma spesso coinvolge la rimozione di energie negative, la pulizia spirituale o la benedizione di un luogo o di oggetti. Questo intento viene enfatizzato durante l'intero rituale.

Cerimonia di Smudge: Durante la cerimonia, il fumo viene circolato nell'area o intorno alla persona da purificare o benedire. Questo può essere fatto utilizzando una piuma o semplicemente con la mano per guidare il fumo dove è necessario. È importante rivolgere l'attenzione al processo e concentrarsi sull'intento.

Visualizzazione e Affermazioni: Alcuni praticanti incorporano la visualizzazione e le affermazioni positive durante lo smudge. Possono immaginare che il fumo porti via le energie negative o invochino la protezione e la benedizione delle forze spirituali.

Chiusura del Rituale: Alla fine del rituale di smudge, il fumo viene spento in un contenitore resistente al fuoco o lasciato bruciare fino a esaurimento. Questo chiude il rituale e completa il processo di purificazione o benedizione.

Manutenzione Spirituale: Lo smudge è utilizzato regolarmente come parte della manutenzione spirituale di uno spazio o di una pratica personale. Può essere praticato all'inizio di una cerimonia o in qualsiasi momento in cui si senta la necessità di purificare o benedire.

Incensiere

L'incensiere è un oggetto rituale utilizzato per bruciare incenso o erbe aromatiche durante cerimonie, rituali spirituali e pratiche di meditazione.

Portatore di Fuoco Sacro: L'incensiere è considerato un portatore di fuoco sacro. Il fuoco rappresenta la trasformazione, la purificazione e la connessione con il divino. L'incensiere contiene il fuoco necessario per bruciare l'incenso o le erbe, permettendo così di accedere a queste qualità spirituali.

Purificazione e Benedizione: L'incenso bruciato nell'incensiere è utilizzato per purificare uno spazio o una persona, rimuovendo energie negative o indesiderate, oppure per benedire un ambiente o un individuo, invocando energia positiva e protezione.

Alzare l'Energia: L'odore dell'incenso o delle erbe aromatiche bruciate nell'incensiere contribuiscono ad alzare l'energia durante un rituale o una cerimonia. L'aroma dell'incenso aiuta a creare un'atmosfera sacra, favorendo la concentrazione e la connessione spirituale.

Guida per le Divinità: l'incenso viene utilizzato come offerta o segno di rispetto alle divinità. L'aroma dell'incenso viene considerato un segnale per attirare l'attenzione delle divinità e invocare la loro presenza durante un rituale o una preghiera.

Decorazione dell'Altare: L'incensiere è spesso posto sull'altare o in un luogo centrale durante un rituale o una cerimonia. La sua presenza aggiunge un elemento visivo e simbolico all'altare, contribuendo a creare un ambiente sacro e a focalizzare l'attenzione del praticante.

Variazioni di Design: Gli incensieri sono disponibili in molte forme e design diversi. Possono essere realizzati in materiali come ceramica, metallo, legno o vetro e possono variare da semplici piatti per l'incenso a modelli più elaborati con coperchi o sistemi di chiusura. Alcuni incensieri hanno intagli o decorazioni simboliche che riflettono la spiritualità o la tradizione del praticante.

Manutenzione Sicura: È importante utilizzare l'incensiere in modo sicuro. Assicurarsi che sia posizionato su una superficie resistente al calore e lontano da materiali infiammabili. Si dovrebbe anche prestare attenzione a spegnere completamente l'incenso o le erbe quando non sono più necessari.

Spada

La spada è vista come un simbolo di potere e protezione, è associata alla divinità maschile e viene utilizzata in rituali e cerimonie per rappresentare la forza e la protezione.

Elemento Aria: la spada è associata all'elemento dell'aria. Questo elemento rappresenta l'intelletto, la comunicazione, la chiarezza mentale e la volontà. La spada è uno strumento per concentrare l'energia mentale e per rappresentare l'elemento dell'aria su un altare o durante un rituale.

Atto di Circolazione dell'Energia: Utilizzata per circolare e dirigere l'energia durante un rituale o un incantesimo. Il praticante può tracciare cerchi o simboli nell'aria con essa per creare un confine sacro o per indirizzare l'energia in una direzione specifica. Questo gesto aiuta a concentrare l'intenzione del praticante.

Protezione e Difesa: Considerata uno strumento di protezione e difesa contro energie negative o indesiderate. Utile per "tagliare via" o respingere influenze nocive durante un rituale o una cerimonia.

Rappresentazione del Dio: la spada rappresenta il Dio, in particolare la sua energia maschile e il potere solare. La spada può essere utilizzata per onorare o invocare il Dio durante i rituali stagionali o altre celebrazioni.

Parte dell'Attrezzatura dell'Altare: La spada è spesso posizionata sull'altare come uno degli strumenti principali. Quando non viene utilizzata attivamente durante un rituale, rimane come simbolo e strumento sacro.

Personalizzazione e Simbolismo: Ogni spada può essere personalizzata con intagli, simboli o decorazioni che rappresentano l'identità del praticante. Questo aggiunge un significato simbolico e personale allo strumento.

Strumento per Cerimonie: la spada viene utilizzata per "aprire" e "chiudere" un cerchio magico prima e dopo un rituale. Questo atto simbolico segna l'inizio e la fine del lavoro rituale e crea uno spazio sacro.

Lavoro con le Energie Elementali: La spada può essere utilizzata per lavorare con gli elementi, compresi riti e invocazioni legate all'aria. Tramite gesti e simboli, la spada aiuta a connettersi con le energie elementali.

Sfera di cristallo

La sfera di cristallo è vista come uno strumento divinatorio e un potente strumento magico. Viene utilizzata per connettersi con il mondo spirituale, per ottenere informazioni sul futuro e per fare previsioni. La sfera di cristallo è composta da una palla trasparente di cristallo o di vetro, che viene tenuta in mano durante la meditazione o la divinazione. La concentrazione sul cristallo può aiutare a concentrarsi sull'energia divina. Uso comune di noi praticanti è anche quella di evocare i poteri degli spiriti, per connettersi con i morti e per comunicare con il mondo spirituale.

Pietre e cristalli

Le pietre e cristalli hanno ciascuno qualità e caratteristiche uniche, sono strumenti potenti con proprietà magiche e curative uniche. Ogni pietra e cristallo è associata a determinate proprietà ed energie specifiche, come la guarigione, la protezione, l'amore e la prosperità. Le pietre e i cristalli sono utilizzati in diversi modi:

Portati come amuleti o talismani per attrarre energie positive o per proteggere contro le energie negative.

Posizionati nell'ambiente di casa o in un luogo sacro per creare un'aura protettiva e armoniosa.

Utilizzati durante i rituali e le cerimonie per evocare i poteri divini e per concentrarsi sulla propria energia interiore.

Usati per la guarigione fisica e spirituale, tenendo la pietra o il cristallo vicino al corpo o posizionandolo sulla zona del corpo da curare.

Per la scelta delle vostre pietre o cristalli, lasciate che la vostra intuizione sia la vostra guida. Essere attirato verso una pietra è normalissimo. Percepirete una forte energia attraverso il palmo della vostra mano, ciò vi connetterà alla sua vibrazione energetica. Tutti gli elementi giocano un ruolo importante nella pratica, sviluppare relazioni con questi strumenti è di vitale importanza.

Erbe

Sono utilizzate per una varietà di scopi, tra cui la magia, la medicina erboristica, la purificazione e la connessione con la natura e le forze spirituali.

Magia delle Erbe: Ogni erba ha le sue corrispondenze magiche, come il suo elemento associato, i pianeti, le divinità e gli scopi magici. Le erbe sono utilizzate per incantesimi, pozioni, amuleti o talismani.

Crescita Naturale: La raccolta delle erbe in modo consapevole è spesso praticata per onorare la Terra.

Pozioni e Incantesimi: Sono utilizzate nella preparazione di pozioni magiche o incantesimi. Possono essere miscelate con l'intenzione del praticante per raggiungere uno scopo specifico, come la protezione, la guarigione o l'amore.

Offerte Rituali: In alcune cerimonie e rituali wiccan, le erbe son offerte agli spiriti, alle divinità o agli antenati come segno di rispetto e gratitudine. Queste offerte simboliche possono favorire una connessione più profonda con il mondo spirituale.

Medicina Erboristica: Le erbe hanno tradizionalmente una lunga storia come rimedi naturali per la guarigione fisica e spirituale. Nella Wicca, alcune erbe vengono adoperate per scopi terapeutici, come infusi o rimedi per il benessere.

Corrispondenze Magiche: Ogni erba ha specifiche corrispondenze magiche. Ad esempio, la lavanda è spesso associata alla tranquillità e alla pace, mentre il rosmarino può essere utilizzato per la purificazione. Queste corrispondenze vengono utilizzate per selezionare le erbe giuste per uno scopo magico specifico.

Consacrazione: Prima dell'uso in una pratica magica o rituale, le erbe devono essere consacrate o benedette per aumentare la loro potenza magica e la loro connessione con le forze spirituali.

Raccolta e Conservazione: La raccolta e la conservazione delle erbe devono essere fatte in modo attento e rispettoso. Esse possono essere essiccate e conservate in modo che siano disponibili per l'uso futuro.

CAPITOLO 8

Impostare l'altare Wicca

L 'altare è un luogo sacro nella tradizione Wicca e viene utilizzato per la meditazione, la preghiera, la cerimonia e la pratica magica. Ecco alcuni passaggi per impostare un altare Wicca:

Scegliere un luogo sacro: L'altare può essere posizionato in una stanza dedicata alla pratica Wicca o in un luogo che ti fa sentire protetto e connesso con l'energia divina.

Prima di impostare l'altare, è importante pulire e benedire il luogo per evocare energie positive. Questo può essere fatto con incenso, erbe o cristalli.

Preparare il tavolo o la superficie per l'altare: Potete usare un tavolo, una mensola o una superficie adeguata e coprirlo con un panno colorato o decorato che rappresenti i tuoi elementi o le tue intenzioni.

Aggiungete gli strumenti come candele, cristalli, erbe, incenso, una sfera di cristallo o qualsiasi altro oggetto che vi rappresenti o che simboleggi i vostri obiettivi magici.

Aggiungete le immagini sacre come statue o immagini di divinità o di santi che rappresentano le vostre intenzioni o che vi ispirano. Accendete le candele per evocare l'energia divina e per concentrarvi sulla vostra intenzione.

Con il bastone si dovrà lavare e benedire i partecipanti alla benedizione della casa. Nel fare ciò, il praticante può dire le seguenti parole: "Vi purifico dal male, dalle forze del Vento e del Fuoco, e vi proteggo con questi rituali".

Finché tutti i membri della famiglia non sono purificati in questo modo, un praticante addetto alla purificazione della casa dovrà recarsi in tutti gli ambienti con l'incenso pronunciando la seguente frase:

"Io purifico questa particolare stanza con il potere dell'Aria e del Fuoco, e curo il male di questa casa". Successivamente stanza per stanza si potrà usare un diffusore di acqua santa (quantità di sale sciolto nell'acqua) cospargendola in tutte le aree ma soprattutto in ogni angolo visibile. Vi ricordo che gli strumenti utili per l'altare includono candele, pentacoli, coppe, athame, scope, caldere, bacchette e incenso.

CAPITOLO 9
Capire gli incantesimi e i rituali

Rituali

Il rituale consiste nel rendere reali i nostri significati e pensieri. Si tratta di invocare sia il nostro potere che quello più grande di coloro che ci circondano (incluse le forze elementari della vita e della morte) per affermare le nostre azioni. I rituali sono un modo per dimostrare ciò che si desidera realizzare e per far sì che quegli eventi diventino realtà.

I rituali nella Wicca differiscono dagli incantesimi, in quanto questi ultimi possono essere un atto più personale; i rituali onorano aspetti specifici del Dio, o della Dea, in momenti diversi. I rituali sono celebrati nei Sabbat, e rituali specifici possono essere usati per bandire influenze maligne o negatività, per creare fortuna o per onorare un aspetto della divinità. Vi ricordo che noi Wiccan reputiamo gli esseri viventi tutti interconnessi e che vi è un'energia universale che collega ogni cosa. I rituali sono un modo per i praticanti di connettersi con la divinità, con la natura e con noi stessi. Essi sono spesso eseguiti in cerchio e seguono un insieme di pratiche specifiche, come la creazione di un'altare e l'utilizzo di candele, incenso e tutti gli strumenti rituali menzionati in precedenza. In generale i rituali si possono suddividere in due categorie principali: i rituali esoterici e i rituali esteriori.

I rituali esoterici sono rituali privati che vengono eseguiti da un singolo individuo o da un piccolo gruppo di praticanti. Questi rituali si concentrano sulla meditazione, sull'auto-esplorazione e sul lavoro interiore.

Possono includere la pratica del "solitary" (solitario), in cui il praticante lavora individualmente sulla propria spiritualità, o il "coven", in cui un gruppo di praticanti si riunisce per lavorare insieme.

I rituali esteriori sono rituali pubblici che coinvolgono una comunità di praticanti. Questi rituali sono eseguiti durante le festività stagionali, come il solstizio d'inverno e l'equinozio di primavera. I rituali esteriori includono la creazione di un altare comune e l'esecuzione di pratiche come il canto e la danza.

I rituali sono volti a connettersi con la divinità, a celebrare la natura e a coltivare la propria spiritualità. La nostra religione insegna che ogni individuo ha il potere di connettersi con la divinità e di creare la propria realtà attraverso la magia, e i rituali sono uno strumento importante per sfruttare questo potere.

Fate un Cerchio prima di iniziare un rituale, occupate la quantità di spazio necessaria per la pratica. Chiamate gli elementi, Fuoco, Terra, Aria e Acqua e/o le quattro direzioni della bussola.

Invocazioni

Invocare energia per il rituale può essere fatto con tecniche diverse; tamburellare, cantare o ballare, meditare.

Quando l'energia raggiunge l'apice, si è pronti per dichiarare lo scopo del rituale. Potete usare una canzone, una poesia o un semplice discorso. Lo scopo può essere dichiarato da una singola persona o da tutti i membri del gruppo.

Dopo la dichiarazione, è costume trascorrere del tempo in riflessione silenziosa. Per terminare il rituale, invertite i passi, ringraziando le divinità dichiarando agli elementi/direzioni che la cerimonia è finita. Aprite il cerchio, ripercorrendo i passi fatti quando lo si è lanciato (sempre partendo dal punto orientale), tagliando il cerchio al punto orientale (bacchetta, dito, spada). Attraversate il cerchio con l'intento di disperdere nell'universo l'energia accumulata durante il lancio e il rituale. Sedetevi a terra una volta terminata la cerimonia, è importante il rientro nel mondo reale. Bevande e cibo sono l'ideale dopo il rituale, anche passeggiate all'aria aperta, sia che ci sia il sole o la pioggia.

Incantesimi

Gli incantesimi, come i rituali, sono usati per focalizzare la mente, possono essere paragonati alla preghiera per certi aspetti e sono usati per scopi specifici più personali. Ricordatevi di considerare la legge del Triplice Ritorno; ciò che desiderate in un incantesimo può avverarsi se nati con un intento benefico, altrimenti potreste ottenere il contrario. La vera arte del lancio dell'incantesimo è il pensiero che si mette in esso prima che venga lanciato. La vostra intenzione dovrebbe essere chiara e il vostro pensiero altrettanto. E' importante determinare le reali necessità o le difficoltà che richiedono l'aiuto di un incantesimo.

Un rituale nella pratica Wicca è un atto magico più ampio e completo, che di solito coinvolge un certo numero di persone e può durare più a lungo di un incantesimo.

L'incantesimo è un atto magico specifico e mirato, mentre il rituale è un atto magico più ampio e completo, che di solito coinvolge più persone e segue una struttura precisa. Gli incantesimi possono essere eseguiti in qualsiasi momento, mentre i rituali spesso sono legati ai cicli della natura o ai momenti specifici dell'anno.

Il processo sia per gli incantesimi che per i rituali è lo stesso (vedi sopra) ma gli incantesimi possono essere solitari, e si possono eseguire semplicemente con qualsiasi strumento che si ha a portata di mano.

"Come voglio io, così sarà"

Queste parole sono le fondamenta nel lancio degli incantesimi. Ciò permette ai vostri pensieri di mettersi in azione. Gli incantesimi possono funzionare incredibilmente bene, ma funzionano meglio quando sono usati con integrità, l'abilità di pensare chiaramente e agire con integrità. Questa frase induce l'energia attirata nella pratica a determinare i cambiamenti desiderati, spesso concentrati sulla manifestazione di cose positive, come la pace, la guarigione, la prosperità, l'amore e l'abbondanza, per se stessi e per gli altri, nel rispetto dell'equilibrio e dell'armonia della natura.

Controllare la tua energia magica

La meditazione è una pratica importante in quanto aiuta a raggiungere uno stato di calma interiore, concentrazione e consapevolezza. Viene utilizzata per raggiungere uno stato di trance o di connessione spirituale, che è fondamentale durante la pratica di rituali, incantesimi e divinazione. La meditazione è utile come veicolo per connettersi con il mondo naturale e con la divinità, per ricevere ispirazione e guidare la propria vita spirituale. Aiuta a ridurre lo stress, l'ansia e la negatività, e a sviluppare una maggiore consapevolezza di se stessi e dell'ambiente circostante.

Fai un respiro profondo attraverso il naso, poi espellilo con forza attraverso la bocca. Immaginate che tutta l'energia negativa della vostra giornata lasci il vostro corpo con l'espirazione. Ripetete questa operazione fino al raggiungimento di una pace interiore. Il passo successivo è concentrarsi sulla "creazione" di energia. Una tecnica è quella di strofinare rapidamente i palmi delle mani, concentrandosi sul calore generato. Dopo aver identificato l'energia, potete iniziare a lavorare con essa. Chiudete gli occhi e immaginate quella sensazione di calore che si espande e si contrae. Provate ad aprire le mani e ad estendere il campo di energia fino al punto in cui abbraccia il vostro corpo. Immaginate di veicolarla nel vostro corpo, state semplicemente lavorando sull'energia che è presente nell'ambiente.

Messa a terra

Il grounding, o messa a terra, è una tecnica che serve a ristabilire il contatto con la realtà fisica dopo aver effettuato una pratica magica o spirituale, e a scaricare eventuali energie accumulate durante la pratica stessa. Il grounding è importante perché aiuta a evitare di rimanere "sospesi" in uno stato di trance o di connessione spirituale, che potrebbe impedire di tornare alla vita quotidiana in modo equilibrato e sicuro. Nella Wicca, ci sono molte tecniche diverse per il grounding, ma in genere coinvolgono l'uso della respirazione, l'immaginazione e la visualizzazione. Ad esempio, è possibile visualizzare le proprie energie che scorrono dalle mani e dai piedi e si scaricano nel suolo, oppure immaginare di essere un albero con le radici che si estendono in profondità nel terreno. Altre tecniche possono coinvolgere l'uso di cristalli, erbe o altri elementi naturali che aiutano a ristabilire il contatto con la terra.

Dopo aver effettuato la pratica del grounding, è comune mangiare o bere qualcosa di caldo, come tè o zuppa, per aiutare a ristabilire il contatto con il corpo fisico e con il mondo circostante. Il grounding è importante nella Wicca perché aiuta a mantenere l'equilibrio tra il mondo spirituale e quello fisico, e a garantire che le pratiche magiche e spirituali siano sicure ed efficaci. Chiudete gli occhi e concentratevi sulla vostra energia, poi, usando le mani, spingetela fuori verso il terreno immaginando che penetri in esso, oppure visualizzate l'energia che viaggia attraverso il vostro corpo, giù attraverso le vostre gambe e i vostri piedi, ed infine nel terreno.

Erbe e usanze

I praticanti usano le erbe in varie forme sia nella loro vita quotidiana che nei rituali o nel lanciare incantesimi. Ogni erba ha le sue proprietà magiche e può essere utilizzata per diverse finalità, come la protezione, la purificazione, l'amore, la guarigione, la divinazione, la prosperità e così via. Ecco alcuni esempi di erbe e i loro usi:

Salvia: viene usata per la purificazione, la protezione e per rimuovere le energie negative.

Lavanda: viene utilizzata per la pace, l'amore, la protezione, la purificazione e la calma. Il fiore viola di questa erba è un profumo familiare, ed è stato usato per secoli in profumi, saponi e oli. Corrisponde al maschile e all'elemento aria. Le proprietà magiche includono pulizia, fortuna, evocazione, felicità e sonno.

Rosmarino: viene usato per la protezione, la purificazione, la memoria, la concentrazione e per attirare l'amore.

Timo: Une delle erbe più antiche, il suo uso era adottato nel processo di mummificazione egiziano. Corrisponde al Femminile e all'Acqua. Le proprietà magiche sono la guarigione, il coraggio, l'attrazione e il miglioramento delle capacità psichiche. Utilizzato anche per la purificazione, la protezione e per aumentare la forza mentale.

Menta: viene utilizzata per la purificazione, la protezione, la guarigione, l'amore e per aumentare la forza mentale.

Camomilla: viene usata per la calma, la pace, la guarigione e per attirare l'amore. Le proprietà magiche includono purificazione, protezione, meditazione e ricerca del denaro.

Eucalipto: viene utilizzato per la purificazione, la guarigione e per proteggere da energie negative.

Noce moscata: viene utilizzata per la prosperità, la purificazione, la divinazione e per attirare l'amore.

Ruta: viene usata per la protezione, la purificazione e per allontanare energie negative.

Mirto: viene utilizzato per la purificazione, la protezione, la prosperità e per attirare l'amore.

Anice: l'anice è spesso utilizzata per protezione, purificazione e per promuovere la chiarezza mentale.

Finocchio: il finocchio è spesso utilizzato per protezione, purificazione e per favorire la fertilità e la virilità.

Ginepro: il ginepro è spesso utilizzato per purificazione, protezione e per rimuovere l'energia negativa.

Maggiorana: la maggiorana è spesso utilizzata per promuovere la pace e la felicità, ma può anche essere usata per protezione e purificazione.

Mirto: il mirto è spesso utilizzato per purificazione, protezione e per attirare l'amore.

Rosa: la rosa è spesso utilizzata per attirare l'amore e per promuovere la pace e l'armonia.

Basilico: Corrisponde al maschile e al fuoco. Le proprietà magiche sono l'amore, la ricchezza, la purificazione e l'allontanamento degli spiriti negativi.

Origano: Corrisponde al Femminile e all'Aria. Nella Wicca, le sue proprietà magiche riguardano la felicità, la tranquillità, l'armonia e la crescita spirituale.

Questi sono solo alcuni esempi, ma ci sono molte altre erbe che possono essere utilizzate in magia, ognuna con le sue proprietà magiche specifiche. È importante studiare e conoscere le proprietà delle erbe prima di utilizzarle in una pratica magica, in modo da poter scegliere quella più adatta alla finalità desiderata. E' importante utilizzare le erbe in modo consapevole e rispettoso della natura. Le erbe sono sono governate da un Dio o da una Dea e da un Elemento. Se possibile, è molto gratificante creare un giardino personale di erbe magiche. Ciò offre l'opportunità di entrare in comunione con la natura e migliorare la vostra energia personale con quella delle piante.

Come usare le erbe

Uno dei modi più semplici per accogliere le erbe nella vostra vita quotidiana è aggiungere un olio essenziale per un bagno rilassante. Si potrebbe anche beneficiare delle loro proprietà magiche con la macerazione di un tè. (NOTA: Questo libro non pretende di essere un testo medico, fate le vostre dovute ricerche prima di ingerire qualsiasi erba). Creare le vostre erbe secche, gli oli e i sacchetti vi offre la possibilità di assorbire le loro energie specifiche.

Prendete un piccolo pezzo di stoffa del colore che meglio vi si addice, adatta alla richiesta specifica (amore, salute, ecc.). Riempitelo con le erbe corrispondenti, fresche o secche come richiesto dall'incantesimo. E' usanza immergerlo nella vasca del vostro bagno o appenderlo vicino una finestra per richiamare le energie. Come detto in precedenza, ogni erba ha proprietà magiche specifiche che possono essere utilizzate per raggiungere un obiettivo specifico.

Prendete in considerazione la fase della luna perché ciò può influenzare il potere delle vostre erbe. Ad esempio, durante la luna crescente potrete utilizzare erbe che promuovono la crescita, mentre durante la luna piena potreste utilizzare erbe che aumentano l'energia. Possono essere utilizzate fresche o essiccate. In generale, le erbe secche sono più comuni perché durano più a lungo e sono più facili da conservare. Assicuratevi di preparare le vostre erbe in modo che siano pronte per l'uso quando ne avrete bisogno.

Gli incensi sono un modo comune per utilizzare le erbe nella pratica Wicca. Potete creare il vostro incenso mescolando erbe secche e aggiungendo olio essenziale o resine se lo desiderate. Bruciate l'incenso durante i vostri rituali per creare l'atmosfera magica.

Anche le erbe nei sacchetti sono molto utilizzate. Mescolate le erbe secche e inseritele in un sacchetto di tessuto e indossatelo o altrimenti posizionatelo in una stanza per ottenere il suo effetto protettivo.

Le erbe sono molto utilizzate per arricchire le candele rituali. Mescolate le erbe secche con la cera della candela o strofinateli sulla candela stessa dopo averla unta con olio essenziale per attivare le loro proprietà magiche.

Creare un cerchio e un altare

Un altare sacro allestito e un cerchio creato intorno ad esso è alla base della pratica. L'altare vi aiuta a centrare i vostri pensieri e serve come luogo per sistemare gli oggetti che userete per i vostri incantesimi. Il cerchio vi protegge dall'interferenza degli spiriti e delle energie negative.

Scegliete una posizione che sia adatta alla vostra pratica, ovvero un luogo all'aperto, come un parco, un bosco, un luogo interno, come una stanza o un altare dedicato. Prima di creare il cerchio, pulite lo spazio da eventuali distrazioni o energie indesiderate. Potete farlo bruciando incenso o svolgendo un breve rituale di purificazione. Preparate gli strumenti che utilizzerete per creare il cerchio. Ciò potrebbe includere una bacchetta, una spada, una candela o qualsiasi altro strumento per voi significativo. Preparatevi mentalmente e spiritualmente per la creazione del cerchio. Ciò potrebbe includere una meditazione o una preghiera per centrarvi.

Iniziate dalla direzione nord e camminate intorno allo spazio che avete scelto. Potete utilizzare la vostra bacchetta o la vostra spada per tracciare il percorso del cerchio. Visualizzate una barriera di luce o di energia che circonda l'intero spazio. Una volta che avete creato il cerchio, chiamate le direzioni. Potete farlo utilizzando parole specifiche che rappresentano ciascuna direzione, come ad esempio "spirito dell'ovest, ti chiamiamo" per chiamare la direzione ovest. Dopo aver chiamato le direzioni, invocate gli elementi. Ciò potrebbe includere l'accensione di candele o l'offerta di erbe o incenso.

Una volta creato il cerchio e chiamato le direzioni e gli elementi, potete iniziare a lavorare all'interno del cerchio. Esso crea uno spazio sacro e protetto che vi permette di concentrarvi sulla vostra pratica senza interferenze esterne. All'interno del cerchio, il praticante può concentrarsi più intensamente sull'intenzione del rituale o dell'incantesimo. Il cerchio crea un ambiente energetico focalizzato e sacro che amplifica l'energia e l'efficacia del lavoro magico. Creare un cerchio magico è un atto di rispetto per il sacro e le forze spirituali. Questa esperienza personale può essere intrisa di gratitudine, umiltà e un profondo senso di connessione con il divino. Quando avrete finito la vostra pratica, chiudete il cerchio. Potete farlo camminando intorno al cerchio nella direzione opposta, ringraziando le direzioni e gli elementi e visualizzando il cerchio che si dissolve. Ricordate che la creazione del cerchio è un'esperienza personale. Siate sempre rispettosi e attenti alla natura e alle energie che circondano il vostro spazio sacro.

Lancio del cerchio

Lanciare un cerchio di protezione è un'abilità basilare che ogni praticante dovrebbe conoscere prima di impegnarsi nella magia. Ricordate che ogni volta che eseguite una magia o conducete un rituale, se eseguito non correttamente, rischiate di attirare energie negative. Lo scopo di lanciare un cerchio è quello di creare un'energia di protezione che tutela i praticanti da influenze esterne e negatività. Il cerchio aiuta a concentrarsi e a creare uno spazio dedicato alla pratica magica, dove ci si può concentrare sui propri obiettivi. Esso serve per rappresentare i quattro elementi (terra, aria, acqua e fuoco) e le loro direzioni. Questa pratica aiuta a connettersi con l'energia degli elementi e a utilizzarla durante la pratica magica. Il lancio del cerchio aiuta a separare il mondo quotidiano dallo spazio sacro e magico, creando un confine energetico tra i due.

Ricordate che la chiave per un'efficace cerchio di protezione è la concentrazione, l'intenzione e la visualizzazione. Praticare regolarmente aiuta a sviluppare questa abilità e a sentirvi più sicuri nelle pratiche magiche.

CAPITOLO 10

Guida ai rituali per principianti

P raticare la magia non è complicato. Tutto ciò di cui avrete bisogno sono alcuni strumenti per la pratica, un posto dove allestire, un altare e chiare intenzioni. La seguente guida vi aiuterà nel vostro percorso dei rituali, incantesimi e meditazioni. Non è necessario seguire alla lettera le regole che vi descriverò; applicatele come base per la vostra pratica e trovate idee alternative per creare rituali personalizzati. Gran parte della Wicca è intuizione e connessione con la vostra parte interiore, con la vostra saggezza e le vostre divinità.

Smudging

Lo smudging come descritto in precedenza, è un'antica pratica cerimoniale e comporta la combustione di erbe sacre che creano un fumo pungente e aromatico atto alla purificazione ambientale. Usare un bastone per lo smudge, o un fascio di erbe secche è fondamentale nelle vostre cerimonie, potete farlo prima, durante e dopo i vostri incantesimi e rituali.

Alcuni degli smudge stick più popolari sono:

- Sage
- Cedro
- Sweetgrass
- Lavanda
- Ginepro
- Artemisia
- Palo Santo (legno sacro, non erbe)

Tutto ciò di cui avrete bisogno è l'erba di vostra scelta. Legatela in un fascio con dello spago e appendetela ad asciugare.

Purificazione del proprio corpo

Importante in ogni rituale è la purificazione di se stessi. La purificazione serve ad eliminare ansia, tensioni, preoccupazioni, insomma tutta l'energia negativa che può influire negativamente nel rituale. Il vostro obiettivo è quello di creare un senso di calma nel vostro corpo e una mente aperta.

Indossate abiti appropriati per la libertà di movimento ma soprattutto come connessione con l'Elemento Spirito. Alcuni praticanti preferiscono essere nudi, eliminando così qualsiasi barriera al flusso di energia. È una scelta personale.

Liberate la vostra mente con esercizi di respirazione profonda e meditazioni. Concentratevi sull'obiettivo dell'incantesimo. Ungetevi con oli essenziali appropriati. Immaginate le energie negative che si disperdono durante il lancio del cerchio (spazzando l'area). Una volta che lo spazio è pulito, bruciate l'incenso per cacciare qualsiasi energia negativa dalla stanza. Potete anche spruzzare dell'acqua sacra o suonare un paio di note su uno strumento musicale.

Preparazione del vostro altare

Un altare è lo strumento per creare una manifestazione fisica del vostro viaggio spirituale. Non ci sono regole per impostare il vostro altare, esso cambierà e si modificherà durante il vostro percorso di apprendiento, l'esperienza farà evolvere il vostro modus operandi.

L'altare riflette il vostro animo, il vostro flusso di energia, l'armonia e l'equilibrio. Non è del tutto errato occuparsi dell'altare quotidianamente o frequentemente per mantenere la vostra energia e la sua capacità di attrarre abbondanza nella vostra vita.

L'altare dovrebbe essere posto in una posizione centrale, in un luogo privato e tranquillo, dove si possa meditare e concentrarsi sulla pratica magica. La sua struttura può variare, ma è importante che sia stabile e abbia abbastanza spazio per tutti gli oggetti rituali e gli strumenti che si utilizzano. Inoltre, è importante mantenere l'altare pulito e ordinato, prendendosi cura di ogni oggetto sacro che viene utilizzato.

Il vostro altare dovrebbe essere collocato in un luogo della vostra casa protetto da interferenze e che possa essere facilmente visibile. Iniziate a scegliere oggetti che vi aiutino ad allinearvi con il vostro percorso e scopo spirituale. Molte persone mettono sculture o statuette dei loro dei e dee preferiti, altri possono usare dipinti, immagini o fotografie per rendere omaggio a una particolare divinità.

Un altro approccio è quello di usare solo gli oggetti del vostro kit di strumenti. Potete mettere questi oggetti sull'altare e dedicare questo spazio ai vostri rituali sacri. Portare l'attenzione su questi oggetti attraverso l'esposizione su un altare, vi ricorderà l'importanza di fare pratica con la magia onorando la filosofia Wicca.

E' usanza raccogliere oggetti trovati in natura e porle sull'altare in onore della Madre Terra. Tuttavia, ci sono alcuni oggetti comuni che spesso vengono utilizzati e che hanno un significato simbolico specifico. Ecco alcuni esempi:

Candele: le candele rappresentano la luce divina e vengono spesso utilizzate per creare un'atmosfera magica e meditativa durante le cerimonie.

Pentacolo: il pentacolo è un simbolo sacro che rappresenta l'equilibrio e la protezione. Viene posto al centro dell'altare.

Calice: il calice rappresenta l'elemento dell'acqua e viene utilizzato per contenere l'acqua sacra o il vino durante le cerimonie.

Incenso: l'incenso rappresenta l'elemento dell'aria e viene utilizzato per purificare l'ambiente e creare un'atmosfera sacra.

Coltello rituale: il coltello rituale, chiamato anche "athame", rappresenta l'elemento del fuoco e viene utilizzato per tagliare il cerchio magico e dirigere l'energia durante le cerimonie.

Pietre o cristalli: le pietre o i cristalli rappresentano l'energia della terra e vengono utilizzati per canalizzare le energie durante le cerimonie o per rappresentare le divinità o le intenzioni magiche.

Erbe o piante: le erbe o le piante rappresentano l'energia della natura e possono essere utilizzate per creare incensi, pozioni, unguenti o per adornare l'altare.

Oggetti personali: alcuni wiccan utilizzano oggetti personali, come gioielli, fotografie o oggetti di famiglia, per connettersi con i propri antenati o per rappresentare la propria storia personale.

Ricevere energia

Ricevere energia è una parte importante della pratica spirituale. È il processo di assorbire, canalizzare o connettersi con le energie provenienti dalla natura, dalle divinità o dall'Universo per scopi spirituali, magici o di guarigione. Ecco come puoi ricevere energia nella pratica Wicca:

Consapevolezza e Apertura: Per ricevere energia, dovete essere consapevoli delle vostre intenzioni e aperti all'energia circostante. Prima di iniziare, trovate un luogo tranquillo e concentrate la vostra mente sullo scopo per cui desiderate ricevere energia.

Visualizzazione: la visualizzazione è un elemento chiave per ricevere energia. Immaginate un flusso di luce, calore o energia positiva che scende su di voi dall'alto o che si espande dalla terra. Visualizzate chiaramente come questa energia entra nei vostri corpi.

Respirazione: La respirazione profonda è un modo efficace per ricevere energia. Respirate lentamente e profondamente, immaginando che l'energia positiva entri nei vostri corpi con l'inalazione e che l'energia negativa esca con l'espirazione.

Connessione con la Natura: Potete ricevere energia passando del tempo all'aperto, in un bosco, accanto a un fiume o in qualsiasi ambiente naturale che vi ispira. Assorbite l'energia della natura attraverso i vostri sensi, come l'odore dell'erba o il suono delle onde del mare.

Meditazione: La meditazione è un metodo efficace per ricevere energia. Durante una sessione di meditazione, potete visualizzare voi stessi assorbire l'energia positiva dall'Universo o che vi connettiate con le divinità Wicca per ricevere la loro guida e il loro potere.

Rituali di Guarigione: Se state cercando di ricevere energia per scopi di guarigione, potete praticare rituali specifici. Ad esempio, la Wicca spesso utilizza l'energia delle erbe, delle pietre o delle candele durante i rituali di guarigione.

Connessione con le Divinità: Potete richiedere l'assistenza delle divinità per ricevere energia. Pregate o invocate una divinità specifica, chiedendo la loro guida e il loro potere. Siate aperti alla loro risposta o ai segni che potrebbero mostrarsi.

Corpo e Chakra: I chakra (centri energetici nel corpo) sono punti di ingresso per l'energia. Potete lavorare con la pulizia e l'equilibrio dei chakra per migliorare la vostra capacità di ricevere e gestire l'energia.

Ringraziamento: Dopo aver ricevuto energia, è importante ringraziare le fonti o le forze di provenienza. Mostrate gratitudine per l'energia ricevuta e utilizzatela con consapevolezza e rispetto.

Pratica Costante: Ricevere energia è una pratica che può essere sviluppata con il tempo. Continuate a esplorare diverse tecniche e trovate quella che funziona meglio per voi. La pratica costante vi aiuterà a migliorare la vostra capacità di ricevere e utilizzare l'energia in modo efficace.

Ecco un esempio di visualizzazione energetica:

Chiudete gli occhi.

Aprite la vostra mente, immaginate voi stessi trasformarvi in un albero. Le vostre braccia sono rami . I vostri piedi sono radici che germogliano. Queste radici stanno scavando sempre più a fondo nella terra, aggrappandosi alla sua fonte di vita.

Poi, immaginate l'energia della Terra come una luce liquida che scorre attraverso le vostre radici. Questo potere infinito viene assorbito dalle vostre radici, viene assorbito dal vostro essere.

Ora immaginate quella luce scorrere lungo la vostra spina dorsale. Sentite l'amorevole calore che percorre la vostra schiena, verso la cima della vostra testa. Immaginate quella luce riempire ogni parte vitale del vostro corpo, e assaporare l'amore della Madre Terra. Continuate il processo più volte finché non vi sentirete completamente estasiati e colmi di energia positiva.

Rilasciare l'energia

Ecco un metodo efficace per connettersi con la Terra e liberarsi da pensieri o emozioni indesiderate.

Posizione e Contatto con la Terra: Sedetevi o sdraiatevi comodamente, con le braccia ai vostri fianchi e i palmi delle mani piatti a contatto con il terreno. L'obiettivo qui è stabilire una connessione diretta con la Terra, che è un elemento fondamentale nella spiritualità Wicca.

La Respirazione Profonda: Prima di iniziare, chiudete gli occhi e prendete una respirazione profonda. Questo atto iniziale vi aiuterà a rilassarvi e a centrare la vostra attenzione sull'azione che state per intraprendere.

Identificazione dell'Energia Negativa: Concentratevi ora sulla percezione dell'energia negativa all'interno di voi stessi. Questo può essere un'emozione pesante, stress o qualsiasi sentimento che desiderate liberare. La consapevolezza di questa energia è il primo passo verso la sua trasformazione.

Visualizzazione dell'Energia Negativa: Visualizzate l'energia negativa come un liquido scuro che risiede all'interno del vostro corpo, particolarmente concentrato nella zona del petto. Questa immagine vi aiuterà a identificare chiaramente l'energia che desiderate rilasciare.

Flusso verso la Terra: Immaginate ora questo liquido scuro iniziare a fluire lentamente dal vostro cuore o petto, scendendo lungo le braccia e giungendo ai vostri palmi. Questo flusso rappresenta il processo di trasformazione dell'energia negativa in un'altra forma di energia più pura.

Assorbimento dalla Terra: I vostri palmi, in contatto con la Terra, agiscono come un ponte energetico tra voi e la Terra stessa. Visualizzate il liquido scuro che viene assorbito dalla Terra, dove verrà purificato e trasformato in energia positiva e vitale.

Sensazione di Leggerezza: Man mano che il liquido scuro continua a fluire e viene assorbito dalla Terra, sentirete il vostro corpo diventare sempre più leggero. Questo è il segno che l'energia negativa sta lasciando il vostro essere, portando con sé ansie e pensieri indesiderati.

Gratitudine e Chiusura: Quando sentite di aver rilasciato l'energia negativa e di essere più leggeri, potete concludere la pratica. Esprimete gratitudine alla Terra per avervi aiutato in questo processo di purificazione. Respirate profondamente e gradualmente aprite gli occhi.

La pratica di purificazione e rilascio dell'energia negativa è un modo potente per mantenere l'equilibrio energetico e la connessione con la Terra nella spiritualità Wicca. Esplorate questa tecnica con regolarità per mantenere la vostra mente, il vostro corpo e il vostro spirito in uno stato armonioso.

Chiedere supporto agli dei/alle dee

Chiedere supporto agli dei e alle dee può essere fatto in diversi modi, e la scelta del metodo dipende dalla vostra preferenza personale e dalla natura del vostro lavoro magico o spirituale. Ecco alcuni modi comuni per chiedere il supporto divino:

Preghiere e Invocazioni: Una delle forme più tradizionali di richiesta di supporto divino è attraverso la preghiera o l'invocazione. Potete recitare preghiere specifiche o formulare le vostre invocazioni personali rivolte a una divinità o a una dea specifica, chiedendo il loro aiuto, la loro guida o la loro protezione.

Offerte e Doni: Molte divinità wicca apprezzano le offerte come segno di rispetto e gratitudine. Potete offrire cibo, bevande, fiori, incenso o altri oggetti significativi sulla vostra altare come dono in cambio del loro supporto.

Meditazione e Comunicazione Mentale: Alcuni praticanti preferiscono stabilire una connessione mentale o telepatica con gli Dei e le Dee durante la meditazione. In questo stato meditativo, potete porre domande o esprimere le vostre necessità e ascoltare le risposte intuitive o gli impulsi che ricevete.

Rituali Specifici: Durante i rituali, potete includere specifiche invocazioni o cerimonie per richiedere il supporto divino. Questi rituali possono includere l'accensione di candele, l'uso di simboli sacri o la lettura di testi sacri.

Lavoro con le Fasi Lunari: La Wicca spesso considera le fasi lunari come un momento propizio per lavorare con gli Dei e le Dee. Potete dedicare specifiche pratiche o rituali alle fasi lunari dove la connessione con una divinità è particolarmente potente.

Creazione di Altari Tematici: Potete creare altari tematici dedicati a una specifica divinità per richiedere il supporto. Ad esempio, potete allestire un altare per la Dea dell'amore e della bellezza per chiedere aiuto nelle questioni di cuore.

Scritture e Registrazione nel Libro delle Ombre: Potete annotare le vostre richieste, preghiere o invocazioni nel vostro *Libro delle Ombre*, che funge da registro delle vostre pratiche. Questo può aiutarvi a tenere traccia delle vostre interazioni con gli Dei e le Dee nel tempo.

Osservazione dei Segni e dei Sincronismi: State attenti a eventi o segnali che sembrano essere collegati alla vostra richiesta di supporto divino.

Dialogo Personale: Infine, non dimenticate che il dialogo personale con gli Dei e le Dee è un modo valido per chiedere supporto. Aprite il vostro cuore e parlate con loro come fareste con un amico/a di fiducia, esprimendo i vostri desideri, preoccupazioni o gratitudine.

Tutto quello che dovete fare è pronunciare le seguenti parole mentre accendete le candele poste sul vostro altare, compreso l'accensione dell'incenso:

"Sto aprendo le luci della vita alimentando energia a tutte le cose. Chiedo la guida, il sostegno e la protezione della Grande Madre e del Padre, e accolgo tutte le offerte degli spiriti e delle divinità. Sono aperto a ricevere il vostro amore, luce e calore mentre procedo nel mio rituale. Così sia".

Potreste essere più inclini a praticare la magia delle fate o a lavorare con il regno animale degli spiriti guida. Potreste anche desiderare di connettervi con i vostri antenati durante i vostri rituali e gli incantesimi. Potete trovare autonomamente le parole da dire affinche' rifletta il vostro spirito e la vostra pratica. Affermare che siete aperti a ricevere aiuto e guida è uno strumento di connessione molto potente. Mantenere il desiderio di lavorare solo con le energie della luce e dell'amore è un fattore importante perché esplicita la volontà di lavorare con le vibrazioni più alte, e che non desiderate chiamare qualcosa di dannoso, o di bassa energia come uno spirito ingannatore o un'energia che potrebbe rivelarsi non idonea. Rilassatevi, chiedete supporto e ringraziate tutte le energie che vengono a fornirvi aiuto lungo il vostro cammino.

Incantesimo

Un incantesimo è un atto rituale o magico attraverso il quale si canalizzano le energie spirituali e si focalizzano le intenzioni per raggiungere uno scopo specifico. Gli incantesimi sono una parte importante della pratica Wicca e possono essere utilizzati per una vasta gamma di scopi.

Il tuo scopo

Il primo passo per fare un incantesimo è sapere qual è lo scopo. L'obiettivo deve essere specifico. Nella pratica magica, lo scopo dell'incantesimo deve essere stabilito o ricercato con attenzione e intenzionalità. Di seguito sono riportati alcuni passaggi che possono aiutarvi a determinare lo scopo di un incantesimo:

Identificare il problema o l'obiettivo: il primo passo per determinare lo scopo di un incantesimo è identificare il problema o l'obiettivo che si vuole raggiungere. Ad esempio, si può desiderare di trovare lavoro, di guarire da una malattia o di proteggere la propria casa da influenze negative.

Definire lo scopo in modo chiaro e preciso: una volta identificato il problema o l'obiettivo, è importante definire lo scopo dell'incantesimo in modo chiaro e preciso. Ad esempio, se si desidera trovare lavoro, lo scopo potrebbe essere formulato come "trovare un lavoro ben remunerato, soddisfacente e compatibile con le mie esigenze".

Considerare le conseguenze dell'incantesimo: prima di procedere con l'incantesimo, è importante considerare le possibili conseguenze della magia, come avere effetti collaterali indesiderati o influenzare la volontà di altre persone.

Scegliere gli strumenti magici appropriati: una volta determinato lo scopo dell'incantesimo, è possibile scegliere gli strumenti magici appropriati per raggiungerlo. Ad esempio, si potrebbe utilizzare una candela di un determinato colore, un cristallo con proprietà specifiche, un talismano o un incenso particolare.

Creare un incantesimo: una volta determinato lo scopo dell'incantesimo e scelti gli strumenti magici appropriati, si può creare un incantesimo per manifestare il proprio intento. L'incantesimo può includere elementi come la recitazione di parole o formule magiche, la visualizzazione o la creazione di un oggetto carico di energia.

Lanciare l'incantesimo: una volta creato l'incantesimo, si può procedere con la creazione di un cerchio magico, la recitazione dell'incantesimo e l'invocazione degli elementi e degli spiriti della natura.

Di seguito vi elenco gli scopi principali negli incantesimi:

Guarigione: Gli incantesimi di guarigione sono progettati per alleviare il dolore fisico o emotivo e promuovere la salute. Sono principalmente utilizzati per accelerare la guarigione da malattie o ferite, per rilassarsi e ridurre lo stress o per favorire una maggiore armonia interiore.

Amore e Relazioni: Gli incantesimi d'amore sono tra i più comuni. Sono utilizzati per attirare l'amore romantico, migliorare le relazioni esistenti o aumentare l'attrazione tra due persone.

Prosperità e Abbondanza: Per attirare successo finanziario, ricchezza e opportunità finanziarie nella vita del praticante.

Protezione: Proteggono il praticante da influenze negative, energie indesiderate o pericoli fisici o spirituali. Possono essere lanciati per proteggere una persona, un luogo o un oggetto.

Purificazione: Vengono eseguiti per eliminare l'energia negativa da una persona, un luogo o un oggetto. Sono impiegati prima o dopo i rituali magici per garantire un ambiente energetico puro.

Crescita Spirituale: Progettati per promuovere la consapevolezza, l'illuminazione e la connessione con le divinità o gli spiriti guida.

Rivelazione e Visioni: Eseguiti per ottenere visioni, rivelazioni o intuizioni. Possono essere adoperati per esplorare il futuro, ottenere risposte a domande importanti o sviluppare intuizioni spirituali.

Purificazione e Benedizione degli Strumenti: Prima di utilizzare strumenti magici come bacchette, calderoni o pietre, è comune eseguire incantesimi di purificazione e benedizione per rendere gli strumenti idonei alla magia.

Comunicazione con le Divinità: Per invocare o comunicare con divinità specifiche. Questi incantesimi possono essere eseguiti durante i rituali per onorare le divinità o chiedere il loro aiuto.

Risoluzione di Problemi: Gli incantesimi possono essere utilizzati per affrontare problemi specifici nella vita quotidiana, come il superamento di ostacoli, la risoluzione di conflitti o la ricerca di soluzioni creative.

Materiali

Il passo successivo è scegliere l'incantesimo da praticare e raccogliere tutti i materiali necessari. Gli incantesimi sono realizzati con l'ausilio di diversi strumenti e materiali, ma il tipo di materiale utilizzato dipende dall'obiettivo dell'incantesimo e dalla preferenza personale del praticante. Alcuni esempi di materiali comuni:

Candele colorate: Usate per rappresentare l'energia e la volontà del praticante e per concentrare l'attenzione su un obiettivo specifico. Il colore della candela scelto dipende dall'obiettivo dell'incantesimo, ad esempio una candela rossa può essere utilizzata per un incantesimo d'amore, mentre una candela verde per l'abbondanza.

Erbe: sono utilizzate negli incantesimi per la loro corrispondenza magica e per la loro proprietà di rappresentare una particolare energia o intenzione. Ad esempio, la lavanda è spesso usata per la pace e il rilassamento, mentre la menta per la guarigione.

Pietre e cristalli: essi sono usati per la loro proprietà di corrispondenza magica e per la loro capacità di assorbire e rilasciare energia. Ad esempio, la tormalina nera è spesso utilizzata per la protezione, mentre l'agata può essere utilizzata per la prosperità.

Acqua: utilizzata negli incantesimi per rappresentare l'elemento dell'acqua e per la sua proprietà di purificazione e guarigione. L'acqua viene utilizzata in una varietà di modi, ad esempio, per benedire oggetti o per creare un'infusione di erbe.

Oli essenziali: utilizzati per il loro aroma. Gli oli essenziali vengono utilizzati per ungere candele, creare profumi personalizzati o aggiungere alle infusioni di erbe.

Parole e frasi comuni

Le parole e le frasi che utilizzate durante i rituali, le preghiere e gli incantesimi sono una parte cruciale della vostra connessione con le forze spirituali e magiche. Ecco alcune considerazioni importanti:

Creazione Personale o Adattamento: Come praticanti wiccan, avete la libertà di creare le vostre preghiere, invocazioni e incantesimi per soddisfare le vostre esigenze e gli obiettivi specifici di ogni rito. Questo permette una profonda personalizzazione della vostra pratica.

Intenzione Chiara: Quando componete o scegliete le parole da utilizzare, assicuratevi di avere un'intenzione chiara e specifica. L'obiettivo è comunicare in modo efficace con le forze spirituali o magiche a cui vi rivolgete.

Gratitudine e Rispetto: Molte preghiere e invocazioni iniziano con espressioni di gratitudine e rispetto verso le divinità, la natura o le forze elementari. Questa apertura con amore e rispetto è fondamentale nella pratica.

Elementi e Divinità: Spesso, le frasi menzionano gli elementi (terra, aria, fuoco, acqua) e le divinità Wicca. Questi elementi e divinità sono centrali nella religione e vengono invocati per conferire potere e saggezza ai riti e agli incantesimi.

Creazione di Cerchi Sacri: Quando create un cerchio sacro, le parole e le frasi utilizzate sono importanti per definire e purificare lo spazio rituale. Potete personalizzare il vostro cerchio sacro con parole che richiamano le energie e la protezione necessarie.

Benedizioni e Consacrazioni: Le preghiere di benedizione e consacrazione sono utilizzate per dedicare oggetti, strumenti o cibo all'uso magico o spirituale. Queste parole conferiscono potere e significato agli oggetti rituali.

Richieste Specifiche: Quando lanciate un incantesimo, è importante utilizzare parole chiare e specifiche per esprimere la vostra richiesta. L'intenzione precisa aiuta a manifestare il vostro desiderio.

Connessione con la Natura: Molte frasi iniziano con l'invocazione delle energie naturali o delle divinità legate alla natura. Questa connessione con la Terra è una caratteristica distintiva della nostra religione.

Adattabilità: È fondamentale sottolineare che non esiste un'unica formula o un insieme di parole "corrette". Le parole e le frasi possono variare notevolmente tra praticanti e tradizioni. Ciò che conta di più è la vostra connessione personale con ciò che dite.

Timing

Il giusto tempismo può aggiungere ulteriore potere al vostro incantesimo. Per una piccola spinta magica, potete scegliere la giusta fase della luna o il giusto giorno della settimana. Studiate alcune tabelle di corrispondenza per aumentare il potere dell' incantesimo.

I giorni migliori per lanciare incantesimi

Domenica (Sole) - questo giorno corrisponde a salute, felicità, realizzazione, forza, abbondanza e successo generale.

Lunedì (Luna) - questo giorno corrisponde a fertilità, energia femminile, sogni, abilità psichiche, spiritualità, bambini e famiglia.

Martedì (Marte) - questo giorno corrisponde alla gestione dei conflitti, alla conquista degli ostacoli, all'indipendenza, all'azione e all'energia.

Mercoledì (Mercurio) - questo giorno corrisponde all'educazione, alla carriera, al lavoro, alla conoscenza, alla comunicazione e alla creatività.

Giovedì (Giove) - questo giorno corrisponde a questioni legali, affari, finanze e ricchezza.

Venerdì (Venere) - questo giorno corrisponde alla sessualità, allo stato sociale, al matrimonio, alla famiglia, alle relazioni, al romanticismo e all'amore.

Sabato (Saturno) - questo giorno corrisponde alla meditazione, al legare, al bandire, al superare le abitudini, alla disciplina e alla protezione.

Creazione del cerchio magico

Preparazione: Prima di iniziare, assicuratevi di essere adeguatamente preparati. Indossate abiti adatti alla pratica, pulite il vostro spazio rituale e radunate gli strumenti o gli oggetti necessari per il vostro rituale.

Scelta del Luogo: Scegliete un luogo appropriato per creare il cerchio. Può essere all'aperto o al chiuso, ma dovrebbe essere tranquillo e privo di distrazioni.

Purificazione: Prima di entrare nel cerchio, è comune purificare se stessi e lo spazio circostante. Questo può essere fatto con l'uso di incenso, acqua salata o altre tecniche di purificazione.

Posizione degli Strumenti: Disponete i vostri strumenti magici come la bacchetta, il calderone, l'incensiere, le candele e altri oggetti rituali intorno al perimetro del cerchio, in corrispondenza dei punti cardinali o secondo il vostro sistema di credenze.

Creazione Fisica: Per creare il cerchio fisico, camminate nel senso orario intorno allo spazio che avete scelto. Mentre lo fate, potete recitare una formula o semplicemente visualizzare una barriera energetica che si alza mentre camminate. Questo cerchio rappresenta una barriera tra il mondo ordinario e il mondo sacro.

Invocazione degli Elementi: invocate gli elementi (terra, acqua, aria e fuoco) ai punti cardinali del cerchio. Questa invocazione può includere parole o gesti specifici per chiamare l'energia di ciascun elemento.

Invocazione delle Divinità: Se il vostro rituale prevede l'invocazione delle divinità, questo è il momento per farlo. Chiamate le divinità o gli spiriti guida che desiderate coinvolgere nel vostro lavoro.

Processo all'interno del Cerchio Magico

Realizzazione del Rituale o dell'Incantesimo: Una volta creato il cerchio, potete iniziare il vostro rituale o incantesimo. Concentratevi sull'obiettivo del vostro lavoro, utilizzate gli strumenti rituali e le parole appropriate.

Comunicazione e Connessione: Il cerchio magico è un luogo di comunicazione e connessione con le forze spirituali. Concentratevi sulla vostra intenzione e interagite con le energie e le divinità presenti.

Ringraziamento e Gratitudine: Alla fine del rituale, ringraziate gli elementi, le divinità o gli spiriti che avete chiamato. Esprimete gratitudine per il loro supporto e la loro presenza.

Chiusura del Cerchio Magico

Esonerare gli Elementi: Iniziate esonerando gli elementi, partendo da uno dei punti cardinali e procedendo in senso antiorario. Ringraziate gli elementi per la loro presenza e chiedete loro di ritirarsi.

Esonerare le Divinità: Se avete invocato divinità o spiriti, congedateli con rispetto e gratitudine. Chiedete loro di tornare alle loro dimore.

Dissoluzione del Cerchio Fisico: Camminate nuovamente intorno al cerchio, ma questa volta in senso antiorario. Visualizzate la barriera energetica che si abbassa mentre camminate, consentendo al cerchio di dissolversi.

Ringraziamento Finale: Prima di lasciare completamente il luogo rituale, esprimete un ringraziamento finale alla Terra, al cielo e a tutte le forze che avete coinvolto nel vostro cerchio magico.

Pulizia e Terra: Pulite gli strumenti, purificatevi di nuovo se necessario e ricollocate gli oggetti rituali. Assicuratevi di tornare completamente al mondo ordinario.

Il significato di lanciare un cerchio è anche quello di allinearvi con le quattro direzioni e i quattro elementi. È un riconoscimento significativo del vostro viaggio allineando le energie che vi aiuteranno nel vostro cammino.

Un esempio per voi, seguenti i passi successivi, vi aiuteranno a lanciare il vostro cerchio di protezione.

Iniziate accendendo le candele presenti sull'altare e fate la stessa cosa con l'incenso, pulire l'energia dell'altare e del vostro corpo è fondamentale.

Rivolgendovi al **nord**, pronunciate le seguenti parole: "Invoco l'energia del nord. Benvenuti in questo cerchio di luce. E così sia".

Rivolgendovi verso **est**, pronunciate le seguenti parole: "Invoco l'energia dell'est. Benvenuti in questo cerchio di luce. E così sia".

Rivolgendovi a **sud**, pronunciate le seguenti parole: "Invoco l'energia del sud. Benvenuti in questo cerchio di luce. E così sia".

Rivolgendovi verso **ovest**, pronunciate le seguenti parole: "Invoco l'energia dell'ovest. Benvenuti in questo cerchio di luce. E così sia".

Incantesimi, rituali, intenzioni

Usate le vostre candele, l'incenso e i cristalli, o altri oggetti rituali per fissare le intenzioni. Mentre accendete ogni candela potete recitare: "Mentre accendo questa candela, accolgo il potere del fuoco per benedire il mio rituale e invoco la passione della luce del fuoco per aiutarmi sul mio cammino".

Chiudere il cerchio

Chiudere il cerchio è semplice come aprirlo. Tutto quello che dovete fare è rendere rispetto e gratitudine agli elementi e alle direzioni.

Ecco alcuni passi per chiudere il vostro cerchio:

Ringraziate ogni elemento rivolgendovi direttamente ad essi. "Grazie alla Terra che mi dà la terra (cospargete di sale o terra le vostre mani e strofinatele, lasciando che il sale/terra cadano sul pavimento). "Grazie all'aria che soffia sul mio itinerario (spegnere il bastoncino o incenso). "Grazie al fuoco che illumina il mio cammino (spegnere la candela). Grazie all'acqua che pulisce e purifica (immergete le dita nell'acqua e sfregatele sul vostro altare e sul vostro viso)".

Alzatevi e puntate la vostra energia in direzione di ciascuna delle quattro direzioni per ringraziarle della loro presenza, nella stessa modalità espresse con gli elementi. Esprimete gratitudine muovendovi attraverso ogni direzione, chiudendo il cerchio.

Un ringraziamento finale alla Grande Madre e al Padre, o a qualsiasi dio/donna che avete invocato per il vostro rituale.

Le parole finali: "E così sia!"

CAPITOLO 11

Simboli Wicca

I simboli Wicca sono molto importanti per i praticanti di questa religione. I simboli sono utilizzati per rappresentare concetti, idee e forze della natura, e vengono utilizzati in tutti i rituali, incantesimi e meditazioni. Hanno un significato profondo e rappresentano elementi chiave della spiritualità e della pratica. Ogni simbolo porta con sé un insieme unico di significati e connessioni, e noi praticanti wiccan utilizziamo questi simboli per focalizzare l'intenzione e per connettersi con le forze spirituali. Ecco alcuni dei simboli più comuni e cosa rappresentano per i praticanti:

Pentagramma/Pentacolo

Il pentacolo è un simbolo stellato a cinque punte racchiuso in un cerchio. Rappresenta gli elementi della Terra, dell'Aria, dell'Acqua, del Fuoco e dello Spirito, che sono fondamentali nella Wicca. Il cerchio intorno al pentacolo simboleggia l'unità e la protezione. Il pentacolo è spesso indossato come amuleto di protezione.

Nodo della strega

Rappresenta il potere di protezione e di legame. Il simbolo è costituito da un nodo in cui due cerchi si intersecano e viene utilizzato nella creazione di amuleti e talismani di protezione. Il simbolo è anche utilizzato per creare un legame tra due persone, come ad esempio in una cerimonia di matrimonio o di unione tra due praticanti Wicca. Rappresenta anche l'infinito, la continuità e l'equilibrio tra le forze opposte dell'universo. La sua forma a doppio cerchio rappresenta l'unione tra il maschile e il femminile, il cielo e la terra, il sole e la luna. I wiccan usano il nodo graffiandolo sulle loro porte per proteggersi dagli spiriti maligni e da tutti gli incantesimi negativi.

La tripla luna

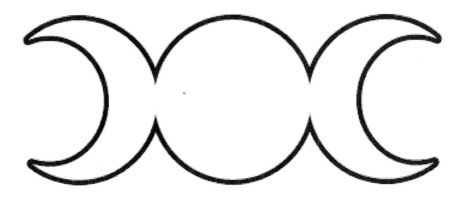

La Tripla Luna è considerata un'illustrazione del potere femminile, rappresenta la dea. Le tre lune simboleggiano le tre fasi della luna: crescente, piena e calante. Questi sono i tre cicli di vita e le progressioni di una donna tipica, che inizia come una fanciulla, sboccia in una madre, e alla fine, diventa una anziana. Lo stadio di fanciulla è rappresentato dalla purezza, dalla giovinezza e fondamentalmente dalla magia iniziale. Come madre, si raggiunge l'aspetto della fertilità, dell'appagamento e della capacità di nutrire, poiché una madre si prende cura dei suoi figli. L'ultimo stadio è la Crone, dove la femmina raggiunge la saggezza e conoscenza nel corso della sua vita. La morte e la rinascita fanno parte di questa fase finale. La Tripla Luna è in gran parte un invito per le donne a celebrare ogni aspetto della loro vita, rappresenta quindi il ciclo della vita, la nascita, la crescita, la maturità, la vecchiaia e la morte, nonché il potere delle donne e la loro capacità di creare e nutrire la vita.

Il Dio Cornuto

Il Dio cornuto è un simbolo Wicca che rappresenta la perfetta unione tra l'energia divina e gli elementi animali della natura, che comprendono gli esseri umani. Il Dio cornuto è spesso rappresentato come un Dio della natura, della caccia, della fertilità e della rinascita. La sua figura è associata alla figura del cervo, in quanto esso simboleggia l'eleganza, la forza, la fertilità e la capacità di rigenerarsi.

Proprio come la tripla luna, il Dio cornuto ha tre fasi principali che includono il Padre, il Maestro e il Saggio. Esso è considerato come una forza maschile della natura, che si alterna con la Dea, rappresentando la dualità e l'equilibrio tra le forze maschili e femminili dell'universo. Inoltre rappresenta anche l'immortalità e la rinascita, in quanto viene associato alla stagione autunnale e al processo di morte e rinascita della natura.

L'Ankh

L'Ankh è considerato uno dei simboli Wicca più potenti, ed è principalmente associato alla guarigione. E' un simbolo antico e sacro dell'antico Egitto, ma è anche utilizzato in alcune forme di spiritualità moderna.

L'Ankh è un simbolo a forma di croce con un cerchio posto sulla parte superiore. Rappresenta la vita eterna e l'immortalità, nonché l'unione tra il divino maschile e femminile. Utilizzato come simbolo di protezione, di guarigione e di connessione con le forze divino-femminili e maschili dell'universo. Può essere utilizzato come un amuleto o un talismano, oppure come parte dell'altare Wicca.

Rappresenta soprattutto la continuità della vita, la forza creativa dell'universo, e la promessa di vita eterna, e quindi può avere un significato spirituale e personale molto profondo per noi praticanti Wicca. Il simbolo è disegnato sulle entrate delle case dei membri Wicca o nei luoghi di riunione.

La stella Elfica

La Stella Elfica è un simbolo sacro nella maggior parte delle pratiche Wicca. Simbolo delle sette direzioni, con le quattro originali che sono est, ovest, nord e sud, più altre tre direzioni.

La stella degli elfi viene utilizzata come simbolo di equilibrio e di armonia tra questi elementi, e come invito a connettersi con le forze naturali dell'universo. Inoltre, questo simbolo può essere utilizzato per rappresentare il viaggio spirituale dell'individuo, che cerca di raggiungere l'illuminazione e l'equilibrio interiore. Può essere utilizzata come un simbolo di protezione e di benedizione, e può essere disegnata o incisa su oggetti magici o sull'altare per amplificare la propria energia e connessione con l'universo.

La ruota dell'anno

La Ruota dell'Anno rappresenta un ciclo annuale di celebrazioni che seguono il ciclo naturale delle stagioni e delle fasi lunari. Questo ciclo comprende otto feste, chiamate Sabbat, che cadono in corrispondenza di solstizi, equinozi e altri momenti significativi dell'anno. Ecco una breve descrizione di ciascuna delle otto feste:

Samhain (31 ottobre - 1 novembre): celebra la fine dell'anno e l'inizio del nuovo, è un momento in cui si onorano i morti e si rinnova la connessione con gli antenati.

Yule (21-23 dicembre): celebra il solstizio d'inverno, la notte più lunga dell'anno, ed è un momento per accendere il fuoco e dare il benvenuto alla luce crescente.

Imbolc (1-2 febbraio): celebra la fine dell'inverno e l'inizio della primavera, è un momento per onorare la dea Brigid e per augurare la rinascita della natura.

Ostara (20-22 marzo): celebra l'equinozio di primavera e il risveglio della natura dopo il letargo invernale, è un momento per celebrare la fertilità e il rinnovamento.

Beltane (30 aprile - 1 maggio): celebra l'inizio dell'estate e l'unione tra il dio e la dea, è un momento per celebrare la fertilità, la passione e la rinascita.

Litha (20-23 giugno): celebra il solstizio d'estate e la massima espressione della luce, è un momento per celebrare la forza, la vitalità e la prosperità.

Lammas (31 luglio - 1 agosto): celebra la fine dell'estate e l'inizio dell'autunno, è un momento per onorare il dio della vendemmia e per ringraziare per i frutti della terra.

Mabon (20-23 settembre): celebra l'equinozio d'autunno e l'inizio della stagione delle raccolte, è un momento per ringraziare per l'abbondanza e per prepararsi al riposo invernale.

CAPITOLO 12
L'alfabeto Wicca

L 'alfabeto Wicca è stato menzionato per la prima volta nel 1518, in un libro chiamato il Poligrafo scritto da Johannes Trithemius. In questo libro, attribuì quello che oggi chiamiamo alfabeto Wicca a Onorio di Tebe, per cui è anche chiamato alfabeto tebano o rune di Onorio. Tuttavia, non ha alcuna relazione con la scrittura runica, che ha avuto origine nel primo millennio nelle regioni germaniche dell'Europa nord-occidentale.

L'alfabeto Wicca e le rune sono entrambi sistemi di scrittura simbolici utilizzati nella pratica magica e spirituale, ma ci sono alcune differenze tra di loro. In primo luogo, le rune sono un sistema di scrittura antico, utilizzato dagli antichi popoli germanici e scandinavi. Le rune sono state usate principalmente come strumento divinatorio, piuttosto che per scrivere testi o incantesimi, e le loro forme sono spesso incise su oggetti come pietre o legno. Inoltre, le rune hanno un significato specifico e un potere magico associato a ciascuna lettera, mentre l'alfabeto Wicca si concentra più sulla rappresentazione simbolica di idee e concetti.

L'alfabeto è un sistema di scrittura creato specificamente per la pratica magica nella tradizione Wicca moderna. Le lettere dell'alfabeto sono spesso modificate o sostituite con simboli che rappresentano concetti magici specifici, come la falce per rappresentare la Dea della Luna. È stato sviluppato come strumento magico e non ha una lunga storia come le rune.

L'uso delle rune e dell'alfabeto varia a seconda delle diverse tradizioni e pratiche magico-spirituali. Le rune sono comunemente usate come strumento divinatorio nelle tradizioni che si basano sulla mitologia germanica e scandinava, mentre l'alfabeto Wicca è specifico per la tradizione dei nostri giorni e viene utilizzato principalmente per scrivere incantesimi e creare sigilli magici.

Significato dell'Alfabeto Wiccan

Criptico e Misterioso: L'alfabeto Wicca è utilizzato per rendere un testo o un'annotazione più difficile da decifrare per chi non è familiare con questo sistema di scrittura. Questo elemento aggiunge un senso di mistero e magia ai testi scritti con questo alfabeto.

Connesse alla Wicca: Le lettere dell'alfabeto sono associate a concetti e simboli importanti nella Wicca. Ad esempio, alcune lettere sono collegate agli elementi, alle divinità o agli strumenti rituali.

Uso nei Riti e negli Incantesimi: L'alfabeto Wicca viene anche adoperato nei riti e incantesimi, specialmente quando si desidera mantenere segrete determinate informazioni o enfatizzare l'aspetto magico del testo.

Differenze tra l'Alfabeto Wicca e le Rune

Numero di Simboli: L'alfabeto Wicca è basato sull'alfabeto inglese e ha tante lettere quanti sono i caratteri dell'alfabeto. Le rune, invece, hanno un numero limitato di simboli (solitamente 24 o 25) che rappresentano suoni specifici o concetti nella loro forma originale.

Scopo Principale: L'alfabeto è principalmente utilizzato per scopi criptici e decorativi. Le rune, invece, erano originariamente un sistema di scrittura utilizzato nelle iscrizioni e nei testi delle culture nordiche, e successivamente sono state adottate per la divinazione e il misticismo.

Associazioni Culturali Diverse: Le rune hanno associazioni culturali e mitologiche specifiche legate alle culture nordiche e germaniche. Ogni runa ha un nome e un significato specifico. L'alfabeto Wicca, d'altra parte, non ha tali associazioni culturali, ma spesso i praticanti creano le proprie associazioni basate sulla loro tradizione specifica.

CAPITOLO 13

Incantesimi per ogni giorno della settimana

I giorni della settimana sono molto importanti per lanciare un incantesimo. Ogni giorno della settimana è associato ad un pianeta specifico. I giorni della settimana sono anche associati a colori, divinità ed elementi specifici.

Tradizionalmente, ogni giorno della settimana ha una corrispondenza planetaria e ogni pianeta ha un'energia o una qualità magica associata ad esso. Di seguito troverai alcuni esempi di incantesimi che possono essere associati a ciascun giorno della settimana, in base alle corrispondenze planetarie:

Lunedì (Luna): l'energia della Luna è legata all'intuizione, all'empatia e all'energia femminile. Gli incantesimi che possono essere eseguiti durante il lunedì possono riguardare l'amore, la fertilità, la guarigione emotiva e la divinazione. Il lunedì è il giorno ideale per lanciare incantesimi atti ad aumentare la propria autostima. Questo giorno della settimana è associato alla luna e alla fertilità. Potete eseguire incantesimi per la maternità, la crescita e l'intuizione, o creare un'offerta di cibo bianco, come il riso, il latte, e posizionarla sotto la luna per chiedere la sua benedizione.

Quando lanciate un incantesimo per ottenere fiducia i voi stessi, potete usare cristalli selvatici, cortecce d'albero, erbe selvatiche e fiori selvatici. Potete usare cristalli come l'ambra, il jet, l'azzurrite e il citrino. Inoltre erbe e fiori selvatici come il timo, la lavanda e l'alloro. Aggiungete anche degli oli di fragranza, delle candele e dell'acqua benedetta. Ogni elemento può aiutarvi a prendere coscienza di voi stessi e ad interagire molto meglio con le altre persone. Ecco un esempio di incantesimo che potresti lanciare il lunedì mattina:

Questo incantesimo richiede l'uso di incenso di sandalo e di una candela rossa. L'incenso di sandalo ha un profumo terrestre mentre le candele rosse rappresentano la forza e il potere. Idealmente, questo incantesimo deve essere fatto prima di fare la doccia. Assicuratevi di formulare le vostre frasi o canti lentamente e ad alta voce.

Posizionatevi di fronte a uno specchio a figura intera e accendete la candela rossa. Concentratevi sulla fiamma e sulla vostra energia. Sentirete l'energia positiva che inizierà a fluire in tutto il corpo. Guardate il vostro riflesso sullo specchio. Fissate i vostri occhi e recitate il canto. Dovete comunicare a voi stessi la volontà di risvegliare la forza interiore , la piena coscienza di poter ottenere successo in qualsiasi campo lo vogliate. Di essere sempre propositivi e mai scoraggiati, che perseguiterete con la giusta mentalità ogni vostro obbiettivo futuro. Scrollatevi da dosso tutti i dubbi che vi rallentano nella vita quotidiana. Accendete l'incenso e lasciatelo bruciare e sarete pronti per il nuovo giorno.

Un'altro incantesimo per l'autostima è da eseguire durante la luna crescente o la luna nuova. L'incantesimo richiede l'uso di un occhio di tigre o semplicemente una qualsiasi pietra preziosa, una candela gialla, tre candele bianche.

Quando la luna è ben visibile, uscite all'aperto e disponete le vostre candele bianche in posizione triangolare con la candela gialla al centro. Mentre tenete la pietra preziosa in mano, meditate fino a percepire l'energia scaturire da essa, successivamente accendete la candela bianca e iniziate a recitare il canto.

Siete liberi di crearne uno a vostro piacere, in rima funziona meglio. Dovete chiedere alle energie dell'universo di concedervi i doni della forza e del coraggio. Accendete un'altra candela bianca e recitate ancora il vostro canto, ripetete la procedura con l'ultima candela. Infine, accendete la candela gialla e posizionate l'occhio di tigre (o la pietra preziosa) sulla fiamma.

Per il potere del tre, dovete chiedere alle energie dell'universo di concedervi forza e coraggio. Guardate la fiamma. Concentratevi su di essa. Meditate. Sentirete una nuova potente energia che susciterà in voi fiducia e autodeterminazione. Prendetevi del tempo per assimilare questa nuova sensazione. Recitate il canto finale, per il potere del tre e delle energie dell'universo, esprimete la vostra definitiva richiesta. Terminato il canto, potete inserire la gemma in una collana e indossarla oppure portarla con voi durante le vostre giornate.

Martedì (Marte): l'energia di Marte è legata alla forza, al coraggio e alla determinazione. Gli incantesimi che possono essere eseguiti durante il martedì possono riguardare la protezione, l'energia fisica, la motivazione e la passione.

Mercoledì (Mercurio): l'energia di Mercurio è legata all'intelletto, alla comunicazione e alla creatività. Gli incantesimi che possono essere eseguiti durante questo giorno riguardano l'ispirazione, la persuasione, la conoscenza e la saggezza. Un incantesimo di comunicazione può aiutarvi a rafforzare le linee di comunicazione deboli. Potete usare delle erbe, come la camomilla, per incoraggiare la comprensione e migliorare la comunicazione. Quando scriverete il vostro incantesimo, usate una penna con inchiostro giallo, colore associato all'elemento Aria. Allo stesso modo, dovrete scrivere il nome della persona con la quale desiderate comunicare su una candela bianca. Prendete il tempo necessario per comporre una conversazione immaginaria con la persona scelta. Quando sarete pronti, potrete iniziare il vostro incantesimo con un canto volto ai poteri dell'Aria affichè indirizzino il vostro intento alla persona designata.

Giovedì (Giove): l'energia di Giove è legata all'abbondanza, alla crescita e alla fortuna. Gli incantesimi che possono essere eseguiti durante il giovedì riguardano la prosperità, il successo, la saggezza e la giustizia. E' associato al pianeta Giove e all'energia dell'abbondanza e della prosperità. Potete eseguire incantesimi per la fortuna, l'abbondanza e il successo, e creare un'offerta di cibo dolce, come la frutta o il miele, per onorare l'energia giovanile. Giovedì è soprattutto il giorno ideale per lanciare un incantesimo sul denaro per una stabilità finanziaria. Questo incantesimo richiede l'uso di lavanda, un sacchetto e sette diverse valute in monete o cartacee. Cospargete di lavanda il denaro, inseritelo in un sacchetto e portatevelo con voi per una settimana.

Venerdì (Venere): l'energia di Venere è legata all'amore, alla bellezza e alla creatività. Gli incantesimi che possono essere eseguiti durante il venerdì possono riguardare l'amore romantico, la bellezza fisica, l'armonia nelle relazioni e la creatività artistica. Il venerdì è un giorno ideale per lanciare incantesimi d'amore atti a riparare relazioni interrotte o di attirare l'amore nella propria vita. Un semplice incantesimo d'amore da fare in questo giorno richiede l'uso di estratto di vaniglia. Immaginate una luce rossa brillante provenire dai vostri occhi che trasformi il colore dell'estratto di vaniglia in rosso. Durante questa visone iniziate a recitare il vostro canto d'amore. Esso può riguardare una relazione affettiva da ristabilire, rafforzare una relazione esistente, o richiedere un nuovo amore nella propria vita. Versate una goccia o due dell'estratto di vaniglia nei quattro angoli della vostra camera da letto. Ponete sotto il vostro letto il contenitore all'estratto di vaniglia.

Sabato (Saturno): l'energia di Saturno è legata alla disciplina, alla responsabilità e alla saggezza. Gli incantesimi da eseguire in questo giorno riguardano la protezione, la magia karmica, la rimozione di blocchi energetici e la manifestazione di obiettivi a lungo termine.

Richiede l'uso di un cartone, un filo nero, un calderone e strumenti di scrittura. Per prima cosa, bisogna prendere il cartone e scrivere parole o disegnare immagini che rappresentano la negatività che si desidera legare su di esso. Accartocciare il cartone a forma di palla e avvolgetela con il filo nero.

Fate in modo di avvolgere il filo ventuno volte mentre pronunciate il vostro incantesimo. Legate le estremità del filo in tre nodi robusti. Infine, bruciate il cartone avvolto nel filo nel calderone mentre ripetete le frasi scelte per la vostra magia finale diretta a sbarazzarvi completamente della negatività. Mentre le parole o le immagini che rappresentano la negatività bruciano, sentirete un crescendo di energia positiva circolare in voi.

Domenica (Sole): l'energia del Sole è legata alla forza vitale, alla leadership e alla creatività. Gli incantesimi che possono essere eseguiti la domenica possono riguardare la guarigione fisica, la protezione, il successo e l'energia positiva.

Incantesimo di guarigione: create un'atmosfera rilassante accendendo candele gialle o dorate e diffondendo oli essenziali come l'eucalipto o la lavanda. Recitate una preghiera o un incantesimo per chiedere guarigione e benessere per voi stessi o per una persona di vostra scelta.

Incantesimo solare: la domenica è il giorno del sole, e quindi un momento ideale per celebrare la luce e l'energia solare. Potete creare un'offerta solare, ad esempio con una ciotola di frutta o un mazzo di fiori gialli o arancioni, e posizionarla in un luogo soleggiato. Recitate un'incantesimo per onorare il sole e chiedere la sua protezione e benedizione.

Incantesimo di successo: giorno ideale per eseguire incantesimi di successo e abbondanza. Potete accendere candele gialle o verdi e creare un'offerta di frutta o cibo. Recitate un'incantesimo per attrarre il successo e abbondanza nella vostra vita.

Incantesimo di pulizia: la domenica è anche un giorno ideale per pulire e purificare la vostra casa e il vostro spazio sacro. Accendete candele bianche o blu, diffondete oli essenziali come il limone o la menta, e recitate un'incantesimo per la purificazione della vostra casa e liberarla da energie negative.

CAPITOLO 14

Il sentiero Wicca

O ra che avete assimilato le basi della religione Wicca, vi suggerisco tre passi iniziali per praticare in armonia:

Apprendimento: Una delle migliori strategie per iniziare il vostro cammino in questo percorso è quella di informarvi il più possibile su questa religione. Leggete il maggior numero possibile di libri da prospettive diverse, tenendo conto che autori diversi possono avere approcci diversi. Cercate un mentore affidabile o una congrega accogliente che sia disposta a condividere con voi il loro lavoro magico o la loro saggezza. Usate sempre cautela, soprattutto quando incontrate persone che avete conosciuto online. Le loro opinioni e i loro stili di pratica individuale potrebbero essere molto diversi dai vostri, quindi assicuratevi di fare una ricerca adeguata e di seguire il vostro istinto.

Iniziazione: Una volta abbracciato i principi della Wicca, potrete fare una cerimonia di iniziazione. L'iniziazione nella Wicca è un rito di passaggio in cui si "rinasce" nel Mestiere. La cerimonia non deve essere esagerata ed elaborata, la semplicità è la forma migliore. L'auto-iniziazione è quel processo che ti avvicina attivamente al Dio e alla Dea (o agli Dei e alle Dee) e agli Elementi. Di seguito alcuni passi di questo processo:

Preparazione e purificazione: Prima dell'iniziazione, è utile fare un bagno rituale per purificare il corpo e placare la mente. Aggiungete oli essenziali nell'acqua del bagno o spalmateveli delicatamente sulla pelle. Siate certi di scegliere oli essenziali naturali estratti da piante ed erbe e di evitare quelli sintetici. Mettete della musica rilassante, preferibilmente suoni naturali come le onde del mare, il canto degli uccelli in una foresta o la pioggia che cade dolcemente.

Per prepararvi al rituale successivo alla pulizia, cercate un luogo tranquillo e privato dove eseguire la cerimonia d'iniziazione. Potete scegliere di praticare lo skyclad (senza vestiti), ma se non vi sentite a vostro agio, indossate vestiti leggeri e confortevoli in tessuti naturali come il cotone o la lana. Il luogo ideale per eseguire la cerimonia d'iniziazione è all'aria aperta sotto la luna nuova (per i nuovi inizi), ma qualsiasi posto privato, confortevole e pulito sarà adeguato. Assicuratevi che lo spazio intorno a voi sia privo di qualsiasi distrazione e spegnete il telefono cellulare per evitare interruzioni da parte di familiari o visitatori.

La fase di purificazione e preparazione del processo d'iniziazione è fondamentale poiché vi permette di eliminare la negatività dal vostro corpo, dalla mente e dallo spirito. Naturalmente, la purificazione non risolverà tutti i vostri problemi a lungo termine; il suo obiettivo principale è quello di portarvi in uno stato di calma e relax e di consentirvi di liberare la mente dal disordine e dallo stress (questo vale anche per tutti i riti).

Invocazione e dedizione verbale o mentale: Ora che avete creato il vostro luogo sacro, liberato la vostra mente e preparato il vostro corpo, potete procedere con l'iniziazione in vari modi. È importante essere completamente sicuri della vostra scelta di diventare Wiccan, poiché state per fare un voto impegnativo. Trovate un luogo tranquillo, preferibilmente in mezzo alla natura, dove potete sedervi comodamente dopo aver tolto le scarpe. Respirate profondamente e permettete ai vostri muscoli di rilassarsi. Siate consapevoli dell'ambiente circostante: sentite l'erba o le foglie sotto i piedi, sentite la brezza sulla pelle, assaporate i profumi degli alberi. Quando vi sentirete calmi e pacifici, sarete pronti per iniziare la vostra iniziazione come Wiccan. Invocate il Divino come meglio credete, recitando un canto o semplicemente visualizzando le energie magiche della natura, del Dio e della Dea che vi circondano e vi proteggono. Pronunciate o pensate il vostro impegno e chiedete al Dio e alla Dea di unirvi alle loro energie per sentirne la presenza ovunque andrete.

Offerte e gratificazione: Per concludere il rituale, ringraziare il Divino, gli Elementi e la natura è importante. Ciò dimostra rispetto e gratitudine per il loro aiuto e la loro presenza durante la cerimonia. Lasciare un'offerta naturale sul vostro altare è gesto sicuramente apprezzato. Per essere creativi, potete fare dei canti, scrivere dei testi, o disegnare se avete la mano artistica per esprimere la vostra gratitudine verso il Divino e la natura.

Pratica e stile di vita: Congratulazioni, ora è il momento di incorporare la pratica Wicca nella vostra vita quotidiana, in modo più naturale possibile a qualsiasi stile di vita.

CAPITOLO 15
Incantesimi facili per principianti

Incantesimo d'amore

S iamo tutti alla ricerca dell'amore sincero, un piccolo incantesimo può aiutarvi ad esplorare il vostro cuore e trovare il sentimento desiderato. Ecco un esempio di incantesimi d'amore:

Avrete bisogno di:

Candele rosa e/o rosse

Accendino o fiammiferi

Petali di una rosa

Incenso rosa/lavanda

Cristallo di quarzo rosa

Foglio di carta

Penna

Nota: Questo incantesimo deve essere eseguito in una notte particolarmente stellata.

Passi:

Lanciate un cerchio di protezione e di intenzione.

Accendete la vostra candela sull'altare e successivamente anche l'incenso.

Sul foglio di carta scrivete tutti i pregi e le qualità che il vostro partner dovrebbe incorporare. Leggete la lista ad alta voce davanti all' altare. Piegate il foglio e inseritelo sotto il portacandela.

Lasciate la candela e l'incenso accesi, portate fuori all'aperto sia i petali di rosa che il quarzo rosa.

Individuate una stella nel cielo che vi attrae. Il palmo della mano rivolto verso il cielo con i petali di rosa e il quarzo posti in essa. Immaginate la luce della stella prescelta discendere nella vostra mano caricando il cristallo e illuminando i petali. Mentre visualizzate questa scena pensate alle qualità caratteriali invocate e menzionate sul foglio.

Esprimete le seguenti parole:

"Stella dell'amore, sempre illuminata,

Aiutami, rendi possibile questo mio incantesimo.

Unisci l'amore, consegna a me la luce del suo cuore.

E così sia".

Riportate i petali e il cristallo al vostro altare e ripetete le seguenti parole spargendo i petali intorno alla candela:

"Ascolta il mio desiderio,

Vieni da me, mio sincero amore."

Mettete il quarzo rosa in cima ai petali posti intorno alla candela e lasciate bruciare la candela fino alla fine.

Incantesimo d'amore per se stessi

E' importante coltivare l'amore per se stessi e l'autostima. Questo incantesimo utilizza una candela rosa e un ciondolo di cristallo (Athame) per aiutarvi a raggiungere questo obiettivo. Seguite attentamente questi passi durante la fase lunare di luna nuova per massimizzare l'efficacia dell'incantesimo.

Strumenti necessari:

Candela rosa: Il colore rosa è associato all'amore, all'auto-amore e all'autostima.

Ciondolo di cristallo (Athame): Il cristallo è conosciuto per la sua capacità di amplificare l'energia e la chiarezza.

Preparazione:

Durante la fase lunare di luna nuova, è il momento ideale per apportare cambiamenti positivi nella vostra vita. Prendete il vostro Athame e fate una piccola puntura sul dito, raccogliendo una goccia di sangue.

Creazione del Cerchio Magico

Lanciate un cerchio magico intorno al vostro altare per creare uno spazio sacro e protetto. Questo cerchio servirà a concentrare e amplificare l'energia dell'incantesimo.

Preparazione della Candela

Fate cadere la goccia di sangue sulla candela rosa, il più vicino possibile allo stoppino. Lasciate che il sangue si impregni nello stoppino prima di accendere la candela. Questo atto simbolico rappresenta il vostro impegno verso l'amore per voi stessi.

Accensione della Candela

Una volta che la maggior parte del sangue è stata assorbita, accendete la candela rosa. Lasciatela bruciare per dieci minuti, mentre sarete impegnati a concentrarvi con pensieri positivi su voi stessi, fissando le fiamme. Mantenete i pensieri puri è essenziale per permettere alla magia di svolgere appieno il suo lavoro. Dopo tre minuti di pensieri positivi, spegnete la candela in modo da creare un rigolo di fumo.

Utilizzo del Ciondolo di Cristallo

Prendete il ciondolo di cristallo e fatene tre cerchi nell'aria mentre pronunciate le seguenti parole:

"Sono potente, sono puro, sono luminoso, chiedo agli elementi di aiutarmi ad amare me stesso incondizionatamente." Ripetete questo canto ad ogni cerchio creato con il ciondolo.

L'Incantesimo

Indossate il ciondolo come una collana e chiudete gli occhi. Mettete la vostra mano dominante sul ciondolo e recitate l'incantesimo seguente:

"L'amore è potere, attingo da esso per amare il prossimo e anche me stesso. Merito di essere amato e di amare con intensità e prosperità."

Chiusura del Cerchio

Chiudete il vostro cerchio magico, ringraziando gli elementi per il loro supporto.

Attesa e Riflessione

Sappiate che l'incantesimo richiederà circa due-tre giorni per avere effetto. Siate aperti a questo cambiamento nella vostra vita e fidatevi del processo magico innescato.

Nodo d'amore

L'incantesimo del Nodo d'Amore è una pratica magica che mira a unire due persone in modo che possano scoprire il vero amore e avviare una relazione romantica. Questo incantesimo richiede precisione e attenzione per essere efficace. Ecco come puoi eseguirlo correttamente:

Strumenti magici necessari:

Filo di seta: Il filo di seta è un simbolo di legame e connessione, ed è perfetto per questo incantesimo d'amore.

Gesso rosa, sale da cucina o una bacchetta: Questi strumenti sono utilizzati per tracciare il cerchio magico intorno all'altare.

Cinque candele rosa: Il colore rosa rappresenta l'amore e la passione.

Cannella macinata: La cannella è usata negli incantesimi d'amore per attirare l'energia dell'amore e dell'attrazione.

Radice della pianta di Adamo ed Eva: Questa radice rappresenta l'unione perfetta tra maschile e femminile, simboleggiando l'equilibrio e l'amore. È un potente talismano per attirare l'amore e rafforzare i legami.

Preparazione: Trovate un luogo tranquillo e privato dove potete eseguire l'incantesimo senza distrazioni. Assicuratevi di avere tutti gli strumenti magici elencati sopra pronti e a portata di mano.

Tracciate il cerchio magico: Utilizzate il gesso rosa, il sale da cucina o una bacchetta per tracciare un cerchio intorno al vostro altare. Questo cerchio crea uno spazio sacro e protetto per il vostro incantesimo.

Disponete le candele: Posizionate le cinque candele rosa all'interno del cerchio, in modo che formino un pentagono.

Preparate il filo di seta: Tagliate il filo di seta in due pezzi di uguale lunghezza. Questi rappresentano le due persone che volete unire.

Intrecciate il filo: Prendete i due pezzi di filo di seta e intrecciateli insieme mentre visualizzate l'amore che volete unire. Concentratevi sulla passione, la comprensione e la connessione tra queste due persone. Potete anche recitare parole d'amore durante questo processo.

Aggiungete la cannella: Cospargete un po' di cannella macinata sull'intreccio del filo. La cannella simboleggia l'attrazione e l'amore.

Aggiungete la radice di Adamo ed Eva: Posizionate la radice sulla parte centrale dell'intreccio del filo, rappresentando l'equilibrio e l'unione perfetta.

Accendete le candele: Accendete le cinque candele rosa nel cerchio magico, una alla volta, concentrandovi sull'energia dell'amore che si diffonde nell'ambiente.

Recitate l'incantesimo: State di fronte all'altare e visualizzate chiaramente le due persone unite dall'intreccio del filo. Recitate le vostre intenzioni con forza e chiarezza. Ad esempio, potreste dire: "Con questo nodo d'amore, unisco [nome della prima persona] e [nome della seconda persona] in un legame d'amore sincero e appassionato. Che l'amore li avvolga e li guidi verso una relazione felice e amorevole."

Chiudete il cerchio: Ringraziate gli elementi e chiudete il cerchio magico.

Conservate il nodo: Conservate il nodo intrecciato come un talismano magico e tenetelo con voi o date uno dei due pezzi al destinatario del vostro amore.

Ricordate che la magia dell'amore è un atto di gentilezza e rispetto nei confronti delle persone coinvolte. Assicuratevi che entrambe le parti siano consapevoli e d'accordo con il vostro incantesimo prima di procedere.

Incantesimi

Gli incantesimi sono pratiche magiche potenti. Ecco come eseguire un incantesimo utilizzando le candele e altri strumenti magici.

Candele: Utilizzate negli incantesimi per rappresentare l'elemento del fuoco e per portare energia e intenzioni al vostro lavoro magico.

Incisioni di Rune: Le rune sono antiche lettere dell'alfabeto utilizzate nelle tradizioni nordiche e vengono incise sulle candele per aggiungere simbolismo e potenza all'incantesimo.

Cannella macinata: La cannella viene utilizzata negli incantesimi d'amore per attirare l'energia dell'amore e dell'attrazione.

Radice della pianta di Adamo ed Eva: Questa radice simboleggia l'unione perfetta tra maschile e femminile ed è utilizzata per rafforzare legami e attrarre l'amore.

Gesso rosa, sale da cucina o una bacchetta: Questi strumenti sono utilizzati per tracciare il cerchio magico e il pentacolo.

Filo di seta: Questo sarà utilizzato per creare un nodo magico durante l'incantesimo.

Preparazione: Trovate un luogo tranquillo e privato dove potete eseguire l'incantesimo senza distrazioni. Assicuratevi di avere tutti gli strumenti magici pronti e a portata di mano.

Vestire le candele: Incidete le candele con le rune o i simboli che sono significativi per voi. Continuate a vestire le candele strofinando la cannella macinata e la radice di Adamo ed Eva su di esse. Questa operazione carica le candele con le vostre intenzioni.

Tracciate il cerchio magico: Usate il gesso rosa, il sale da cucina o una bacchetta per tracciare un cerchio magico intorno all'altare. Questo cerchio crea uno spazio sacro e protetto per il vostro incantesimo.

Creazione del pentacolo: Disegnate un pentacolo all'interno del cerchio magico usando gli stessi strumenti utilizzati per tracciare il cerchio. Un pentacolo rappresenta l'equilibrio degli elementi e dell'energia magica.

Posizionate le candele: Mettete una candela in ogni punto del pentacolo e accendetele, concentrandovi sull'energia dell'incantesimo.

Entrate nel cerchio magico: Posizionatevi al centro del pentacolo, entrando nel cerchio magico che avete creato. Questo è il luogo dove condurrete il vostro incantesimo.

Iniziate l'incantesimo: Prendete il filo di seta e iniziate l'incantesimo facendo un nodo al filo. Questo rappresenta l'inizio del vostro lavoro magico.

Ripetere l'operazione: Fate un nodo al filo di seta, per sei volte. Ogni nodo rappresenta un'energia e un avvio specifico per il vostro incantesimo.

Bruciate il filo nella candela: Avvicinate il filo alla candela posta in cima al pentacolo e bruciatelo con la fiamma. Questo atto simbolico libera l'energia dell'incantesimo.

Uscita dal cerchio: Usate una porta per uscire dal cerchio magico, lasciando l'energia dell'incantesimo al suo lavoro.

Lasciate che le candele si spengano: questo può richiedere del tempo.

Rompete il cerchio: Alla fine, rompete il cerchio magico e lasciate che l'energia si disperda nell'universo.

Sepoltura delle candele: Prendete le candele bruciate e seppellitele in cinque posti separati vicino a un grande albero. Questo atto simbolico completa il vostro incantesimo.

Ricordate sempre di eseguire gli incantesimi con intenzioni positive e nel rispetto del libero arbitrio delle persone coinvolte.

Incantesimo di denaro

Gli incantesimi sul denaro possono variare in base alla pratica personale dell'individuo, ma di solito si concentrano sull'invocazione delle energie della prosperità e dell'abbondanza finanziaria. Gli incantesimi possono includere la creazione di amuleti o talismani che vengono programmati per attirare denaro e prosperità nella vita di ognuno di noi. Per questo incantesimo, abbiamo bisogno di pochi ingredienti e preparazione.

Requisiti

1. Incenso: Qualsiasi aroma

2. Una piccola ciotola di sale

3. Una piccola ciotola d'acqua

4. Olio consacrato

5. Candela rossa

6. Erbe secche-basilico, pianta dei soldi ecc.

7. Cristallo - pietra del sangue, agata di muschio o meglio ancora citrino.

8. Unghie e ritagli di capelli

9. Una moneta

10. Un oggetto che rappresenti il vostro lavoro - per lo scrittore può essere una penna, per un'azienda d'abbigliamento può essere un pezzo di tessuto.

11. Pennarello marrone

12. Sacchetto verde piccolo

13. Stringa

Una luna crescente fino alla luna piena è la fase ideale per questo incantesimo che assicurerà successo terreno, abbondanza e prosperità. Quando la luna è in Toro, aumenta le possibilità di successo. Il Toro è il segno della Terra che afferma il successo e la prosperità a lungo termine.

Iniziare l'incantesimo:

1. Pulite i vostri oggetti menzionati nella lista e posateli sull'altare. Accendete la candela e bruciate l'incenso. Posizionate le ciotole di sale e di acqua nella loro area.

2. Sedetevi a terra e iniziate a rilassarvi, connettetevi con la madre Terra e il suo potere divino attraverso la meditazione.

3. Meditate e visualizzate la vostra vita con l'abbondanza e la prosperità desiderata.

4. Assaporate la sensazione di serenità e indipendenza che provoca la libertà finanziaria, da non confondersi con la ricchezza. Affinchè l'incantesimo funzioni con successo questa distinzione è fondamentale.

Canti per attirare il denaro

1. Prendete un sacchetto e con un pennarello o una penna marrone disegnateci sopra il simbolo di FEHU. Questo simbolo runico rappresenta l'energia vitale, utile per attirare la prosperità, la fortuna finanziaria e l'abbondanza nella vita di una persona.

2. Prendete le erbe nel palmo della mano e fate un respiro profondo. Fissate il contenuto nel vostro palmo pensando alla felicità e alla vostra prosperità imminente. Posizionatela all'interno del sacchetto.

3. Prendete il cristallo e immaginate che sia parte della Terra che soddisferà i vostri desideri finanziari. Immaginate nuovamente voi stessi sereni e indipendenti finanziariamente mentre ponete il cristallo all'interno del sacchetto.

4. Prendete l'oggetto legato metaforicamente al vostro business, poi la moneta, l'unghia e il taglio di capelli. Fate la stessa operazione di prima, fissate il contenuto immaginando il vostro cambiamento finanziario. Inserite il tutto in un sacchetto.

5. Chiudetelo e mettetelo in relazione con gli elementi facendolo passare attraverso il fumo, poi cospargetelo di sale.

6. Ungetelo con olio per indicare la presenza del quinto elemento, lo spirito.

7. Prendete il sacchetto dal vostro palmo e inspirate l'energia all'interno del sacchetto.

Attirare denaro

Strumenti magici

Gesso verde, sale da cucina o una bacchetta

Cinque candele (1 gialla, 1 bianca, 1 verde, 1 rossa e 1 blu)

Una banana

Olio di giacinto

Petali di margherita

Incantesimo:

Invoco il potere dell'Aria!

Invoco il potere della Terra!

Invoco il potere del Fuoco!

Invoco il potere dell'Acqua!

Invoco il potere dello Spirito!

Che gli elementi benedicano me e l'abbondanza economica desiderata!

Vestite le candele incidendo una runa o un sigillo, potete incidere il simbolo dell'elemento che rappresenta.

Finite di vestire le candele strofinando l'olio di giacinto e la banana su di esse.

Disegnate un cerchio magico usando il gesso verde, il sale da cucina o la bacchetta.

Create una porta ed entrate nel cerchio magico.

Disegnate un pentacolo all'interno del cerchio magico con il gesso verde, il sale da cucina o la bacchetta.

Mettete una candela in ogni punto del pentacolo. Mentre posizionate le candele, chiamate l'elemento che la candela rappresenta.

Posizionatevi al centro del pentacolo.

Pronunciate l'incantesimo. Mentre nominate ogni elemento dell'incantesimo, indicate in quella direzione.

Visualizzate un arcobaleno di energia che scorre dalle candele e si unisce alla vostra aura.

Uscite dal cerchio usando una porta.

Lasciare che le candele si spengano.

Rompete il cerchio e lasciate che l'energia si disperda nuovamente nell'universo.

Prendete le candele usate e seppellitele in un giardino.

Incantesimo d'amore (Anima gemella)

Gli incantesimi Wicca sull'amore non sono diretti al controllo o alla manipolazione della persona, ma per aprire il cuore e la mente dell'individuo per attirare l'amore e l'affetto di un possibile partner.

Ingredienti

1. Salvietta.

2. Sale marino

3. Olio d'oliva, olio di lavanda o olio di gelsomino

4. Un marcatore rosa

5. Vasca da bagno e uno specchio

6. Candela d'ambiente, incenso.

Lanciare l'incantesimo:

Versate acqua calda nella vasca da bagno. Meditate e invocate le Dee prescelte.

Spogliatevi e immergetevi nell'acqua calda iniziando la meditazione su voi stessi.

Comunicate con la Dea; lasciate uscire dalla vostra mente tutto ciò che non vi piace di voi stessi. Cominciate a cantare con un ritmo costante.

Sulla salvietta versate un po' di sale marino e strofinatelo sul vostro corpo, immaginando di eliminare tutte le energie negative purificando il corpo e l'anima.

Fate defluire l'acqua nella vasca insieme alla vostra negatività. Osservando lo svuotamento della vasca sentirete una sensazione di leggerezza e purificazione interiore.

Asciugatevi ungetevi con oli naturali mentre recitate la preghiera alla Dea.

Con il pennarello rosa disegnate fiori, simboli, parole d'amore e rune su tutto il corpo e andate a letto a dormire. La mattina seguente, fate una doccia per rimuovere gli ornamenti sul vostro corpo.

Questa pratica purifica il vostro corpo e la vostra mente.

Rompere un incantesimo (dipendenza)

Ingredienti

Un uovo crudo

Un pennarello permanente

Trovate un luogo preferibilmente appartato e assicuratevi di non tornarci per un lungo periodo di tempo.

Camomilla

Succo di limone

Mele verdi

Preparazione per il lancio dell'incantesimo:

Trovate un luogo appartato. In questa fase avrete bisogno dell'uovo e del pennarello. Per creare l'atmosfera giusta, accendete la candela e invocate la Dea perché lavori con voi e vi aiuti a raggiungere il vostro obiettivo. Lanciate questo incantesimo nella fase di luna scura del sistema lunare.

Meditate sulla vostra dipendenza e di come essa vi stia creando difficoltà nella vita personale. A come sarebbe potuto essere la vostra vita senza tale dipendenza. È importante percepire il malessere causato e le sensazioni che questa dipendenza causa.

Prendete l'uovo in mano. Esprimete il malessere ad alta voce strofinando l'uovo sul viso e la gola immaginando che l'energia negativa venga aspirata e traferita all'uovo.

Prendete il pennarello e disegnate dei simboli di allontanamento o scrivete il vostro stato d'animo sull'uovo. Continuate a scrivere finché non vi sentite liberi e leggeri dal peso che vi tormenta.

Avvolgete l'uovo con un panno o qualsiasi protezione per assicurarvi che non si rompa.

Portate con voi l'uovo e dirigetevi verso un incrocio stradale di notte, fino a raggiungere esattamente il centro della strada.

Gettate con forza l'uovo avvolto a terra.

Voltategli immediatamente le spalle e allontanatevi senza voltarvi. Tornate a casa e siate felici, liberi dalla dipendenza.

Prendete una tazza di camomilla con una mela verde per migliorare il sonno.

La magia aiuta, ma ci vuole tempo. Pensate in modo positivo, organizzate piani futuri con serenità, senza ansia e gabbie mentali.

La magia non riguarda gli strumenti, gli ingredienti o gli incantesimi, ma la forza interiore della mente. Per costruire una forte connessione con il potere divino, la concentrazione costante è fondamentale. Il successo dell'intero metodo si basa sul potere interiore e sulla forza della mente.

La magia non funziona finché non si è personalmente impegnati nel rituale, è il desiderio e la concentrazione del soggetto coinvolto che aiuta la magia a funzionare. Eseguite esercizi di meditazione profonda per allenare la mente ad essere serena,calma e ricettiva.

Imparare la magia è un processo che dura tutta la vita. Più vi eserciterete, più imparerete e padroneggerete l'abilità nella pratica.

Ristabilire l'amore perso.

Incantesimo adatto per far tornare sui suoi passi il vostro ex compagno/a.

Strumenti magici

Incenso alla lavanda

Gesso rosa, sale da cucina o bacchetta

Un diamante rosa (parte di un gioiello)

Immagine del vostro ex

Incensiere

Cannella macinata

Radice di Adamo ed Eva

Cinque candele rosse

Incantesimo:

Oh, dea Ishtar!

Oh, Dio Tammuz!

Io ti convoco!

Ti invito a legarmi a [nome del vostro ex]!

Benedici questa unione con le tue sante mani!

Consegnami questa relazione!

Fasi della pratica:

Vestite le candele incidendo una runa GEBO del Elder Futhark.

Finite di vestire la candela strofinando la cannella macinata e la radice di Adamo ed Eva su di esse.

Fate un cerchio magico usando il gesso rosa, il sale da cucina o la bacchetta.

Create una porta ed entrate nel cerchio magico.

Disegnate un pentacolo nel cerchio magico usando il gesso rosa, il sale da cucina o la bacchetta.

Mettete una candela in ogni punto del pentacolo.

Posiziona il censore e l'incenso al centro del pentacolo.

Accendete l'incenso e le candele. Ad ogni accensione invocate la Dea e il Dio perché vengano a voi. Mettete la foto del vostro ex al centro del cerchio.

Tenete il diamante rosa e visualizzate l'energia che fluisce nell'immagine.

Pronunciate l'incantesimo.

Fate una porta e uscite dal cerchio.

Lasciate che le candele si spengano.

Rompete il cerchio e lasciate che l'energia si disperda.

Prendete le candele bruciate e seppellitele all'aperto in un giardino.

Alimentare la libido

Un calo della libido può essere un motivo di preoccupazione per tutti. La magia Wicca è una delle migliori soluzioni per ridare un po' di energia alla vostra vita amorosa. Questo particolare incantesimo è per coloro che desiderano aiutare se stessi. Questo incantesimo va svolto per tre notti consecutive in modo da trarre il massimo dalla propria vita amorosa nel futuro. Per ottenere il massimo da questo incantesimo, avrete bisogno di:

Una foto vostra o del partner

Cinque candele (quattro rosse e una bianca)

Una piccola quantità di olio aromatico scelto

Una selezione di incenso

Una piccola quantità di foglie di menta fresca

Una pietra di granato (rossa)

Una ciotola d'acqua

Una ciotola per le offerte

Vestirsi di rosso, basta un elemento del vestiario di tale colore. Versate qualche goccia di olio nella ciotola dell'acqua e lavatevi le mani.

Mettete le quattro candele rosse in ciascuno dei punti cardinali e mettete la candela bianca al centro dove la croce si interseca. Accendete la candela posta a sinistra della candela bianca e accendete l'incenso. Prendete le foglie di menta e le pietre di granato e mettetele nella ciotola delle offerte. Ora che la ciotola è piena, mettetela a destra della candela bianca. Infine, mettete l'immagine del vostro soggetto nello spazio tra voi e la candela bianca.

Successivamente, creeremo un cerchio di luce. Cominciando con la candela sul punto più orientale, accendete la fiamma. Muovendosi in senso antiorario, accendete a turno ciascuna delle candele rosse prima di finire con quella bianca. Completato il cerchio di luce con un punto centrale, accendete dell'altro incenso.

Sollevate la candela bianca dal centro del cerchio e fate in modo di versare alcune gocce di cera sulla foto. Rimettete la candela bianca al centro e sollevate la ciotola delle offerte. Mentre osservate la pietra di granato e le foglie di menta, immaginate il cerchio di fronte a voi riempirsi di una luce rossa ardente. Il colore del romanticismo, la giusta tonalità di passione e libido. Mantenete questa visione nella vostra mente mentre l'incenso fa il suo lavoro di purificazione dell'ambiente. Concentratevi su questa energia e sulle sensazioni che scorrono nel vostro corpo mentre pronunciare le seguenti parole:

"Ti invoco, Afrodite, dea dell'amore,

Risveglia il fuoco dentro (nome della persona)

Risveglia il suo desiderio e la sua passione

Ora e per sempre

Per il bene supremo".

Ripetete questa invocazione sei volte, immaginando che tale energia arrivi a destinazione. Completata la procedura spegnete le candele e fate la chiusura del cerchio di luce. Spegnete la fiamma della candela centrale. Poi, partendo dalla candela occidentale, muovetevi in senso orario spegnendo le restanti candele. L'incenso deve continuare a bruciare mentre chiudete il cerchio, fate vostri questi momenti finali per apprezzare l'energia e il calore che è stato generato.

Ricordatevi di ripetere questo incantesimo per tre notti consecutive usando sempre la stessa immagine.

Trovare la persona giusta

In primo luogo, è importante soffermarsi sulla tempistica di questo incantesimo. Se volete assicurarvi che venga svolto nei migliori dei modi, dovete fare questo incantesimo nella prima settimana dopo la luna piena. Così facendo vi assicurerete che i vostri sforzi abbiano il massimo potenziale di successo. Per completare l'incantesimo, avrete bisogno di:

Una collezione di petali di una rosa rossa

Quattro candele, una rossa e tre bianche

Un bicchiere di tè alla menta

Prendete il tè preparato e iniziate a sorseggiarlo concentrandovi sul calore e sulle energie che nasceranno da questa pratica. Finito il thè, cominciate a spegnere le candele bianche, cominciando da quella alla vostra sinistra, poi alla vostra destra, e infine quella sulla punta del triangolo. Infine, spegnete la candela rossa davanti a voi.

Una volta completato l'operazione, raccogliete i petali di rosa energizzati e metteteli in un contenitore. Per tutta la settimana successiva portate con voi questo sacchetto di petali. Terminata la settimana, cercate un fiume o un ruscello e spargete i petali nell'acqua. Gli effetti positivi che l'incantesimo avrà sulla vostra vita amorosa arriverà in tempi brevi.

Attrarre le amicizie

Materiali necessari:

Una candela rosa

Olio essenziale di rosa

Un pezzetto di carta bianca

Una penna rossa

Un piatto o una ciotola di vetro

Sale marino grosso

Procedimento:

Accendete la candela rosa e mettetela sul piatto o nella ciotola di vetro.

Aggiungete qualche goccia di olio essenziale di rosa sulla candela e visualizzate la luce della candela che diffonde energia positiva.

Scrivete il vostro nome sulla carta bianca e accanto ad esso scrivete il nome della persona o delle persone di cui desiderate attirare la simpatia.

Mettete la carta sul piatto o nella ciotola di vetro accanto alla candela.

Cospargete un pizzico di sale marino grosso sulla carta e intorno alla candela.

Visualizzate voi stessi e le persone che intendete attrarre circondati da una luce rosa e pieni di calore e affetto.

Ripetete tre volte la seguente formula magica: "Con questa candela e con il potere dell'amore, attrarre la simpatia degli amici è il mio intento. Che sia fatto per il bene di tutti e secondo il libero arbitrio di ciascuno".

Lasciate la candela bruciare fino alla fine, conservando la carta in un posto sicuro.

Ricordate che l'efficacia degli incantesimi dipende dalla forza della vostra intenzione e dalla vostra capacità di visualizzare con chiarezza ciò che desiderate.

Proteggere la persona amata

A volte si ha la necessità di proteggere la famiglia da eventuali spiriti maligni. La protezione dei propri cari è un compito importante.

Strumenti magici

Cinque candele (1 gialla, 1 bianca, 1 verde, 1 rossa e 1 blu)

Una moneta per ogni membro della famiglia che intendete proteggere

Gesso verde, sale da cucina o una bacchetta

Succo di limone

Chiodo di garofano macinato

Borsa nera piccola

Una tazza vuota

Incantesimo:

"Oh, elementi dell'Universo

ascoltate le mie richieste di aiuto

Date protezione alla persona che porta questa moneta!

Proteggila e scaccia il male in ogni sua forma"

Fasi della pratica:

Vestite le candele incidendo rune o sigilli sulla candela. Una buona runa da usare è OTHALA del Elder Futhark.

Completate la procedura di vestizione della candela strofinandola con succo di limone e chiodi di garofano macinati.

Prendete le monete e mettetele in un piccolo sacchetto.

Disegnate un cerchio magico usando il gesso verde, il sale da cucina o la bacchetta.

Create una porta ed entrate nel cerchio magico.

Disegnate un pentacolo nel cerchio usando il gesso verde, il sale da cucina o la bacchetta.

Mettete la candela in ogni punto del pentacolo e nell'ordine corretto, ovvero, giallo in alto a sinistra; verde, in basso a sinistra; fuoco, in basso a destra; acqua, in alto a destra; e il bianco in cima al pentacolo per lo spirito.

Ponete il sacchetto nero di monete e la tazza vuota al centro del pentacolo.

Mentre accendete le candele, pronunciate il nome dell'elemento che la candela rappresenta." Sono giallo per l'Aria, blu per l'Acqua, verde per la Terra, rosso per il Fuoco e bianco per lo Spirito".

Ponetevi al centro del pentacolo e prendete una moneta dalla borsa, una alla volta. Pronunciate l'incantesimo e inserite la moneta nella tazza vuota, visualizzate un arcobaleno di energia luminosa che scorre nella tazza.

Fate una porta e uscite dal cerchio.

Lasciate che le candele si spengano.

Rompete il cerchio e liberate l'energia intrappolata nel cerchio magico.

Portate le candele bruciate all'aperto e seppellitele vicino a un grande albero.

Altro incantesimo per attrarre empatia e amicizie.

Materiali necessari:

Una candela bianca

Un pezzetto di carta bianca

Una penna nera

Un ago o uno spillo

Un piatto o una ciotola di vetro

Sale marino grosso

Procedimento:

Accendete la candela bianca e ponetela sul piatto o nella ciotola di vetro.

Prendete il pezzetto di carta bianca e scrivete i nomi delle persone che desiderate proteggere con la penna nera.

Con l'ago o lo spillo, fate un piccolo foro al centro della carta.

Posizionate la carta sopra la candela bianca, in modo che la fiamma bruci il foro.

Visualizzate le persone che volete proteggere circondate da una luce bianca e protetta da qualsiasi energia negativa.

Cospargi un pizzico di sale marino grosso sulla carta e intorno alla candela.

Ripeti tre volte la seguente formula magica: "Con questa candela e il potere della luce, proteggere le persone care è il mio intento. Che siano protette da ogni energia negativa e che siano sempre al sicuro".

Lasciate la candela bruciare fino alla fine e, se possibile, conservate la carta in un posto sicuro.

Rituale per evitare gli incidenti

Strumenti magici:

Cinque candele verdi

Gesso verde, sale da cucina o una bacchetta

Calderone o pentola di coccio

Coppa con acqua

Boline

Olio di tulipano

Rape

Incantesimo:

Oh, Dea della Luna!

Oh, Dio cornuto!

Nel tuo nome, fammi evitare i contrattempi!

Nel tuo nome, cammino senza esitazione!

Fasi della pratica:

Vestite le candele strofinando erbe e olio incidendo delle rune. Una runa da usare è ALGIZ del *Elder Futhark*.

Finite di vestire le candele strofinandole con olio di tulipano e foglie di rapa.

Usate la bolina per tagliare alcune rape.

Fate un cerchio magico usando il gesso verde, il sale da cucina o la bacchetta.

Fate una porta ed entrate nel cerchio.

Disegnate un pentacolo nel cerchio usando il gesso verde, il sale da cucina o la bacchetta.

Mettete una candela verde in ogni punto del pentacolo.

Posizionate il calderone o la pentola di coccio al centro del cerchio.

Accendete le candele.

Versate l'acqua della tazza nel calderone o nella pentola.

Pronunciate l'incantesimo.

Visualizzate l'energia verde che scorre nel calderone o nella pentola

Mettete la rapa tagliata nel calderone o nella pentola

Ripetete l'incantesimo una seconda volta.

Uscite dal cerchio magico.

Lasciate che le candele si spengano da sole.

Rompete il cerchio e lasciare che l'energia si disperda.

Prendete le candele e seppellitele all'aperto vicino a un grande albero.

Incantesimo di protezione

La protezione è un modo utile scacciare le energie indesiderate oppure per proteggersi dall'energia altrui.Le erbe e le intenzioni di questo incantesimo possono fare al caso vostro.

Avrete bisogno di quanto segue:

Anice

Basilico

Foglia di alloro

Pepe nero

Cayenne

Chiodi di garofano

Finocchio

Aglio

Rosemary

Sale

Mortaio e pestello o robot da cucina

Bottiglia con sughero o coperchio

Candela nera

Fiammiferi/accendini

Passi:

Macinare insieme le seguenti erbe in modo che siano mescolate come una polvere: anice, basilico, alloro, pepe nero, cayenna, chiodi di garofano, finocchio, aglio, rosmarino e sale.

Metteteli in una bottiglia.

Lanciate un cerchio e "caricate" la vostra bottiglia di erbe con l'intenzione di energia protettiva. Fatto ciò potete terminare l'invocazione.

Nota: la carica è un modo per inviare l'energia di una specifica intenzione in una direzione specifica. Potete semplicemente tenere la bottiglia tra le mani e parlare ad alta voce delle vostre intenzioni.

Chiudere il cerchio.

Cospargete le erbe intorno al perimetro della vostra casa. Potete anche indossarle in un sacchetto intorno al collo, o metterlo sotto il cuscino durante il sonno.

Accendete una candela nera di protezione se necessitate di più eneria protettiva.

Incantesimo per avere successo sul posto di lavoro

Un ottimo modo per migliorare la propria posizione finanziaria è migliorare la propria posizione professionale. Per coloro che vogliono migliorare la loro carriera, la Wicca offre un'ottima soluzione.

Questo incantesimo può essere utilizzato per una varietà di scopi professionali, sia che siate alla ricerca di un lavoro cercando di migliorare o aumentare il vostro attuale reddito finanziario, o semplicemente sperando di migliorare le sorti del vostro business.

Avrete bisogno di:

Una foto della persona indicata al miglioramento della carriera

Cinque candele (una bianca e quattro verdi)

Una piccola quantità del vostro olio essenziale preferito

Incenso da bruciare (preferibilmente ambra)

Una piccola quantità di alloro

Un paio di pietre di fluorite (di colore verde)

Una collezione di monete di vario valore

La vostra ciotola per le offerte

Per questo incantesimo, il bianco è il miglior colore da indossare. Attivare il processo di purificazione lavandosi le mani con l'olio.

Prendete le quattro candele verdi e disponetele davanti a voi nei punti cardinali. Poi prendete la singola candela bianca e mettetela direttamente davanti a voi. Ponete la ciotola dell'incenso a sinistra della candela dove sarà facilmente accessibile. Una volta in posizione, prendete le foglie di alloro, le pietre e le monete inserendole nella ciotola. Prendete la foto e mettetela direttamente davanti alla candela bianca.

È il momento di fare una pausa ed entrare in uno stato meditativo. Respirare profondamente e concentratevi sull'incantesimo. Successivamente percorrete i punti cardinali delle candele, iniziando da quella del nord in senso orario. Infine, accendete la candela bianca e l'incenso.

Mentre la candela bianca brucia, aspettate che la cera cominci a sciogliersi e a gocciolare lungo la candela. Fate cadere diverse gocce di cera sulla foto usando la mano sinistra. Con la mano destra afferrate la ciotola delle offerte concentrandovi sull'immagine, e pronunciate le seguenti parole:

"Il successo arriverà presto,

La prosperità scorre su di me,

Così sia".

Sedetevi in silenzio e rilassatevi, concentrandovi direttamente sul denaro e sul successo professionale, e su come potrebbero manifestarsi nella vostra vita. Invece di immaginare la ricchezza nella sua materializzazione, immaginate il percorso che farà per raggiungere lo scopo. Più a lungo sarete in grado di mantenere questa immagine nella vostra mente, più potente diventerà l'incantesimo.

Spegnere le candele.

Cominciate con la candela verde del sud, fate l'operazione in senso antiorario e finite con lo spegnimento della candela bianca. Durante l'operazione, lasciate che l'incenso bruci lentamente.

Incantesimo per il denaro

Lanciare un incantesimo per ottenere denaro bisogna allinearsi con le energie dell'abbondanza e della prosperità.

Avrete bisogno di quanto segue:

3 candele verdi in portacandele

3 banconote da 5€ (potete usare anche le monete, ma sono preferibili le banconote)

Erbe: basilico, cannella, chiodi di garofano, zenzero, noce moscata, menta, aneto.

Passi:

Gettate il vostro cerchio.

Mettete le tre banconote sul vostro altare e cospargete le vostre erbe sopra ogni banconota.

Ponete una candela verde sopra ogni banconota.

Ripetete le seguenti parole per ogni candela che accenderete, chiamando il denaro, desiderosi di attirare a voi prosperità e abbondanza.

"Soldi, cadete su di me,

affichè possa sentirmi libero da ansie e vivere in armonia".

Chiudete il vostro cerchio.

Lasciate bruciare le candele finché non si spengono.

Incantesimo per amplificare il terzo occhio-psichico

Nella cultura Wicca, il Terzo Occhio psichico rappresenta l'intuizione, la percezione extrasensoriale e la saggezza interiore. Il Terzo Occhio psichico rappresenta la capacità di connettersi con il mondo spirituale, di vedere al di là delle apparenze materiali e di comprendere la vera natura delle cose. In questo senso, il Terzo Occhio psichico è considerato un "occhio interiore", in grado di rivelare le verità nascoste e di accedere a conoscenze profonde e spirituali.

La meditazione e la visualizzazione sono utilizzate per sviluppare e potenziare il Terzo Occhio psichico. L'obiettivo è di stimolare l'energia del chakra e di aprire la mente a nuove percezioni e intuizioni. Inoltre, le pratiche magiche, come la divinazione o la lettura delle carte, possono essere utilizzate per accedere alle conoscenze dell'inconscio e del mondo spirituale attraverso il Terzo Occhio psichico.

Tuttavia, è importante ricordare che lo sviluppo del Terzo Occhio psichico richiede tempo, pazienza e pratica costante. Inoltre, come per tutte le pratiche spirituali, è essenziale esercitarsi con responsabilità e rispetto per se stessi e per gli altri.

Il vostro terzo occhio spirituale è il luogo delle vostre visioni, sogni e capacità psichiche, e questo incantesimo a base di erbe può aiutarvi ad aprirlo e a mantenerlo aperto.

Di seguito le erbe secche necessarie per questo incantesimo: artemisia, acacia, caprifoglio, menta piperita, rosmarino, timo, chiodi di garofano, achillea, dente di leone, lillà, lavanda e la calendula.

Un sacchetto viola con un cordoncino per chiuderlo.

Un marcatore viola

Una candela viola e/o una candela d'argento

Fiammiferi o un accendino

Lanciate il vostro cerchio e invocate le divinità di vostra scelta.

Con il pennarello viola, disegnate un occhio sulla borsa viola con il cordoncino.

Riempite il sacchetto con le erbe.

Accendete la candela (o le candele) e dichiarate quanto segue:

"Apro il mio occhio, per vedere meglio,

Che queste erbe mi risveglino.

Per la potenza di 3 volte tre,

Terzo occhio aperto, così sia! "

Strofinate il sacchetto di erbe sul vostro terzo occhio e lasciate bruciare le candele. Dormite con il sacchetto sotto il cuscino durante la notte.

Si può anche aggiungere un cristallo o una pietra utile per la divinazione e la capacità psichica.

Chiudete il cerchio come da procedura.

Questi incantesimi sono un percorso ottimale per iniziare il vostro viaggio immersi nella creatività dei molteplici rituali, idonei per allinearvi con le vostre intenzioni.

Conclusione

Il libro che avete tra le mani è stato scritto per accompagnarvi nel vostro percorso spirituale e aiutarvi a crescere e progredire nella tradizione Wicca. È importante comprendere che non esistono limiti al potere e all'esperienza che potrete acquisire mentre perseguite tale sentiero. Come praticante della religione Wicca, vi incoraggio ad utilizzare questo libro come una preziosa risorsa e fonte di ispirazione lungo il vostro cammino.

Il Rede Wiccan, con il suo precetto "Fai ciò che vuoi, purché non arrechi danno a nessuno", deve essere la vostra guida non solo nella pratica magica ma anche nella vostra vita quotidiana. Rispettare il libero arbitrio degli altri e vivere in armonia con la natura sono pilastri fondamentali della nostra fede. Ricordate sempre di aderire a questi principi mentre perseguite il vostro cammino.

La pratica magica può aiutarvi nel raggiungere i vostri obiettivi desiderati, ma è fondamentale mantenere le vostre intenzioni chiare, veritiere, piene di amore e luce durante ogni lavoro magico che andrete a eseguire.

Camminare sul sentiero della magia richiede impegno nei confronti di voi stessi, degli elementi della Terra e della natura stessa. Dovete essere pronti a lavorare duramente, investendo tutte le vostre energie in una visione centrata sull'Universo. Per mantenere la vostra connessione con il mondo divino che vi circonda e che esiste anche dentro di voi, vi consiglio di creare una pratica quotidiana dedicata.

Inoltre, mentre crescerete e svilupperete le vostre abilità magiche, vi suggerisco vivamente di tenere un registro dettagliato del vostro viaggio.

Questo *libro delle ombre* include i vostri incantesimi, le vostre intuizioni e le vostre esperienze, sarà una testimonianza preziosa del vostro percorso da wiccan e vi aiuterà a comprendere meglio il vostro progresso. Con queste solide fondamenta sarete pronti ad abbracciare appieno il vostro lavoro magico e a intraprendere il viaggio straordinario che la Wicca ha da offrirvi. Siate aperti alle meraviglie della magia e della spiritualità. Che il vostro viaggio sia illuminato dalla luce della conoscenza e dell'amore. Benedizioni nel vostro cammino.

WICCA MAGIA A BASE DI ERBE

Una guida completa su come fare magia con le erbe

Illes Arin

Introduzione

A vete compiuto il primo passo nel vostro viaggio per diventare streghe verdi e approcciarvi al sentiero della natura e della magia.

Questo libro sarà la vostra guida completa su diversi aspetti legati alla magia verde. Inizieremo con una panoramica di base su cosa sia la Wicca e su alcune delle storie, tradizioni e credenze legate alle pratiche Wicca. Successivamente, esploreremo le differenze tra le pratiche Wicca tradizionali e la stregoneria verde, focalizzandoci sulla magia delle erbe. Vi mostrerò come incorporare le erbe nelle vostre pratiche magiche prima di accompagnarvi lungo il percorso alla scoperta della vostra magia verde e di sintonizzazione con il mondo naturale. Vi fornirò una guida dettagliata per iniziare il vostro giardino magico, per raccogliere, essiccare e conservare le erbe da utilizzare nei vostri incantesimi, rituali e pratiche magiche. Riceverete informazioni complete delle erbe magiche e dei loro utilizzi. Inoltre, avrete accesso a un grimorio ricco di ricette per oli, incensi, bagni, sacchetti per incantesimi e altro ancora, che vi aiuteranno a intraprendere il vostro cammino verde e a costruire il vostro personale grimorio verde di magia a base di erbe.

Nella Wicca, la pratica della magia si svolge di pari passo con Madre Terra e tutte le sue benedizioni; è una devota celebrazione quotidiana della vita e dell'energia che si manifesta in ogni piccolo fiore, foglia, radice e stelo. Mentre scoprirete il mondo delle erbe, vi renderete conto che non tutte sono sicure per l'ingestione, ma possono essere utilizzate in modo topico per aiutarvi in molte situazioni. Molti farmaci che trovate oggi in farmacia si basano su antichi rimedi erboristici, che sono stati alterati e prodotti chimicamente per creare una simulazione dei benefici curativi che potrete trovare facilmente utilizzando alcune erbe e utilizzate durante i vostri incantesimi. Ci sono migliaia di erbe, piante, fiori, alberi e arbusti, ognuno con il proprio sapore unico, qualità e benefici curativi. Scoprire i segreti e i misteri della magia delle erbe sarà un'avventura emozionante, nello stesso tempo sarà un percorso di studio serio sull'artigianato erboristico Wicca. Esplorando il mondo della magia delle piante, questo testo vi condurrà nell'antica arte dell'erboristeria e vi mostrerà come le piante sono state utilizzate per scopi terapeutici, incantesimi e rituali nel corso dei secoli.

Le piante hanno sempre avuto un ruolo centrale nella storia umana come strumento per connettersi con la natura, espandere la coscienza e praticare la magia. Dalle antiche tinture sacre di incenso e mirra menzionate nella Bibbia cristiana alla venerazione del basilico nell'induismo. Le piante e le erbe sono sempre state una fonte di potere e fascino per coloro che cercano una dimensione spirituale più profonda. Fin dai primi giorni dell'umanità, le piante sono state impiegate per la cura e la guarigione, come testimoniano antichi testi scritti e conoscenze tramandate oralmente. I rimedi erboristici hanno giocato un ruolo cruciale nel trattamento di malattie e disturbi, offrendo un approccio naturale e in armonia con la natura stessa. Ma l'utilizzo delle piante va oltre la sfera della guarigione fisica. Nella pratica magica, le erbe sono state utilizzate per creare incantesimi, pozioni e incensi, trasmettendo le loro proprietà energetiche e simboliche. Ogni pianta possiede una vibrazione unica e specifiche qualità magiche, che possono essere sfruttate per favorire la prosperità, la protezione, l'amore, la guarigione e molti altri obiettivi magici.

Questo libro vi guiderà passo dopo passo nel mondo affascinante delle erbe magiche. Scoprirete come riconoscere, raccogliere e preparare le erbe in modo appropriato per il vostro lavoro magico. Imparerete le corrispondenze tra le erbe e gli scopi magici, nonché le modalità di utilizzo di oli, incensi e infusi per ottenere risultati specifici. Prendete parte a questa avventura e svelate i segreti delle arti antiche. Esplorate la saggezza millenaria dei nostri predecessori e imparate a utilizzare il potere della Natura per arricchire la vostra pratica magica e la vostra connessione con il mondo che vi circonda. Siete pronti ad immergervi nel meraviglioso regno della magia verde delle erbe? Il vostro viaggio comincia ora.

CAPITOLO 1

Capire la Wicca

Alla fine del XIX secolo, illustri studiosi di antichi folklori, autori di storia e un funzionario britannico si impegnarono nella produzione di una serie di libri che offrivano idee innovative su come reinterpretare e rivitalizzare le antiche pratiche pagane note in Irlanda, Galles e Scozia, allo scopo di creare una religione moderna. Fu così che nacque la moderna religione della Wicca. Oggi, ci sono circa 16 milioni di wiccan praticanti in tutto il mondo, rendendo la Wicca una delle religioni a più rapida crescita, seconda solo al buddismo e all'Islam.

Poiché gli antichi pagani d'Europa avevano una tradizione prevalentemente orale e non scritta, è sempre stato un compito arduo provare che la Wicca o qualsiasi altra fede neopagana si basi effettivamente sulla cultura antica. Tuttavia, grazie alle scoperte archeologiche, gli studiosi moderni hanno ottenuto una maggiore comprensione del fatto che, in un certo periodo della storia europea, i devoti adoravano una divinità maschile cacciatore, una dea madre e un dio Sole. Le raffigurazioni che mostrano un uomo con le corna di un cervo sporgenti dalla testa e immagini di una figura femminile incinta testimoniano tali credenze.

La stregoneria in tutta Europa subì inizialmente persecuzioni a causa dell'emergere della medicina moderna. Quando i promotori delle nuove idee nel campo medico salirono al potere, le erboriste matriarcali pagarono un caro prezzo per le loro conoscenze. Tuttavia, oggi, di fronte ai molteplici difetti e alle spese della moderna medicina occidentale, l'erboristeria sta vivendo un rinascimento e con buona ragione.

Le persone stanno tornando a riscoprire il valore dell'erboristeria come alternativa naturale e olistica per prendersi cura della propria salute e del proprio benessere. L'uso delle erbe medicinali, delle tisane, degli unguenti e delle pratiche di cura basate sulla natura sta guadagnando sempre più popolarità. L'erboristeria offre un approccio integrato che considera l'individuo nel suo complesso, unendo il potere curativo delle piante alle antiche conoscenze dei rimedi tradizionali.

Questo ritorno all'erboristeria è un riflesso del desiderio umano innato di ristabilire un legame profondo con la Natura e di utilizzare le risorse naturali per il proprio benessere. La magia delle piante e delle erbe è in grado di offrire non solo benefici fisici, ma anche un collegamento spirituale con il mondo naturale che ci circonda.

In questo libro, esplorerete i segreti e le arti antiche dell'erboristeria, apprenderete le proprietà curative delle erbe, le tecniche per raccoglierle e prepararle correttamente, nonché l'uso delle erbe nella pratica magica. Siete pronti ad immergervi nella saggezza millenaria delle piante e delle erbe e a scoprire come integrarle nella vostra vita quotidiana?

Il viaggio che state per intraprendere vi condurrà attraverso una miriade di conoscenze e pratiche, permettendovi di sperimentare la magia delle piante in tutti i suoi aspetti. Esplorerete gli antichi rituali di raccolta delle erbe, imparerete a preparare unguenti e pozioni per la guarigione e la protezione, e scoprirete come creare incensi e oli magici per amplificare l'energia nei vostri rituali e nelle vostre pratiche spirituali.

Ma l'erboristeria non si limita solo alle proprietà curative delle piante. Essa rappresenta anche una profonda connessione con la Terra e con la sua saggezza. Le piante sono in sintonia con i cicli della natura, e lavorare con esse vi permetterà di stabilire un legame intimo con l'energia vitale che permea ogni aspetto dell'esistenza.

Durante il vostro percorso, imparerete a riconoscere le erbe sacre, quelle dotate di poteri magici particolari, e a utilizzarle nel vostro lavoro spirituale. Scoprirete come creare amuleti e talismani con le erbe, come incantare le vostre bevande per scopi specifici e come preparare tè e infusi per la guarigione e il benessere.

Ma l'erboristeria è molto più di una semplice pratica magica. È una filosofia di vita che ci insegna a rispettare e onorare la Terra e tutte le sue creature. Ci invita a prendere responsabilità per la nostra salute e il nostro benessere, e a riconoscere che la Natura è una fonte infinita di saggezza e guarigione. Questo libro vi accompagnerà passo dopo passo lungo questo affascinante percorso, fornendovi conoscenze approfondite, pratiche dettagliate e ispirazioni per creare la vostra personale connessione con la magia delle piante.

La Regola del Tre e il Rede Wiccan

La Regola del Tre, anche conosciuta come la Legge del Ritorno, sostiene che tutto ciò che viene inviato nell'universo, sia esso positivo o negativo, tornerà al mittente tre volte più potente. Questo concetto sottolinea l'importanza di agire con intenzioni buone e positive, poiché le azioni negative o dannose si ripercuoteranno su di noi in modo amplificato. La Regola del Tre sottolinea l'interconnessione di tutte le cose e l'idea che le nostre azioni abbiano conseguenze significative. Incoraggia i praticanti della Wicca a perseguire la gentilezza, la compassione e l'amore nel loro modo di interagire con gli altri e con l'ambiente circostante.

Il Rede Wiccan rappresenta un altro principio guida etico della Wicca. Questa affermazione riflette l'importanza di considerare le conseguenze delle proprie azioni e di evitare di recare danno agli altri. Nonostante sembri un principio di libertà assoluta, il Rede Wiccan invita a un approccio responsabile alla vita, in cui la volontà individuale è bilanciata dalla consapevolezza dei propri doveri e responsabilità verso gli altri e il mondo che ci circonda. Il Rede Wiccan invita i praticanti a vivere in armonia con la natura e a considerare le conseguenze delle proprie azioni su tutto ciò che li circonda. Incoraggia l'uso delle proprie abilità e del proprio potere personale per il bene e per il miglioramento del mondo, in conformità con la Regola del Tre.

Il Dio e la Dea

Il concetto di Dio e Dea nella Wicca risale alle antiche civiltà pre-cristiane e ai culti pagani, che attribuivano divinità alle forze della natura e ai cicli della vita. Queste divinità sono spesso associate ad archetipi e simboli che rappresentano caratteristiche maschili e femminili. Nella Wicca, le divinità sono viste come entità immanenti, che risiedono sia nel mondo naturale che in noi stessi. La Dea rappresenta l'aspetto femminile del divino, ed è spesso associata alla fertilità, alla nascita, alla crescita, alla cura e all'amore materno. È vista come la Grande Madre, colei che nutre e dona la vita. La Dea viene venerata con vari nomi e forme, come ad esempio la Triplice Dea, che rappresenta i tre stadi della vita delle donne: la Giovane, la Madre e l'Anziana. Alcuni dei nomi più comuni attribuiti alla Dea nella Wicca includono la Luna, Iside, Astarte e Diana.

Il Dio, d'altro canto, rappresenta l'aspetto maschile del divino ed è spesso associato alla virilità, alla forza, alla caccia e alla protezione. Il Dio viene spesso rappresentato come il giovane cacciatore o il re della foresta. Come la Dea, il Dio è visto come una figura che evolve nel corso del ciclo annuale, incarnando sia il processo di nascita che la morte e la rinascita. Alcuni dei nomi più comuni attribuiti al Dio nella Wicca includono il Cernunnos, Pan, il Dio Cornuto e il Dio Sole.

La venerazione della Dea e del Dio avviene attraverso rituali e cerimonie che celebrano i cicli della natura e i momenti significativi dell'anno, come i solstizi e gli equinozi. Durante questi rituali, i praticanti possono offrire preghiere, canti, danze e offerte per onorare le divinità. La connessione con la Dea e il Dio è spesso vista come un rapporto personale e intimo, in cui i praticanti cercano di stabilire un legame profondo e di apprendere dalle energie e dagli insegnamenti delle divinità. È importante notare che nella Wicca, la concezione della divinità può variare tra le diverse tradizioni e i singoli praticanti. Alcuni possono focalizzarsi maggiormente sulla Dea, mentre altri sul Dio, mentre altri ancora cercano di mantenere un equilibrio tra entrambi. Ciò riflette l'idea di un'esperienza spirituale individuale e personale, in cui ogni individuo sviluppa una connessione unica con il divino.

Nella Wicca, non esiste un dogma rigido riguardo alla natura esatta della Dea e del Dio. La religione è inclusiva e rispetta la diversità di interpretazioni e pratiche personali. Alcuni wiccan possono identificare la Dea e il Dio con specifiche divinità delle tradizioni antiche, come le divinità greche, romane o celtiche. Altri possono considerare la Dea e il Dio come archetipi o forze universali che non sono necessariamente legate a un'entità specifica. Inoltre, alcuni praticanti possono anche attribuire nomi e qualità specifiche alla Dea e al Dio in base alle loro esperienze e connessioni personali.

Oltre alla venerazione delle divinità, la Wicca incoraggia anche un forte senso di connessione con la natura e con il divino presente in essa. I praticanti spesso cercano di vivere in armonia con il ciclo naturale delle stagioni e celebrano i cambiamenti che avvengono nell'ambiente circostante. Le divinità sono considerate come forze che operano attraverso la natura stessa e quindi il rispetto per l'ambiente e l'ecologia sono elementi importanti nella pratica wiccan.

La Triplice Dea

La Triplice Dea è un'antica versione del divino femminile, e rappresenta le fasi della vita umana in tre aspetti: La Fanciulla, la Madre e la Crona. Questi tre aspetti sono identificati ulteriormente in divinità femminili individuali, in tutto il mondo e venerati da una vasta gamma di popoli e culture. La Triplice Dea è un concetto centrale nella Wicca che rappresenta le diverse fasi della vita delle donne e le potenze della natura. Questo archetipo si basa sull'idea che la Dea si manifesti in tre aspetti distinti: la fanciulla, la Madre e l'Anziana. La Giovane rappresenta la fase della crescita, della vitalità e dell'energia giovanile. È associata alla primavera, all'adolescenza e alla forza creativa della giovinezza. Questo aspetto della Dea è spesso rappresentato come una fanciulla piena di vitalità, con il potenziale illimitato per la crescita e l'esplorazione.

La Madre rappresenta la fase della fertilità, della maternità e della cura. È associata all'estate, alla maturità e alla forza generatrice della vita. Questo aspetto della Dea è spesso rappresentato come una donna adulta, che nutre, protegge e dona la vita. È collegata alla terra e alla capacità di creare e nutrire.

L'Anziana rappresenta la fase della saggezza, della maturità e della trascendenza. È associata all'autunno, alla vecchiaia e alla comprensione profonda dei cicli della vita e della morte. Questo aspetto della Dea è spesso rappresentato come una donna anziana, saggia e consapevole, che guida gli altri attraverso la sua saggezza e la sua esperienza.

La Triplice Dea incorpora l'intero ciclo della vita femminile, simboleggiando la continuità e l'interconnessione tra le fasi della giovinezza, della maturità e della vecchiaia. Ogni aspetto della Dea è considerato sacro e prezioso, e i noi praticanti wiccan onoriamo e riconosciamo la presenza di ciascun aspetto nella nostra vita e nella natura circostante.

La venerazione della Triplice Dea avviene attraverso preghiere, rituali e celebrazioni che riflettono le qualità specifiche di ciascun aspetto. Durante il ciclo dell'anno, i praticanti possono dedicare specifici momenti per onorare e connettersi con la Giovane, la Madre e l'Anziana, riconoscendo il loro potere e il loro significato nella propria spiritualità.

È importante sottolineare che la Triplice Dea non è esclusiva della Wicca, ma è presente anche in molte altre tradizioni e mitologie antiche. La sua rappresentazione varia tra le diverse culture e tradizioni, ma l'essenza dell'archetipo rimane la stessa: la comprensione dei diversi aspetti della femminilità e della natura attraverso l'intero ciclo della vita.

- **La Fanciulla** è associata alla stagione della Primavera, così come ai Sabbat di Imbolc e Ostara. È più attiva durante i cicli di luna nuova e crescente; tuttavia, puoi rivolgerti a lei anche durante la luna piena e ringraziare per le sue benedizioni durante un ciclo di luna calante. Durante l'intensità di una luna scura, rivolgetevi alla fanciulla per avere coraggio: immaginate due bambini al buio, accampati in giardino, che scacciano l'oscurità con torce e storie emozionanti. Alcune dee fanciulle sono: Afrodite, Artemide, Atena, Oshun, Nimue, Persefone, Parvati e Rhiannon.

- **La Madre** è associata alla stagione dell'estate, così come ai Sabbat di Beltane e Litha. Viene anche onorata a Yule, quando dà alla luce il Dio Sole. La Madre è al suo massimo splendore durante la luna piena, ma può essere venerata in qualsiasi momento. Alcune dee madri sono: Amaterasu, Annapurna, Astarte, Cibele, Danu, Demetra, Frigg, Is sand Yemaya.

- **L'anziana** è associata alla stagione dell'autunno e dell'inverno, così come ai Sabbat di Lammas, Samhain e Yule. È più attiva durante la fase calante della luna e la luna scura, ma può essere raggiunta in qualsiasi momento. Rivolgetevi alla Crone quando avete bisogno di antica saggezza o di un aiuto per il vostro spirito spezzato. Lei vi alimenterà con il fuoco e la conoscenza e darà alla vostra anima l'energia di cui avete bisogno in modo da non temere nulla. Alcune dee Crone sono: Badb, Baba Yaga, Cerridwen, Nonna Ragno, Hecate, Hel, Kali, Macha, la Morrigan, Nepthys, Oya, Santa Muerte e Wehnet.

- Il **Dio Cornuto** è attivo durante tutto l'anno, anche se ci colleghiamo con lui nel periodo di mezza estate, noto anche come il Sabbat di Litha. Alcuni dei associati al Dio Cornuto sono: Ammon-Zeus, Cernunnos, Hades, Herne, Osiris, Pan, Vishnu e Weyland.
- Il **Dio Sole** è più attivo durante la primavera e l'estate, ma può essere utile vegliare per lui anche durante il tardo autunno e l'inverno. Alcune divinità associate al Dio Sole sono Apollo, Freyr, Garuda, Helios, Lugh, Ra e Surya.
- L'**Uomo Verde** è attivo tutto l'anno ma è particolarmente onorato durante la primavera e l'estate. Alcune divinità associate all'Uomo Verde sono Adone, Bacco, Cernunnos, Herne, Osiride, Pan, Puck, Robin Hood e Tammuz.

Guide animali e simbolismo nella Wicca

Gli animali sono considerati guide spirituali e simboli di potere e saggezza. Il loro simbolismo è intrinsecamente collegato alla natura e alla sua connessione con il divino. Gli animali possono essere visti come portatori di messaggi e insegnamenti, e la loro presenza può avere un significato particolare per i praticanti. Le guide animali sono considerate come spiriti animali che si manifestano per offrire orientamento, protezione e saggezza. Questi animali possono apparire in sogno, durante la meditazione o nella vita quotidiana sotto forma di animali reali o simbolici. Ogni animale guida ha caratteristiche e qualità uniche che possono offrire un'ispirazione o un insegnamento specifico per il praticante.

Il simbolismo degli animali può variare a seconda delle tradizioni e delle interpretazioni personali. Tuttavia, alcuni animali sono comunemente associati a significati specifici nella pratica Wicca. Ad esempio:

Il corvo può rappresentare la saggezza, la magia e la connessione con il regno spirituale.

Il lupo è spesso visto come un simbolo di forza, protezione e legame con la comunità e la natura selvaggia.

Il gufo è associato alla conoscenza, all'intuizione e alla visione oltre i veli della realtà.

La lepre rappresenta la velocità, la fertilità e la rinascita, e può essere collegata alla dea lunare.

Il serpente è un simbolo di trasformazione, guarigione e conoscenza segreta.

Questi sono solo alcuni esempi, ma la scelta e l'interpretazione degli animali nella prati sono soggettive e personali. È importante notare che il simbolismo degli animali può anche variare culturalmente, a seconda delle tradizioni e delle credenze specifiche dei praticanti. Quando un animale appare nella vita di un praticante, può essere considerato come un messaggero o un alleato spirituale. Alcuni praticanti possono cercare di stabilire una connessione più profonda con la loro guida animale attraverso la meditazione, l'osservazione della natura o la ricerca di informazioni sulle caratteristiche simboliche dell'animale stesso. Altri esempi di animali sono:

Pipistrello è una creatura simbolica della fase o della rinascita. Ci viene incontro anche quando stiamo per subire qualcosa di nuovo, un'iniziazione, o per liberarci da vecchie abitudini. Il pipistrello è una creatura di buona fortuna, ma può rappresentare anche tumulto e infelicità . Il pipistrello ha connessioni con le nostre vite passate e con gli inferi.

L'orso è uno degli animali sacri del Dio Cornuto ed è una creatura dell'elemento Terra. L'orso è un'eccellente guida della natura nei sogni e nelle visioni: gli orsi sono in sintonia con la magia delle erbe della foresta e dei campi.

L'ululato del Coyote può rappresentare sia la paura che la curiosità. Questo animale può guidarci e insegnarci grande saggezza, ma solo se siamo disposti a pensare in modo non tradizionale. Il coyote è uno spirito libero e curioso. Se dovesse apparire in sogno forse è giunto il momento di una nuova avventura liberandovi dalla solita routine.

Il cervo è a simbolo di nobiltà, grazia e connessione con il regno della natura. Esso rappresenta la forza della gentilezza, dell'eleganza e dell'intuizione. È considerato un animale sacro e un simbolo di saggezza, potere spirituale e rinascita. Le sue corna ramificate sono interpretate come un simbolo di connessione con il divino e di rinnovamento. Il cervo è associato alla dea della luna e alla magia femminile.

Il delfino è un simbolo di gioia, armonia e intelligenza, rappresenta la connessione con il regno delle acque, la guarigione e la protezione. È considerato un messaggero degli dei e un custode dei segreti dell'oceano. Il delfino simboleggia anche la spontaneità, la libertà e la gioia di vivere. La sua natura giocosa e sociale può essere vista come un incoraggiamento a vivere il momento presente e a trovare felicità nella semplicità della vita.

La rana è amata dalla Dea e come tale rappresenta il divino femminile. Vengono a noi quando esploriamo la magia dell'acqua, per avvisarci di un nuovo cambiamento, dell'inizio di cose buone e dell'inizio di un nuovo ciclo. Sono simboli di buona fortuna. Come simbolo della Dea, la rana è collegata alla Luna, Ecate, Iside e Afrodite.

La Lontra rappresenta l'energia dell'acqua e la connessione con il regno delle emozioni. È un simbolo di gioia di vivere, di divertimento e di adattabilità. La lontra è conosciuta per i suoi comportamenti giocosi e per la sua abilità nel nuotare e nel muoversi agilmente nell'acqua. Questi tratti possono essere interpretati come inviti a trovare gioia e leggerezza nella vita, ad adattarsi ai cambiamenti e a fluire con il flusso delle emozioni. Inoltre, la lontra può rappresentare anche la guarigione e la cura di sé. Le lontra si prende cura dei suoi cuccioli e trascorre molto tempo a pulire il loro mantello. Questo comportamento è quindi associato alla cura di sé stessi, all'amore per sé e alla guarigione emotiva. Essa può essere vista come un simbolo di equilibrio tra la cura di sé e l'interazione sociale.

La volpe è considerata un simbolo di saggezza, di adattabilità e di trasformazione. E' conosciuta per la sua natura astuta e per la sua capacità di adattarsi a diversi ambienti e situazioni. Questo attributo viene interpretato come un invito a utilizzare la propria intelligenza e flessibilità per superare le sfide della vita e per trovare soluzioni creative ai problemi che si presentano. La volpe è anche associata alla magia e al mondo degli spiriti. Nella nostra tradizione, la volpe è una guida spirituale che offre conoscenza e protezione. La sua abilità nel muoversi silenziosamente nella notte e nel passare attraverso i confini può simboleggiare la capacità di attraversare i veli tra il mondo materiale e quello spirituale. Rappresenta la connessione con la natura selvaggia e con l'energia femminile. Nella mitologia e nelle leggende, la volpe è accomunata alla dea o alla figura femminile che possiede poteri magici e un senso acuto dell'osservazione. La sua pelliccia è vista come un simbolo di passione e vitalità.

Il Cavallo è associato alla libertà, all'energia vitale e alla forza interiore. E'considerato un simbolo di movimento, di viaggio e di trasformazione. La sua capacità di trasportare i cavalieri su distanze lunghe e attraverso terreni impegnativi è visto come una metafora per il superamento delle sfide e il raggiungimento dei propri obiettivi. Inoltre, il cavallo rappresenta anche l'instinto e l'intuizione. Si dice che i cavalli abbiano una sensibilità naturale e che siano in grado di percepire le emozioni e le intenzioni delle persone. Nella pratica wiccan, il cavallo è anche un alleato che aiuta a connettersi con la propria intuizione e a seguire il proprio istinto interiore. In molte tradizioni mitologiche, i cavalli sono considerati creature sacre e portatrici di messaggi divini. Essi sono considerati come ponti tra il mondo materiale e quello spirituale, offrendo un modo per accedere a dimensioni più elevate di consapevolezza e comprensione.

Il coniglio è un simbolo di fertilità, nonché custode dei misteri della notte, i conigli sono sacri a Eostre, Afrodite ed Eros. E' anche un simbolo di rinascita e rigenerazione. La sua natura riproduttiva e la sua capacità di generare numerosi piccoli rappresentano il ciclo della vita, la fertilità e la rinascita sia a livello fisico che spirituale. Il coniglio è un portatore di nuova energia e opportunità di crescita, associato alla dea lunare. La sua natura notturna, l'abilità nel muoversi agilmente nell'oscurità e la connessione con il ciclo lunare indicano connessione con il divino femminile e con il potere della Luna. Il coniglio può essere considerato un messaggero della dea e un simbolo della sua forza rigeneratrice. Il coniglio rappresenta la gentilezza, la vulnerabilità e l'equilibrio tra timidezza e coraggio. La sua natura delicata e la sua predisposizione a evitare il conflitto sono inviti a coltivare la gentilezza e l'armonia nelle relazioni interpersonali. Allo stesso tempo, il coniglio può essere anche un simbolo di coraggio, poiché sa come difendersi e proteggere se stesso quando necessario.

Lavorare con gli elementi

Insieme a una Dea e a un Dio, noi wiccan lavoriamo con le energie e gli spiriti dei quattro elementi fondamentali: aria, fuoco, acqua e terra. Ognuno di questi elementi governa diversi tipi di energie e ha diversi colori associati ad esso.

La terra rappresenta la solidità, la stabilità e la fertilità. È associata al corpo fisico, alla materialità e alla connessione con la natura. La Terra è simboleggiata da pietre, cristalli, terreno, alberi e piante. Rappresenta la manifestazione fisica, l'abbondanza, la forza, il radicamento e la sensazione di sicurezza. La Terra viene onorata attraverso rituali di connessione con la natura, la raccolta di erbe, la creazione di giardini o l'utilizzo di simboli come pentacoli o pietre.

L'aria rappresenta la mente, l'intelletto, la comunicazione e la libertà. È associata al respiro, all'idea, alla parola e all'interazione sociale. Simboleggiata dal vento, dalle piume, dalle campane o dall'incenso che si alza nell'aria. Rappresenta la saggezza, l'ispirazione, la chiarezza mentale e l'apertura mentale. l'Aria viene onorata attraverso la meditazione, la recitazione di incantesimi o mantra, l'utilizzo di strumenti come campane o l'incensazione dell'ambiente rituale.

Il Fuoco rappresenta la passione, l'energia, la trasformazione e la volontà. È associato alla forza interiore, alla creatività e alla vitalità. Il Fuoco è simboleggiato da una fiamma, una candela o un falò. Rappresenta la purificazione, l'illuminazione, l'entusiasmo e il potere trasformativo. Il Fuoco è onorato attraverso rituali di accensione delle candele, lavori magici che coinvolgono il potere del Fuoco, l'utilizzo di incensi o l'osservazione del sole o del fuoco durante cerimonie specifiche.

L'Acqua rappresenta le emozioni, l'intuizione, la sensibilità e l'empatia. È associata ai fiumi, agli oceani, alla pioggia e alle sorgenti. Simboleggiata da una ciotola d'acqua, una conchiglia o una coppa. Rappresenta la pulizia, la guarigione, la fluidità e la connessione emotiva. L'Acqua è onorata attraverso rituali di purificazione, la raccolta di acqua sacra, l'utilizzo di pozioni o il coinvolgimento degli elementi acquatici nelle cerimonie.

Quando allestite il vostro altare, dovreste avere dei simboli relativi ad ogni elemento nel quadrante rivolto verso la direzione a cui quell'elemento è associato. Più personali saranno i simboli che userete, più saranno efficaci. Potrei consigliarvi di inserire una pigna a nord per la terra, una piuma a est per l'aria, una candela o un pezzo di legno di un falò a sud per il fuoco, e una conchiglia a ovest per l'acqua. Quando si lavora con la magia verde, è sempre una buona idea raccogliere gli strumenti e i simboli magici dalla natura, e non comprarli in un negozio. L'elemento della terra è tipicamente il fulcro della maggior parte della magia verde poiché governa le erbe, gli alberi e lavora profondamente in armonia con la natura. La maggior parte degli altari di magia verde sono rivolti a nord, per trarre vantaggio dalle forti energie della terra che provengono da tale direzione.

Credenze guida delle pratiche wiccan

La Wicca è un sentiero che promuove e incoraggia il libero arbitrio e il libero pensiero nei suoi praticanti invece di seguire semplicemente e ciecamente le risposte trovate in un libro. Le credenze guida delle pratiche wiccan possono variare tra gli individui e le tradizioni specifiche, ma ci sono alcuni principi comuni che spesso si trovano nella Wicca. Ecco una panoramica delle credenze generali che guidano molte pratiche wiccan:

Politeismo e divinità duali: Il sistema politeistico riconosce l'esistenza di molte divinità. La dualità divina è spesso rappresentata dalla figura del Dio e della Dea, che rappresentano le forze maschili e femminili dell'universo. Queste divinità possono essere onorate e invocate durante i rituali wiccan.

Connessione con la natura: La Wicca promuove una profonda connessione e un rispetto per la natura. Gli elementi naturali, come la Terra, l'aria, il fuoco e l'acqua, sono considerati sacri e vengono incorporati nelle pratiche rituali. La natura è vista come una manifestazione divina e un luogo di sacralità.

Cicli naturali e celebrazioni stagionali: La Wicca segue un calendario stagionale che celebra i cicli naturali dell'anno. Queste celebrazioni, chiamate Sabbat, includono eventi come il solstizio d'estate, l'equinozio di primavera e l'Halloween (Samhain). Durante questi momenti, vengono condotti rituali per onorare e connettersi con l'energia specifica di ogni stagione.

Magia e intenzionalità: La magia, intesa come l'uso consapevole dell'energia e della volontà per influenzare la realtà. Questa magia è utilizzata per scopi come la guarigione, la protezione, l'amore e la manifestazione di desideri positivi. La magia viene esercitata in accordo con la natura e l'etica personale.

Responsabilità individuale: L'individuo è considerato responsabile delle proprie azioni e delle conseguenze che ne derivano. Viene enfatizzata l'autonomia personale e la libertà di pensiero. La Wicca promuove la scelta individuale e invita i praticanti a prendere decisioni consapevoli e responsabili nella loro vita.

Rispetto per tutte le forme di vita: La Wicca incoraggia il rispetto per tutte le forme di vita e promuove l'armonia con l'ambiente circostante. Noi praticanti adottiamo una prospettiva ecologica impegnandoci seriamente alla cura della Terra e delle sue creature.

Feste e rituali

La Wicca segue un calendario stagionale che include otto festività, conosciute come Sabbat. Queste festività sono celebrazioni collettive che segnano i cicli naturali dell'anno e offrono un'opportunità per onorare la connessione con la natura e le divinità. Ogni festività ha una funzione specifica e rappresenta un momento importante nel ciclo della vita e della spiritualità Wicca. Ecco una descrizione dettagliata di ciascuna delle otto festività:

Samhain (31 ottobre - 1 novembre): Samhain segna l'inizio dell'anno wiccan e rappresenta il momento in cui il velo tra il mondo materiale e quello spirituale è più sottile. È un momento di onorare i propri antenati, di contemplare la morte e la trasformazione, e di lasciare andare ciò che non serve più nella propria vita. È anche una celebrazione dei raccolti completati e un'apertura verso un nuovo ciclo di rinascita.

Yule (21 dicembre): Yule è la festività che celebra il solstizio d'inverno, il giorno più corto dell'anno. Rappresenta la rinascita della luce e l'inizio del ritorno dell'energia solare. Durante Yule, si accendono candele e fuochi per simboleggiare la vittoria della luce sulle tenebre. È un momento per riflettere sulla propria luce interiore, sull'amore e la generosità, nonché per onorare il ciclo della vita e della morte.

Imbolc (2 febbraio): Segna l'arrivo della primavera e celebra la guarigione, la purificazione e la rinascita. È un momento per accogliere la luce crescente e prepararsi per l'arrivo della nuova stagione. Durante Imbolc, si possono realizzare candele, si può purificare il proprio spazio e si possono pianificare i nuovi progetti e le nuove sfide.

Ostara (21 marzo): Corrisponde all'equinozio di primavera e rappresenta il momento in cui il giorno e la notte sono in equilibrio. È un'occasione per celebrare il risveglio della natura, la fertilità e la crescita. Durante Ostara, si possono realizzare uova colorate, creare altari con fiori primaverili e partecipare a rituali che onorano la rinascita della vita.

Beltane (30 aprile – 1 maggio): Festività che celebra l'arrivo dell'estate. È un momento per onorare la passione, la fertilità e la vitalità della natura. Durante Beltane, si balla attorno ad un fuoco, si intrecciano ghirlande di fiori, si celebra l'amore e la connessione sessuale sacra. È anche un momento per coltivare i sogni e le aspirazioni personali.

Strumenti Wicca

Athame

L'athame è probabilmente lo strumento più importante nella vostra cassetta degli attrezzi magici. Esso è uno strumento sacro, si tratta di un pugnale a doppio taglio con una lama generalmente non affilata, ma può variare nelle dimensioni e nel design a seconda delle preferenze personali del praticante. L'Athame ha un ruolo simbolico e rituale all'interno della Wicca. E' associato all'elemento dell'Aria e rappresenta la volontà e il potere di trasformazione. È un simbolo della presenza e dell'autorità del praticante. Viene utilizzato per tracciare i cerchi magici, spazi energetici sacri e protetti utilizzati per condurre rituali e lavori magici. Il suo scopo principale è quello di dirigere e canalizzare l'energia durante le pratiche rituali. E' utilizzato per tracciare simboli, incisioni o segni sull'altare o nell'aria per focalizzare l'energia e manifestare l'intenzione del praticante.

È importante sottolineare che l'Athame non viene utilizzato per scopi violenti o per infliggere danni fisici. Nella pratica Wicca, l'etica e il rispetto per tutte le forme di vita sono valori fondamentali. L'Athame, quindi, è considerato uno strumento puramente rituale e simbolico, e il suo utilizzo si basa sull'intenzione e sulla visualizzazione piuttosto che sulla manipolazione fisica. Questo strumento deve essere conservato in un luogo sacro o sull'altare del praticante quando non viene utilizzato. Come con tutti gli strumenti magici, la scelta e l'utilizzo dell'Athame dipendono dalle preferenze personali del praticante. Alcuni possono optare per Athami realizzati in materiali specifici come l'argento, il legno o il rame, mentre altri possono preferire quelli più semplici o decorati. Quello che conta è l'intenzione e la connessione che il praticante crea con il proprio strumento.

Calice

Il calice è uno dei principali strumenti rituali utilizzati durante cerimonie e rituali magici. È associato all'elemento dell'acqua e rappresenta il principio femminile e la fertilità. Il calice può avere diverse forme e dimensioni, ma generalmente è una coppa o un bicchiere con una base ampia e un bordo arrotondato. Il calice svolge diverse funzioni simboliche e pratiche. Ecco alcuni dei suoi significati e utilizzi più comuni:

Rappresentazione dell'elemento acqua: Il calice è considerato un simbolo dell'elemento acqua, che rappresenta l'emozione, l'intuizione, l'abbondanza e la fluidità. Nelle cerimonie, il calice viene riempito con acqua o con una bevanda simbolica per rappresentare l'elemento e per essere utilizzato nei rituali.

Rituale di libagione: Durante i rituali, il calice può essere utilizzato per versare una bevanda sacra, come vino o succo di frutta, come offerta agli dei, agli spiriti o agli antenati. Questo atto, noto come "libagione", rappresenta l'offerta di energia e gratitudine.

Benedizione e purificazione: Utilizzato per contenere acqua purificata o consacrata. Questa acqua viene utilizzata per benedire oggetti, spazi o persone durante i rituali. Il calice viene portato con se al fine di spruzzare l'acqua sacra o per immergere oggetti nel calice stesso.

Simbolo dell'unione divina: Il calice è anche associato alla Dea e rappresenta il principio femminile nella spiritualità Wicca. Viene visto come un simbolo di fertilità, nutrimento e abbondanza. Collegato anche all'unione divina tra la Dea e il Dio, rappresenta l'equilibrio delle energie maschili e femminili.

È importante notare che l'interpretazione e l'utilizzo specifico del calice possono variare tra le diverse tradizioni Wicca e i singoli praticanti. Mentre alcuni seguono i simboli e gli usi tradizionali, altri possono personalizzare l'uso del calice per adattarsi alle loro convinzioni e pratiche individuali.

Bacchetta

La bacchetta è generalmente un bastone di legno, solitamente lungo circa 30-50 centimetri, che può essere intagliato, decorato o adornato con simboli o pietre preziose a seconda delle preferenze del praticante. Ecco alcuni significati e utilizzi comuni della bacchetta nella Wicca:

Focalizzazione dell'energia: La bacchetta è considerata uno strumento per focalizzare e dirigere l'energia magica. Durante i rituali, il praticante può impugnare la bacchetta e utilizzarla per tracciare cerchi magici nell'aria, puntare verso oggetti specifici o tracciare simboli, concentrandosi sull'intento magico e indirizzando l'energia verso un determinato scopo.

Rappresentazione dell'elemento aria: La bacchetta è associata all'elemento dell'aria. Essa è legata alla comunicazione, all'intelletto e all'ispirazione. La bacchetta è utilizzata per invocare l'energia dell'elemento aria durante i rituali o per connettersi con gli spiriti dell'aria.

Strumento per incantesimi e invocazioni: La bacchetta è sopratutto utilizzata come supporto per lanciare incantesimi, eseguire gesti rituali o recitare incantesimi. Il praticante può toccare oggetti, simboli o persone con la bacchetta per infondere loro energia magica o per stabilire un collegamento spirituale durante le invocazioni.

Connessione con la spiritualità: La bacchetta può rappresentare un simbolo di connessione con il divino. Molti praticanti considerano la bacchetta un'estensione del proprio potere personale e della loro connessione con le energie spirituali. Può essere vista come un mezzo per stabilire un collegamento tra il mondo materiale e il regno spirituale.

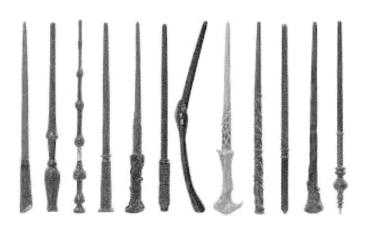

La scelta del materiale, dei simboli e dell'energia attribuita alla bacchetta è un processo altamente personale per ogni praticante Wicca.

Calderone

Il calderone è un altro strumento rituale molto importante nel rituale. È associato all'elemento del fuoco e simboleggia la trasformazione, la purificazione e la ricreazione. Il calderone tradizionale è una pentola di metallo con un manico e viene utilizzato in modo simile a una pentola per la preparazione di pozioni e incantesimi. Tuttavia, nella Wicca moderna, il calderone può assumere diverse forme e dimensioni, comprese versioni più piccole o decorative che non sono necessariamente adatte per la cottura o la preparazione di sostanze. Ecco alcuni dei significati e utilizzi comuni del calderone nella Wicca:

Simbolo di trasformazione: Il calderone rappresenta la forza di trasformazione e di rigenerazione. Come nel mito della dea celtica Cerridwen, che utilizzava un calderone magico per mescolare le pozioni dell'ispirazione e della saggezza, il calderone nella Wicca simboleggia l'importanza di attraversare le esperienze di cambiamento personale e di crescita spirituale.

Preparazione di pozioni e incantesimi: Tradizionalmente, il calderone è stato utilizzato per preparare pozioni, incantesimi e miscele magiche. Può essere utilizzato per mescolare ingredienti rituali, bruciare erbe o effettuare infusioni. Il calderone viene considerato un recipiente in cui gli ingredienti vengono combinati e trasformati per creare cambiamenti desiderati nell'universo magico.

Rappresentazione del fuoco e dell'elemento: Il calderone è spesso associato all'elemento del fuoco. Simboleggia l'energia ardente, la passione, il coraggio e la purificazione. Il calderone è utilizzato durante i rituali per bruciare incensi, erbe o foglie sacre, o per contenere fuochi cerimoniali.

Scrying: Il Calderone viene utilizzato anche come strumento di divinazione. Si può riempire di acqua o di altri liquidi trasparenti e utilizzato come superficie riflettente per pratiche di scrying, come la lettura delle bolle o la visione attraverso le immagini che si formano nella superficie dell'acqua.

È importante che ogni individuo scelga il proprio modo di utilizzare il calderone in base alle proprie preferenze personali e alla connessione spirituale.

Candele

Le candele sono uno degli strumenti rituali più comuni e significativi della nostra pratica. Sono considerate simboli di luce, energia, trasformazione e illuminazione spirituale. Le candele vengono utilizzate in una vasta gamma di rituali wicca e possono avere diversi significati e utilizzi a seconda del contesto e dell'intento del praticante. Ecco alcuni dei significati e utilizzi comuni delle candele:

Rappresentazione dell'elemento del fuoco: Le candele sono fortemente associate all'elemento del fuoco e rappresentano il potere del fuoco sacro. L'elemento fuoco simboleggia la passione, l'energia, la trasformazione e la purificazione. Accendere una candela durante i rituali Wicca aiuta a creare un'atmosfera sacra e a connettersi con l'energia del fuoco.

Illuminazione e focalizzazione dell'energia: Le candele sono utilizzate per illuminare lo spazio rituale e creare un'atmosfera magica, rappresenta un atto simbolico di concentrazione e focalizzazione dell'energia verso un particolare scopo o intenzione.

Invocazione degli elementi: Nel rituale Wicca, si lavora con gli elementi (terra, acqua, aria e fuoco). Le candele sono utilizzate per rappresentare l'elemento del fuoco e per invocare l'energia e la presenza degli altri elementi. Ad esempio, posizionare una candela verde per la terra, una candela blu per l'acqua, una candela gialla per l'aria e una candela rossa per il fuoco può simboleggiare l'unione e l'equilibrio degli elementi durante il rituale.

Intenzioni e incantesimi: Una candela può essere consacrata e carica di energia attraverso preghiere, visualizzazioni o incantesimi specifici. La fiamma della candela può essere focalizzata per inviare intenzioni, manifestare desideri o connettersi con energie spirituali. È importante notare che il colore delle candele può avere un significato specifico, i diversi colori possono essere scelti in base alla corrispondenza degli scopi e delle intenzioni. Ad esempio, le candele bianche possono rappresentare la purificazione e la guarigione, le candele rosse possono simboleggiare la passione e l'amore, mentre le candele verdi possono rappresentare la prosperità e la crescita.

Incenso

Come le candele, l'incenso è una parte essenziale del vostro repertorio magico. È composto da una miscela di erbe, resine, fiori o oli essenziali che vengono bruciati per produrre una fragranza aromaticamente piacevole. L'uso dell'incenso ha una lunga storia nelle pratiche spirituali e religiose ed è associato a diversi significati e utilizzi nella Wicca.

Purificazione: L'incenso viene utilizzato per purificare lo spazio rituale o di una pratica magica. Bruciare incenso aiuta a pulire l'energia negativa, a purificare l'ambiente e a creare un'atmosfera sacra per il lavoro spirituale.

Creazione di un'atmosfera sacra: L'incenso ha la capacità di creare un'atmosfera magica e sacra durante i rituali. L'odore aromatico dell'incenso aiuta a concentrarsi, a creare uno stato di tranquillità e a connettersi con il mondo spirituale.

Invocazione degli elementi: Nella Wicca, gli elementi (terra, acqua, aria e fuoco) sono sempre invocati durante i rituali. L'incenso rappresenta l'elemento dell'aria, poiché il suo fumo si alza in alto e rappresenta l'energia dell'aria e della comunicazione.

Offerte agli dei o agli spiriti: L'incenso viene anche utilizzato come offerta agli dei, agli spiriti o agli antenati come segno di rispetto, gratitudine o invocazione. Bruciare incenso può aiutare a creare un ponte tra il mondo umano e il regno spirituale.

Incantesimi e rituali: L'incenso è quindi un elemento importante per tutti gli incantesimi, rituali di divinazione o altre pratiche magiche. Bruciare specifici tipi di incenso può aiutare a focalizzare l'energia e ad attirare le energie corrispondenti alle intenzioni magiche desiderate.

È importante sottolineare che la scelta dell'incenso dipende spesso dalle preferenze personali e dalle corrispondenze magiche individuali. Diversi tipi di incenso possono avere significati specifici associati ad essi. Ad esempio, l'incenso di lavanda viene utilizzato per la purificazione e la calma, mentre l'incenso di mirra per la spiritualità e l'elevazione.

Cristalli

I cristalli sono oggetti naturali che vengono utilizzati in molte tradizioni spirituali. Sono formati da minerali solidi che hanno una struttura cristallina regolare e possono avere diverse forme, colori e proprietà energetiche uniche. I cristalli sono potenti strumenti per l'energia, la guarigione, la divinazione e la manifestazione nell'ambito della pratica Wicca. Di seguito alcuni dei significati e utilizzi comuni dei cristalli:

Energia e guarigione: I cristalli sono noti per le loro proprietà energetiche e possono essere utilizzati per equilibrare, armonizzare o amplificare l'energia. Ogni cristallo ha una frequenza energetica specifica che può essere utilizzata per scopi di guarigione fisica, mentale, emotiva o spirituale. Ad esempio, l'ametista può essere utilizzata per favorire la calma e l'intuizione, mentre il quarzo ialino può essere utilizzato per amplificare l'energia e la chiarezza mentale.

Divinazione e meditazione: Sono utilizzati come strumenti di divinazione o come oggetti di focalizzazione durante la meditazione. Alcuni praticanti utilizzano i cristalli come pendoli o per ricevere messaggi e risposte alle domande spirituali. I cristalli vengono tenuti in mano durante la meditazione per aiutare la concentrazione, per rilassarsi o accedere a stati di coscienza superiori.

Creazione di griglie energetiche: Le griglie energetiche sono disposizioni intenzionali di cristalli che vengono create per amplificare e indirizzare l'energia. Possono essere disposti in determinati modelli geometrici o posizionati intorno a oggetti sacri o intenzioni specifiche per creare una griglia che favorisce l'energia desiderata, come l'amore, l'abbondanza o la protezione.

Protezione e purificazione: Alcuni cristalli sono associati alla protezione e alla purificazione energetica. Ad esempio, l'ossidiana nera o l'onice sono utilizzati per respingere le energie negative o per creare uno scudo energetico intorno a sé. Posizionare cristalli protettivi in punti strategici della casa o del luogo rituale contribuisce a creare un ambiente sicuro e sacro.

Ogni cristallo ha le sue proprietà uniche e può essere utilizzato in modi diversi a seconda delle intenzioni e delle necessità del praticante wicca. È consigliabile studiare e familiarizzare con le proprietà dei cristalli e scegliere quelli che risuonano con la propria connessione spirituale e le esigenze personali.

Grimoire

E' un libro personale di riferimento che contiene informazioni, istruzioni, rituali, incantesimi, corrispondenze, esperienze personali e altre annotazioni relative alla pratica magica e spirituale di un individuo. Il termine "grimorio" deriva dal latino "grammaire" o "grammatia", che significa "scrittura" o "grammatica".

Il grimorio è un prezioso strumento che viene creato e mantenuto dal praticante per documentare la propria conoscenza, esperienze e scoperte nel percorso spirituale. Può essere considerato un diario magico personale, un libro delle ombre o un manuale di riferimento. Ogni praticante Wicca può avere il proprio stile, poiché è un'opera unica che riflette la pratica individuale. Ecco alcune caratteristiche comuni di un grimorio:

Informazioni personali: Un grimorio include informazioni personali, come il nome magico, l'albero genealogico, la data di iniziazione o altri dettagli rilevanti.

Corrispondenze e simbolismo: Il grimorio può contenere elenchi di corrispondenze magiche, come i significati dei colori, delle erbe, dei cristalli, dei pianeti, degli elementi e dei simboli. Queste corrispondenze sono utilizzate per creare rituali, incantesimi o per guidare le pratiche magiche.

Rituali e incantesimi: Il grimorio può contenere istruzioni dettagliate per la realizzazione di rituali, incantesimi, invocazioni e pratiche magiche specifiche. Questi possono essere disegnati da tradizioni specifiche o possono essere sviluppati in modo personale dal praticante.

Annotazioni personali: Il grimorio è spesso arricchito con le esperienze personali del praticante, come osservazioni, riflessioni, sogni, visioni o intuizioni. Queste annotazioni possono contribuire a rendere il grimorio unico e significativo per l'individuo.

Ricerca e studio: Un grimorio può includere appunti su argomenti di studio, libri di riferimento, autori, risorse online o altri materiali di interese per il praticante. È comune includere note su nuove pratiche, concetti o teorie che si desidera esplorare ulteriormente.

Un grimorio è un oggetto personale e privato che dovrebbe essere trattato con cura e rispetto. Per noi praticanti il grimorio è un'eredità spirituale trasmessa alle generazioni future. Alcuni preferiscono tenerlo segreto e riservato solo per se stessi, mentre altri possono condividere parti selezionate con studenti o con membri della comunità magica. La creazione e l'aggiornamento di un grimorio è un processo continuo che riflette l'evoluzione e la crescita del praticante lungo il proprio cammino magico.

CAPITOLO 2
Storia della magia delle erbe

Il potenziale benefico delle piante non è un concetto nuovo. Nel corso della storia, sono stati sperimentati innumerevoli utilizzi per le erbe medicinali e i materiali vegetali. Mentre l'umanità continua ad evolversi e progredire, rimaniamo ancorati all'utilizzo e all'accesso alle erbe che sono sempre state a nostra disposizione sin dai primordi dell'intelletto umano, quando abbiamo iniziato a camminare eretti e a consapevolmente cercare rimedi e guarigione nel mondo che ci circonda. Nonostante i cambiamenti del mondo, il potere e le proprietà curative delle erbe rimangono immutati. Queste proprietà non cambieranno mai e sono intrinsecamente legate alla salute e al potere curativo della vita stessa. Gli animali stessi utilizzano istintivamente le erbe e le piante per curarsi. Essi sono attratti in modo innato da determinate specie di piante, masticandole e consumandole per affrontare disturbi o ferite specifiche. Nel corso dell'evoluzione, gli animali hanno imparato a riconoscere che il consumo di determinati tipi di corteccia di albero può aiutare ad affrontare infezioni o febbri. Questo è uno dei modi in cui l'umanità ha iniziato a comprendere l'uso delle erbe e delle piante, osservando le azioni degli animali. Le evidenze a sostegno di questi argomenti provengono da una lunga tradizione di streghe, guaritori e soprattutto da persone che cercavano semplicemente cibo per sopravvivere.

La bontà che proviene dalla Terra è un dono per noi, e con l'evolversi della nostra specie abbiamo acquisito sempre più conoscenze su come lavorare con migliaia di erbe disponibili per tutti. Non esistono modi sbagliati di considerare l'uso delle erbe, ma ci sono modi errati di utilizzarle, basati sugli effetti e sulle proprietà che possiedono. Alcuni pionieri della magia e della medicina a base di erbe hanno persino sacrificato la propria vita o ne hanno tolta ad altri per scoprire quali erbe sono troppo tossiche per essere ingerite, ma che possono comunque essere utili per altri scopi al di fuori del corpo.

A livello interculturale, c'è stata una crescita della conoscenza e della comprensione delle piante, delle erbe, della flora e della medicina in varie parti del mondo. Già nell'era paleolitica, gli esseri umani consumavano una vasta gamma di erbe e verdure per sopravvivere, e probabilmente stavano scoprendo, sia consapevolmente che inconsciamente, ciò che può uccidere e ciò che può guarire. Essi potrebbero essere considerati tra i primi pionieri nell'arte della medicina a base di erbe. In diverse parti del mondo antico sono state scoperte grotte o tombe che mostrano la presenza di erbe nel tratto digestivo dei resti umani, suggerendo che già nell'era mesolitica le persone utilizzavano una varietà di erbe selezionate. La magia delle piante è una pratica antica e intrinsecamente legata alla salute, alla guarigione e alla connessione con la natura. Fin dai tempi antichi, l'umanità ha sfruttato le proprietà medicinali e i materiali vegetali per una varietà di scopi. Nonostante il progresso e l'evoluzione, continuiamo ad attingere alle erbe che sono state disponibili fin dai primordi dell'umanità, quando abbiamo iniziato a camminare eretti e a consapevolmente cercare rimedi e guarigione nel mondo che ci circonda. Le proprietà curative delle erbe rimangono immutate mentre il mondo cambia.

La generosità della Terra si manifesta come un dono per l'umanità. Nel corso dell'evoluzione, abbiamo acquisito sempre più conoscenze sull'uso e l'utilizzo delle migliaia di erbe a nostra disposizione. Non esiste un modo sbagliato di considerare l'uso delle erbe, ma è importante evitare utilizzi impropri basati sugli effetti e sulle proprietà di ciascuna pianta. Alcuni pionieri della magia e della medicina a base di erbe hanno dedicato la propria vita per scoprire quali erbe, se ingerite, risultano tossiche, ma che possono comunque essere utili per altri scopi al di fuori del corpo umano. A livello interculturale, la conoscenza e la comprensione delle piante, delle erbe, della flora e della medicina si sono sviluppate in varie parti del mondo. Già nell'era paleolitica, gli esseri umani assumevano una vasta gamma di erbe e vegetali per sopravvivere, probabilmente scoprendo, consapevolmente o meno, ciò che può uccidere o guarire. Essi possono essere considerati i primi pionieri della medicina erboristica. Antiche civiltà come quella dell'antico Egitto, la Grecia classica, la Cina e l'India hanno sviluppato sofisticati sistemi di medicina a base di erbe, che hanno influenzato le pratiche mediche fino ai giorni nostri. Questi sistemi di medicina tradizionale si basavano su una vasta conoscenza delle proprietà curative delle piante e sulla loro applicazione nella diagnosi e nel trattamento delle malattie.

Nel corso dei secoli, la scienza medica occidentale si è sviluppata con un maggiore focus sulla chimica e sulla sintesi di farmaci. Tuttavia, negli ultimi decenni, c'è stato un rinnovato interesse per la medicina a base di erbe e le pratiche olistiche, poiché sempre più persone cercano alternative naturali e sostenibili alla medicina convenzionale. La ricerca scientifica ha contribuito a confermare le proprietà terapeutiche di molte piante e a identificare i composti chimici responsabili dei loro effetti benefici.

Oggi, la fitoterapia e la medicina erboristica sono riconosciute come discipline valide e sono integrate in molti sistemi di cura della salute in tutto il mondo. Gli erboristi e i naturopati utilizzano una vasta gamma di piante medicinali per sostenere la salute e promuovere la guarigione. Tuttavia, è importante sottolineare che l'uso delle erbe per scopi medicinali deve essere fatto con cautela e consapevolezza. Alcune erbe possono interagire con farmaci convenzionali o avere effetti collaterali indesiderati. È sempre consigliabile consultare un professionista qualificato prima di utilizzare erbe per scopi terapeutici, soprattutto se si sta già assumendo farmaci.

CAPITOLO 3
Pratica con le Erbe

L a Wicca è una pratica e un sistema di credenze che si focalizza sull'interconnessione con il mondo naturale e l'adorazione della Madre Terra. Molti wiccan celebrano i cicli e le stagioni dell'anno, riconoscendo i movimenti e le trasformazioni della Terra stessa. Le fasi della luna, sia crescente che calante, hanno un impatto significativo nella pratica Wicca, e comprendere e onorare questi cicli rappresenta un elemento fondamentale. Per avvicinarsi alla comprensione degli elementi basilari della Wicca, è sufficiente nutrire un amore fondamentale per la natura e la sua generosità.

La Wicca abbraccia il mondo naturale come una forma di religione, e quando si appresta ad eseguire incantesimi e rituali, si richiamano le energie e le divinità della natura per ricevere supporto nel proprio percorso. È pertanto logico che, mentre si adora la natura, si dedichi anche una particolare attenzione alla magia delle erbe e al loro potente strumento di guarigione. Tuttavia, prima di addentrarsi nell'approccio positivo delle erbe, è di vitale importanza acquisire una comprensione di base del funzionamento della Wicca e di ciò che significa praticarla effettivamente.

Chiamare il Divino

Nella pratica Wicca, si può invocare un'ampia varietà di dei, dee e divinità che possono essere chiamati per ottenere assistenza e supporto. Essa abbraccia una visione pluralistica delle divinità, consentendo ai praticanti di scegliere quelle che risuonano maggiormente con la propria spiritualità. Oltre alle divinità tradizionali associate alla Wicca, come la Dea e il Dio cornuto, è possibile esplorare pantheon e figure divine provenienti da diverse tradizioni e culture, ampliando così la gamma di energie divine disponibili. Una comprensione approfondita della polarità presente nella natura è fondamentale per i wiccan. Tutte le cose possiedono una qualità maschile e femminile, che si riflette anche nelle divinità e nelle forze della natura. Durante le celebrazioni stagionali, gli incantesimi e i rituali, è possibile lavorare con energie maschili o femminili a seconda delle intenzioni e degli obiettivi desiderati. Ad esempio, la Dea rappresenta la fertilità, l'amore e la guarigione, mentre il Dio cornuto simboleggia la forza, la saggezza e la protezione.

Nel corso della pratica, si può approfondire la conoscenza delle divinità, esplorando le loro storie, attributi e simboli. Ogni divinità possiede un'energia unica e specifica, offrendo agli individui l'opportunità di connettersi con aspetti diversi della spiritualità e di esplorare la propria relazione con il divino. Oltre alle divinità principali, possono essere venerati anche spiriti della natura, elementali e guide spirituali personali, creando un'intima connessione con il mondo naturale e con il regno spirituale. Nel contesto della magia delle erbe, è interessante notare che diverse piante sono associate a specifiche divinità o energie divine. Queste erbe possono essere utilizzate nei rituali, negli incantesimi o nelle preparazioni per amplificare l'energia desiderata o per onorare una divinità specifica. Ad esempio, l'agrifoglio è associato alla Dea dell'amore e della bellezza, mentre la salvia è collegata al Dio della saggezza e della protezione.

Iniziazione e gradi di avanzamento

Esiste un metodo particolare per allinearsi con un'energia, una divinità, una celebrazione stagionale o con la propria pratica Wicca. Le cerimonie e i rituali rappresentano un modo entusiasmante per incorporare la

Wicca nella propria vita, e attraverso il processo di iniziazione attraverso riti di artigianato e magia, si scopriranno molteplici modalità per migliorare le proprie esperienze.

L'iniziazione può avvenire tramite un rito all'interno di un gruppo o mediante la scelta di immergersi nella saggezza divina di divinità come Diana o Persefone (figlia di Zeus, re degli dei, e di Demetra, dea dell'agricoltura e dell'abbondanza) . È possibile optare per diventare un iniziato di una specifica divinità o di un gruppo. E' necessario seguire determinati livelli di progresso e impegnarsi in pratiche rituali per raggiungere lo status di Alto Sacerdote o Sacerdotessa; tuttavia, non tutti partecipano a tale struttura e preferiscono celebrare e praticare in autonomia, avviandosi personalmente in un cammino di rinascita cosmica. L'iniziazione rappresenta una dichiarazione di devozione verso il mestiere scelto di praticare.

Magia pratica in incantesimi e rituali

La magia consiste nell'utilizzo e nel reindirizzamento delle energie naturali per influenzare il mondo circostante. È una consapevolezza che l'energia permea tutte le cose e, mentre si pratica il proprio mestiere, si sfruttano tali energie per trarne beneficio e guidare il proprio viaggio. La pratica magica rappresenta il modo in cui si influenza l'energia nella propria vita, in sintonia con l'energia presente in tutte le cose. Gli incantesimi e i rituali sono elementi fondamentali della Wicca, essi forniscono modelli e percorsi che aiutano a reindirizzare le energie, creando una devozione verso lo spazio, il tempo e la stagione di ogni azione intrapresa.

La maggior parte dei wiccan utilizza incantesimi e rituali per allinearsi con il proprio stato d'animo e con il potere della natura. Questo permette di stabilire un legame più intimo con il divino e di promuovere la crescita personale attraverso la vita manifestata in tutte le sue forme. Non è necessario praticare la magia quotidianamente per percepire le sue influenze. Essa può far parte di un rituale settimanale o dei cicli lunari, a seconda del tipo di pratica che risuona con l'individuo.

Connessione con il mondo degli spiriti

Oltre all'invocazione del divino, la connessione con il mondo degli spiriti costituisce un elemento essenziale del viaggio per interagire con le energie presenti in tutte le cose. Ogni forma di materia possiede uno spirito e una forza vitale, e la natura rappresenta una ricca fonte di connessione con gli spiriti della natura, le creature fatate e altre energie divine che non sono rappresentate come divinità, dei o dee, ma sono esseri energetici semplici che abitano, giocano e lavorano nelle realtà che ci circondano, offrendoci la loro guida lungo il nostro cammino. La connessione con la Wicca e altre pratiche pagane offre un prezioso mezzo per celebrare queste energie e avvicinarsi a una connessione con il piano etereo o spirituale.

L'uso delle erbe nella Wicca

L'utilizzo delle erbe nella magia costituisce una parte fondamentale del lavoro con le basi della Wicca e di altre religioni pagane. Le erbe trovano molteplici utilizzi ed è raro trovare un praticante di magia che non le impieghi regolarmente nei suoi incantesimi, pratiche di guarigione e rituali. Le erbe presenti in questa enciclopedia sono tra le più comuni e frequentemente utilizzate da noi wiccan, fornendo conoscenza, prospettiva e allineamento con l'energia magica con la quale si sta operando. Ricordate che ogni cosa è energia e ogni erba possiede le sue qualità uniche da esplorare.

Comunicazione con gli spiriti delle piante

Sviluppando una profonda relazione con la natura, le piante e le erbe, riscopriamo la nostra capacità di guarire in modo naturale. Sebbene tali insegnamenti sono stati deliberatamente taciuti per un certo periodo, finalmente questa cultura naturalistica sta ritornando in auge. Sempre più persone stanno scoprendo che una vita sana e gratificante si raggiunge attraverso un percorso sano e naturale.

Comunicare con le piante è un modo per entrare in sintonia, se le ascoltiamo attentamente, possiamo percepire il loro richiamo. Per iniziare a sintonizzarci con il richiamo della natura, la migliore cosa da fare è addentrarsi in questa realtà e sperimentare giornalmente. Prendersi del tempo per fare un'escursione in una zona isolata della natura rappresenta un eccellente modo per farlo. Come per tutte le cose magiche, è necessario stabilire un'intenzione e mantenerla viva mentre ci immergiamo in un ambiente naturale.

Per rafforzare la nostra connessione con le erbe e le altre piante, è necessario avere un'intenzione focalizzata. Fornire loro un'offerta, come sostanze nutrienti, ci consentirà di scoprire informazioni sulle virtù da loro possedute. Un altro modo per connetterci più facilmente con lo spirito delle piante consiste nel trattarle con rispetto. Amare e rispettare le piante aumenta le probabilità che esse desiderino comunicare con noi. Le piante hanno sentimenti, dimostrare rispetto, compassione e amore, è la strada corretta per ricevere il loro potere curativo. La meditazione nella natura rappresenta un altro eccellente metodo per connettersi con gli spiriti delle piante. La meditazione focalizzata ci permette di assorbire l'ambiente circostante e facilita la comunicazione personale con le piante. Questo richiede tempo, pazienza e pratica. Con costante concentrazione, amore e intenzione, la connessione con gli spiriti delle piante può diventare sempre più facile.

Lancio di incantesimi

Per massimizzare l'efficacia di un incantesimo durante un rituale, è sufficiente versare le erbe utilizzate sulle fiamme delle candele, in aggiunta posizionandole intorno alla casa per liberare l'energia negativa, invocare la felicità, fornire protezione, salute e un'atmosfera di tranquillità. In passato, le streghe portavano con sé una borsa contenente una varietà di erbe al fine di attrarre ciò che desideravano. Per ottenere le erbe più potenti, la raccolta notturna, specialmente durante la luna piena, è consigliata. A causa dello stigma associato alla pratica degli incantesimi, le streghe attribuivano nomi in codice alle piante, come "lingua di cane" e "occhio di tritone". Questo permetteva alle streghe di divertirsi osservando le persone che cercavano di reperire ingredienti che sembravano inesistenti nelle loro ricette.

Erbe e vibrazioni

Tutte le erbe possiedono una vibrazione unica; quando combinate, ristabiliscono l'equilibrio nel corpo. Quando il corpo è in uno stato di squilibrio, siamo suscettibili a malattie. Nel campo della magia delle erbe, le possibilità sono illimitate; la vostra mente è l'unica limitazione alla magia delle piante; potete ottenere tutto ciò che il vostro cuore desidera. Nell'uso delle erbe, è importante seguire il vostro intuito e lasciarvi guidare. Allo stesso modo in cui un cristallo vi sceglie, esistono erbe che sono in sintonia con la vostra composizione biologica. Le piante hanno la loro frequenza unica, quindi se utilizzate le erbe come trattamento, è fondamentale scegliere la frequenza giusta per la vostra specifica condizione.

Potete progettare il vostro giardino spirituale e magico utilizzando piante ed erbe per la composizione di ricette curative, o per la felicità, amore e abbondanza. Studiate ogni pianta ed erba e scoprite come vengono utilizzate. Man mano che la conoscenza aumenta, inizierete a percepire l'energia e l'alchimia di ogni pianta impiegata. Per creare l'esperienza magica di vostro gradimento, è essenziale avere una comprensione approfondita delle caratteristiche di ogni erba per potenziare i vostri rituali e incantesimi. Con il tempo, capirete che avere delle piante vive intorno a voi, comporta un'accrescimento dell'energia personale.

Erbe di carica

Caricare le erbe è un processo importante per assicurarsi che mantengano un'elevata potenza per essere utilizzate nei lanci di incantesimi. Quando piantate i semi o direttamente piante di erbe per la prima volta, è necessario caricarle. Se non le caricate inizialmente, dovrete caricarle successivamente prima di utilizzarle per scopi magici. Alcuni preferiscono caricarle in entrambe le fasi per assicurarsi che abbiano il livello massimo di energia possibile. Questo processo richiede l'utilizzo della vostra energia magica. Caricare le erbe non è un processo complicato o lungo, ma è fondamentale. Uno dei modi più efficaci per connettersi con l'energia terrestre e caricare le vostre erbe è attraverso una pratica di meditazione all'aperto. Trovate un luogo tranquillo all'esterno, possibilmente su un terreno naturale come un prato o in prossimità di alberi, dove potete sedervi comodamente a terra.

Iniziate il processo rilassando la vostra mente e concentrandovi completamente su voi stessi. Chiudete gli occhi, respirate profondamente e lasciate andare le tensioni e le preoccupazioni della giornata. Lentamente, entrate in uno stato di calma interiore, aprendo la vostra mente e il vostro cuore all'energia vitale che la Terra offre generosamente. Una volta raggiunto uno stato di quiete interiore, iniziate a focalizzare la vostra attenzione sulla connessione con l'energia della Terra. Immaginate radici che si estendono dalle vostre gambe e piedi, penetrando nel terreno e raggiungendo lo strato più profondo del suolo. Queste radici vi collegano direttamente alla terra, stabilendo un canale di comunicazione tra voi e l'energia vitale che essa emana.

Mentre mantenete questa immagine mentale, concentratevi sulla sensazione di assorbire l'energia terrestre attraverso le radici. Immaginate questa energia come un flusso di luce dorata, pulsante di vitalità e guarigione. Con ogni respiro, permettete a questa energia di salire attraverso le radici e di diffondersi gradualmente in tutto il vostro corpo. A questo punto, potete iniziare a dirigere consapevolmente questa energia verso le vostre erbe. Visualizzate l'energia terrestre che fluisce attraverso il vostro corpo e che, con amore e intenzione, si irradia verso le vostre erbe posizionate di fronte a voi. Immaginate che quest'energia carichi le erbe con le sue proprietà benefiche, potenziandole e donando loro un'energia vitale aggiuntiva.

Mentre siete immersi in questa meditazione, potete anche stabilire un dialogo interiore con le vostre erbe. Parlate loro mentalmente o ad alta voce, esprimendo gratitudine per le loro proprietà curative e chiedendo loro di offrirvi il loro sostegno e la loro forza durante il vostro percorso di guarigione. Continuate a meditare e a permettere all'energia terrestre di fluire attraverso di voi e verso le vostre erbe finché non sentite che il processo di carica è completo. Quando siete pronti, gradualmente riaprite gli occhi e ritornate alla consapevolezza del vostro ambiente circostante.

Questa pratica di meditazione vi permetterà di stabilire un collegamento profondo con l'energia della Terra e di utilizzarla per caricare le vostre erbe con un'energia positiva e curativa. Potrete sperimentare un'armonizzazione con la natura e un rinnovato senso di connessione con il mondo che vi circonda.

Un'altra occasione in cui è necessario caricare le erbe è quando le si utilizzano essiccate e conservate da tempo. Quando un'erba viene essiccata e conservata, perde parte della sua energia e questa energia dovrà essere ripristinata. Le erbe fresche appena essiccate tendono ad avere livelli energetici più elevati. Il processo per ricaricare le erbe già essiccate è lo stesso. Si tratta di avere intenzione, concentrazione e meditazione. Potete anche amplificare il flusso di energia positiva utilizzando strumenti come cristalli e candele. In seguito, in questo libro, verranno fornite ulteriori informazioni su come il processo con le candele e i cristalli possono aiutarvi durante i lanci di incantesimi a base di erbe.

CAPITOLO 4

Potere delle piante e delle erbe

Il potere delle piante e delle erbe è un elemento centrale nella pratica della Wicca. Esse sono considerate strumenti magici potenti che possono essere utilizzati per scopi spirituali, curativi e rituali. Fin dai tempi antichi, l'uso delle piante e delle erbe per scopi magici e curativi è stato ampiamente diffuso in molte tradizioni spirituali. Le piante e le erbe vengono selezionate con attenzione, tenendo conto delle loro proprietà, dei loro corrispondenti planetari e degli attributi magici associati. Ogni pianta ha le sue qualità uniche, che possono essere utilizzate per scopi specifici come la protezione, la purificazione, l'amore, la prosperità, la guarigione e così via.

Nella pratica Wicca, le piante e le erbe sono utilizzate in vari modi. Una delle forme più comuni è l'utilizzo di sacchetti magici, piccoli sacchetti riempiti con una combinazione di erbe corrispondenti all'obiettivo desiderato. Questi sacchetti possono essere indossati, posizionati in casa o bruciati durante i rituali per liberare le loro energie e manifestare gli intenti.

Le piante e le erbe sono anche utilizzate per creare infusi o tisane, che vengono consumate come bevande per ottenere benefici specifici. Un altro modo in cui le piante e le erbe sono utilizzate è attraverso la creazione di oli essenziali e unguenti. Questi preparati possono essere utilizzati per ungere candele, strumenti magici o il proprio corpo durante i rituali. L'unguento viene adoperato per scopi curativi, come massaggi o applicazioni locali per promuovere la guarigione fisica o emotiva. Le erbe e le piante sono utilizzati per creare pozioni e amuleti. Le pozioni sono miscele liquide che combinano erbe, acqua o altri ingredienti per creare un elisir magico. Gli amuleti, invece, sono oggetti carichi di energia e incantesimi, che vengono indossati o portati con sé per protezione o per attirare determinate energie.

La raccolta e la preparazione delle piante e delle erbe sono processi che richiedono rispetto e consapevolezza verso la natura e le sue risorse. Come più volte accennato, bisogna considerare le fasi lunari, le posizioni planetarie e il calendario delle stagioni come fattori influenti nella scelta del momento propizio per la raccolta. Ad esempio, le erbe raccolte durante la luna piena possono essere considerate più potenti o cariche di energie femminili.

Dopo la raccolta, le piante devono essere essiccate correttamente per conservarne le proprietà magiche e curative. Esistono diverse tecniche per essiccare le erbe, come l'appenderle a testa in giù in un luogo fresco e asciutto, l'utilizzo di essiccatori o l'essiccazione in forno a basse temperature. Durante questo processo, è importante proteggere le erbe dalla luce diretta del sole, in modo che non si degradino o perdano le loro qualità. Una volta essiccate, le piante possono essere conservate in barattoli di vetro o sacchetti di stoffa, etichettate con il nome della pianta e la data di raccolta. Questo aiuta a tener traccia delle erbe e delle loro proprietà specifiche.

L'utilità delle piante per l'ambiente e la natura

Le piante svolgono molteplici ruoli vitali per l'ecosistema e contribuiscono al benessere generale della Terra. Attraverso la fotosintesi, sono in grado di assorbire la luce solare e convertirla in energia, producendo ossigeno e liberando nell'atmosfera. Questo processo è fondamentale per la sopravvivenza di tutti gli esseri viventi, inclusi gli esseri umani.

Nella Wicca, questo fenomeno è riconosciuto come un atto sacro e viene spesso celebrato durante rituali e celebrazioni.

Inoltre, le piante svolgono un ruolo essenziale nella conservazione del suolo e nella prevenzione dell'erosione. Le loro radici agiscono come un sistema di ancoraggio che trattiene il terreno e ne previene il distacco, proteggendo le fasce costiere, le colline e le montagne dall'erosione causata dalle piogge e dal vento. Questo contribuisce a mantenere l'equilibrio ecologico e la stabilità degli ecosistemi. Le piante forniscono anche habitat per numerose forme di vita, compresi animali, insetti e altri organismi. Le foreste, ad esempio, ospitano una vasta gamma di specie, fornendo cibo, riparo e un ambiente adatto per la riproduzione. Nella Wicca, la preservazione degli habitat naturali e la protezione della biodiversità sono considerate responsabilità importanti dei praticanti. Inoltre, le piante svolgono un ruolo chiave nella regolazione del ciclo dell'acqua. Attraverso la traspirazione, le piante rilasciano vapore acqueo nell'atmosfera, influenzando la formazione delle nuvole e le precipitazioni. Questo processo aiuta a mantenere l'equilibrio idrologico degli ecosistemi e a garantire la disponibilità di acqua dolce per tutte le forme di vita.

Nella nostra filosofia di vita, l'importanza delle piante e dell'ambiente viene sottolineata attraverso il concetto di rispetto per la Terra e tutte le sue creature. Noi wiccan riconosciamo la sacralità della natura e cerchiamo di vivere in armonia con essa. Ciò si riflette nell'attenzione e nella cura per le piante, evitando lo spreco e promuovendo pratiche sostenibili come la raccolta responsabile delle erbe e la coltivazione di giardini magici, a noi molto cari. Questi giardini forniscono non solo erbe per la pratica magica e curativa, ma anche un ambiente in cui le piante possono prosperare, creando un'atmosfera di connessione e di gratitudine verso la natura.

Il potere magico delle piante

Le piante sono essenzialmente degli strumenti magici potenti, se ci fermiamo a riflettere. Come esseri viventi, esse fungono da condotto diretto dell'energia della Terra. Le piante rappresentano la forma di vita più antica sul nostro pianeta. L'avvento della vita vegetale ha trasformato il paesaggio terrestre e ha contribuito alla formazione dell'atmosfera che ci circonda. In effetti, la civiltà umana non sarebbe mai emersa se non fosse stato per il regno vegetale. Negli ultimi decenni, abbiamo assistito al ruolo cruciale che il regno vegetale riveste nel nostro benessere come specie. Tuttavia, la deforestazione su vasta scala del pianeta, insieme all'alterazione dell'equilibrio dell'anidride carbonica nell'atmosfera, sta creando sempre più scompiglio nel nostro clima globale.

Considerando la lunga storia evolutiva della Terra, diventa evidente che abbiamo bisogno delle piante molto più di quanto esse abbiano bisogno di noi. Questo semplice fatto dovrebbe far guadagnare al mondo vegetale il massimo rispetto da parte nostra. Guardando attraverso la lente della magia nella tradizione misterica occidentale, possiamo osservare come le piante incarnino letteralmente il potere dei quattro elementi classici, che lavorano insieme per creare e sostenere la vita.

Le piante interagiscono con il "fuoco" rappresentato dalla luce solare, che permette il processo di conversione dell'anidride carbonica in ossigeno. Come abbiamo già menzionato, ciò influisce direttamente sulla qualità dell'aria che respiriamo. A sua volta, l'aria favorisce una maggiore vita vegetale, grazie al vento che stimola la crescita di steli e foglie e che trasporta e diffonde i semi per perpetuare il ciclo vitale. È ben noto che le piante hanno bisogno di acqua per sopravvivere, anche se alcune varietà, come i cactus, sono incredibilmente resistenti. Tuttavia, molte persone non sono consapevoli del ruolo cruciale che le piante svolgono nella regolazione dei cicli idrici del pianeta, oltre che nella purificazione dell'acqua stessa e nel trasferimento dell'acqua dal suolo all'atmosfera.

In effetti, non esiste forse un'illustrazione migliore di come gli elementi della terra, dell'aria, dell'acqua e del fuoco si uniscano che nell'esistenza magica delle piante stesse. Questa interconnessione e relazione con gli elementi fornisce direttamente nutrimento al corpo umano, che deve fare affidamento sulla vita vegetale per sopravvivere e prosperare.

Pertanto, possiamo affermare con sicurezza che tutti gli esseri umani, consapevoli o meno, dipendono da un sistema magico che sfrutta ogni forza vitale presente nell'Universo. Coloro che sono consapevoli di questo sistema magico possono trarne ancora maggiori benefici utilizzandolo consapevolmente per manifestare cambiamenti positivi nelle proprie vite. Sebbene alcune piante crescano effettivamente in acqua, è importante notare che è la presenza di minerali, derivati dalla Terra che permette loro di crescere e prosperare. Questo aspetto sottolinea ancora una volta il legame indissolubile tra le piante e il regno terrestre. Sono i nutrienti e le sostanze chimiche presenti nel suolo che forniscono alle piante gli elementi essenziali per la loro crescita e sviluppo.

Oltre al loro ruolo vitale nell'ecosistema e nel ciclo della vita, le piante hanno una grande importanza nella pratica magica. Nella Wicca e in altre tradizioni magiche, le piante sono considerate strumenti potenti per il lavoro energetico e rituale. Gli estratti vegetali, gli oli essenziali, le erbe e le radici vengono utilizzati per creare incensi, pozioni, unguenti e amuleti magici.

La conoscenza delle proprietà e delle corrispondenze delle piante è una parte importante della pratica magica. I praticanti dedicano tempo allo studio delle erbe, imparando le loro caratteristiche, i loro benefici e le loro associazioni simboliche. La raccolta consapevole delle piante e delle erbe per scopi magici è un atto di rispetto verso la Terra e il suo regno vegetale. I praticanti e gli appassionati di erboristeria cercano di adottare pratiche sostenibili, raccogliendo solo ciò di cui hanno bisogno e assicurandosi di lasciare abbastanza piante per garantirne la sopravvivenza e la crescita.

Il potere della corrispondenza

Gli antichi possedevano una profonda conoscenza del sistema magico del regno vegetale e lo interpretavano come un aspetto di una verità più ampia: l'interconnessione di tutto nell'universo. Filosofi, maghi e altri studiosi dei millenni passati riconoscevano che l'intera creazione era intrinsecamente collegata ai quattro elementi, alle energie duali del femminile e del maschile (o, nei sistemi orientali, Yin e Yang), nonché agli altri pianeti del nostro sistema solare.

Queste idee costituiscono le basi di gran parte della tradizione misterica occidentale, che affonda le sue radici nel mondo antico e si è evoluta nel corso del Medioevo, influenzando infine la moderna pratica della Wicca e altre forme di stregoneria. Il corpo umano è una rappresentazione simbolica del sistema solare, in cui ogni parte del corpo e ogni sistema fisico interno corrispondono direttamente a un segno zodiacale e a un pianeta.

Questa concezione ha dato origine a una filosofia affascinante condivisa dai primi guaritori a base di erbe, chiamata Dottrina delle Firme. Ogni pianta utile per l'uomo presenta una somiglianza con una particolare parte del corpo umano, e i suoi benefici medicinali sono in sintonia con quella specifica parte del corpo. Ad esempio, lo zenzero spesso assume la forma di uno stomaco umano ed è utilizzato per alleviare disturbi digestivi. La noce, con la sua forma simile a un cervello umano in miniatura, è stata dimostrata per sostenere la memoria e altre funzioni cerebrali. I gambi di sedano, benefici per la salute delle ossa, presentano una sorprendente somiglianza con le ossa stesse. Esistono anche esempi meno noti di questa corrispondenza tra il nome comune di un'erba e le sue proprietà curative, come la polmonaria, a lungo utilizzata per trattare le infezioni polmonari, e l'eufrasia, che aiuta a guarire le infezioni oculari. Proprio come frutta e verdura, queste erbe possiedono forme e colori che suggeriscono le parti specifiche del corpo per cui sono benefiche. Ci sono numerosi altri esempi in cui si applica la Dottrina delle Firme.

Se le piante possono avere una corrispondenza diretta con la guarigione fisica, è ragionevole pensare che abbiano anche una corrispondenza con il lavoro magico. Questo concetto, come detto in precedenza, era ben noto agli erboristi prima dell'avvento della rivoluzione scientifica ed era in linea con un altro insieme di idee che costituiscono una pietra miliare della tradizione misterica occidentale: i Principi Ermetici. Tra i sette principi ermetici, il Principio di Corrispondenza è il più rilevante in questo contesto. Esso afferma che il piano materiale e quello spirituale (o "non fisico") sono specchi l'uno dell'altro e sono legati da una rete inseparabile di connessioni simboliche, simili a quelle identificate negli esempi di corrispondenze tra piante e parti del corpo umano. Questi legami esistono anche nelle tradizioni magiche di tutto il mondo. Ad esempio, la camomilla è associata alla ricchezza, alla fortuna e alla prosperità. Uno dei motivi è la sensazione di benessere che essa promuove quando viene bevuta come tè o utilizzata in un bagno alle erbe. Quando ci sentiamo bene, siamo più inclini ad attrarre ricchezza nella nostra vita. Un altro collegamento è dato dalla fragranza simile a quella delle mele che emanano i fiori di camomilla. In effetti, la camomilla prende il suo nome proprio per la somiglianza con le mele, che sono anche simboli di fortuna. Astrologicamente, la camomilla è associata al Sole, che è sempre legato alla prosperità. Comprendere e lavorare con queste corrispondenze consente alle streghe di utilizzare in modo specifico le proprietà magiche della camomilla per raggiungere tali obiettivi. Questo costituisce il fondamento stesso della magia delle erbe.

Migliorare le comunicazioni con gli spiriti delle piante

Man mano che sviluppate la vostra pratica di lavoro con le erbe magiche, noterete sicuramente un'affinazione della vostra intuizione quando si tratta di selezionare le erbe più adatte per i vostri incantesimi. Potreste anche notare che i nomi di certe erbe vi vengono in mente improvvisamente, o che determinati barattoli di spezie catturano la vostra attenzione in cucina. Potete approfondire questa comunicazione intuitiva con gli spiriti delle piante riconoscendo consapevolmente questi sottili suggerimenti.

L'energia dell'Elecampane è particolarmente adatta ad aprire i canali che permettono alla saggezza del mondo vegetale di fluire verso di voi. Questa pianta è nota per le sue proprietà di connessione spirituale e di amplificazione dell'intuizione. La radice di Elecampane ha un sapore amaro, che rappresenta la sua natura profonda e potente. Altrimenti potete sostituirla con la radice di dente di leone, che è leggermente meno amara.

Questo rituale è idealmente eseguito all'esterno, seduti alla base di un albero nel vostro giardino o in qualsiasi altro luogo naturale a cui avete accesso. Nel caso in cui non sia possibile, la versione indoor funziona altrettanto bene. Se siete all'interno, potete bruciare dell'incenso per favorire l'apertura della vostra mente intuitiva.

In entrambi i casi, avrete bisogno di entrare in contatto tattile con una pianta, mettendo il palmo della mano sul tronco di un albero o tenendo delicatamente una foglia di una pianta viva tra le mani. Se non avete accesso a queste opzioni, potete utilizzare foglie secche di un'erba presente in cucina.

Avrete bisogno di:

¼ di cucchiaino di radice tritata di Elecampane per preparare il tè

Un albero vivo, una pianta o materiale vegetale come foglie o erbe secche

Incenso o legno di sandalo (se lavorate in casa)

Istruzioni:

Preparate il tè mettendo in infusione la radice tritata di Elecampane per un massimo di 5 minuti, poi dolcificate con il miele. Se state andando all'aperto, è consigliabile trasferirlo in un thermos per mantenerlo caldo.

Iniziate a bere il tè non appena è pronto, preferibilmente mentre vi preparate per il rituale. Dirigetevi verso l'albero o la pianta che avete scelto, o in un luogo del vostro giardino, e sedetevi comodamente. Godetevi la sensazione di essere all'aperto, respirate profondamente e calmate la vostra mente. Bevete ancora un po' di tè.

Mettete il palmo della mano sul tronco dell'albero o prendete delicatamente una foglia della pianta tra le mani. Sedetevi in silenzio per alcuni minuti. Quando vi sentite completamente centrati, pronunciate la seguente affermazione:

"Spiriti viventi della Terra, insegnatemi ad ascoltare dall'immobilità del mio centro. Siate benedetti."

Se vi trovate in casa, portate il tè e il materiale vegetale in un luogo tranquillo e confortevole dove non sarete disturbati. Accendete l'incenso e dedicate qualche momento a respirare profondamente e a calmare la mente. Bevete ancora un po' di tè. Poi prendete il materiale vegetale e tenetelo delicatamente tra le mani, sedendovi in silenzio per alcuni minuti. Quando vi sentirete completamente centrati, pronunciate l'affermazione sopra menzionata.

Che siate all'interno o all'esterno, continuate a sedervi in silenzio, bevendo il tè e visualizzando ciò che la mente vi propone. Potreste desiderare di ripetere questo rituale una volta alla settimana per circa un mese, tenendo traccia dell'evoluzione della vostra intuizione riguardo alle piante e alla magia delle erbe.

Magia e medicina con le erbe

La magia e la medicina delle erbe hanno da sempre avuto un ruolo fondamentale nella pratica della Wicca. Nella tradizione Wicca, si crede che tutto nell'universo sia interconnesso e che gli elementi naturali siano fonti di energia vitale. Gli antichi wiccan, saggi e guaritori, riconoscevano questa connessione e utilizzavano le erbe per scopi di guarigione, divinazione e cerimonie rituali. Le erbe sono considerate potenti strumenti magici, in quanto possiedono proprietà curative e vibrazioni energetiche specifiche. Ogni erba ha una sua unica firma energetica che si collega agli elementi naturali e alle energie sottili presenti nell'universo. Questa connessione viene sfruttata per indirizzare l'energia magica verso uno scopo specifico.

La conoscenza delle proprietà delle erbe è una parte essenziale della nostra pratica. Gli erboristi wiccan studiano attentamente le caratteristiche delle piante, imparando le loro corrispondenze astrologiche, le associazioni elementali e le proprietà terapeutiche. Questo permette loro di selezionare e combinare le erbe in modo efficace per ottenere risultati magici e di guarigione.

Nella medicina delle erbe, ogni pianta ha una corrispondenza simbolica con una specifica parte del corpo o con uno stato emotivo. Ad esempio, la lavanda è associata al rilassamento e al sonno, mentre la menta piperita è legata alla digestione e alla stimolazione mentale. Utilizzando queste corrispondenze simboliche, gli erboristi wiccan selezionano le erbe più adeguate per trattare determinate condizioni fisiche o per favorire determinati stati d'animo. Le erbe sono utilizzate per scopi di guarigione fisica, ma anche per lavori magici e rituali. Nelle cerimonie rituali, le erbe vengono bruciate, diffuse o utilizzate come ingredienti per preparare pozioni e unguenti magici. Questi preparati sono considerati canali per l'energia degli elementi e delle piante stesse. La divinazione è un'altra pratica in cui le erbe giocano un ruolo significativo. Le erbe possono essere utilizzate come strumenti per aumentare l'intuizione e la percezione psichica. Ad esempio, l'uso delle foglie di tè per la lettura delle foglie di tè è una forma popolare di divinazione Wicca. Le erbe vengono anche utilizzate per creare sacchetti o amuleti che favoriscono la connessione con il mondo spirituale e aumentano la consapevolezza psichica.

La raccolta e la preparazione delle erbe sono accompagnate da rituali speciali per onorare la pianta e stabilire una connessione profonda con la sua energia. I wiccan rispettano la natura e si sforzano di coltivare un rapporto di reciproco rispetto con il regno vegetale. Prima di raccogliere le erbe, si chiede il permesso alla pianta e si esprime gratitudine per il suo dono. Questo atto di consapevolezza e connessione contribuisce a creare un legame spirituale con le piante e a garantire un'utilizzazione etica delle risorse naturali.

Esistono rituali specifici per la preparazione e la conservazione delle erbe. Esse possono essere essiccate, macinate o trasformate in unguenti, oli o tinture. Durante queste fasi, vengono infuse con intenzioni positive e caricate di energia magica. Questo processo di trasformazione e consacrazione amplifica le proprietà magiche delle erbe, rendendole più efficaci. Oltre alle proprietà curative e magiche, le erbe sono utilizzate per creare incensi e profumi che contribuiscono a creare l'atmosfera appropriata per i rituali. Gli aromi delle erbe bruciate o diffusi nell'aria svolgono un ruolo importante nel creare uno spazio sacro e favorire uno stato di consapevolezza elevata.

La magia e la medicina delle erbe non si limitano solo all'uso di erbe singole, ma spesso coinvolgono anche la combinazione di diverse piante per ottenere sinergie energetiche. Le ricette di pozioni, unguenti e amuleti sono tramandate da generazioni e si basano sulla saggezza delle corrispondenze simboliche e delle proprietà terapeutiche delle erbe.

È importante sottolineare che la pratica Wicca delle erbe richiede una comprensione approfondita delle piante, delle loro proprietà e dei possibili effetti collaterali. Gli erboristi wiccan si impegnano a lavorare in armonia con la natura e ad utilizzare le erbe in modo responsabile e consapevole. Si incoraggia la ricerca, l'apprendimento continuo e il rispetto per le conoscenze tradizionali delle erbe.

Le erbe sono considerate canali di energia vitale e strumenti per la guarigione, la divinazione e la trasformazione spirituale. La connessione tra i nostri corpi e gli elementi naturali è rafforzata attraverso l'utilizzo consapevole delle erbe. Questa antica saggezza erboristica continua ad essere tramandata, adattandosi alle esigenze e alle intenzioni dei praticanti wiccan moderni, che cercano di mantenere un equilibrio tra la magia e la cura delle persone e del pianeta.

CAPITOLO 5

Il nuovo cammino con le erbe

Erbe comuni usate nella magia quotidiana

Nella pratica magica quotidiana, le erbe svolgono un ruolo essenziale come potenti alleate nella creazione di incantesimi e rituali. Le erbe comuni, facilmente reperibili e utilizzate da generazioni, sono particolarmente apprezzate per le loro proprietà magiche e curative. Queste piante straordinarie ci connettono alla saggezza millenaria della natura e ci permettono di sperimentare la loro energia unica.

Le erbe comuni, spesso presenti nella nostra dispensa o nel nostro giardino, sono fonti di potere e possono essere impiegate in modo versatile. La loro presenza costante nella nostra vita quotidiana le rende particolarmente adatte per incantesimi rapidi e pratiche magiche spontanee.

La lavanda, con il suo profumo dolce e rilassante, è un'erba di grande valore magico. Utilizzata per promuovere il relax, favorire il sonno tranquillo e armonizzare l'energia negativa. La lavanda è impiegata nei riti per la purificazione, l'equilibrio e la promozione dell'amore e dell'armonia.

La menta, con la sua freschezza pungente, è conosciuta per la sua capacità di stimolare l'energia e favorire la chiarezza mentale. Può essere utilizzata per aumentare la concentrazione, promuovere la comunicazione e facilitare la guarigione. La menta è associata alla protezione e all'attrazione di buona fortuna.

La rosa, con la sua bellezza e il suo delicato profumo, è un simbolo di amore e passione. I sue petali vengono utilizzate per incantesimi d'amore, per accrescere l'autostima e per promuovere la felicità. La rosa è associata alla dea dell'amore, Venere, e rappresenta l'amore in tutte le sue sfumature.

La cannella, con il suo aroma caldo e speziato, è un'erba di grande valore magico e può essere utilizzata per attrarre l'amore, l'abbondanza e il successo. La cannella è anche associata alla protezione e alla purificazione ed è spesso utilizzata per aumentare l'energia e la vitalità.

Il rosmarino, con il suo aroma pungente e stimolante, è noto per le sue proprietà protettive e purificanti. Può essere utilizzato per respingere le energie negative, promuovere la chiarezza mentale e rafforzare la memoria. Il rosmarino è anche impiegato nei rituali per aumentare l'energia e la forza interiore.

Cannella

La cannella è una spezia con una ricca storia. Le sue origini sono nell'albero sempreverde asiatico, e la spezia è prodotta dalla corteccia simile alla carta. L'albero della cannella produce anche fiori e bacche che sono usati nella medicina tradizionale cinese e sono noti per le loro proprietà curative. Nell'antico Egitto, la cannella veniva usata come agente che aiutava il processo di mummificazione.

Basilico

Il basilico è una nota spezia che tutti amiamo usare nei piatti con i pomodori. La combinazione è incredibilmente perfetta. È un'erba mediterranea, con foglie larghe e piccoli fiori bianchi. Si coltiva facilmente negli orti domestici e nei vasi da fiori. Come spezia, si usa sia in forma secca che fresca. In magia, lo usiamo principalmente nella sua forma essiccata. Questo è dovuto alla tendenza del basilico ad appassire subito dopo essere stato raccolto.

In medicina, il basilico è conosciuto come un leggero sedativo quando viene usato come tè. L'olio essenziale ricavato da questa erba ha proprietà antibiotiche e antifungine. Combinato con altre erbe, il basilico è buono per respingere i parassiti, come i pidocchi o le pulci e mantiene le altre piante protette da vari insetti.

Foglia di alloro

Un'altra erba che è comunemente usata come spezia nelle ricette culinarie. Viene aggiunta ai piatti per dare aroma, e dopo la cottura viene rimossa. Si può trovare in qualsiasi negozio che vende spezie.

L'alloro cresce come un arbusto, con foglie lucide che sono verde brillante in cima e verde pallido in fondo. Quando viene essiccato, il colore cambia da verde scuro a marrone.

In medicina, la foglia di alloro è usata per alleviare i sintomi del comune raffreddore. È anche buono per trattare il mal di testa. L'olio essenziale di alloro è usato nei massaggi, poiché ha effetti positivi sull'artrite e sui muscoli doloranti.

Dente di Leone

Il dente di leone è un'erba ben nota a molte persone, ricorda loro l'inno-cenza e l'infanzia, anche se è considerata un'erbaccia. Era popolare nella preparazione di insalate primaverili. Questa erba si può trovare in tutto il mondo, ed è una delle erbe di inizio primavera amata da molti animali per le sue proprietà nutritive. Oltre alle insalate, la gente la usa per fare marmellate e vini primaverili.

Ibisco

L'ibisco è una bella pianta da fiore usata nella magia grazie al suo colore che attira l'amore e la lussuria. È una pianta che si coltiva facilmente se si vive in un clima caldo. Può anche essere coltivata in casa come pianta decorativa. È disponibile in vari colori, ma è l'ibisco rosso che viene usato per le sue proprietà magiche e medicinali.

Bardana

La bardana è legata a Venere e all'acqua; ha un'energia femminile e vie-ne usata durante i rituali per proteggere dall'energia negativa; è anche usata per la guarigione e la protezione in generale.

Coltsfoot (Tussilago farfara)

Quando è la stagione in cui i fiori iniziano a crescere, il Coltsfoot è il primo ad apparire; lo si può trovare già a febbraio. È un'ottima erba per i rituali di primavera, come Imbolc, Ostara e Beltane. Viene spesso usata per l'amore, la tranquillità e il denaro ed è collegata all'acqua e a Venere.

Calendula

Sentirete anche parlare di quest'erba come delle calendule, sono legate al Sole e rappresentano l'amore e la costanza. Sono spesso usate per benedire i matrimoni e per le pozioni d'amore. La calendula protegge anche dal male e dalla negatività ed è una potente erba di consacrazione.

Camomilla

La camomilla è legata all'Acqua e al Sole ed è governata dal Leone; è buona per pulire il chakra della gola. L'erba è spesso usata per incantesimi di denaro, pace, amore, tranquillità e purificazione. Viene anche usata per proteggere dall'energia indesiderata e per rompere gli incantesimi che sono stati lanciati su una persona. Si usa anche per eliminare i sentimenti associati al dolore, alla perdita o alla rabbia.

Cardamon

Questa è un'erba femminile che è collegata all'Acqua e a Venere; funziona bene per il fascino, l'eloquenza e gli incantesimi d'amore. Attira la lussuria, libera la mente e rilassa il corpo.

Patchouli

Utilizzato per le sue proprietà energetiche e spirituali. È associato alla prosperità, alla protezione, all'amore, all'abbondanza e alla guarigione. Il Patchouli viene utilizzato per aumentare l'attrazione e la seduzione, sia in amore che nelle questioni finanziarie. Oltre al suo utilizzo magico, il Patchouli ha anche una lunga storia come ingrediente nelle fragranze e nei profumi. Il suo aroma distintivo è molto amato e spesso associato a un senso di calma, sensualità e connessione con la terra. Dal punto di vista della cura del corpo, l'olio essenziale di Patchouli viene utilizzato in aromaterapia per i suoi effetti calmanti, rilassanti e antidepressivi. Può essere utilizzato per ridurre lo stress, favorire il sonno e alleviare l'ansia.

È importante sottolineare che, come con tutte le piante e gli oli essenziali, è necessario utilizzare il Patchouli in modo responsabile e rispettoso. Se bruciato come incenso, aumenterà la vitalità e la passione in una relazione esistente. Usalo con un sacchetto di incantesimi o un ciondolo per attirare a te un partner romantico.

Rosa

Includete la rosa nel vostro lavoro magico ogni volta che volete aggiungere energie positive ai vostri incantesimi e rituali. Viene usata principalmente per attrarre l'amore, i partner e l'amore romantico, amicizia e sentimenti di felicità e gioia nella vostra vita. Aggiungete la rosa in un bagno magico. Usatela in sacchetti per incantesimi o ciondoli per attrarre amore e persone positive nella vostra vita. Crea un incenso con la rosa per portare energie positive in uno spazio e per aumentare il pensiero positivo.

Rosmarino

Il rosmarino è un'erba curativa. Usatelo per bagni magici o in incantesimi per velocizzare la guarigione dopo una malattia, una ferita o per prevenire futuri problemi di salute. Lavatevi le mani con acqua infusa con il rosmarino per aumentare la potenza di qualsiasi magia di guarigione. Pendoli e sacchetti per incantesimi fatti con il rosmarino aiuteranno ad aumentare la memoria e la chiarezza mentale. Usato in un cuscino vi libererà da incubi ed energie negative.

Ruta

La ruta è un'erba che vi aiuterà a bandire la negatività dalla vostra vita. Cospargetela all'esterno della vostra casa per difenderla dalle influenze negative e dalle entità. Aggiungetela ad un bagno magico per purificarvi dai pensieri negativi e per aiutarvi a rompere le cattive abitudini. Se usata come incenso durante la meditazione, la ruta vi aiuterà a vedere gli errori commessi e i luoghi da dove vi siete allontanati lungo il vostro cammino. I sacchetti fatti con la ruta vi aiuteranno a rompere gli incantesimi e le magie malvagie e a proteggervi da ulteriori interferenze.

Salvia

Qualsiasi magia di purificazione o pulizia dovrebbe includere la salvia. È meglio conosciuta per il suo uso nei bastoni per pulire strumenti o oggetti magici, o per rimuovere energie negative e indesiderate dall'aura di una persona. Quando bruciato in casa, la salvia ha la funzione di eliminare le influenze precedenti e far nascere energia positiva. Se usata in un bagno magico, la salvia aiuterà a pulire la tristezza di una perdita o di un lutto. Se usata in questo modo, aiuterà anche ad alleviare la depressione e il senso di colpa.

Legno di sandalo

Il legno di sandalo è un'altra erba associata alla protezione e alla guarigione. Se usato come incenso durante la meditazione, vi aiuterà a focalizzare le vostre menti e a individuare le aree in cui avete bisogno di migliorare. Vi aiuterà anche a liberare i vostri chakra da qualsiasi blocco e a far fluire l'energia più liberamente tra di essi. Può essere utilizzato anche nella magia di guarigione, sia sotto forma di incenso che come bacchetta focalizzata sulla guarigione. Creare vasi o sacchetti per incantesimi usando il legno di sandalo aiuterà a mantenere le vostre case e tutti coloro che vi abitano al sicuro. Il legno di sandalo può inoltre essere impiegato negli incantesimi del desiderio, scrivendo ciò che si desidera su una scheggia di legno e successivamente bruciandola. Inoltre, è importante sottolineare che il legno di sandalo è noto per le sue proprietà calmanti e aromatiche, che favoriscono la sensazione di benessere durante l'utilizzo.

Erba di San Giovanni

Se aggiunta a sacchetti di incantesimi o ciondoli, l'erba di San Giovanni vi aiuterà a superare le sfide, a trovare la vostra forza personale e il coraggio, e vi darà la spinta necessaria nei momenti difficili. Vi proteggerà anche dalla magia negativa e dalle entità malevole. Se utilizzata in un cuscino da notte, porterà sogni profetici. L'erba di San Giovanni è inoltre utilizzata per potenziare il successo della divinazione e le capacità psichiche. Se tenuta insieme ai vostri strumenti di divinazione, vi aiuterà a pulirli e ad aumentare la vostra sintonia con essi, fornendo letture più chiare che potranno essere interpretate in modo più dettagliato. È interessante notare che l'erba di San Giovanni è anche conosciuta per le sue proprietà curative e antinfiammatorie quando utilizzata in forme come olio o tisana.

Timo

Il timo vi aiuterà ad aumentare la vostra prosperità, la fortuna e il successo finanziario. Se aggiunto a una palla incantata o a un ciondolo, attirerà la ricchezza verso di voi e porterà nuove opportunità di affari o di lavoro. Utilizzatelo come incenso per aprire i vostri occhi a nuove possibilità e portare fortuna nei vostri sforzi finanziari. Se lo portate con voi o lo incorporate in un ciondolo personale, il timo porterà lealtà e affetto nella vostra vita e aiuterà gli altri a vedere il meglio di voi. Inoltre, è interessante notare che il timo è noto per le sue proprietà antibatteriche e antiossidanti, oltre ad avere un aroma piacevole che può favorire il benessere e la serenità mentale.

Valeriana

La valeriana è un'aggiunta benefica nei lavori magici incentrati sulla pace, la purificazione e il mondo dei sogni. Se aggiunta a un cuscino da notte, favorirà un sonno profondo e riposante e incoraggerà i sogni profetici. Se utilizzata in sacchetti o incantesimi, la valeriana aiuterà ad aprire le linee di comunicazione e a raggiungere un compromesso per risolvere discussioni. Se aggiunta a un bagno magico, aumenterà le vostre capacità empatiche e vi aiuterà a vedere le cose dal punto di vista degli altri, per comprendere le loro prospettive. È interessante notare che la valeriana è anche utilizzata nella medicina naturale per le sue proprietà calmanti e rilassanti, che possono contribuire a ridurre l'ansia e promuovere una sensazione di tranquillità.

Achillea

L'achillea è un'erba associata all'amore. Può essere sparsa intorno al luogo di un matrimonio per portare sette anni di felicità e gioia alla coppia che si unisce. Se utilizzata in un bagno magico, favorirà un maggiore amore verso se stessi e attirerà l'amore in tutte le sue forme nella vostra vita. L'achillea può anche essere trasformata in un ciondolo per aiutarvi a superare le vostre paure. Basterà inserirla in un sacchetto giallo o avvolgerla in un pezzo di tessuto insieme a una nota che elenca le vostre paure. È interessante notare che l'achillea è anche conosciuta per le sue proprietà medicinali, come la capacità di calmare l'ansia e lenire il sistema nervoso.

Chiodi di garofano

I chiodi di garofano sono erbe maschili associate a Giove e al Fuoco, e vengono utilizzati per attirare fortuna e prosperità, per neutralizzare pettegolezzi malevoli e per mantenere vicini gli amici. Inoltre, sono considerati un buon afrodisiaco. È interessante notare che i chiodi di garofano hanno anche proprietà medicinali, come il potere antinfiammatorio e analgesico, e vengono utilizzati in diverse culture come spezia aromatica in cucina.

Pianta di consolida maggiore

La pianta di consolida maggiore è associata a Saturno e all'Acqua. Viene utilizzata per proteggersi dai ladri e per garantire sicurezza durante i viaggi. L'uso del consolida maggiore è anche benefico per la guarigione e l'amore, viene anche utilizzato per attirare fortuna nel gioco. Inoltre, è interessante notare che la consolida maggiore è conosciuta per le sue proprietà medicinali, in particolare per la sua capacità di favorire la guarigione delle ferite e delle contusioni.

Primula della sera

La primula della sera è un'erba associata alla Luna ed è spesso utilizzata durante le cerimonie lunari. Questa pianta è considerata utile per favorire la bellezza, l'amore e le amicizie, oltre ad essere un sostegno per aiutare una persona a raggiungere i propri obiettivi. È interessante notare che la primula della sera ha anche proprietà medicinali, e viene utilizzata in alcune tradizioni per alleviare i disturbi del sonno e l'ansia.

Finocchio

Il finocchio è associato all'Aria e a Mercurio. Questa erba è nota per migliorare la fiducia e l'eloquenza, e può rafforzare la memoria e la mente. È spesso utilizzata anche per mantenere le persone indiscrete lontane dai propri affari. È interessante notare che il finocchio ha anche proprietà digestive e viene utilizzato come spezia in cucina per il suo sapore unico e le sue proprietà benefiche per la salute.

Issopo

L'issopo è associato a Giove e al fuoco, ed è caratterizzato da un'energia maschile. Viene utilizzato per la purificazione e la protezione. Questa erba è anche impiegata per eliminare l'energia negativa e per rompere maledizioni. L'issopo ha una connessione profonda con i draghi e il fuoco, e può aiutare le persone ad interagire con queste entità. Tuttavia, è importante fare attenzione all'uso dell'issopo, in quanto l'ingestione in quantità elevate può causare convulsioni. Si consiglia di utilizzare l'issopo sempre in modo responsabile e consultare un esperto prima di utilizzarlo in qualsiasi pratica magica o di consumo.

Lavanda

La lavanda è un'erba utilizzata per l'amore, la pace, la purificazione, il sonno, la meditazione e la calma. È considerata una pianta maschile e corrisponde all'elemento sacro dell'Aria. La lavanda è apprezzata per il suo aroma rilassante e le sue proprietà calmanti, ed è spesso utilizzata per creare un'atmosfera serena, armoniosa e incorpora benefici terapeutici, come la capacità di alleviare lo stress, l'ansia e favorire un sonno tranquillo.

Menta

La menta è un'erba versatile che trova ampio utilizzo nella comunicazione e nella promozione dell'energia, della felicità e della vitalità. Essa è una pianta femminile e corrisponde all'elemento sacro dell'Acqua. La menta è apprezzata per il suo aroma rinfrescante e stimolante, che può favorire la chiarezza mentale e la concentrazione. È utilizzata per migliorare la comunicazione verbale e non verbale, incoraggiando la chiarezza e l'espressione di sé. La menta può anche contribuire ad aumentare l'energia vitale e promuovere uno stato di benessere generale. È interessante notare che la menta ha anche proprietà digestive e può aiutare a lenire l'indigestione e la nausea. Può essere utilizzata in vari modi, come infuso, olio essenziale o come ingrediente in ricette culinarie e prodotti per la cura del corpo.

Foglie di alloro

Le foglie di alloro sono un'erba utilizzata per la protezione e per evitare il male, la sfortuna o le maledizioni. Questa pianta è particolarmente potente per creare uno scudo energetico intorno a chi la utilizza. Sono anche impiegate per respingere influenze negative e per promuovere un ambiente protetto e armonioso. Inoltre, quest'erba è associata alla capacità di stimolare sogni profetici. Le foglie di alloro sono state considerate sacre in molte culture antiche e sono state utilizzate anche come simbolo di onore e riconoscimento.

Noce moscata

La noce moscata è una delle spezie invernali più amate per arricchire dolci e bevande calde. Tuttavia, la sua origine è piuttosto esotica. Essa proviene dai semi dell'albero sempreverde indonesiano, il quale produce anche un frutto utilizzabile per preparare marmellate. La noce moscata è apprezzata per il suo sapore aromatico e leggermente dolce, che conferisce un tocco speciale alle preparazioni culinarie. È interessante notare che la noce moscata è stata a lungo utilizzata anche nella medicina tradizionale per le sue proprietà digestive e stimolanti. Inoltre, è conosciuta per le sue proprietà afrodisiache e può essere utilizzata in miscele di spezie per creare un'atmosfera sensuale e avvolgente.

Comprare erbe e coltivare erbe

Coltivarle o raccoglierle in natura è sempre considerato il metodo più efficace. Nei negozi di alimentari locali è possibile trovare una varietà discreta di piante ed erbe da scegliere, tuttavia, l'acquisto delle erbe in un negozio può comportare alcuni svantaggi legati al loro livello di energia e al modo in cui sono state trattate e cresciute. Le erbe in vendita possono avere assorbito energie negative da persone entrate in contatto con esse, il che potrebbe influire negativamente sui risultati degli incantesimi. Pertanto, è importante purificare le erbe acquistate per rimuovere qualsiasi energia indesiderata prima di utilizzarle. La creazione di un proprio giardino è sempre considerata la migliore opzione. Coltivare le proprie piante consente di sviluppare un rapporto di amore e intenzionalità con esse. La comunicazione con le piante intorno a noi si intensifica, poiché si sentono amate e crescono più vigorose, offrendo livelli più elevati di energia positiva durante le pratiche di un incantesimo. Non è necessario essere esperti giardinieri per creare un giardino di erbe, sono relativamente semplici da coltivare e richiedono poco spazio. E'anche consigliabile raccoglierle in natura avendo l'adeguata conoscenza sulle erbe che si cercano. Conoscere le caratteristiche come la forma, la dimensione, l'odore e l'habitat delle erbe specifiche è fondamentale per evitare errori che potrebbero avere conseguenze negative. Alcune erbe possono assomigliarsi molto, ma avere proprietà e caratteristiche molto diverse.

Coltivare le erbe

La coltivazione di erbe in un giardino di casa può essere un'esperienza gratificante e vantaggiosa per diversi motivi. Ecco alcuni passaggi e procedure da seguire per iniziare e gestire il vostro giardino di erbe:

Scegliete il sito: Trovate un'area del vostro giardino che riceva almeno 6-8 ore di luce solare diretta al giorno. Assicuratevi che il terreno abbia un buon drenaggio.

Preparate il terreno: Rimuovete le erbacce e rompete il terreno con una vanga o una forchetta da giardinaggio. Aggiungete composti o letame maturo per migliorare la struttura del terreno e fornire nutrienti alle piante.

Scegliete le erbe: Decidete quali erbe desiderate coltivare in base alle vostre preferenze e alle vostre esigenze. Potete optare per erbe culinarie come basilico, prezzemolo, timo, origano o erbe aromatiche come lavanda e menta.

Acquistate o piantate i semi/piante: Potete acquistare piantine di erbe già cresciute o scegliere di piantare i semi direttamente nel terreno. Seguite le istruzioni sulla confezione dei semi o le informazioni specifiche per ogni erba per la profondità e la distanza di semina.

Irrigazione: Annaffiate le vostre erbe regolarmente, mantenendo il terreno umido ma non completamente inzuppato. Evitate di bagnare le foglie per ridurre il rischio di malattie fungine.

Controllo delle erbacce: Mantenete il giardino di erbe libero dalle erbacce, rimuovendole manualmente o utilizzando un prodotto specifico.

Potatura e raccolta: La potatura regolare delle erbe promuove la crescita sana e rigogliosa. Raccogliete le foglie o i gambi delle erbe man mano che ne avete bisogno. Assicuratevi di lasciare abbastanza foglie sulle piante per consentire la crescita successiva.

Protezione: Monitorate le vostre piante di erbe da eventuali segni di malattie o infestazioni di insetti. Utilizzate metodi di controllo biologici o prodotti sicuri per la gestione delle piaghe, se necessario.

Conservazione delle erbe: Potete essiccare le erbe per conservarle a lungo termine. Appendete i mazzi di erbe in un luogo fresco e ben ventilato fino a quando non si sono completamente essiccate. Successivamente, conservatele in contenitori sigillati in un luogo buio e asciutto.

Coltivare un giardino di erbe in casa offre diversi vantaggi. Innanzitutto, avrete a disposizione erbe fresche e aromatiche per l'utilizzo in cucina, aggiungendo sapore e valore nutrizionale ai vostri pasti. Inoltre, avrete la possibilità di sperimentare con le erbe per la preparazione di tisane, oli essenziali, unguenti e prodotti per a cura personale fatti in casa. La cura e la manutenzione delle piante nel vostro giardino di erbe possono anche promuovere un senso di connessione con la natura e offrire un'attività rilassante e gratificante.

Coltivare le vostre erbe vi permette di controllare il processo di crescita, garantendo che le piante siano coltivate senza l'uso di pesticidi o sostanze chimiche nocive. Potrete avere la certezza della qualità e della freschezza. Inoltre, un giardino è esteticamente piacevole, aggiungendo bellezza e profumi alla vostra casa. Potrete creare un'area dedicata alle erbe con diverse varietà, combinando colori e forme per un effetto visivamente accattivante. Potrete raccogliere solo la quantità di erbe necessarie, evitando lo spreco e garantendo che siano fresche e aromatiche.

Iniziate oggi stesso a coltivare il vostro giardino in casa e godetevi i numerosi benefici che ne derivano. Sia che siate appassionati di cucina, amanti della natura o desiderosi di sperimentare le erbe, avrete la soddisfazione di avere un angolo verde tutto vostro e di poter gustare le meravigliose proprietà delle erbe coltivate con cura e amore.

Raccolta

Raccogliere le erbe è qualcosa che fa parte del rituale di connessione con Madre Natura, esplorerete la loro stagionalità, la loro personalità e i modi più utili per raccoglierle. Fa parte della relazione che la Wicca costruisce con il regno delle piante e dei fiori e fa parte del viaggio spirituale legare e percepire empatia con la natura. Tutti i vostri strumenti dovranno essere consacrati in un rituale sacro prima di usarli per tagliare o scavare. Nel vostro grimorio, avere un incantesimo creato appositamente per la purificazione degli Strumenti di Raccolta' è necessario. Una buona regola quando lavorate con la raccolta delle erbe e delle energie ad esse associate è di chiedere il permesso. Potete praticare l'abilità di comunicare con gli spiriti delle piante semplicemente toccando la pianta e comunicando con essa rilevando il vostro intento. Le proprietà magiche sono più potenti nelle erbe sane, evitate erbe pallide ho tenute in contenitori trasparenti esposti alla luce diretta del sole.

Evitate le piante che si trovano all'interno o vicino a una fattoria, un'autostrada o una fabbrica, in quanto possono essere contaminate da pesticidi, erbicidi e altre sostanze chimiche tossiche. Raccogliete le vostre piante la mattina presto, quando la rugiada si è vaporizzata e il sole non è battente. Nel caso aveste raccolto le erbe per l'essiccazione durante il tempo piovoso o umido, dovrete appenderle in casa. Giratele periodicamente in modo che non raccolgano umidità. Le piante contengono la massima quantità di energie durante periodi specifici. Raccogliete i fiori che iniziano a sbocciare, le foglie all'inizio dell'estate o in primavera, i frutti quando sono sodi ma maturi e le radici in autunno.

Essiccazione

L'essiccazione delle erbe è un'importante procedura nella pratica Wicca, poiché consente di conservare le erbe per utilizzi futuri in rituali, incantesimi o preparazione di pozioni. Questo processo coinvolge la rimozione dell'umidità dalle piante, consentendo loro di mantenere la loro potenza magica e le loro proprietà curative per un periodo più lungo. Ci sono diversi metodi per essiccare le erbe, uno dei modi più comuni è l'essiccazione all'aria. Per utilizzare questo metodo, raccogliete le erbe preferite in mazzi, legate insieme le estremità dei gambi e appendetele in un luogo fresco, asciutto e ben ventilato. È importante scegliere un luogo lontano dalla luce solare diretta per evitare che le erbe perdano il loro colore e le loro proprietà. Lasciate che le erbe si asciughino naturalmente per diverse settimane fino a quando non si sfaldano facilmente al tocco.

Un altro metodo comune è l'essiccazione in forno a bassa temperatura. Pre-riscaldate il forno a una temperatura molto bassa, generalmente intorno ai 50-60 gradi Celsius, e poi spegnetelo. Disponete le erbe su una teglia o una griglia e mettetele nel forno spento. Lasciate che le erbe si essicchino gradualmente nel calore residuo del forno, controllando regolarmente per evitare che si brucino o diventino troppo secche.

L'essiccazione delle erbe aiuta a concentrare e conservare l'energia delle piante. Rimuovendo l'acqua dalle erbe, si crea una forma più concentrata delle loro proprietà magiche e terapeutiche. Questo permette alle erbe di essere utilizzate in quantità più piccole ma altrettanto efficaci durante i rituali e gli incantesimi. Le erbe essiccate possono essere conservate in barattoli di vetro sigillati o sacchetti ermetici, in modo da mantenere la loro potenza e integrità nel corso del tempo. Ciò permette a noi praticanti di avere una varietà di erbe a disposizione per le nostre pratiche senza dipendere esclusivamente dalla disponibilità stagionale delle piante fresche.

Infine, l'essiccazione offre anche un senso di connessione con la natura e una maggiore consapevolezza del ciclo della vita delle piante. Il processo di raccogliere, essiccare e utilizzare le erbe permette ai praticanti di sviluppare un legame più profondo con la terra, l'energia vitale delle piante e il potere della natura stessa.

Preparazione

La preparazione delle erbe può assumere diverse forme, a seconda dell'uso previsto e delle preferenze personali del praticante. Ecco alcuni esempi comuni di procedure di preparazione delle erbe:

Infusione: Questa è una delle forme più semplici di preparazione delle erbe. Puoi preparare un'infusione versando acqua bollente su erbe secche o fresche e lasciando che le piante rilascino i loro principi attivi nell'acqua. Ad esempio, puoi preparare un'infusione di camomilla per promuovere il relax o un'infusione di menta per favorire la digestione. Dopo aver lasciato in infusione le erbe per alcuni minuti, puoi filtrare l'acqua e berla o utilizzarla per scopi specifici, come bagni rituali o lavaggi energetici.

Decotto: Questo metodo è simile all'infusione, ma viene utilizzato per erbe più dure o radici. Per preparare un decotto, mettete le erbe in acqua fredda fino ad ebollizione. Lasciate bollire le erbe per un po' di tempo, solitamente dai 10 ai 20 minuti, in modo che i principi attivi si estraggano meglio. Un esempio di decotto potrebbe essere la preparazione di una bevanda a base di radice di valeriana per promuovere il sonno tranquillo.

Macerazione: Questo metodo prevede l'immersione delle erbe in un liquido come olio o alcool per estrarre i loro principi attivi. Ad esempio, potete preparare un olio alle erbe mettendo erbe aromatiche come la lavanda o il rosmarino in un barattolo di vetro e coprendole completamente con olio di oliva o di mandorle. Lasciate riposare il barattolo in un luogo fresco e buio per diverse settimane, agitandolo occasionalmente. Alla fine del periodo di macerazione, filtrate l'olio per separare le erbe e utilizzatelo per massaggi, unguenti o preparazioni rituali.

Incenso: Potete combinare erbe essiccate, resine o oli essenziali per creare una miscela profumata da bruciare durante i rituali o le cerimonie. Potete macinare le erbe in un mortaio e pestello, mescolarle e poi aggiungere oli essenziali o resine per legarle insieme. Una volta pronta, l'incenso può essere bruciato su un carboncino o in un bruciatore apposito per diffondere i suoi aromi e le sue energie nell'ambiente.

Conservazione

Tenere le erbe e le piante all'asciutto e lontano dalla luce del sole. Devono essere tenute in contenitori per evitare che ammuffiscano e vengano mangiate dai parassiti. La luce del sole elimina l'energia delle erbe, pertanto meglio scegliere del vetro scuro. Conservare le erbe fresche in frigorifero, non nel congelatore. Mettete le erbe secche in un barattolo di vetro ermetico. Potete usare le erbe secche fino ad un anno dopo la raccolta. Etichettate i contenitori con il nome dell'erba, la fonte e la data di conservazione o di raccolta.

CAPITOLO 6

Guarigione con la magia delle erbe

Nella filosofia Wicca, l'utilizzo delle erbe come strumento di guarigione è un aspetto fondamentale. La magia delle erbe si basa sulla comprensione della connessione tra il regno vegetale e la natura spirituale dell'essere umano. Attraverso la conoscenza delle proprietà curative delle piante e l'uso consapevole di incantesimi e rituali, è possibile guarire se stessi e gli altri sia a livello fisico che energetico. Questo testo esplorerà in dettaglio il potere delle erbe nella guarigione Wicca, fornendo informazioni sulle erbe più comuni e sulle loro applicazioni, nonché su come utilizzarle in modo etico e responsabile.

La connessione tra erbe e guarigione si basa sulla credenza che le erbe siano dotate di energia vitale e che abbiano proprietà terapeutiche che possono influenzare il corpo, la mente e lo spirito. Questa connessione tra le erbe e la guarigione risale a antiche tradizioni magiche e spirituali, che riconoscevano il potere delle piante nella promozione del benessere e dell'equilibrio.

Le erbe possono essere utilizzate in diversi modi per promuovere la guarigione. Le infusioni, i decotti, gli oli essenziali e gli incensi alle erbe sono solo alcune delle forme di preparazione che possono essere impiegate per sfruttare le proprietà curative delle piante. Ad esempio, l'infusione di camomilla può essere utilizzata per favorire la calma e l'equilibrio emotivo, mentre un decotto di equiseto può aiutare a rafforzare il sistema scheletrico.

Ci sono molte erbe comuni come la lavanda, ampiamente conosciuta per le sue proprietà calmanti e rilassanti, mentre l'echinacea è apprezzata per le sue proprietà immunostimolanti. L'uso di erbe come la salvia, il rosmarino, la menta e la calendula è diffuso nella purificazione energetica e nella promozione del benessere generale.

Nell'utilizzo delle erbe nella pratica Wicca, è importante agire con etica e responsabilità. Ciò implica rispettare la natura, raccogliere le erbe in modo sostenibile, evitare di danneggiare l'ambiente e riconoscere i limiti delle proprie conoscenze. La guarigione di sé è un processo che coinvolge l'equilibrio del corpo, della mente e dello spirito. Le erbe possono svolgere un ruolo significativo in questo processo. Ad esempio, la creazione di un rituale di guarigione personale che coinvolga l'utilizzo di erbe specifiche può aiutare a ristabilire l'armonia interna. Ciò potrebbe includere la creazione di amuleti con erbe, l'assunzione di infusi o l'applicazione di unguenti alle erbe sul corpo. La consapevolezza e l'intenzione di guarigione sono elementi fondamentali in questo processo.

E' possibile utilizzare le erbe anche per aiutare altri agendo sempre in modo etico e rispettoso del libero arbitrio delle persone coinvolte. La magia delle erbe può essere utilizzata per creare pozioni o unguenti che possono essere offerti come supporto energetico e fisico. Prima di intraprendere qualsiasi azione, è fondamentale ottenere il consenso della persona che riceve l'eventuale cura e agire sempre nel suo interesse superiore.

Nella cultura Wicca, il lavoro di guarigione può estendersi anche al contesto di gruppo. Le cerimonie e i rituali collettivi possono coinvolgere l'uso di erbe per promuovere la guarigione del gruppo nel suo insieme o di individui specifici all'interno del gruppo. Questo lavoro può includere la creazione di cerchi energetici di guarigione, l'utilizzo di incensi o l'offerta di preghiere e intenzioni collettive rivolte alla guarigione.

CAPITOLO 7
Il lancio di incantesimi a base di erbe

Scrittura dell'incantesimo

L a scrittura di un incantesimo è considerata un atto sacro e potente. Gli incantesimi sono forme di magia intenzionale che vengono utilizzate per manifestare un cambiamento desiderato nell'universo. La scrittura dell'incantesimo è una pratica che coinvolge la selezione accurata delle parole, la creazione di simboli e l'uso di tecniche specifiche per trasmettere l'intenzione e l'energia desiderate. Quando si scrive un incantesimo, è importante che ogni individuo aggiunga la propria impronta personale, ogni individuo ha un legame unico con l'energia universale e con le forze della natura. L'incantesimo scritto da una persona avrà una diversa energia, intenzione e prospettiva rispetto a quello scritto da un'altra.

L'impronta personale in un incantesimo può essere espressa attraverso la scelta delle parole, l'uso di rime, l'aggiunta di simboli personali o sigilli magici e l'impiego di linguaggio emotivo e coinvolgente. Ogni persona può personalizzare l'incantesimo in base alle proprie esperienze, credenze e obiettivi specifici.

La ragione per cui l'impronta personale è importante in un incantesimo risiede nel fatto che l'energia magica è più potente quando proviene dal cuore e dalla mente di chi lo lancia. Aggiungendo la propria impronta personale, il praticante infonde l'incantesimo con la propria energia unica e la sua intenzione, creando una connessione più forte tra sé stesso, il suo obiettivo e le forze dell'universo.

Inoltre la propria personalità aiuta a stabilire una connessione più profonda con le divinità, gli spiriti e le forze naturali che vengono invocate. Poiché la Wicca enfatizza l'importanza della spiritualità personale e dell'individualità, il coinvolgimento personale nell'incantesimo viene considerato come un modo per stabilire una relazione autentica e significativa con il sacro. Indubbiamente è un processo che richiede attenzione e cura. Avrete l'opportunità di creare un'incantesimo unico che riflette la vostra intenzione, energia e connessione con l'universo, aumentando così la probabilità di successo nell'ottenimento dei risultati desiderati.

Scrivere il proprio incantesimo è come scrivere un buon romanzo. Ci sono parti specifiche della storia che devono essere riempite e incluse perché abbia successo. Rendete chiare le vostre intenzioni.

La luna è una chiave molto importante nel lancio degli incantesimi. Assicuratevi di usare il ciclo lunare corretto per il vostro incantesimo affinchè raggiunga il suo pieno potenziale. La luna piena e la luna nuova sono i momenti migliori per gli incantesimi e la magia.

C'è un tempo per pianificare, un tempo per piantare, un tempo per crescere e un tempo per raccogliere. Decidete quali strumenti saranno necessari per realizzare il vostro incantesimo. Non dimenticate di assicurarvi di avere strumenti puliti e benedetti prima di usarli per l'incantesimo.

Scrivete le vostre parole.

Potete rendere le vostre parole più potenti se trascritte. Cantarle renderà la loro energia più forte. Assicuratevi di seguire le regole e che il vostro incantesimo sia moralmente ed eticamente corretto. Tenete presente che la Wicca si attiene al triplice karma. Vi consiglio vivamente di raccogliere i vostri incantesimi nel "Libro delle Ombre".

Allestimento dell'altare

Quando preparate il vostro altare per il vostro rituale, assicuratevi di avere tutti i vostri strumenti essenziali pronti e organizzati. La pulizia è un passo essenziale nella preparazione dell'altare. Assicuratevi che i vestiti indossati per il rituale siano puliti e consacrati. Posateli accanto all'altare prima di eseguire il rituale. Assicuratevi che la vostra libagione sia pronta e disposta sull'altare.

L'altare rappresenta un punto focale per la connessione spirituale e l'esecuzione dei rituali. È uno spazio sacro dedicato all'onore degli dei, all'energia degli elementi e alla manifestazione delle intenzioni magiche. Esploreremo la funzione dell'altare nella Wicca e vi fornirò una lista di alcuni degli oggetti comunemente utilizzati e la loro utilità all'interno di questo contesto. L'altare è un luogo simbolico di adorazione, preghiera e lavoro magico. Serve come punto di incontro tra il mondo fisico e quello spirituale, consentendo a noi praticanti di creare uno spazio sacro e di stabilire una connessione con le divinità e gli elementi. L'altare è considerato un microcosmo che rappresenta l'universo, e gli oggetti posti su di esso rappresentano gli elementi naturali, le energie divine e le intenzioni magiche. Ecco una lista degli oggetti utilizzati nell'altare e la loro utilità:

Tavolo o superficie stabile: L'altare stesso può essere costituito da un tavolo o da una qualsiasi altra superficie stabile che funga da base per gli oggetti rituali.

Pentacolo: E' un disco di metallo o di legno con un pentagramma inciso o dipinto. Rappresenta gli elementi della natura (terra, aria, fuoco, acqua e spirito) e viene utilizzato per richiamare l'energia degli elementi durante i rituali.

Candelabri: candelabri o portacandele sono usati per sostenere le candele e rappresentano il potere della luce e il fuoco dell'energia divina.

Candele: Sono un elemento essenziale nell'altare di un praticante. Possono essere di diversi colori, ciascuno con un significato specifico. Le candele forniscono illuminazione rituale e rappresentano la volontà e l'intenzione del praticante.

Athame: L'Athame è un pugnale a due lame con un manico nero. Non viene utilizzato per scopi violenti, ma come strumento simbolico per dirigere l'energia e tracciare cerchi di protezione.

Calice: E' un bicchiere o una coppa che rappresenta l'elemento dell'acqua. È spesso usato per contenere bevande rituali come vino o acqua, che vengono benedette e consumate per onorare le divinità.

Incensiere: E' un contenitore utilizzato per bruciare l'incenso, che rappresenta l'elemento dell'aria. L'incenso viene utilizzato per purificare l'ambiente, creare un'atmosfera sacra e facilitare la comunicazione spirituale.

Libro delle ombre: è un registro di riferimento personale che contiene gli appunti, le conoscenze, le preghiere, gli incantesimi e le esperienze di un wiccan. Viene posizionato sull'altare per essere consultato durante i rituali o per registrare nuove informazioni di riferimento personale come appunti, le conoscenze, le preghiere, gli incantesimi e le esperienze vissute.

Pietre o cristalli: Vengono scelti in base alle loro proprietà energetiche e vengono posizionati sull'altare per amplificare l'energia o per rappresentare specifiche intenzioni magiche. Ad esempio, l'ametista può essere usata per favorire la spiritualità, mentre il quarzo chiaro può essere usato per la chiarezza mentale.

Erbe e piante: Tali piante sono ampiamente utilizzate per scopi magici, curativi e protettivi. Sono presenti sull'altare come mazzi di erbe, piante essiccate o oli essenziali. Ogni erba ha le sue proprietà energetiche e viene selezionata in base all'intenzione del rituale.

Simboli divini: Statue o immagini raffiguranti le divinità wiccan vengono collocate sull'altare come oggetti di adorazione e focalizzazione dell'energia. Le divinità possono variare a seconda della tradizione e delle preferenze personali del praticante.

Oggetti personali e simboli: Molti scelgono di includere oggetti personali o simboli che hanno un significato speciale. Questi possono essere gioielli, amuleti, fotografie o altri oggetti che rappresentano una connessione personale con l'energia spirituale.

Creare tinture, elisir e bustine

Creare tinture, elisir e bustine con i colori di riferimento può essere un modo creativo e significativo per integrare l'energia dei colori nella pratica Wicca. Ecco una guida su come realizzare queste preparazioni utilizzando i colori di riferimento.

Tinture:

Sono soluzioni liquide concentrate che potete utilizzare per scopi magici, rituali o decorativi. Per creare una tintura con un colore di riferimento, avrete bisogno di erbe, fiori o altri materiali che abbiano quel colore dominante. Ecco il processo di base:

Raccogliete le erbe o i fiori con il colore desiderato. Ad esempio, se desiderate una tintura blu, potreste utilizzare i petali di fiordaliso o l'ortica blu.

Macinate le erbe o i fiori in modo da ottenere frammenti più piccoli, ma non polverizzati.

Mettete i frammenti di erbe o fiori in un barattolo di vetro scuro.

Coprite gli ingredienti con un'altra erba o olio che fungerà da solvente. Potete utilizzare alcol etilico o oli vegetali, a seconda della vostra preferenza.

Chiudete ermeticamente il barattolo e lasciatelo riposare in un luogo buio per almeno due settimane, agitandolo occasionalmente.

Dopo due settimane, filtrate la tintura utilizzando un filtro di carta o un tessuto di cotone. Quello che otterrete sarà una tintura concentrata con il colore desiderato.

Conservate la tintura in una bottiglia di vetro scuro e utilizzatela nelle vostre pratiche.

Elisir:

Gli elisir sono preparazioni liquide che potete assumere internamente per scopi magici, curativi o energetici. Per creare un elisir con un colore di riferimento, potete seguire questi passaggi:

Scegliete erbe, fiori o frutti che abbiano il colore desiderato. Ad esempio, per un elisir verde, potete utilizzare foglie di menta o erba di grano.

Raccogliete o acquistate gli ingredienti e lavateli accuratamente.

Mettete gli ingredienti in un contenitore di vetro pulito.

Coprite gli ingredienti con acqua distillata o un altro liquido adatto per l'assunzione.

Chiudete il contenitore ermeticamente e lasciatelo riposare per almeno 24 ore in un luogo fresco e buio.

Dopo il periodo di riposo, filtrate l'elisir utilizzando un filtro di carta o un tessuto di cotone.

Trasferite l'elisir in una bottiglia di vetro scuro e conservatelo in frigorifero per mantenerne la freschezza.

Assumete l'elisir seguendo le indicazioni specifiche per la vostra pratica wiccan o intenzione magica.

Bustine:

Le bustine sono piccoli sacchetti contenenti erbe, fiori o altri materiali che vengono utilizzati per tutte le funzioni descritte in precedenza. Per creare bustine con i colori di riferimento, potete seguire questi semplici passaggi:

Scegliete un tessuto o una stoffa del colore desiderato. Potete anche utilizzare piccoli sacchetti di cotone.

Tagliate il tessuto in piccoli quadrati o rettangoli di dimensioni adeguate per contenere gli ingredienti.

Raccogliete le erbe, i fiori o gli altri materiali che hanno il colore di riferimento desiderato.

Mettete gli ingredienti al centro del quadrato di tessuto.

Unite i quattro angoli del tessuto in modo da formare una bustina e legate le estremità con un nastro o un filo dello stesso colore o di un colore complementare.

Assicuratevi che la bustina sia ben sigillata in modo che gli ingredienti non fuoriescano.

Potete personalizzare ulteriormente la bustina aggiungendo un piccolo charm o un simbolo che rappresenti la vostra intenzione magica. Ripetete il processo per creare bustine con colori di riferimento diversi, se lo desiderate.

Prepararsi alla magia

Prima di lanciare un incantesimo, eseguire un rituale, meditare su un certo tema o cercare di aumentare l'energia magica, è essenziale che ci sia un'intenzione specifica. Più dettagli ci sono, meglio è. La magia è una forza potente, ma come qualsiasi altra forza naturale, può dispersi nell'universo. La vostra volontà e l'intenzione sono gli strumenti che userete per dirigerla (così come tutti gli strumenti magici sul vostro altare).

Scrivere ciò che desiderate realizzare lanciando un incantesimo nel vostro grimorio (libro delle ombre/diario magico) è un ottimo modo per fissare la vostra intenzione nella vostra mente.

Un'importante nota a margine sul lancio di incantesimi. Quando si tratta di lanciare incantesimi su altre persone, dirigere la magia su qualcuno senza il suo permesso non è consentito, è contro il codice morale ed etico della pratica Wicca. Gli incantesimi lanciati per attrarre altre persone devono essere pensati attentamente e gli incantesimi lanciati per amore a qualcun'altro devono avere un fine benefico altrimenti l'esito sarà a sfavore del praticante.

Quando si prova ad aiutare qualcuno a guarire una ferita, una malattia o un trauma emotivo, ricordatevi di chiedere sempre il permesso. Il consenso è un aspetto imprescindibile.

Pulizia

È di fondamentale importanza purificare se stessi e lo spazio di lavoro prima di impegnarsi nella pratica magica. Prima di procedere con la purificazione spirituale, è consigliabile lavare il proprio corpo. Un modo rapido per combinare entrambi i metodi consiste nell'aggiungere del sale al proprio bagno (alcuni prodotti per il bagno contengono già sale). Durante la doccia o immersi in vasca, fate scorrere le mani dal capo ai piedi, permettendo all'energia negativa di fluire via e scivolare nel drenaggio.

Un'ottima pratica per ogni praticante è quella di acquisire familiarità con la meditazione. Essa consente alla nostra mente di liberarsi dai pensieri invadenti e dal caos della vita quotidiana. Entrare in uno stato mentale idoneo diventa molto più agevole con una breve sessione di meditazione preliminare.

Prima di lanciare il vostro cerchio, sedetevi nel vostro spazio sacro e lasciate che le vostre menti si svuotino da pensieri negativi. Rilassate i vostri corpi, seduti con le spalle dritte, respirando in modo calmo e lento. Per consacrare e purificare la vostra zona, seguite questi passaggi:

Posizionate l'incenso al centro dell'altare o sul pentacolo. Usando il dito indice, pronunciate le seguenti parole mentre disegnate un pentagramma sopra di esso: "Noi consacriamo e purifichiamo affinchè sia il rappresentante dell'elemento Aria, benedici i presenti con la tua essenza e purifica questo cerchio."

Prendete la piccola ciotola di sale e posizionatela al centro dell'altare o sul pentacolo. Usando il dito indice, pronunciate le seguenti parole mentre disegnate un pentagramma sulla ciotola: "Noi consacriamo e purifichiamo questa ciotola di sale, affinché sia il rappresentante dell'elemento terra. Benedicici con la tua stabilità e purifica questo cerchio."

Posizionate la candela rossa al centro e pronunciate le seguenti parole mentre disegnate un pentagramma sopra di essa: "Noi consacriamo e purifichiamo la fiamma di questa candela, affinché sia il rappresentante dell'elemento fuoco. Benedicici con la tua passione e purifica questo cerchio."

Mettete la ciotola d'acqua al centro e disegnate un pentagramma sopra di essa, pronunciando le seguenti parole: "Noi consacriamo e purifichiamo questa ciotola d'acqua, affinché sia il rappresentante dell'elemento acqua. Benedicici con la tua intuizione e purifica questo cerchio."

Aggiungete tre pizzichi di sale all'acqua e riposizionate la ciotola al suo posto.

Seguendo questi passaggi, avrete consacrato e purificato gli elementi del vostro altare, preparandoli per il lancio del cerchio e creando uno spazio sacro per le vostre pratiche.

Bagno rituale

Il bagno rituale prima di un lancio di un incantesimo è un'importante passaggio preparatorio che aiuta a purificare sia il corpo che la mente, creando uno stato di concentrazione e focalizzazione per la pratica magica. Questo bagno serve a rimuovere le energie negative accumulate e a preparare il praticante per un'esperienza più profonda e potente durante l'incantesimo.

Preparazione:

Scegliete un momento tranquillo in cui potete avere la privacy e il tempo necessario per svolgere il vostro bagno rituale. Può essere utile creare un'atmosfera rilassante nel vostro bagno, accendendo candele profumate, utilizzando oli essenziali o mettendo musica soft.

Preparate l'acqua per il bagno, preferibilmente calda o alla temperatura che vi risulti più confortevole. Potete arricchire l'acqua con erbe, sali da bagno, oli essenziali o fiori che siano in linea con l'intenzione dell'incantesimo che state per lanciare. Ad esempio, se l'incantesimo riguarda l'amore, potete aggiungere petali di rosa o olio essenziale di rosa.

Prima di entrare nella vasca, create un'atmosfera di intenzione e concentrazione. Potete recitare una preghiera, una dichiarazione di intento o semplicemente chiudere gli occhi e focalizzarvi sulla vostra intenzione magica.

Procedimento:

Entrate nella vasca e immergetevi completamente nell'acqua. Consentitevi di rilassarvi e lasciare andare le tensioni e le preoccupazioni della giornata. Mentre siete immersi nell'acqua, liberatevi da ogni energia negativa o impurità. Immaginate l'acqua che vi circonda come una luce purificante eliminando tutto ciò che non è più necessario o superfluo.

Potete utilizzare una spugna o una pietra di cristallo per strofinare delicatamente il vostro corpo, concentrandovi sulle parti che ritenete bisognose di purificazione o di un maggiore flusso di energia. Potete recitare una formula o un'affermazione che richiami la vostra intenzione magica. Prendete il tempo necessario per rilassarvi nell'acqua, respirando profondamente e lasciando che la sensazione di purificazione vi pervada completamente. Siate presenti del momento, consapevoli delle sensazioni fisiche e delle emozioni che emergono.

Quando vi sentirete pronti, alzatevi e lasciate che l'acqua scivoli via dal vostro corpo, portando con sé ogni impurità o negatività. Asciugatevi delicatamente con un asciugamano pulito. Dopo il bagno rituale, potete procedere con l'incantesimo, sentendovi rinnovati, purificati e pronti per focalizzare la vostra energia e intenzione nella manifestazione del vostro incantesimo. Ricordate di seguire le pratiche rituali specifiche per il vostro incantesimo, utilizzando gli strumenti e i simboli appropriati.

Durante il bagno rituale, è importante rimanere centrati e concentrati sul vostro obiettivo magico. Potete ripetere a voi stessi delle affermazioni positive, visualizzare il risultato desiderato o meditare sul significato e sull'importanza del vostro incantesimo.

Dopo il bagno rituale, dovete vestirvi con abiti puliti e indossare gioielli o simboli magici che rappresentano la vostra intenzione. Questo vi aiuterà a mantenere una connessione continua con il vostro incantesimo e a richiamare l'energia e la magia che avete generato nel bagno. È importante ricordare che ogni bagno rituale può essere personalizzato in base alle vostre preferenze, alle vostre intenzioni e alle tradizioni della vostra pratica magica. Sentitevi liberi di adattare questa guida alle vostre esigenze individuali e di sperimentare con diverse erbe, oli essenziali o rituali aggiuntivi che vi risuonano particolarmente.

Lancio del cerchio

Il lancio del cerchio è importante quando si lavora con la magia. Il cerchio ci fornisce uno spazio dedicato e chiuso in cui la nostra energia può essere contenuta e concentrata. Senza il cerchio, la nostra energia potrebbe disperdersi, inoltre, entità ed energie indesiderate potrebbero avvicinarsi, per curiosità o per cattiva intenzione. Questo atto simbolico è intriso di significato, rappresenta l'apertura di un portale tra il mondo materiale e il mondo spirituale. Il cerchio rappresenta l'infinito, l'eternità e l'unione di tutti gli elementi e le energie dell'universo. Nel momento in cui viene tracciato, si creano dei confini energetici che separano e proteggono lo spazio all'interno dal caos e dalle influenze negative esterne.

Una componente importante nel lancio del cerchio è la chiamata dei guardiani delle quattro direzioni. Questi sono spiriti o energie rappresentative degli elementi naturali che si trovano ai quattro punti cardinali: est, sud, ovest e nord. Di solito, i guardiani delle direzioni sono invocati durante il lancio del cerchio per proteggere lo spazio sacro e per portare con sé le qualità e le energie di ciascun elemento.

Il guardiano dell'est rappresenta l'elemento dell'aria. È associato all'energia dell'alba, alla creatività mentale, alla comunicazione e alla connessione spirituale. Il guardiano del sud rappresenta l'elemento del fuoco. È associato al mezzogiorno, alla passione, alla forza interiore e alla trasformazione. Il guardiano dell'ovest rappresenta l'elemento dell'acqua. È associato al tramonto, all'emozione, all'intuizione e alla purificazione. Infine, il guardiano del nord rappresenta l'elemento della terra. È associato alla mezzanotte, alla stabilità, alla prosperità e alla saggezza.

Ogni guardiano delle direzioni può essere invocato attraverso una preghiera, una recitazione o una chiamata diretta durante il lancio del cerchio. Si può usare una serie di parole o semplicemente concentrarsi sulla connessione con l'elemento e richiamare la sua presenza nella cerimonia. Ad esempio, una possibile procedura per il lancio del cerchio potrebbe essere:

Preparazione: Preparate il vostro spazio sacro e raccogliete gli strumenti che desiderate utilizzare, come una bacchetta o un pugnale cerimoniale.

Centro e presenza: Trovate un momento di quiete interiore, concentrandovi sul presente. Respirate profondamente e lasciate andare le preoccupazioni quotidiane.

Tracciare il cerchio: Utilizzando la bacchetta o il pugnale, immaginate una luce che si estende davanti a voi. Iniziate a tracciare il cerchio in senso orario, visualizzando la luce che si espande e crea una barriera energetica intorno a voi.

Chiamata dei guardiani: Al raggiungimento di ciascun punto cardinale, rivolgetevi verso quella direzione specifica e recitate una preghiera o chiamatela direttamente, richiamando il guardiano dell'elemento corrispondente. Ad esempio, potrete pronunciare queste parole:

"Guardiano dell'est, spirito dell'aria, ti chiamo affinché tu porti con te la freschezza della brezza e la chiarezza mentale. Accogli il mio invito e proteggi questo cerchio sacro."

Poi, rivolgendoti verso il sud:

"Guardiano dell'est, spirito dell'aria, ti chiamo affinché tu porti con te la freschezza della brezza e la chiarezza mentale. Accogli il mio invito e proteggi questo cerchio sacro."

Poi verso l'ovest e prosegui:

"Guardiano dell'ovest, spirito dell'acqua, ti chiamo affinché tu porti con te l'energia delle emozioni profonde e la purificazione dell'anima. Accogli il mio invito e proteggi questo cerchio sacro."

Infine, verso il nord:

"Guardiano del nord, spirito della terra, ti chiamo affinché tu porti con te la stabilità solida e la saggezza antica. Accogli il mio invito e proteggi questo cerchio sacro."

Una volta chiamati i guardiani delle direzioni e sentendone la presenza, procedete con la cerimonia o il vostro rituale all'interno del cerchio. È importante chiudere il cerchio alla fine del lavoro, ringraziando i guardiani delle direzioni e visualizzando il cerchio che si chiude, riassorbendo l'energia che avete creato.

Messa a terra

La messa a terra è un elemento importante durante la pratica Wicca e viene utilizzata per connettersi con l'energia della terra e ancorarsi al mondo materiale. La sua funzione è quella di stabilizzare e bilanciare le energie, garantendo che l'energia accumulata durante la cerimonia o il rituale venga rilasciata in modo sicuro e armonioso. La procedura per la messa a terra può variare leggermente a seconda delle preferenze individuali, ma in generale può includere i seguenti passaggi:

Preparazione: Trovate un luogo tranquillo dove potete essere in contatto diretto con la terra. Questo può essere all'aperto, in un giardino, un parco o semplicemente a piedi scalzi sul terreno, oppure potete utilizzare un oggetto simbolico che rappresenta la terra, come una pietra o un cristallo.

Centro e consapevolezza: Trovate un momento di quiete interiore e concentrazione. Respirate profondamente e lasciate andare le distrazioni esterne. Focalizzatevi sul vostro respiro e sulla consapevolezza dei vostri corpi.

Connessione con la terra: Visualizzate o sentite un radicamento che si estende dai vostri piedi o dai vostri corpi verso il centro della terra. Immaginate le radici che affondano nella terra, raggiungendo gli strati profondi e stabili. Sentite la connessione con l'energia della terra che fluisce attraverso di voi.

Rilascio dell'energia: Quando desiderate rilasciare l'energia accumulata durante il rituale o la cerimonia, immaginate che l'energia in eccesso fluisca nella terra attraverso il vostro radicamento. La terra sarà in grado di assorbire e trasformare questa energia in modo sicuro.

Ringraziamento e chiusura: Ringraziate la terra per la sua presenza e il suo sostegno. Con gratitudine, staccate il vostro radicamento percependo il riassestarsi dell'energia nel vostro corpo.

La messa a terra è un processo di riequilibrio e di scambio energetico con la terra. Vi permette di mantenere un legame salutare con il mondo naturale, di ristabilire l'equilibrio e di dissipare eventuali eccessi energetici. Praticare la messa a terra dopo un rituale o una cerimonia contribuisce a mantenere una connessione sana con le forze elementali e a promuovere un benessere generale.

CAPITOLO 8

Come migliorare gli incantesimi a base di erbe

In questo capitolo, vedremo come le candele, i cristalli, le pietre, le gemme e la meditazione possano essere amplificatori per qualsiasi incantesimo. Le candele sono oggetti di grande importanza, utilizzate per simboleggiare e amplificare le energie, creare atmosfere sacre e focalizzare l'intenzione durante i rituali e le cerimonie. Il colore della candela ha le sue caratteristiche specifiche e viene scelto in base all'intento magico o spirituale dell'occasione. Ecco un elenco accurato dei colori più comunemente utilizzati e le loro caratteristiche associate:

Bianco: Simboleggia la purezza, la chiarezza, la protezione e la guarigione. È spesso utilizzato come colore di base per le cerimonie e per rappresentare la luna piena.

Nero: Rappresenta il mistero, l'ombra, la protezione e la trasformazione. È utilizzato per lavori magici di protezione, scacciare l'energia negativa o lavorare con la magia degli elementi dell'acqua e della terra.

Rosso: Simboleggia la passione, l'amore, la forza e il coraggio. È usato per incantesimi d'amore, per aumentare la forza personale e la vitalità.

Verde: Rappresenta la natura, la fertilità, l'abbondanza e la guarigione. È utilizzato per favorire la crescita, l'equilibrio e la connessione con le energie della natura.

Blu: Simboleggia la serenità, l'intuizione, l'ispirazione e la protezione spirituale. È usato per favorire la comunicazione, la meditazione e la connessione con il regno divino.

Giallo: Rappresenta la gioia, la creatività, l'intelletto e l'energia solare. È utilizzato per favorire la felicità, la concentrazione mentale e l'abbondanza materiale.

Viola: Simboleggia la spiritualità, la saggezza, la trasformazione e la connessione con il regno dei sogni. È usato per favorire la consapevolezza spirituale, la meditazione profonda e il potenziamento delle capacità intuitive.

Rosa: Rappresenta l'amore, la gentilezza, la tenerezza e l'armonia. È utilizzato per lavori magici di amore, di guarigione emotiva e per promuovere relazioni affettuose.

Arancione: Simboleggia la creatività, la vitalità, l'entusiasmo e l'energia solare. È usato per attirare opportunità, stimolare la creatività e promuovere la fiducia in sé stessi.

Argento: Rappresenta la luna, l'intuizione, la riflessione e la protezione spirituale. È utilizzato per favorire la percezione psichica, l'equilibrio emotivo e la connessione con il regno delle dee.

Oro: Simboleggia la ricchezza, l'abbondanza, la prosperità e l'illuminazione spirituale. È usato per attirare l'abbondanza materiale, stimolare la crescita spirituale e connettersi con l'energia divina.

Marrone: Rappresenta la stabilità, la terra, la casa e la protezione domestica. È utilizzato per creare un senso di sicurezza, per favorire la concentrazione e per connettersi con l'energia della terra.

Grigio: Simboleggia la neutralità, l'equilibrio e la protezione. È utilizzato per rimuovere l'energia negativa, per proteggersi dagli attacchi psichici e per lavori magici che richiedono una neutralità di intento.

Indaco: Rappresenta la conoscenza, la spiritualità profonda e la ricerca interiore. È utilizzato per favorire la meditazione profonda, l'intuizione e la connessione con i regni superiori dell'esistenza.

Questi sono solo alcuni dei colori più comuni utilizzati nelle pratiche e che l'interpretazionc dei colori può variare leggermente a seconda delle tradizioni e delle preferenze personali. Quando si sceglie una candela per un rituale o un incantesimo, è essenziale considerare l'intenzione specifica e l'energia associata a ciascun colore, in modo da selezionare quello più appropriato per il lavoro magico desiderato.

Candele

Le candele hanno una storia antica e significativa nella pratica magica e spirituale. Sin dai tempi più remoti, l'umanità ha avuto una connessione profonda con il fuoco e ha riconosciuto il suo potere trasformativo e sacro. La fiamma delle candele rappresenta il fuoco in forma controllata, che può essere utilizzato per illuminare, riscaldare e trasmutare. Nella simbologia universale, il fuoco è associato a molteplici significati e attributi. È il simbolo dell'energia vitale, della passione, della trasformazione e della purificazione. Il fuoco ha la capacità di bruciare e dissolvere ciò che non serve più, creando spazio per il nuovo. È anche considerato il portatore della luce, che dissipa l'oscurità e rivela la verità interiore.

Nella pratica magica, le candele vengono considerate sacre per diversi motivi. In primo luogo, rappresentano l'elemento del fuoco, uno dei quattro elementi primari che costituiscono l'universo secondo molte tradizioni spirituali. L'elemento del fuoco è associato all'energia, alla passione, alla volontà e alla trasformazione, ed è considerato un mezzo per connettersi con il divino e manifestare l'intenzione.

Le candele sono anche considerate come simboli di luce spirituale e illuminazione. Accendere una candela durante una cerimonia o un rituale crea un'atmosfera sacra e intima, e rappresenta la presenza della divinità o degli spiriti guida. La fiamma della candela simboleggia anche la presenza del proprio Sé superiore, la connessione con il regno spirituale e la trasformazione interiore.

Inoltre, le candele sono spesso utilizzate come strumenti focali per concentrare l'intenzione e l'energia durante la pratica magica. Il colore, la forma e l'intento della candela sono attentamente selezionati per sostenere il lavoro magico specifico. I colori delle candele sono associati a diverse energie e intenzioni, come amore, guarigione, protezione, prosperità e così via. Bruciare una candela rappresenta il processo di manifestazione e il rilascio dell'energia intenzionale nel regno spirituale. La pratica di accendere candele è stata presente in molte culture e tradizioni spirituali in tutto il mondo. Le candele sono state utilizzate per scopi religiosi, rituali di guarigione, invocazioni divine, meditazione e celebrazioni. Le cerimonie con le candele hanno radici storiche profonde, che risalgono all'antichità e si sono tramandate attraverso generazioni. Bruciare una candela è un atto di sacralità, che rappresenta la connessione con le forze spirituali, l'espressione dell'intento e la manifestazione di desideri e intenzioni. Le candele sono diventate un elemento essenziale nelle pratiche spirituali e magiche, offrendo una fonte di luce, guarigione, protezione e connessione con il sacro. Ogni volta che accendiamo una candela, entriamo in un'antica tradizione che risale ai tempi più remoti dell'umanità. Il calore e la luce emanati dalla fiamma ci avvolgono, creando un'atmosfera magica e sacra. Le candele ci ricordano la nostra connessione con il divino, con la luce interiore e con la forza trasformativa del fuoco.

Durante i rituali e le cerimonie, le candele diventano i nostri alleati e i nostri messaggeri, portando le nostre intenzioni al regno spirituale. Ogni colore, forma e posizione delle candele ha un significato specifico e un potenziale energetico unico. Attraverso l'accensione delle candele, trasferiamo la nostra volontà e l'energia vitale, creando uno spazio sacro per la magia e la trasformazione.

Le candele sono testimoni silenziosi delle nostre preghiere, delle nostre meditazioni e delle nostre connessioni spirituali. Ci aiutano a concentrare l'energia e a creare un ambiente favorevole per il nostro lavoro interiore. Accendere una candela può essere un atto di gratitudine, di invocazione, di guarigione o di celebrazione. È un momento di raccoglimento e di connessione profonda con noi stessi, con il divino e con l'energia universale.

Nel mondo della magia e della spiritualità, le candele rappresentano molto più di una semplice fonte di luce. Sono un simbolo potente della nostra capacità di creare, trasformare e manifestare la nostra volontà nel mondo. Le candele ci ricordano che siamo parte di un'antica catena di saggezza e conoscenza, e che possediamo un potere innato per influenzare la realtà che ci circonda. Che tu stia praticando la magia, celebrando un rito o semplicemente cercando un momento di tranquillità e riflessione, le candele sono un compagno prezioso lungo il cammino. Con la loro luce e la loro energia, ci invitano a esplorare i recessi del nostro essere e a connetterci con l'essenza più profonda della vita stessa.

Cristalli, pietre e gemme

Fin dai tempi degli antichi Sumeri, i cristalli, le pietre e le gemme sono stati tenuti in grande considerazione. Le antiche culture greche scoprirono che potevano sfruttare il potere dei cristalli, delle pietre e delle gemme, ecco perché molte delle parole che usiamo per nominare questi oggetti provengono dal greco. Fu sorprendente scoprire con il tempo quanto queste pietre influenzassero le persone a livello fisico, mentale ed emotivo. I cristalli, le pietre e le gemme hanno affascinato l'umanità sin dai tempi antichi, quando le civiltà antiche riconoscevano il loro potere e la loro bellezza. Questi tesori della terra sono stati utilizzati per scopi spirituali, terapeutici e decorativi, e hanno una funzione specifica in molte tradizioni e pratiche. Sono considerati portatori di energia e vibrazioni uniche. Ogni cristallo o pietra ha la sua composizione chimica e la sua struttura cristallina, che influenzano le sue proprietà energetiche. Queste proprietà possono variare in base al colore, alla trasparenza, alla durezza e ad altri fattori.

Nella pratica spirituale, i cristalli, le pietre e le gemme sono utilizzati per amplificare l'energia, equilibrare i chakra e favorire la connessione con il divino. Questi minerali hanno una frequenza energetica che può influenzare il corpo, la mente e lo spirito. Vengono posizionati sui chakra, indossati come gioielli o tenuti in mano durante la meditazione e le pratiche spirituali per sostenere il processo di trasformazione interiore e l'equilibrio energetico. Ogni cristallo, pietra o gemma ha proprietà specifiche che possono essere utilizzate per scopi diversi. Delle tre categorie, le pietre preziose sono le più costose. I cristalli sono a metà strada tra le pietre comuni e le pietre preziose quando si tratta di costi. C'è una quantità enorme di cristalli, pietre e gemme disponibili in natura, di seguito vi elencherò alcune delle più conosciute:

Quarzo chiaro: Questo cristallo è noto per la sua capacità di amplificare l'energia e la consapevolezza. È spesso utilizzato per la guarigione, la purificazione e l'aumento della consapevolezza spirituale.

Ametista: Questa pietra viola è associata alla spiritualità, all'equilibrio e alla protezione. È utilizzata per calmare la mente, promuovere la saggezza interiore e favorire la connessione spirituale.

Turchese: Questa pietra di colore blu-verde è considerata una pietra sacra in molte culture. È associata alla guarigione, alla protezione e alla comunicazione. Si ritiene che promuova la saggezza, la pace e l'equilibrio emotivo.

Citrino: Questa pietra di colore giallo-dorato è associata all'abbondanza, all'energia solare e alla gioia. È utilizzata per attirare prosperità, stimolare la creatività e aumentare l'energia positiva.

Giada: Questa pietra verde è associata all'equilibrio, all'armonia e alla saggezza. È considerata una pietra di guarigione e protezione, che favorisce la prosperità e la connessione con la natura.

Onice: Questa pietra di colore nero è associata alla protezione, alla stabilità e alla forza interiore. È utilizzata per respingere le energie negative, favorire la concentrazione e promuovere la fiducia in sé stessi.

Malachite: Questa pietra verde striata è associata alla guarigione emotiva

Quarzo blu: Gli incantesimi di purificazione possono essere intensificati usando il quarzo blu. Il tipo di purificazione, che sia mentale, emotiva o fisica, non ha importanza.

Labradorite: Una pietra meno comune ma molto potente. Se state cercando di lavorare sul vostro sistema di chakra, può aiutarvi a dirigere le energie più facilmente. Può aiutarvi a trovare rapidamente l'equilibrio e questo avrà un ruolo fondamentale in ogni aspetto della vostra vita. La connessione tra il vostro sé fisico e spirituale sarà migliore.

La pietra di luna: Può aiutarci a fornire nuovi inizi. Quando si esegue qualsiasi tipo di magia lunare, l'uso della pietra di luna è importante. Se siete alla ricerca di livelli più alti di intuizione o state lottando con i cambiamenti che avvengono nella vita, lanciare incantesimi con questa pietra vi aiuterà moltissimo a sollevare il vostro spirito.

Come le candele, anche le pietre possono aggiungere molto potere ai vostri rituali e incantesimi a base di erbe. Quando combinate cristalli, pietre o gemme al lavoro magico, state amplificando il loro potenziamento energetico.

Meditazione

Abbiamo già parlato della meditazione in questo guida. La meditazione dovrebbe diventare una delle vostre pratiche quotidiane, se non lo è già. Il potere che potete costruire attraverso la meditazione è assolutamente rilevante.

La meditazione svolge molteplici funzioni nel contesto della magia Wicca. Benefico nel calmare la mente e a ridurre lo stress, è fondamentale liberarsi dalle distrazioni e concentrarsi sul presente. Questa pratica consente di raggiungere uno stato di quiete interiore, lasciando alle spalle le preoccupazioni quotidiane aprendo uno spazio mentale per l'energia magica da canalizzare.

In secondo luogo, la meditazione favorisce la connessione con se stessi e con le forze spirituali. Nella nostra filosofia ogni individuo è intrinsecamente connesso all'energia universale e agli elementi naturali. La meditazione permette di stabilire un legame più profondo con questi aspetti, aprendo le porte alla saggezza intuitiva e all'intuizione. Noi praticanti sperimentiamo una connessione più intensa con la Dea e il Dio, o con le divinità specificamente scelte per l'incantesimo. Prima di lanciare un incantesimo, è fondamentale avere chiari gli obiettivi e l'intento dell'operazione magica e di concentrarsi sulla loro intenzione, visualizzando chiaramente l'obiettivo da raggiungere. Questo processo aiuta a consolidare l'energia e ad indirizzarla nella direzione desiderata, aumentando l'efficacia dell'incantesimo.

La meditazione offre soprattutto un momento di riflessione e gratitudine. Prima di intraprendere qualsiasi atto di magia, noi praticanti siamo incoraggiati a riflettere sulle nostre intenzioni, sull'etica e sulle conseguenze delle nostre azioni. La meditazione offre l'opportunità di considerare attentamente questi aspetti e di esprimere gratitudine per l'opportunità di lavorare con le energie divine.

CAPITOLO 9

Tè magici

L'evoluzione del rimedio antico del tè ha attraversato numerosi continenti e culture nel corso dei secoli, diventando una bevanda amata e apprezzata in tutto il mondo. Originario dell'antica Cina, il tè ha progressivamente diffuso il suo fascino e le sue proprietà benefiche attraverso rotte commerciali, conquistando il cuore di diverse tradizioni e influenzando anche la cultura Wicca.

Inizialmente, il tè veniva consumato principalmente per le sue proprietà medicinali. Le prime testimonianze della coltivazione e del consumo di tè risalgono all'antica Cina, intorno al III millennio a.C. I saggi cinesi scoprirono i benefici del tè per la salute e lo utilizzarono per promuovere il benessere fisico e mentale. Nel corso dei secoli, il tè si diffuse in tutta l'Asia, influenzando le tradizioni di paesi come il Giappone, l'India e il Tibet, ciascuno con la propria interpretazione e ritualità associate alla sua preparazione e consumo. Nel contesto della cultura Wicca, il tè è diventato parte integrante delle pratiche spirituali e magiche. Nella nostra filosofia si attribuisce grande importanza alla connessione con la natura e all'utilizzo delle erbe e delle piante. Il tè, con la sua essenza vegetale e le sue proprietà benefiche, si è inserito in modo naturale in questo contesto.

Esso viene utilizzato per scopi rituali, come parte di cerimonie, incantesimi o meditazioni. Ogni tipo di tè può avere un significato simbolico ed energetico diverso, a seconda delle erbe o degli ingredienti utilizzati. Di seguito sono elencati alcuni tipi di tè comunemente usati:

Tè alla camomilla: noto per le sue proprietà calmanti e rilassanti, utilizzato per favorire la tranquillità mentale e il sonno riposante.

Tè alla menta: la menta è associata alla purificazione e alla chiarezza mentale. Questo tè viene consumato per rinfrescare la mente e liberarsi da pensieri negativi o stress.

Tè alla salvia: la salvia è considerata un'erba sacra nella Wicca, associata alla saggezza e alla protezione. Il tè alla salvia viene sorseggiato per purificare l'energia e per ottenere una maggiore chiarezza intuitiva.

Tè alla lavanda: noto per le sue proprietà calmanti e rilassanti, il tè alla lavanda favorisce uno stato di calma interiore e stimola la connessione con il mondo onirico e spirituale.

Tè alla rosa: associato all'amore, alla bellezza e alla guarigione, il tè alla rosa viene spesso consumato per favorire l'amore, l'empatia e la guarigione emotiva.

La scelta del tè all'interno della cultura Wicca può variare da individuo a individuo e da tradizione a tradizione. Oltre ai tipi di tè menzionati, ci sono molte altre erbe e ingredienti che vengono utilizzati per creare miscele personalizzate e significative.

Il processo di preparazione del tè fa parte integrante del rituale. Durante la preparazione, si può dedicare del tempo per concentrarsi sull'intento magico desiderato e visualizzare l'energia delle erbe che si diffonde nella bevanda. Questo momento di consapevolezza e di connessione con la natura e le forze spirituali amplificherà l'effetto magico del tè.

E' importante ricordare che oltre alla preparazione e al consumo di tè, vengono anche utilizzati altri metodi per lavorare con le erbe e le piante, come l'utilizzo di oli essenziali, le pozioni o gli unguenti. Questi possono essere integrati nella pratica magica e spirituale per sostenere specifici intenti o per facilitare il collegamento con l'energia delle piante. Il tè non è solo usato come bevanda magica, ma anche utilizzato come sacchetti da portare con se o riempire i cuscini notturni. I pensieri e le energie negative possono essere facilmente rimossi con la magia del tè.

Il tè nero è noto per essere buono a dare coraggio, utilizzato per la creazione di incantesimi per richiamare denaro nella vostra vita. Ecco un esempio di incantesimo con il tè nero:

Una tazza di tè nero

Un pentacolo o un simbolo del denaro (ad esempio, una moneta)

Una candela verde

Un cristallo di pirite o un altro cristallo associato all'abbondanza

Un pezzo di carta e una penna

Procedura:

Preparate un ambiente tranquillo e senza distrazioni per eseguire l'incantesimo.

Accendete la candela verde, simbolo dell'abbondanza e della prosperità.

Preparate una tazza di tè nero, concentrandovi sul vostro intento di richiamare denaro nella vostra vita. Visualizzate l'energia dell'abbondanza che si diffonde nel tè mentre lo preparate.

Posizionate il pentacolo o il simbolo del denaro vicino alla tazza di tè.

Prendete il pezzo di carta e scrivete il vostro desiderio finanziario in modo chiaro e positivo. Ad esempio, "Attraggo flussi finanziari positivi nella mia vita".

Poggiate il cristallo di pirite o il cristallo associato all'abbondanza sopra il foglio di carta, in modo che l'energia del cristallo possa amplificare il vostro desiderio.

Prendete la tazza di tè nero tra le mani e recitate l'incantesimo seguente (potete modificarlo o adattarlo con vostre parole):

"Con il potere del tè nero e della prosperità,

Chiamo denaro e abbondanza nella mia realtà.

Che flussi finanziari positivi vengano attratti a me,

Per realizzare i miei obiettivi e vivere nella prosperità.

Questo incantesimo è eseguito con amore e luce,

Con il libero arbitrio e il bene supremo di tutti.

Così sia!"

Visualizzate con chiarezza il vostro desiderio finanziario mentre sorseggiate il tè nero, l'energia dell'abbondanza fluirà in voi.

Dopo aver bevuto il tè, spegnete la candela verde e conservate il cristallo di pirite o il cristallo associato all'abbondanza in un luogo speciale, dedicandolo al vostro obiettivo finanziario.

Ripetete l'incantesimo e il rituale ogni volta che sentirete il bisogno di richiamare denaro nella vostra vita.

Il tè Oolong invece fornisce una varietà di proprietà magiche. È noto per veicolare serenità e amore nella vita di una persona. Può aiutare a riflettere sul proprio passato e portare equilibrio emotivo nel presente e nel futuro. Questo tipo di tè è ottimale se si sta lavorando su pratiche di divinazione o cercando di predire il futuro. Questo tè viene usato sopratutto per incantesimi d'amore. Ecco un esempio:

Una tazza di tè Oolong

Un pentacolo o un simbolo dell'amore (ad esempio, un cuore)

Una candela rosa

Un cristallo di quarzo rosa o un altro cristallo associato all'amore

Un pezzo di carta e una penna

Procedura:

Preparate un ambiente tranquillo e privo di distrazioni per eseguire l'incantesimo.

Accendete la candela rosa, simbolo dell'amore e della passione.

Preparate una tazza di tè Oolong, concentrandovi sul vostro intento di attrarre amore nella vostra vita. Visualizzate l'energia dell'amore che si diffonde nel tè mentre lo preparate.

Posizionate il pentacolo o il simbolo dell'amore vicino alla tazza di tè.

Prendete il pezzo di carta e scrivete con la penna il vostro desiderio d'amore in modo chiaro e positivo. Ad esempio, "Attrai un amore sincero e appassionato nella mia vita".

Poggiate il cristallo di quarzo rosa o il cristallo associato all'amore sopra il foglio di carta, in modo che l'energia del cristallo possa amplificare il vostro desiderio d'amore.

Prendete la tazza di tè Oolong tra le mani e recitate l'incantesimo seguente (potete modificarlo o adattarlo alle vostre parole e convinzioni):

"Con il potere del tè Oolong e dell'amore puro,

Chiamo un amore sincero che duri nel tempo.

Che l'amore passionale entri nella mia vita,

Portando felicità e gioia infinita.

Questo incantesimo è eseguito con amore e luce,

Con il libero arbitrio e il bene supremo di tutti.

Così sia!"

Visualizzate con chiarezza il vostro desiderio d'amore mentre sorseggiate il tè Oolong. Sentite l'energia dell'amore che fluisce dentro di voi.

Dopo aver bevuto il tè, spegnete la candela rosa e conservate il cristallo di quarzo rosa o il cristallo associato all'amore in un luogo speciale, dedicandolo al vostro desiderio d'amore.

Ripetete l'incantesimo e il rituale ogni volta che sentirete il bisogno di attrarre amore nelle vostre vite.

Lettura delle foglie da tè

La lettura delle foglie di tè, nota anche come tasseomanzia o tassologia, è una pratica antica utilizzata nella Wicca e in molte altre tradizioni spirituali. Questa forma di divinazione coinvolge l'interpretazione dei modelli e dei simboli che si formano all'interno di una tazza di tè . Ecco come la pratica della lettura delle foglie di tè può essere eseguita:

Preparate una tazza di tè preferita, utilizzando foglie sfuse anziché bustine, poiché le foglie intere offrono più possibilità simboliche per la lettura.

Finito di sorseggiare, concentrate la vostra mente sull'intento di ottenere risposte per una situazione specifica.

Lasciate un po' di tè nel fondo della tazza e giratela in senso orario tre volte per consentire alle foglie di depositarsi sulle pareti interne.

Rovesciate delicatamente la tazza su un piattino o un tovagliolo di carta per far scolare il liquido rimanente. Lasciate che le foglie si depositino in modo casuale, formando un insieme di pattern e simboli.

Osservate attentamente le foglie, cercate di individuare forme o figure riconoscibili, come animali, oggetti, simboli, linee, curve o cerchi che potrebbero avere un significato per voi.

Interpretare le foglie richiede intuizione e connessione personale con i simboli che si presentano. Fidatevi della vostra intuizione e del vostro istinto per interpretare i messaggi che ricevete.

Prendete nota dei simboli, delle forme e delle impressioni che avete osservato nella lettura delle foglie di tè. Registrate le vostre interpretazioni e riflettete su di esse collegandole alla vostra vita personale. Ogni modello, forma o posizione delle foglie può essere interpretato simbolicamente, fornendo indicazioni su eventi futuri, questioni personali o risposte alle domande del lettore.

Ecco una guida generale su come potrebbe essere interpretata la lettura delle foglie di tè:

Foglie vicino al bordo superiore: Nuovi inizi o opportunità che si presentano.

Foglie vicino al fondo: Questioni radicate o situazioni che richiedono attenzione.

Foglie centrali: Questioni attuali o importanti nel presente.

Cerchi: Cicli completi, realizzazione di obiettivi.

Linee: Viaggi, percorsi o connessioni.

Punti: Decisioni o scelte importanti da prendere.

Foglie che formano gruppi: Incontri sociali, connessioni significative.

Foglie isolate: Periodi di solitudine o auto-riflessione.

Direzione del flusso delle foglie: Indica una direzione nella vita, viaggi o cambiamenti.

Cuori: Amore, relazioni romantiche.

Animali o figure: Connessioni con persone specifiche o aspetti della personalità.

Rimanenze di tè sulle pareti della tazza: Linee o residui, possibile ostacolo o sfida da affrontare.

Spazi vuoti: Opportunità in attesa di essere colmate.

È un'arte interpretativa, la chiave è connettersi con la propria intuizione e percezione personale durante la lettura. I simboli possono variare in base all'esperienza e alla sensibilità del praticante.

Tè curativi

Un tè curativo è una bevanda preparata utilizzando una combinazione di erbe, spezie e altri ingredienti naturali che possiedono proprietà terapeutiche e benefici per la salute. Questi tè sono utilizzati per alleviare sintomi fisici, promuovere il benessere generale o supportare la guarigione del corpo e della mente. La preparazione di un tè curativo richiede attenzione e cura per ottenere il massimo beneficio dalle erbe utilizzate. Ecco una guida per la preparazione accurata di un tè curativo:

Scegliere le erbe: Identificate le erbe e gli ingredienti specifici che desiderate utilizzare per il vostro tè curativo in base alle proprietà terapeutiche che cercate di ottenere. Ad esempio, potreste optare per la camomilla per la calma e il sonno, lo zenzero per la digestione o la menta per la digestione e la freschezza.

Misurazione delle erbe: Utilizzate una bilancia o un cucchiaio dosatore per misurare le quantità precise delle erbe che volete utilizzare. Le proporzioni possono variare a seconda del gusto personale e dell'intensità desiderata. Di solito, si consiglia di utilizzare circa 1-2 cucchiaini di erbe per ogni tazza di tè.

Preparazione dell'acqua: Riscaldare l'acqua a una temperatura adeguata in base al tipo di erbe utilizzate. Ad esempio, l'acqua bollente è adatta per la maggior parte delle erbe, ma alcune erbe delicate come la camomilla o il tè verde richiedono una temperatura inferiore per evitare di danneggiarne le proprietà.

Infusione delle erbe: Mettere le erbe misurate in una teiera o una tazza resistente al calore. Versare l'acqua calda sulle erbe e coprire con un coperchio o un piattino per trattenere il calore e gli oli essenziali. Lasciare in infusione per il tempo consigliato, solitamente da 5 a 10 minuti, ma potete adattarlo in base al vostro gusto personale.

Filtraggio e servizio: Una volta che il tè ha raggiunto la giusta intensità, filtrarlo utilizzando un colino o un infusore per rimuovere le erbe e ottenere una bevanda pulita. Versare il tè curativo nelle tazze di servizio e, se desiderate, dolcificarlo con miele o altri dolcificanti naturali a vostra scelta.

Momento di degustazione: Gustate il tè curativo lentamente, assaporando i sapori e le proprietà benefiche che offre. Concentratevi sull'esperienza sensoriale e lasciate che il tè curativo apporti il suo contributo alla vostra salute e al benessere generale.

Infusione con le radici

L'infusione delle radici è un metodo di estrazione utilizzato per preparare tè o bevande curative a base di radici di erbe. Le radici sono utilizzate per le loro proprietà terapeutiche, che possono includere benefici digestivi, antinfiammatori, calmanti e di supporto al sistema immunitario. Ecco come preparare accuratamente un'infusione con radici:

Scegliere le radici: Identificate le radici specifiche che desiderate utilizzare per il vostro tè curativo. Ad esempio, potreste optare per la radice di zenzero per le sue proprietà digestive e antinfiammatorie, la radice di liquirizia per il sostegno del sistema immunitario o la radice di valeriana per la sua azione calmante.

Preparazione delle radici: Pulite accuratamente le radici per rimuovere eventuali tracce di terra o altri detriti. Se le radici sono molto dure o dense, potrebbe essere necessario tagliarle o triturarle leggermente per agevolare l'estrazione dei principi attivi durante l'infusione.

Misurazione delle radici: Utilizzate una bilancia o un cucchiaio dosatore per misurare le quantità precise delle radici che desiderate utilizzare. Le proporzioni possono variare a seconda del gusto personale e dell'intensità desiderata. Di solito, si consiglia di utilizzare circa 1-2 cucchiaini di radici per ogni tazza di tè.

Preparazione dell'acqua: Riscaldare l'acqua a una temperatura adeguata in base al tipo di radici utilizzate. Generalmente, l'acqua bollente è adatta per estrarre i principi attivi dalle radici.

Infusione delle radici: Mettere le radici misurate in una teiera o una tazza resistente al calore. Versare l'acqua calda sulle radici e coprire con un coperchio o un piattino per trattenere il calore e favorire l'estrazione. Lasciare in infusione per un periodo di tempo più lungo rispetto agli altri tè, solitamente da 15 a 20 minuti, per permettere alle sostanze benefiche delle radici di diffondersi nell'acqua.

Filtraggio e servizio: Una volta che l'infusione delle radici ha raggiunto la giusta intensità, filtrarla utilizzando un colino fine o un filtro per rimuovere le radici e ottenere una bevanda pulita. Versare l'infusione in tazze di servizio e, se desiderate, dolcificarla con miele o altri dolcificanti naturali a vostra scelta.

Momento di degustazione: Gustare l'infusione delle radici lentamente, apprezzando i sapori unici e i benefici che offre. Prendete il tempo per notare le sensazioni che l'infusione crea nel vostro corpo e apprezzate il suo contributo alla vostra salute e al benessere generale.

Ricette

Tè della divinazione

Ingredienti:

1 cucchiaino di timo

1 cucchiaino di achillea fresca

1 cucchiaino di artemisia secca

1 stecca di cannella

4 chiodi di garofano

1 foglia di alloro

5 Fiori di sambuco

Miele di fiori d'arancio

1 ¼ di tazza di acqua di sorgente

Contenitore in ceramica o vetro

Mettete tutte le erbe in un contenitore, versate acqua bollente sopra, lasciate riposare per 5 minuti, dolcificare con miele a piacere. Attenzione: questo è un tè potente e non dovrebbe essere consumato prima di guidare per almeno 3 ore. NON ingerire in caso di gravidanza.

Tè porta fortuna e prosperità

Combinando una varietà di erbe, corteccia e semi, questo tè è curativo e vi allineerà con quel potere porta fortuna. Mentre lo bevete, meditate su quale tipo di fortuna o buona sorte necessitate in modo da infondere l'energia specifica.

Ingredienti:

Bastone di cannella (corteccia arricciata)

Mezzo cucchiaino di chiodi di garofano

Mezzo cucchiaino di noce moscata

Mezzo cucchiaio da tavola di caprifoglio

Miele a piacere (opzionale)

Mescolate e lasciate in infusione per dieci minuti. Mettete la stecca di cannella nella teiera o nella tazza durante la macerazione. Godetevi il momento accanto al vostro altare con una candela di fortuna accesa.

Tè di protezione:

Scegliere le erbe: Identifica le erbe che sono associate alla protezione e alla sicurezza come la salvia, l'ortica, la lavanda, l'agrifoglio e l'alloro. Puoi utilizzare una singola erba o una combinazione di erbe, a seconda delle tue preferenze e delle proprietà desiderate.

Misurazione delle erbe: Utilizza una bilancia o un cucchiaio dosatore per misurare le quantità precise delle erbe che desideri utilizzare. La quantità può variare a seconda della forza desiderata e delle dimensioni della tua tazza o della teiera. 1-2 cucchiaini di erbe per ogni tazza sono sufficienti.

Preparazione dell'acqua: Riscalda l'acqua alla temperatura appropriata per le erbe che stai utilizzando. L'acqua bollente è generalmente adatta per la maggior parte delle erbe, ma assicurati di controllare le raccomandazioni specifiche per ciascuna erba.

Infusione delle erbe: Metti le erbe nella tua tazza o teiera e versa l'acqua calda sulle erbe. Copri con un coperchio o un piattino e lascia in infusione per il tempo consigliato, solitamente da 5 a 10 minuti, ma puoi regolare il tempo in base alle tue preferenze di intensità.

Filtraggio e servizio: Dopo l'infusione, filtra il tè utilizzando un colino o un infusore per rimuovere le erbe. Versa il tè protettivo nelle tazze di servizio.

Intenzione e affinità energetica: Prima di bere il tè, concentra la tua mente sull'intento di protezione e sulla sicurezza. Visualizza un'energia protettiva che circonda te e la tua tazza di tè. Puoi anche tenere in mano un cristallo protettivo, come l'ematite o il quarzo fumé, per amplificare l'intenzione di protezione.

Momento di degustazione: Gusta il tè lentamente, prestando attenzione ai sapori e all'energia che si diffonde nel tuo corpo. Visualizza l'energia protettiva che assorbi mentre bevi il tè, sentendoti sicuro e protetto.

Tè di purificazione:

Ingredienti:

2 cucchiaini di coriandolo

2 cucchiaini di finocchio

1 spicchio d'aglio, tritato o schiacciato

1 pezzo di radice di zenzero, grattugiato

Succo di limone

Combinate gli ingredienti e versateci sopra dell'acqua bollente. Lasciate in infusione il tè per 8-12 minuti. Includere il miele se desiderato. Bevete questo tè alla luce del sole o della luna per aiutare il vostro processo di purificazione.

Tè di protezione e pulizia

1 cucchiaino di bergamotto

1 spruzzata di limone

2 cucchiaino di dente di leone

2 cucchiaino di ortica

Unire gli ingredienti e lasciare in infusione per 10 minuti. Aggiungere la spremuta di limone prima di bere. Usatelo nei vostri rituali di protezione e pulizia. Potreste anche usare questo infuso per pulire alcuni dei vostri strumenti rituali dal vostro altare.

Tè dell'abbondanza

Avrete bisogno di:

Fiori di camomilla essiccati

Lavanda

Un chiodo di garofano

Una sola noce moscata intera

Un contenitore sigillabile (preferibilmente di vetro, non di plastica)

Una candela verde

Aggiungete gli ingredienti nel contenitore. Accendere la candela e tenere il contenitore sopra la fiamma della candela in modo sicuro e dire:

"L'abbondanza della Terra, infinita e vasta

Segui la luce di questa fiamma che ho lanciato,

Per portare quotidianamente l'abbondanza a me,

Con gioia e senza fine".

Tenete il contenitore del tè e chiudete gli occhi, immaginando che il potere del Sole scenda su di esso, benedicendolo con calore e gioia. Immaginate che l'abbondanza vi faccia visita ogni volta con l'alba, brillando su di voi e sulla vostra casa al culmine del mezzogiorno e rinnovandosi il giorno dopo.

Potete bere questo tè con un infusore ogni volta che state lavorando sul richiamo del denaro: il mio consiglio è di fare una disamina del vostro bilancio familiare, ciò vi aiuterà ad attrarre la giusta abbondanza finanziaria.

Tè anti-stress

Ingredienti:

1 cucchiaio di camomilla

2 cucchiaino di fiori di sambuco

2 cucchiaino di luppolo

2 cucchiaini di radici di valeriana

2 cucchiaino di lavanda

Combinare gli ingredienti e lasciare in infusione per 10 minuti. Godetevi un bagno rilassante con oli essenziali calmanti in una stanza illuminata solo da candele con incenso di lavanda o salvia. Sorseggiate la bevanda calmante lentamente.

Tè per lenire la frustrazione

Ingredienti:

2 cucchiaini di camomilla

1 cucchiaino di issopo

3 cucchiaini di foglie di lampone

Scorza d'arancia

Unire la camomilla, l'issopo e la foglia di lampone. Usare la buccia o la scorza d'arancia per strofinare l'interno della tazza e anche intorno alle labbra. Aggiungere acqua bollente alle erbe e lasciarle in infusione per 8-10 minuti. Prima di bere il tè, concentrate la vostra mente sull'intento di eliminare la frustrazione e di raggiungere una maggiore calma e rilassamento. Visualizzate la frustrazione che si dissolve e l'energia serena che si diffonde nel vostro corpo mentre sorseggiate il tè. Gustate il tè lentamente, prestando attenzione ai sapori e all'effetto rilassante che produce nel corpo. Respirate profondamente e rilassatevi, permettendo all'energia calmante di agire su di voi.

Tè per la salute e il benessere emotivo

Questo preparato è buono per la mente, il corpo e lo spirito e vi darà un senso generale di calma e benessere. Ha un ottimo sapore e ha molte proprietà curative per ottenere un grande equilibrio interiore.

Ingredienti:

1/2 cucchiaino di fiori di sambuco

1 cucchiaino di finocchio

2 cucchiai di luppolo

2 cucchiaini di menta

3 cucchiai di rosa canina

Unire gli ingredienti e lasciare in infusione per 10 minuti. Scrivete nel vostro diario i vostri desideri ed intenti e iniziate a sorseggiare il tè con le stesse modalità descritte in precedenza.

Tè della divinazione

Per la divinazione nei tuoi incantesimi e rituali magici, preparate una tazza di questo tè divinatorio, vi aiuterà ad aprirvi alle energie e agli spiriti per tutte le vostre pratiche divinatorie.

Ingredienti:

1 cucchiaio di artemisia

2 cucchiaini di melissa

1 cucchiaio di rosa canina

Pizzico di lavanda

Unire gli ingredienti e lasciare in infusione per 10-12 minuti. Gustatelo seduti n un luogo appartato con dell'incenso di artemisia che brucia nelle vicinanze e iniziate la vostra esperienza.

Tè di chiaroveggenza

Il tè per la chiaroveggenza è utilizzato come un aiuto per stimolare l'intuizione e aprire la mente alle percezioni sottili. Può essere bevuto prima di pratiche divinatorie, come la lettura delle carte o la scrittura automatica, per favorire la connessione con il proprio sé intuitivo e per aumentare la consapevolezza delle energie e delle informazioni sottili.

Il tè utilizzato per la chiaroveggenza include erbe con proprietà che favoriscono l'apertura del terzo occhio e l'accesso ai reami spirituali. Alcune erbe comuni utilizzate per questo scopo includono la salvia, l'ortica, il biancospino, l'assenzio e la menta piperita. Queste erbe sono associate alla chiarezza mentale, alla stimolazione dell'intuizione e all'amplificazione delle percezioni psichiche.

Bere il tè per la chiaroveggenza può creare uno stato di calma e focalizzazione mentale, che può facilitare la connessione con il proprio sé superiore o con le energie spirituali. È importante sintonizzarsi con l'energia del tè e concentrarsi sull'intento di ottenere informazioni o intuizioni attraverso la pratica della chiaroveggenza. Tale dote è un'abilità che richiede pratica, sviluppo e disciplina personale. Il tè può essere un supporto per facilitare la pratica, ma è fondamentale combinare il tè con altre tecniche, come la meditazione, la visualizzazione e la consapevolezza del proprio stato interiore, per sviluppare le proprie capacità di chiaroveggenza in modo significativo.

Ingredienti:

2 cucchiaino di artemisia

2 cucchiaino di timo

2 cucchiaino di rosmarino

1 cucchiaino di menta

Unire gli ingredienti e lasciare in infusione per circa 9-10 minuti prima di bere. Accendete alcune candele e dell'incenso, o fate un cerchio rituale. Sedetevi in un luogo appartato senza distrazioni e sorseggiate il vostro tè in assoluta meditazione. Può essere ripetuto ogni giorno.

Tè dell'amore

Una tazza di tè verde o tè bianco (che simboleggiano l'amore e la connessione)

Un cucchiaio di miele (che rappresenta la dolcezza e l'attrazione)

Un cristallo di quarzo rosa (che amplifica l'energia dell'amore)

Istruzioni:

Preparate un ambiente tranquillo e privo di distrazioni. Assicuratevi di avere tutto il necessario a portata di mano.

Riscaldate l'acqua alla temperatura appropriata per il tè verde o bianco che hai scelto.

Mettete il tè nella vostra tazza preferita e versate l'acqua calda sopra le foglie del tè.

Coprite la tazza con un piattino o un coperchio e lasciate in infusione per il tempo consigliato, solitamente da 2 a 3 minuti. Durante questo periodo, concentratevi sul vostro intento per attrarre più amore nella vostra vita e aprite il vostro cuore alla connessione.

Dopo l'infusione, rimuovete le foglie del tè dalla tazza e aggiungete un cucchiaio di miele. Mescolate delicatamente il miele nel tè, visualizzando l'energia dolce e attrattiva che si diffonde nel liquido.

Prendete il cristallo di quarzo rosa e tenetelo tra le mani, concentrandovi sull'intento di attrarre amore. Visualizzate l'energia dell'amore che fluisce nel cristallo e che si mescola all'energia del tè.

Ora recitate l'incantesimo seguente:

"Con il potere dell'amore e della connessione,

Attrai il legame che nutre il mio cuore.

Che l'amore puro fluisca verso di me,

Portando gioia e armonia infinita.

Questo incantesimo è eseguito con amore e luce,

Rispettando il libero arbitrio e il bene supremo di tutti.

Così sia!"

Sorseggiate il tè lentamente, sentendo l'energia dell'amore e della connessione che fluisce in voi. Concentratevi sul vostro intento e aprite il vostro cuore a nuove opportunità di amore e connessione.

Dopo aver bevuto il tè, conservate il cristallo di quarzo rosa in un luogo speciale, come un altare o una sacca magica, come un ricordo del vostro impegno a mantenere aperto il flusso d'amore nella vostra vita.

Ricordate che l'incantesimo del tè può essere un potente strumento per focalizzare la vostra intenzione e lavorare con l'energia dell'amore e della connessione. Tuttavia, è importante combinare l'incantesimo con azioni concrete durante il vostro percorso di vita quotidiana per attrarre e coltivare amore e connessione significativi.

Tè della divinazione

Il dente di leone, come abbiamo visto nella seconda parte, è fortemente associato alla divinazione e ai poteri mentali.

Avrete bisogno di:

1 cucchiaino di foglia di dente di leone o radice tritata

Istruzioni:

Mentre versate l'acqua sul dente di leone, pronunciate queste parole:

"Serenamente mettiamo radici, centriamo il nostro essere,

Affinché siamo aperti a chiari messaggi dal mondo non fisico.

Così sia."

Sorseggiate il tè lentamente, sentendo l'energia che inizia a ristabilire il vostro equilibrio mentale. Sintonizzate i sensi, abbracciate l'incanto oltre confini della mente, esplorate il vostro interno. Inondatevi di benessere, di positività e luce.

CAPITOLO 10

Bagno Rituale

Il bagno rituale è un'importante forma di purificazione e preparazione per il lavoro magico e spirituale. Questo antico rituale, eseguito con attenzione e intenzione, offre una moltitudine di benefici per mente, corpo e spirito. In questa trattazione, esploreremo la funzione del bagno rituale e i benefici che ne derivano. Il bagno rituale è un atto di purificazione che prepara il praticante per un'esperienza spirituale più profonda. Prima di intraprendere un rituale o un incantesimo, è importante creare uno spazio energetico pulito e positivo. Il bagno rituale svolge un ruolo cruciale in questo processo, poiché ci permette di liberarci dalle energie negative e di connetterci con le forze spirituali che ci circondano. Un aspetto fondamentale del bagno rituale è l'uso di erbe e oli essenziali. Le erbe come la lavanda, il rosmarino e la menta vengono spesso utilizzate per le loro proprietà calmanti e purificanti. Gli oli essenziali, come l'olio di rosa o l'olio di sandalo, possono essere aggiunti all'acqua per creare un'atmosfera aromatica che favorisce la calma e la concentrazione. Questi ingredienti naturali svolgono un ruolo essenziale nel rilassamento della mente e del corpo, aprendo la strada a una connessione più profonda con il sacro.

Mentre si riempie la vasca, il praticante può recitare incantesimi o preghiere, focalizzando la propria intenzione su ciò che desidera ottenere dalla pratica. Questo momento di riflessione personale e di concentrazione intorno ai propri obiettivi e desideri aiuta a stabilire un collegamento diretto con l'energia universale e a creare un ambiente propizio per la manifestazione delle intenzioni.

Una volta immersi nell'acqua del bagno rituale, il praticante può concentrarsi sulla purificazione fisica, mentale ed emotiva. L'acqua stessa rappresenta un elemento purificatore universale, che ci libera dalle impurità e dai pesi accumulati. Mentre ci immergiamo, possiamo visualizzare l'acqua che lava via tutte le energie negative e i pensieri tossici che abbiamo accumulato, lasciandoci con una sensazione di leggerezza e benessere. Durante il bagno rituale, è consigliabile meditare o praticare la visualizzazione creativa. La meditazione ci aiuta a calmarci, a svuotare la mente e a concentrarci sul momento presente. Attraverso la visualizzazione creativa, possiamo immaginare l'energia purificante dell'acqua che ci avvolge, lavando via le tensioni e le preoccupazioni. Questo processo favorisce una sensazione di tranquillità interiore e un senso di connessione profonda con l'universo. Un altro beneficio del bagno rituale è il rinnovamento dell'energia vitale. Durante il bagno rituale, l'energia vitale del praticante viene rigenerata attraverso l'armonizzazione con gli elementi naturali. L'acqua del bagno rappresenta l'elemento acqua, che è associato alle emozioni, all'intuizione e alla guarigione. Mentre ci immergiamo nell'acqua, possiamo sentire la sua energia fluire dentro di noi, riequilibrando i nostri chakra e ripristinando l'armonia nel nostro sistema energetico.

Inoltre, il bagno rituale può essere un momento di auto-cura e di amore verso noi stessi. Nel trambusto della vita quotidiana, spesso trascuriamo i nostri bisogni emotivi e fisici. Il bagno rituale ci offre l'opportunità di prendere consapevolmente del tempo per noi stessi, dedicandoci al nostro benessere e alla nostra connessione spirituale. Questo atto di auto-amore contribuisce a nutrire la nostra autostima e a coltivare una relazione più sana e amorevole con noi stessi.

Oltre ai benefici spirituali ed energetici, il bagno rituale ha anche effetti positivi sul corpo fisico. L'acqua calda favorisce la circolazione sanguigna, rilassa i muscoli e allevia lo stress e le tensioni accumulate. Può anche favorire la pulizia della pelle e migliorare la qualità del sonno. Questi benefici fisici contribuiscono a una sensazione generale di benessere e vitalità.

Il bagno rituale nella Wicca offre anche uno spazio di riflessione e gratitudine. Mentre ci immergiamo nell'acqua, possiamo riflettere sulle nostre esperienze, sulle lezioni apprese e sulle sfide affrontate. Possiamo esprimere gratitudine per tutto ciò che abbiamo nella nostra vita e per le connessioni spirituali che ci circondano. Questo momento di riflessione e gratitudine ci aiuta a coltivare una mentalità di apprezzamento e a sviluppare una maggiore consapevolezza della nostra interconnessione con il mondo che ci circonda. Ci sono diverse procedure di incantesimi che possono essere realizzati durante il bagno alle erbe per aiutare a pulire le energie negative. Ecco alcuni esempi:

Incantesimo di purificazione dell'energia

Mentre riempite la vasca, aggiungete alcune erbe purificanti come la salvia o il rosmarino all'acqua. Mentre vi immergete, visualizzate l'acqua che assorbe e rimuove tutte le energie negative presenti nei vostri corpi e nelle vostre aurore. Ripetete una frase di incantesimo come: "Con l'acqua che ci avvolge, tutte le energie negative vengono portate via. Siamo purificati e liberi da ogni peso."

Incantesimo di protezione

Prima di immergervi nel bagno rituale, create un cerchio di sale intorno alla vasca per creare una barriera energetica di protezione. Entrate nella vasca e visualizzate il sale che forma uno scudo di luce intorno a voi, respingendo le energie negative e mantenendo solo l'energia positiva e protettiva. Recitate un incantesimo come: "Con il sale come guardiano, proteggiamo il nostro essere. Nessuna energia negativa può penetrare, solo l'amore e la luce possono entrare."

Incantesimo di rilascio

Durante il bagno rituale, visualizzate tutte le energie negative, i pensieri limitanti o le emozioni tossiche che desiderate liberare. Immaginate che queste energie si dissolvano nell'acqua e vengano portate via. Potete anche utilizzare cristalli come l'ematite o l'ossidiana nera, che sono noti per assorbire le energie negative. Ripetete un incantesimo come: "Nell'acqua che ci circonda, rilasciamo tutto ciò che non serve. Liberiamo le energie negative e ci apririamo al nuovo."

Incantesimo di ricarica energetica:

Aggiungete alcune erbe o oli essenziali che promuovono la guarigione e la vitalità, come la lavanda o il gelsomino, all'acqua del bagno. Mentre vi immergete, visualizzate l'energia positiva dell'acqua che penetra nei vostri corpi e ricarica ogni cellula. Potete recitare un incantesimo come: "Con l'acqua del bagno, ci nutriamo di energia vitale. Ogni goccia ci rinfresca e ci rinnova, portando guarigione e vitalità."

Ricordate che l'intenzione e la concentrazione sono fondamentali durante l'esecuzione di un incantesimo. Assicuratevi di creare un ambiente tranquillo e di dedicare tempo e attenzione alla pratica del bagno rituale e dell'incantesimo associato. Siate sempre rispettosi delle erbe e degli oli essenziali utilizzati, facendo attenzione alle possibili reazioni allergiche o irritazioni cutanee.

Bagno della pace interiore:

Versate un cucchiaio di latte nella vostra vasca coma di acqua calda, e aggiungete dai 6 agli 8 petali di rosa. Non importa se sono freschi o se sono stati essiccati. Accendete alcune candele bianche per migliorare il potere di questo incantesimo. Una volta mescolato gli ingredienti nell'acqua, immergetevi fino a coprire le orecchie fissando il tetto della stanza. Recitate quanto segue:

"L'acqua danza nel vento, il polline fluttua nell'aria, silenzioso come un mare sereno, un ardente desiderio di pace.

Porta con sé la tranquillità, come un dono prezioso,

E riempie il cuore di serenità in un abbraccio amorevole."

Meditate e scacciate il caos presente nella vostra vita. Permettete all'acqua di portare via le energie negative e lasciate che il benessere entri in voi. Finita la meditazione, potete uscire dalla vasca. Come per altri bagni rituali, vi consiglio di asciugarvi all'aria. Svuotate e pulite la vasca per rimuovere le energie negative. Raccogliete i petali di rosa e seppelliteli lontano da casa vostra. Noterete presto un nuovo senso di calma e serenità che circonderà voi e la vostra casa.

Bagno dell'attrazione

Per creare un bagno che possa rendervi più desiderabili, dovreste riempire la vasca da bagno con acqua calda aggiungendo 4 o 5 arance tagliate a metà e un mazzo di foglie di menta fresca. Entrate nella vasca, spremete il succo d'arancia nell'acqua e successivamente strofinate la buccia sulla vostra pelle e sui vostri capelli. Stessa procedura con le foglie di menta. Compiuto questi passi, dovete entrare in uno stato di meditativo dove il vostro intento deve essere molto chiaro. Concentrarvi sulla volontà di essere più apprezzati e attrattivi per le persone a voi più care. Concentratevi e meditate su questo aspetto il più a lungo possibile. Questo processo dovrebbe essere ripetuto per diversi giorni. Lasciate asciugare il vostro corpo all'aria se la temperatura lo permette.

Gettate gli ingredienti nella spazzatura dell'umido e ponetelo all'esterno della casa.

Bagno con sale marino magico rigenerante

Ingredienti:

1 tazza di sale marino

½ tazza di fiori di camomilla

½ tazza di fiori Anjelica

¼ di tazza di rosa canina

1 limone piccolo, tagliato a pezzi sottili

10 gocce di olio essenziale

Mescolate le erbe sciolte con l'olio essenziale in una ciotola, lasciate riposare il preparato per qualche ora. Immergetevi nella vasca da bagno dopo aver aggiunto tutte le erbe sopra riportate. Rilassatevi e godetevi il momento di relax assoluto. Respirate il buon profumo d'incenso rigenerante e purificante che avrete acceso prima di iniziare la meditazione. La sola luce delle candele e uno dei vostri cristalli preferiti sopra il chakra del cuore vi aiuterà nell'intento desiderato. Terminato il vostro bagno, asciugatevi, prendete il materiale nella vasca e seppellitela in giardino o nella spazzatura da porre all'esterno della vostra casa.

Bagno di purificazione

Riempite la vasca con acqua calda. Aggiungete erbe come salvia, rosmarino o lavanda secche in un sacchetto di stoffa o direttamente nell'acqua. Lasciate che le erbe si inzuppino nell'acqua per alcuni minuti. Entrate nella vasca e immergetevi completamente, lasciando che l'acqua purifichi i vostri corpi e le vostre menti. Visualizzate l'energia negativa che viene lavata via dall'acqua.

Bagno distensivo

Riempite la vasca con acqua calda. Aggiungete erbe rilassanti come camomilla, melissa o avena secche in un sacchetto di stoffa o direttamente nell'acqua. Accendete candele profumate intorno alla vasca per creare un'atmosfera rilassante. Entrate nella vasca e immergetevi completamente, permettendo alle erbe di rilassare i vostri muscoli e le vostre menti. Concentratevi sulla sensazione di calma e tranquillità che pervade i vostri corpi.

Bagno della guarigione

Riempite la vasca con acqua calda. Aggiungete erbe curative come calendula o eucalipto secche in un sacchetto di stoffa o direttamente nell'acqua. Accendete delle candele colorate come il blu o il verde. Entrate nella vasca e immergetevi completamente, permettendo alle erbe di diffondere la loro energia curativa. Visualizzate la luce e l'energia che invadono i vostri corpi, guarendo qualsiasi disagio fisico o emotivo.

Bagno della prosperità

Riempite la vasca con acqua calda. Aggiungete erbe che rappresentano la prosperità come menta, cannella o basilico secchi in un sacchetto di stoffa o direttamente nell'acqua. Accendete candele verdi o gialle che simboleggiano l'abbondanza. Entrate nella vasca e immergetevi completamente, concentrandovi sulle vostre intenzioni di attrarre prosperità nella vostra vita. Immaginate l'energia dell'abbondanza che fluisce attraverso i vostri corpi mentre vi immergete nel bagno.

Bagno della benedizione

Riempite la vasca con acqua calda. Aggiungete erbe sacre come verbena, alloro o incenso secchi in un sacchetto di stoffa o direttamente nell'acqua. Accendete candele bianche o colorate che rappresentano la spiritualità e la connessione divina. Fate una preghiera o un'invocazione alle divinità o agli spiriti che risuonano con voi, chiedendo la loro benedizione. Entrate nella vasca e immergetevi completamente, permettendo alle erbe sacre di diffondere la loro energia di benedizione. Immaginate la luce divina che pervade i vostri corpi, donandovi serenità e una connessione spirituale profonda.

Bagno di purificazione dell'anima

Riempite la vasca da bagno con acqua calda. Assicuratevi che la temperatura sia confortevole. Preparate le erbe che desiderate utilizzare per la purificazione. Potete scegliere erbe come salvia, rosmarino, lavanda o qualsiasi altra erba che ritenete appropriata per il vostro intento di purificazione. Avvolgete le erbe in un sacchetto di stoffa o in una garza e legate le estremità in modo che le erbe siano ben contenute. Questo vi aiuterà a evitare di doverle pulire dalla vasca successivamente.

Accendete candele intorno alla vasca per creare un'atmosfera magica e rilassante. Potete scegliere candele bianche, blu o viola che rappresentano la purificazione e la spiritualità. Prima di entrare nella vasca, prendete un momento per centrarvi e focalizzarvi sul vostro intento di purificazione dell'anima. Potete recitare una preghiera o un'invocazione che richiama le forze della natura o le divinità che risuonano con voi. Chiedete loro di benedire e purificare le vostre anime durante questo rituale. Immergetevi nel bagno, assaporate il momento magico dell'acqua che circonda i vostri corpi, consentendo alle erbe di diffondersi e purificare l'energia intorno a voi. Respirate profondamente rilasciando tutte le tensioni e le negatività che possono essere presenti in voi.

Iniziate a meditare e a visualizzare il processo di purificazione in corso. Immaginate che l'acqua e le erbe stiano pulendo e purificando ogni parte del vostro essere, liberandovi da ogni energia negativa, tensione o impurità. Visualizzate la luce bianca o dorata che fluisce attraverso voi, riempiendo i vostri corpi e le vostre anime di energia pura e positiva. Rimanete immersi nella vasca il tempo desiderato, permettendo alle erbe e all'acqua di diffondere la loro magia purificatrice.

Quando sentite che il processo di purificazione è completato o quando sarete soddisfatti del tempo trascorso nella vasca, potete uscire lentamente dall'acqua. Mentre vi alzate, prendetevi un momento per riflettere sull'esperienza e ringraziare le forze spirituali o le divinità che avete invocato per il loro aiuto nella purificazione delle vostre anime. Esprimete la vostra gratitudine per la purificazione ricevuta e per l'energia positiva che avete accolto nei vostri esseri. Dopo aver lasciato la vasca, avvolgetevi in asciugamani puliti e asciugate delicatamente la vostra pelle. Potete applicare oli o creme idratanti sulla pelle per nutrirla e lasciarla morbida. Prendetevi cura di voi stessi dopo il bagno purificatore, dedicando del tempo per rilassarvi e integrare l'energia ricevuta.

Ricordate che la purificazione dell'anima è un processo personale e soggettivo. Siate aperti e sinceri nel vostro intento di purificare le vostre anime e lasciate che l'energia delle erbe e dell'acqua vi guidi in questo viaggio interiore. Adattate la procedura alle vostre preferenze e agli strumenti che avete a disposizione, ascoltando sempre la vostra intuizione e connessione con la spiritualità.

CAPITOLO 11
Uso degli oli essenziali

Oli essenziali comuni

G li oli essenziali sono estratti naturali altamente concentrati derivati da piante, fiori, erbe, radici o alberi. Essi hanno una lunga storia di utilizzo in diverse culture per le loro proprietà terapeutiche, aromatiche e spirituali.

Essi sono conosciuti per le loro proprietà terapeutiche. Ogni olio ha diverse proprietà, come antibatteriche, antinfiammatorie, antiossidanti, calmanti o energizzanti. Vengono utilizzati per favorire il benessere fisico, mentale ed emotivo. Ad esempio, l'olio essenziale di lavanda è noto per le sue proprietà calmanti e può essere utilizzato per ridurre lo stress e promuovere il sonno. L'uso degli oli essenziali nell'aromaterapia è di uso comune, sfrutta gli oli essenziali per creare determinate atmosfere o stimolare specifiche risposte emotive e mentali. Gli oli essenziali vengono diffusi nell'ambiente attraverso diffusori o bruciatori d'olio, o vengono aggiunti a prodotti come candele profumate, saponi o creme per il corpo. L'inalazione degli oli essenziali può avere effetti benefici sul sistema nervoso, sulle emozioni e sulle funzioni cognitive.

Gli oli essenziali sono stati utilizzati storicamente nella medicina tradizionale di molte culture in tutto il mondo. Ad esempio, nell'antico Egitto, venivano utilizzati oli essenziali come l'incenso e la mirra per scopi medici e spirituali. Nella medicina ayurvedica indiana, gli oli essenziali vengono utilizzati per riequilibrare i dosha (elementi costituzionali) e favorire la salute e il benessere generale.

Gli oli essenziali fanno parte integrante delle pratiche spirituali e religiose in molte culture compresa la Wicca. Vengono utilizzati per la purificazione, la consacrazione e la creazione di uno stato di consapevolezza elevato. Sono utilizzati per ungere oggetti sacri, come candele rituali o amuleti, o per diffondere profumi durante le cerimonie o i rituali. È importante sottolineare che gli oli essenziali sono potenti e devono essere utilizzati con cautela. Prima di utilizzarli, è consigliabile fare una ricerca approfondita sulle proprietà specifiche di ogni olio, nonché sulle precauzioni d'uso e le possibili interazioni con farmaci o condizioni di salute. Inoltre, consiglio di utilizzare oli essenziali di alta qualità e di origine naturale.

Oli rituali

Sono generalmente usati per essere da contorno a molti strumenti rituali, l'esempio più classico è ungere le candele. Servono a potenziare l'energia, focalizzare l'intento e creare un'atmosfera sacra durante i nostri rituali. Possono essere utilizzati per purificare uno spazio, oggetti o persone prima di iniziare il rituale o una cerimonia, oppure spalmarlo sulle mani e sul corpo. Sono utilizzati per benedire persone, oggetti o luoghi. Possono essere applicati sulla fronte, sul petto o sulle mani durante una preghiera o in un rito di benedizione. Utilizzati anche per creare uno scudo energetico di protezione. Possono essere applicati sulle porte, finestre o amuleti per proteggere uno spazio o una persona dalle influenze negative o energetiche indesiderate. Gli oli rituali sono altresì utilizzati per attrarre energia positiva, amore, prosperità, fortuna o qualsiasi altra intenzione desiderata.

Vengono utilizzati per facilitare l'elevazione spirituale, l'apertura dei chakra e la connessione con le forze divine. Applicati sui chakra, sul petto o sulle mani durante le pratiche meditative hanno un effetto straordinario. Sono strumenti che amplificano l'energia e l'intento del praticante, ma sono sempre complementari alla pratica personale e alla connessione spirituale. L'uso di questi oli richiede una comprensione delle proprietà e una chiara intenzione nell'utilizzo.

Olio base

L'uso degli oli può variare a seconda delle preferenze personali e delle intenzioni specifiche del praticante. Ecco alcuni oli essenziali di base comuni nella Wicca:

Lavanda: L'olio essenziale di lavanda è conosciuto per le sue proprietà calmanti, rilassanti e purificanti. Viene spesso utilizzato per promuovere la pace, la serenità e l'amore in rituali e pratiche di meditazione.

Rosmarino: L'olio essenziale di rosmarino è associato alla purificazione, alla protezione e alla stimolazione mentale. Viene utilizzato per purificare uno spazio, aumentare l'energia e migliorare la concentrazione durante i rituali.

Menta piperita: L'olio essenziale di menta piperita è noto per le sue proprietà stimolanti e rinfrescanti. Viene utilizzato per promuovere la chiarezza mentale, la vitalità e l'energia positiva durante i rituali.

Incenso: L'olio essenziale di incenso, estratto dalla resina dell'albero di incenso, è associato alla spiritualità, alla connessione divina e alla purificazione. Viene utilizzato per favorire la meditazione, la consacrazione e l'apertura dei canali energetici.

Patchouli: L'olio essenziale di patchouli è noto per il suo aroma terroso e sensuale. Viene utilizzato per attirare l'amore, l'abbondanza e la prosperità, nonché per stabilizzare le energie e favorire la connessione con la Madre Terra.

Sandalo: L'olio essenziale di sandalo è associato alla spiritualità, alla pace interiore e alla connessione spirituale. Viene utilizzato per promuovere la meditazione, l'armonia e l'equilibrio energetico.

Eucalipto: L'olio essenziale di eucalipto è noto per le sue proprietà purificanti e rinfrescanti. Viene utilizzato per pulire lo spazio, purificare l'aria e promuovere la guarigione fisica e mentale durante i rituali.

Olio di mandorle dolci

L'olio di mandorle si caratterizza per essere buono per tutti i tipi di pelle. Aiuta ad alleviare dolori, infiammazioni e secchezza. È noto per la sua natura leggera e delicata, ed è utilizzato come base o diluente per gli oli essenziali. Può essere mescolato con gli oli essenziali desiderati per creare miscele personalizzate per rituali o massaggi. Quest'olio è ricco di vitamine, antiossidanti e acidi grassi che lo rendono un ottimo idratante per la pelle. Può essere utilizzato per lenire la pelle secca, irritata o sensibile. Nella pratica Wicca è utilizzato per curare e purificare il corpo come parte di un rituale di auto-cura o di bellezza spirituale. Grazie alle sue proprietà idratanti e nutrienti, l'olio di mandorle dolci può anche essere utilizzato per creare unguenti o balsami per la cura della pelle. Può essere combinato con erbe o oli essenziali appropriati per creare preparati personalizzati per scopi specifici, come la guarigione, la protezione o l'amore.

Olio di carota

L'olio di carota si caratterizza principalmente per il suo ruolo nel proteggere la pelle. Previene la comparsa dell'invecchiamento precoce; aiuta ad alleviare il prurito; lenisce la secchezza; può trattare la psoriasi e può alleviare anche l'eczema.

Olio di mais

L'olio di mais è associato all'abbondanza e alla prosperità. E 'utilizzato per attirare energia positiva legata alla ricchezza materiale e all'abbondanza nella propria vita. Impiegato nei rituali o nelle meditazioni per creare un'atmosfera di prosperità e per attirare opportunità finanziarie. E' un simbolo di fertilità in molte culture. Nella pratica Wicca, l'olio essenziale di mais è funzionale per sostenere e celebrare la fertilità sia nel senso fisico che metaforico. Nei rituali o nelle pratiche di visualizzazione serve a connettersi con l'energia della fertilità e per chiedere benedizioni nelle aree della vita in cui si desidera la crescita e l'abbondanza. Il mais è anche associato alla rigenerazione e alla rinascita, al ciclo della vita e alla morte del dio. Favorisce la rinascita e il rinnovamento sia a livello personale che spirituale. Può essere utilizzato nei rituali di transizione o durante i periodi di cambiamento per favorire un processo di trasformazione positiva.

Ha radici profonde nella storia umana e nelle tradizioni agricole, in quanto aiuta a rafforzare il legame con la natura e a onorare l'energia della terra e dell'agricoltura. Utilizzato per stabilire un collegamento con le energie della natura durante i rituali stagionali o per celebrare la fertilità della terra. Può essere d'aiuto in menopausa e migliorare le funzioni cardiache o per trattare l'eczema e la psoriasi. Inoltre, può prevenire la comparsa di sintomi di invecchiamento precoce.

Olio d'uva

L'uva è associata alla conoscenza, alla saggezza e all'intuizione. Stimola la mente e favorisce la chiarezza mentale. Durante i rituali o le pratiche di divinazione favorisce la connessione con l'intuizione e aiuta ad amplificare la consapevolezza spirituale. L'uva è associata alla celebrazione, alla gioia e al piacere sensoriale. L'olio essenziale di uva può essere utilizzato per creare un'atmosfera festiva durante i rituali o le celebrazioni di vario tipo. La sua fragranza può aiutare a elevare lo spirito e a connettersi con l'energia positiva. E' anche ricca di antiossidanti e nutrienti che favoriscono la vitalità e migliorano la salute. Può essere utilizzato durante le pratiche di guarigione, i rituali di rinnovamento o per promuovere uno stato di equilibrio e armonia.

Olio di nocciola

L'olio essenziale di nocciola nei tuoi rituali o meditazioni favorisce la chiarezza mentale, l'intuizione e l'acquisizione di saggezza. Simbolo protettivo, lo si può utilizzare per creare un unguento, una candela o una miscela di protezione durante i rituali o per ungersi durante periodi di vulnerabilità.

Olio di jojoba

L'olio di jojoba è molto benefico per il corpo; può trattare eczema, pelle infiammata, acne, psoriasi, ed è utile nella cura dei capelli. E' noto per le sue proprietà idratanti e lenitive per la pelle. Potete utilizzare l'olio di jojoba come routine per la cura del corpo, come olio da massaggio o idratante per la pelle. Usato per scopi energetici in pratiche di purificazione o protezione.

Olio d'oliva

L'olio d'oliva è noto per il suo grande potere terapeutico essendo ricco di antiossidanti e acidi grassi sani che possono nutrire e idratare la pelle. Utile per massaggiare il corpo durante i rituali o le pratiche di cura personale, creando una sensazione di nutrimento e benessere.

L'olio d'oliva viene utilizzato per creare miscele di protezione e purificazione. Può essere miscelato con erbe o altri oli essenziali appropriati per creare un olio rituale che favorisca la protezione dagli influssi negativi o purifichi lo spazio sacro. Molto importante il suo utilizzo per ungere oggetti, candele, amuleti che si desidera consacrare o dedicare a uno scopo specifico. Può essere applicato con attenzione sulle superfici o gli oggetti con una chiara intenzione, creando un legame energetico tra l'oggetto e la pratica spirituale. L'olio d'oliva è un elemento essenziale nella cucina mediterranea in preparazioni culinarie legate a rituali o celebrazioni, impiegato per condire cibi, ungere pentole o parte integrante di piatti preparati con un'intenzione spirituale.

Olio di arachidi

L'olio di arachidi è un'olio di origine vegetale che si ottiene principalmente dai semi commestibili della pianta di arachidi. Nella pratica Wicca gli oli essenziali di origine vegetale sono molto usati, come l'olio di lavanda, rosmarino, menta piperita, incenso, patchouli, sandalo, eucalipto. Tuttavia, sebbene l'olio di arachidi non sia ampiamente utilizzato come olio essenziale, può comunque avere altri utilizzi.

Olio di sesamo

I benefici dell'olio di sesamo includono la capacità di migliorare la salute della pelle e dei capelli. Può essere miscelato con oli essenziali o altri ingredienti appropriati per creare miscele adatte ai vostri scopi specifici, come la protezione, la guarigione o l'amore. Può essere applicato sulla pelle o su oggetti per creare uno scudo energetico, respingere le energie negative o purificare uno spazio sacro. Grazie alle sue proprietà nutrienti e idratanti, l'olio di sesamo viene utilizzato per creare unguenti o balsami per la cura della pelle. Molto utile per massaggiare il corpo durante i rituali o le pratiche di guarigione, favorendo il rilassamento, la circolazione energetica e il benessere generale.

Olio di salvia sclarea

L'olio di salvia sclarea è noto per le sue proprietà calmanti e rilassanti. Utilizzato principalmente durante i rituali o le pratiche meditative per creare un'atmosfera serena e di pace interiore. L'aroma dolce e terroso dell'olio di salvia sclarea riduce lo stress e promuovere una sensazione di estrema calma. Migliora la stimolazione dell'intuizione e all'approfondimento della consapevolezza spirituale. Impiegato per purificare e aprire i chakra, favorendo la connessione con il proprio sé superiore e l'accesso a intuizioni profonde durante le pratiche divinatorie. Fondamentale per riequilibrare le emozioni e favorire una sensazione di benessere emotivo, nonché il rilascio delle emozioni bloccate facilitando l'armonia interiore. L'olio di salvia sclarea ha un ruolo anche per la purificazione energetica degli spazi o degli oggetti. Può essere diffuso nell'aria o applicato su amuleti, oggetti sacri o strumenti rituali per creare uno scudo energetico protettivo e respingere le influenze negative.

Olio di eucalipto

L'olio di eucalipto è un ingrediente che viene usato nelle inalazioni di vapore per alleviare i sintomi del raffreddore. È ampiamente utilizzato per le sue proprietà curative e rinfrescanti ed è anche noto per le sue proprietà purificanti. Può essere diffuso nell'aria, aggiunto all'acqua per la pulizia rituale o applicato su oggetti o superfici per rimuovere energie indesiderate. L'aroma fresco e vivace dell'olio di eucalipto aiuta a stimolare la mente e favorire la chiarezza mentale. Durante i rituali o le pratiche di divinazione, ha la funzione di migliorare la concentrazione, l'intuizione e la consapevolezza. L'olio di eucalipto ha proprietà antibatteriche e antinfiammatorie, infatti può essere utilizzato in miscele di olio per massaggi per alleviare dolori muscolari o raffreddori, o come parte di un rituale di guarigione per promuovere la salute fisica e mentale. Applicato sulla pelle o su oggetti come candele o amuleti creerà una barriera protettiva respingendo energie negative o influenze indesiderate. Prima di utilizzare l'olio di eucalipto, assicuratevi di diluirlo adeguatamente in un olio vettore, come l'olio di mandorle dolci o l'olio di cocco, poiché è un olio essenziale concentrato. È anche importante fare una patch test sulla pelle per verificare eventuali reazioni allergiche.

Olio di limone

L'olio di limone è un olio essenziale ottenuto dalla buccia del limone attraverso il processo di spremitura a freddo. È ampiamente utilizzato per le sue proprietà energizzanti, purificanti e rivitalizzanti. E' conosciuto per le sue proprietà purificanti di energia negativa e pulizia dello spazio sacro. Può essere aggiunto all'acqua per la pulizia rituale, spruzzato nell'aria o utilizzato per ungere oggetti o strumenti rituali. L'aroma fresco e agrumato dell'olio di limone ha un effetto energizzante e rivitalizzante. Aumenta la propria carica energetica e favorisce la concentrazione. E' associato alla gioia, all'ottimismo e alla positività, ideale per creare un'atmosfera di gioia durante i rituali celebrativi o per alleviare lo stress e l'ansia. Può essere applicato sulla pelle come profumo protettivo o miscelato con altri ingredienti per creare un olio rituale per la protezione personale. È importante conoscere alcune accortezze quando di usano olii sulla propria pelle, ad esempio l'olio di limone è fotosensibile, il che potrebbe comportare un aumento della sensibilità della pelle alla luce solare. Pertanto, se si utilizza l'olio di limone sulla pelle, è consigliabile evitare l'esposizione diretta al sole per almeno 12 ore dopo l'applicazione. Inoltre, assicurarsi di utilizzare un olio di limone di alta qualità e di origine naturale per garantire la sua purezza e la sicurezza nell'utilizzo.

Olio di citronella

L'olio di citronella è un olio essenziale derivato dalla pianta di citronella, comunemente conosciuta come Cymbopogon nardus. È un olio aromatico ampiamente utilizzato per le sue proprietà repellenti contro gli insetti, ma utilizzato nei rituali Wicca come scudo energetico protettivo. La sua fragranza pungente e agrumata è considerata apprezzabile per allontanare le energie negative e respingere influenze indesiderate durante i rituali o nella creazione di spazi sacri. Può essere diffuso nell'aria o utilizzato per ungere oggetti o strumenti rituali per rimuovere impurità energetiche. L'aroma fresco e vivace dell'olio di citronella ha un effetto rinfrescante e stimolante sull'energia, favorendo la concentrazione, l'attivazione e l'elevazione delle vibrazioni durante i rituali o le pratiche spirituali. È importante utilizzare un olio di citronella di alta qualità e di origine naturale per garantire efficacia e sicurezza. Se si desidera utilizzarlo direttamente sulla pelle, è consigliabile diluirlo con l'olio di mandorle dolci o l'olio di cocco, poiché è un olio essenziale concentrato.

Olio di menta piperita

L'olio di menta piperita è noto per il suo aroma fresco e mentolato, oltre alle sue molteplici proprietà terapeutiche. Nella pratica Wicca, viene utilizzato per diversi scopi come stimolatore mentale, ovvero, come attivatore della concentrazione e stimolatore della memoria. Durante i rituali o le pratiche che richiedono un focus mentale intenso, l'olio di menta piperita può essere diffuso nell'ambiente o applicato alla pelle per aiutare a migliorare l'attenzione, rinnovare la vitalità e ridurre la stanchezza. Impiegato per pulire lo spazio da energie negative o influenze indesiderate. Nonostante la sua natura energizzante, l'olio di menta piperita può anche avere un effetto rilassante. Può contribuire a ridurre lo stress, l'ansia e la tensione. Durante i rituali o le pratiche di rilassamento, l'olio di menta piperita può essere utilizzato per creare un'atmosfera calmante e rigenerante.

Olio di rosa

L'olio di rosa è un olio essenziale pregiato ottenuto dai petali della rosa attraverso un processo di distillazione. È considerato uno degli oli essenziali più preziosi e ammirati per il suo aroma lussuoso e le sue molteplici proprietà benefiche. Nella pratica Wicca, l'olio di rosa è associato all'amore, alla bellezza e alla guarigione. Famoso per le sue qualità aromatiche nei rituali o nelle pratiche che coinvolgono l'amore, l'attrazione, la passione e la connessione emozionale. Contiene proprietà calmanti e lenitive per l'anima, per alleviare lo stress, l'ansia e le ferite emotive. Miscelato anche in oli o lozioni per la pelle per l'idratazione e il nutrimento generale della pelle. L'olio di rosa è anche conosciuto per le sue proprietà anti-invecchiamento. Quest'olio è associato alla dea e alla sacralità femminile. Utilizzato per creare un legame con il divino femminile durante i rituali o le pratiche spirituali, importante per onorare la dea e per facilitare una connessione più profonda con la propria natura femminile interiore.

Olio di rosmarino

L'olio di rosmarino è associato alla purificazione, alla protezione, alla stimolazione mentale e all'aumento dell'energia. Noto per le sue proprietà purificanti. Può essere diffuso nell'aria, aggiunto all'acqua per la pulizia rituale o applicato a oggetti o strumenti rituali per rimuovere impurità energetiche. Utilizzato per creare un campo di protezione energetica, da porre sulla pelle o si oggetti per creare uno scudo energetico per respingere influenze indesiderate. L'olio di rosmarino è anche noto per le sue proprietà stimolanti e per favorire la chiarezza mentale, la concentrazione e la memoria. Fondamentale durante i rituali o le pratiche che richiedono un focus mentale intenso o per migliorare l'intuizione e l'acquisizione di conoscenza. L'aroma rinvigorente dell'olio di rosmarino aiuta ad aumentare l'energia interiore e la vitalità.

Olio dell'albero del tè

L'olio dell'albero del tè è un olio essenziale estratto dalle foglie dell'albero del tè, scientificamente noto come Melaleuca alternifolia. È un olio ampiamente utilizzato per le sue proprietà antimicrobiche, antifungine e antinfiammatorie. La sua azione antimicrobica e antifungina può aiutare a respingere influenze negative o energie indesiderate e proteggere da attacchi energetici. Utilizzato per trattare piccole irritazioni cutanee, punture d'insetto o per contribuire alla guarigione di ferite, protezione della pelle durante i rituali di auto-cura o per preparare unguenti o balsami.

Inalazione di oli essenziali:

Ci sono diverse modalità di inalazione, ognuna con i suoi vantaggi e applicazioni specifiche. Ecco alcune modalità di inalazione degli oli essenziali:

Diffusione: Utilizzando un diffusore appositamente progettato, gli oli essenziali vengono diffusi nell'aria sotto forma di piccole particelle. Questo permette una diffusione uniforme e una diffusione dell'aroma nell'ambiente circostante. Potete selezionare oli essenziali con proprietà specifiche per creare una certa atmosfera durante i vostri rituali.

Inalazione dalla coppa: aggiungere alcune gocce di olio essenziale in una tazza di acqua calda, coprire la testa con un asciugamano e respirare il vapore aromatico. Questo metodo permette un'inalazione diretta dell'olio essenziale, fornendo benefici sia per il sistema respiratorio che per la mente.

Inalatori personali: Gli inalatori personali sono piccoli dispositivi portatili che contengono un tampone o una spugna imbevuta di oli essenziali.

Bagno di vapore: Aggiungere alcune gocce di olio essenziale in una ciotola di acqua calda e inclinare il viso sopra la ciotola con una tovaglia sul capo per catturare il vapore. Questo metodo è efficace per le congestioni nasali, il raffreddore o il rilassamento.

Utilizzate solo oli essenziali di alta qualità e puri, preferibilmente provenienti da fonti affidabili. Rispettate le dosi consigliate onde evitare inutili reazioni allergiche o di sensibilità.

Precauzioni principali quando si usano gli oli essenziali

Anche se gli oli essenziali possono avere innumerevoli usi terapeutici e magici, è molto importante prendere precauzioni. Evitare l'esposizione prolungata di quantità elevate di oli essenziali sulla pelle, perché si rischia un aumento della pressione sanguigna e anche della frequenza cardiaca. Importante ricordare che gli oli essenziali possono essere tossici se vengono ingeriti o anche usati internamente.

Gli oli essenziali devono essere preservati in contenitori progettati principalmente per la loro funzione, altrimenti si rischia che il composto si degradi facilmente e rapidamente causando molti rischi per la salute. Gli oli essenziali non devono mai essere usati come umidificatore o inseriti in qualsiasi macchinario per la respirazione.

Ricette

Olio di prosperità

Questo trio potente di erbe della prosperità è un potente amplificatore per tutti i tipi di lavori magici volti ad aumentare il vostro benessere materiale.

Avrete bisogno di:

1 cucchiaio di basilico fresco, foglie strappate delicatamente a pezzi

1 cucchiaio di foglie di rosmarino fresco

1 cucchiaino di noce moscata intera grattugiata

½ tazza di olio vettore di vostra scelta

Barattolo piccolo con coperchio a tenuta stagna

Istruzioni:

Unire le erbe in una ciotola, mescolandole accuratamente con le dita.

Versare l'olio vettore nel barattolo, poi aggiungere le erbe.

Chiudere bene il barattolo e dare una leggera scossa per spargere le erbe nell'olio.

Tenete il barattolo tra le mani per qualche istante immaginando di avere tutto ciò di cui avete bisogno.

Lasciate il barattolo in un luogo fresco e buio per quattro o cinque giorni. Successivamente filtrate l'olio in un altro barattolo eliminando le erbe.

Potete usare l'olio per ungere le candele, gli strumenti rituali e anche la vostra pelle come preparazione alla magia.

Olio per l'attrazione dell'amore

Questa ricetta fa uso delle proprietà aromaterapeutiche dell'olio essenziale oltre che delle erbe.

Gli oli elencati qui sotto sono tutti associati all'amore, e potrete creare una miscela personalizzata che più vi aggrada.

Assicuratevi di non mettere mai gli oli essenziali direttamente sulla vostra pelle, perché sono altamente concentrati e possono causare irritazioni.

Avrete bisogno di:

Alcune gocce di olio essenziale di rosa, sandalo, ylang-ylang e/o gelsomino

½ tazza di olio di mandorle

1 cucchiaio da tavola di lavanda secca

1 cucchiaio da tavola di camomilla secca

2 cucchiaini di cannella in polvere

Istruzioni:

Dopo aver scosso il barattolo per diffondere le erbe nell'olio, aprirlo di nuovo e aggiungere alcune gocce di olio [essenziale].

Richiudere il barattolo e agitare di nuovo.

Apritelo e inalate l'aroma. Se non è abbastanza forte, aggiungete altro olio [essenziale].

Ripetete questo processo finché non siete soddisfatti del profumo emanato. Tenete il barattolo tra le mani percependo la sensazione di essere amati e ricercati da un partner ideale.

Lasciate il barattolo in un luogo fresco e buio per cinque giorni, e filtrate le erbe.

Come per l'olio della prosperità, potrete usare quest'olio per ungere candele e strumenti, ma assicuratevi di spalmarlo sulla pelle prima di uscire da casa in modo da attirare l'amore!

Bustina portafortuna

Le bustine portafortuna sono un potente strumento per attirare energie positive e protezione nelle vostre vite.

Materiali necessari:

Piccole borse di stoffa di un colore che vi ispira energia positiva (preferibilmente verde, bianco o viola)

Un assortimento di erbe aromatiche secche, come ad esempio la lavanda, la salvia, il rosmarino, la menta, il timo o l'origano

Piccoli cristalli o pietre che rappresentano le vostre intenzioni (ad esempio, ametista per la protezione o quarzo rosa per l'amore)

Nastri o fili (preferibilmente di un colore che rappresenta le vostre intenzioni)

Procedura:

Trovate un luogo tranquillo dove potete lavorare senza interruzioni. Create un'atmosfera rilassante accendendo candele o incensi, se desiderate.

Prendete le borse di stoffa e tenetele tra le mani. Chiudete gli occhi per un momento e concentrate la vostra mente sull'intenzione da collegare alla bustina. Visualizzatevi circondati da un'energia positiva e protettiva.

Prendete una manciata di erbe aromatiche secche e lentamente mettetele nelle borse di stoffa. Mentre vi adoperate in questa operazione, concentrate le vostre intenzioni sulle erbe, richiamando la fortuna e positività nelle vostre vite.

Aggiungete i cristalli o le pietre scelte. Potete posizionarli sopra le erbe o mescolarli tra di esse, a seconda delle vostre preferenze personali.

Stringete la borsa tra le mani percependo l'energia che fluisce in essa, caricando le erbe e i cristalli con le vostre intenzioni.

Ora, prendete i nastri o i fili e legateli. Mentre fate l'operazione, recitate una piccola preghiera o un incantesimo:

"Con le erbe e le pietre che abbiamo scelto,

Creiamo un portafortuna che ci proteggerà.

Energia positiva ci circonda,

Fortuna e prosperità non ci abbandonerà."

Una volta che le borse sono legate e chiuse per bene, prendetele in mano e respirate profondamente. Visualizzate ancora una volta le vostre intenzioni.

I vostri portafortuna sono pronti per essere portati con voi, posizionati vicino al letto o in un luogo speciale nella vostra casa, ad esempio sul vostro altare. Ricordatevi di ricaricarli ogni tanto esponendoli alla luce del sole o alla luce della luna.

Ricordate che la creazione di un portafortuna è un atto personale e spirituale. Sentitevi liberi di adattare la procedura alle vostre preferenze e intuizioni personali.

CAPITOLO 12

Incantesimi di magia a base di erbe

Incantesimo della saggezza

Ingredienti:

Da sette a dieci foglie di salvia

Candela nera o blu

Carta da scrivere o diario

Candela da lavoro per creare un'atmosfera sacra

Indicazioni:

Accendete la candela da lavoro e dedicate un po' di tempo a meditare in silenzio. Lasciate che la vostra mente si liberi, concentrandovi sul presente. Se vi sentite emotivamente turbati o ansiosi, provate a scrivere liberamente i vostri pensieri su carta.

Posizionate le foglie di salvia, ad eccezione di una, intorno a voi formando un cerchio sacro.

Strofinate delicatamente la foglia di salvia rimanente sulle vostre tempie e sui polsi, permettendo che il suo profumo e la sua energia purifichino e rilassino le vostre menti.

Iniziate a dialogare con l'universo riguardo alla vostra situazione. Esprimete chiaramente le vostre preoccupazioni.

Accendete la candela nera o blu e pronunciate le seguenti parole: "All'energia saggia della strega dell'universo, consegniamo questa richiesta". Sentite la vostra intenzione fondersi con la fiamma della candela, mentre offrite la vostra richiesta all'universo.

Lasciate che la candela si consumi completamente.

La mattina successiva, raccogliete le foglie di salvia dal cerchio e portatele fuori. Seppellitele in giardino, offrendole come dono alla natura e al divino.

Siate aperti e attenti alle risposte che arriveranno. Potreste ricevere segnali nei giorni successivi, pertanto abbiate un atteggiamento propositivo verso l'universo perché esso non tarderà a rispondere ai vostri desideri.

Incantesimo per alleviare il dolore

Ingredienti:

Tre grandi foglie di salvia

Una foto della persona amata

Una candela viola

Una penna e carta da lettere

Una busta

Una vanga

Istruzioni:

Accendete la candela e dedicate un po' di tempo a meditare sulla persona cara deceduta. Riflettete su tutti i momenti felici passati con essa e su ciò che ritenevate le sue doti migliori.

Scrivete una lettera a questa persona, esprimendo apertamente i vostri sentimenti riguardo alla sua perdita. Condividete i ricordi speciali, le emozioni che avete provato e tutto ciò che desiderate comunicare.

Una volta completata la lettera, inseritela insieme alle foglie di salvia nella busta. Rappresenta un simbolo sacro del vostro amore e della vostra connessione con la persona cara.

Utilizzate un po' di cera fusa dalla candela per sigillare la busta con attenzione, creando un legame simbolico tra i vostri cuori.

Lasciate che la candela si spenga naturalmente, in modo che la sua fiamma trasmetta le vostre intenzioni di alleviare il profondo dolore.

Portate la busta in un luogo speciale, un luogo che aveva un significato particolare per voi e per la persona amata.

Con rispetto e amore, seppellite la busta sotto terra, poi copritela mettendo le vostre mani sul terreno con l'intenzione di inviare la vostra energia e le vostre intenzioni nella terra.

Rimandate l'energia di guarigione alla persona cara, consentendo alla Terra si assorbire il vostro dolore donandovi pace e consolazione.

Incantesimo del Sole e della Luna per un amore longevo

Ingredienti:

Un rametto di rosmarino

Riempite un calice o una tazza cerimoniale con acqua purificata

Una piccola candela d'oro (rappresenta il sole)

Una piccola candela d'argento (rappresenta la luna)

Indicazioni:

Disponete le candele e il calice d'acqua sull'altare.

Ponete il rametto di rosmarino accanto al calice.

Sedetevi uno di fronte all'altro e tenetevi per mano.

Allo stesso tempo, fate tre respiri profondi.

Rilassatevi e godetevi il calore dell'amore e dell'energia dell'altro.

Accendete una candela ciascuno.

Tenete il rametto di rosmarino e immergetelo nell'acqua.

Fate in modo da far roteare il rosmarino tre volte in senso orario, pronunciando le seguenti parole: "Che il nostro amore sia forte e sincero, e che perduri per il resto dei nostri giorni".

Amplificate il vostro desiderio bevendo un sorso d'acqua purificata dalla tazza e contemporaneamente tenendo il rametto di rosmarino in mano.

Dedicate del tempo a voi stessi trovando risposte alla vostra richiesta, alla vostra intenzione.

Una volta finito il rituale, spegnete delicatamente la fiamma e datevi un lungo abbraccio.

Incantesimo anti-stress da esame

Ingredienti:

Tre rametti di rosmarino fresco

Una piccola base piena di acqua purificata

Una candela arancione

Indicazioni:

Passate un po' di tempo a respirare lentamente per calmare la mente e poi accendete la candela.

Prendete in mano il vaso ed energizzate l'acqua con il vostro potere personale.

Guardate la fiamma per qualche minuto e immaginate di svolgere l'esame.

Mettete un rametto di rosmarino nel vaso e incanalate il vostro desiderio di successo per l'esame che dovrete svolgere.

Mettete un altro rametto di rosmarino nel vaso e immaginate di completare l'esame e di essere entusiasti per averlo superato. Tenete il vaso con il rosmarino nella vostra area di studio. Ogni volta che intraprenderete un test, ripetete l'incantesimo.

Purificazione personale

Ingredienti:

Un bastoncino di rosmarino

Una candela bianca

Terriccio per piante

Vaso

Istruzioni:

Mettete la candela al centro dell'altare o del tavolo e accendetela.

Rilassate la vostra mente per qualche istante con dei respiri profondi.

Usate la candela per accendere il bastone dello smudge.

Tenete una postura dritta con l'apertura dei piedi all'altezza delle spalle.

Purificate la vostra energia con il bastone smudge facendolo roteare intorno a tutto il corpo in senso orario partendo dalla testa e scendendo verso il basso finché tutta l'energia indesiderata è stata eliminata.

Riportate lo smudging alla sommità della testa e terminate.

Purificatevi completamente facendo tre respiri profondi.

Spegnete il bastoncino di smudge nel terreno del vaso.

Ogni volta che avrete bisogno di pulire e purificare la vostra energia, ripetete questo rituale.

Incantesimo per eliminare i pensieri negativi

Ingredienti:

Olio essenziale di rosmarino - da tre a cinque gocce

Olio essenziale di lavanda - da tre a cinque gocce

Olio essenziale di limone - da tre a cinque gocce

Un quarto di tazza di sale marino

Una candela bianca

Indicazioni:

Riempite la vasca da bagno con acqua calda e aggiungete oli essenziali e sale, combinate gli ingredienti agitando delicatamente l'acqua.

Accendete la sola candela bianca spegnendo tutte le luci.

Svestitevi ed entrate nella vasca da bagno.

Fate alcuni respiri profondi e lasciate che il profumo degli oli vi circondi.

Quando la vostra mente sarà in pace, pensate alla situazione in cui vi trovate pronunciando le seguenti parole: "Ho affrontato questa situazione con serenità e amore, confidando pienamente che l'universo mi offrirà una soluzione positiva e che tutto si svilupperà secondo i suoi piani."

Per 20 minuti rilassatevi nella vasca da bagno.

Scaduto il tempo, scaricate l'acqua ma rimanete seduti in modo che l'acqua di sbarazzarsi di qualsiasi energia negativa.

Asciugatevi e rilassatevi nella vostra zona di casa preferita senza apparecchi elettrici.

Incantesimo energetico per la sicurezza della casa

Materiali necessari

Una candela bianca

Un piatto o un portacandele

Un pizzico di sale

Un pizzico di rosmarino secco

Un pizzico di salvia secca

Un cristallo protettivo (come l'ossidiana o l'ametista)

Procedimento:

Trovate un luogo tranquillo nella vostra casa dove potete praticare l'incantesimo senza essere disturbati.

Accendete la candela bianca e posizionatela sul piatto o nel portacandele.

Prendete il pizzico di sale e cospargetelo intorno alla candela, immaginando che possa creare un cerchio protettivo intorno alla vostra casa.

Prendete il pizzico di rosmarino e salvia e sfregateli tra le dita, rilasciando il loro aroma. Queste erbe purificheranno e proteggeranno la vostra casa da energie negative.

Prendete il cristallo protettivo e tenetelo tra le mani, concentratevi sulla sua energia protettiva. Visualizzate un manto di luce avvolgere la vostra casa, creando un campo energetico sicuro e positivo.

Recitate l'incantesimo seguente:

"Spiriti dell'antico,

vi chiediamo la vostra guida.

Proteggete questa casa,

che sia un rifugio sicuro,

libero da male e negatività.

Che luce e amore riempiano ogni angolo,

e sicurezza sia il suo fondamento.

Così sia."

Ripetete l'incantesimo tre volte, sentendo le parole prendere vita e diffondersi nell'ambiente circostante.

Osservate la fiamma della candela, concentrandovi sulla sensazione di sicurezza e di protezione.

Spegnete la candela e ringraziate gli spiriti o gli dei invocati per la loro presenza e assistenza.

Conservate il cristallo protettivo in un luogo speciale nella vostra casa come simbolo di sicurezza e protezione continua.

Incantesimo per rapporti sentimentali logori con fiori ed erbe

Ingredienti:

Candele gialle

Olio d'oliva

Un pizzico di menta secca

Un pizzico di noce moscata secca

Petali di rose gialle essiccati

Piccole ciotole

Simboli rappresentativi delle persone come immagini

Istruzioni:

Visualizzate una luce bianca che parte dal vostro centro e si espande gradualmente, circondandovi completamente con una luce bianca protettiva.

Nelle piccole ciotole, unite i petali di rose e le erbe, immaginando che il vostro potere personale fluisca in questi ingredienti.

Ungete le candele con l'olio d'oliva e poi rotolatele nella miscela di fiori ed erbe.

Posizionate i simboli rappresentativi delle persone sul vostro altare e accendete le candele, pronunciando le seguenti parole o una frase simile: "Permettiamo che la nostra comunicazione sia sincera, fluente come l'aria che respiriamo."

Concentrandovi sui simboli, ripetete questa invocazione sei volte.

Dopo aver terminato l'invocazione, prendetevi un momento per liberarvi dalle emozioni negative che nutrite verso queste persone, in modo da poter comunicare in modo onesto e aperto al prossimo incontro.

Lasciate che le candele brucino fino in fondo, pronunciando le seguenti parole o una frase simile: "Quando ci incontreremo nuovamente, parleremo in modo onesto e aperto. Così sia."

Incantesimo del tè per un sonno sereno

IMPORTANTE: Si consiglia di non utilizzare l'artemisia in modo eccessivo. Se state allattando o in gravidanza, evitate del tutto.

Materiali necessari:

Da uno a un cucchiaino e mezzo di artemisia secca

Un colino per il tè

Una tazza

Carta da scrivere o un diario

Una penna

Istruzioni:

Prima di iniziare il rituale, preparate una tazza di tè all'artemisia.

Prima di coricarvi, lasciate in infusione l'artemisia per dieci minuti e poi filtrate.

Posizionate la carta da scrivere (o il diario) e la penna sul vostro comodino.

Sdraiatevi a letto e iniziate a respirare profondamente.

Sorseggiate il tè all'artemisia e concentratevi sui vostri sogni, focalizzandovi sul vostro intento.

Una volta che avete espresso la vostra richiesta, pronunciate le seguenti parole: "Siamo aperti all'opportunità di ricevere saggezza dal mondo dei sogni."

Bevete tutto il tè e poi andate a letto.

Quando vi sveglierete, riportate tutto ciò che ricordate del sogno nel vostro diario.

Continuate a rileggere queste annotazioni nei successivi giorni o settimane.

Tè divinatorio Elecampane

Tradizionalmente, l'elecampane è fortemente associata a ciò che alcuni chiamano "l'altra specie": elfi, fate e spiriti. Molte persone hanno sperimentato una connessione più profonda con il Mondo degli spiriti in generale. Che si tratti di spiriti guida, angeli, divinità o qualsiasi entità a cui ci si connette personalmente per una guida o un consiglio.

Da sola, la radice di elecampane ha un sapore abbastanza amaro, quindi è consigliabile utilizzare solo 1/4 di cucchiaino di radice tagliata e dolcificare il tè con abbondante miele.

Se la vostra divinazione è correlata a una domanda specifica o a un'area della vostra vita, potete scegliere una candela rossa o rosa per l'amore, verde o marrone per l'abbondanza. Il nero, il bianco e il viola sono colori associati alla divinazione.

Avrete bisogno di:

Candela a colonna (qualsiasi colore)

1/4 di cucchiaino e un pizzico aggiuntivo di radice di elecampane

Miele

Filtro per tè (opzionale)

Mazzo di tarocchi, carte oracolo o rune

Diario o carta da scrivere (opzionale)

Istruzioni:

Preparate il tè, conservando un pizzico della radice di elecampane come offerta alle fate.

Lasciate che il tè infusi per 3-5 minuti, filtrate la radice e addolcite a piacere con il miele.

Accendete la candela e rilassate la vostra mente mentre sorseggiate il vostro tè.

Quando vi sentirete pronti per iniziare la divinazione, prendete una piccola parte di radice di elecampane e spargetelo sulla candela in modo che una parte cada sulla fiamma (ma non abbastanza da spegnerla).

Pronunciate le seguenti parole: "Accogliamo la saggezza del Mondo degli Spiriti e ringraziamo le nostre guide per la loro presenza in questo momento".

Ora potete iniziare la vostra divinazione.

Annotate tutti i messaggi significativi per un riferimento successivo.

La candela può essere spenta delicatamente e riutilizzata per la divinazione in un momento successivo.

Olio di lavanda di pura energia d'amore

Anche se l'olio di lavanda può essere utilizzato negli incantesimi d'amore, l'obiettivo di questo particolare rituale non è innescare il romanticismo, bensì la pura essenza dell'amore come energia universale. L'amore puro rappresenta lo stato magico e divino dell'essere, e che possiamo relazionarci l'un l'altro con compassione e spirito propositivo.

E' una condizione mentale, l'amore puro è una forza potente e creativa, da cui scaturisce tutto il bene nel mondo.

Utilizzate il seguente rituale quando i sentimenti negativi minacciano di sopraffarvi, quando avvertite di perdere il contatto con la gioia di connettervi con gli altri o quando vi trovate a giudicare severamente gli altri e voi stessi. Potete utilizzare tutto l'olio in una volta sola o conservarne una parte per un altro momento - avrete solamente bisogno di un piccolo barattolo di vetro con un coperchio a vite in cui conservarlo.

L'olio essenziale di lavanda, a differenza dell'erba secca che possiede un profumo piuttosto delicato e leggero, è molto potente, quindi usatelo con parsimonia.

Avrete bisogno di:

Ciotola piccola

1/8 di tazza (o 2 cucchiai) di olio vettore (come olio d'oliva, olio di vinaccioli o olio di mandorle)

3-5 gocce di olio essenziale di lavanda

Candela rosa

Istruzioni:

Prendetevi un momento per respirare profondamente e calmare le vostre menti. Aprite l'olio di lavanda e immergetevi metaforicamente nel suo profumo.

Accendete la candela e visualizzate il senso di pace intorno a voi, immaginatevi liberi da ogni risentimento verso voi stessi o gli altri.

Versate l'olio vettore nella ciotola e aggiungete lentamente l'olio di lavanda, una goccia alla volta. Mescolate gli oli insieme dopo ogni goccia.

Una volta aggiunto abbastanza olio di lavanda, date un'ultima mescolata alla ciotola e poi tenetela tra le mani.

Concentratevi sui sentimenti di amore puro e caricate l'olio recitando le seguenti parole:

"Pura luce, puro amore,

Siamo collegati a tutto ciò che

l'amore puro ci offre.

E così sia."

Quando avrete completato la vostra visualizzazione, utilizzate l'olio per ungere la vostra pelle, infondendo al vostro corpo le energie tipiche della lavanda.

Applicate l'olio ogni volta che sentite il desiderio di avvolgervi nell'amore puro.

Apertura all'amore

A volte essere feriti da relazioni passate fa parte della vita di tutti noi, che siano state distruttive o semplicemente deludenti è una consuetudine. Beato chi non lo ha mai provato. Passato la tempesta e ripresi dal dolore iniziale, la paura e il timore di ricadere nello stesso dolore può comportare una certa reticenza alle nuove possibilità d'amore, portandovi in uno stato di stagnazione o blocco nel processo di guarigione.

Per liberarvi da queste paure persistenti e aprirvi alle opportunità che vi attendono, potete ricorrere all'incantesimo dell'Elecampane, un potente rito di apertura sia fisica che spirituale.

Ingredienti necessari:

Candela rosa

Fiori di elecampane

Panno rosa

Ago e filo rosa

Istruzioni:

Disponete i fiori di elecampane, il panno, l'ago e il filo sul vostro tavolo o altare.

Prendetevi un momento per sedervi in silenzio e respirare profondamente.

Mentre inspirate, immaginate una luce bianca brillante riempire il vostro corpo.

Mentre espirate, visualizzate lo stress, la tensione e qualsiasi dolore emotivo uscire dal vostro corpo, facendo sempre più spazio alla luce rinvigorente ad ogni inspirazione.

Accendete la candela, concentrandovi sulla vostra intenzione di far entrare l'amore nella vostra vita.

Mettete i fiori sul panno e avvolgeteli formando un fascio ordinato o creando un sacchetto.

Con ago e filo rosa, cucite il panno lungo i bordi e nei lati, simboleggiando ogni punto come la potenziale opportunità per l'amore di entrare e crescere nella vostra vita.

Mentre cucite, ripetete le seguenti parole, concentrando la vostra energia:

"Spirito dell'elecampane, aprite i nostri cuori,

Rilasciate il dolore e concedete un nuovo inizio.

Così sia."

Lasciate che la candela si spenga da sola.

Portate con voi la bustina nella vostra borsa, o collocatela in un luogo visibile, così da ricordare a voi stessi di mantenere i vostri cuori aperti a nuovi amori.

Questo incantesimo vi aiuterà a superare le vostre paure più nascoste e a permettere all'amore di fluire liberamente nella vostra vita.

Pulizia della mente

Nel nostro mondo veloce e competitivo, l'autostima e la fiducia in sé possono essere messe alla prova. Talvolta, persino coloro che appaiono più sicuri esteriormente possono trovarsi a confrontarsi con un senso di incertezza e inadeguatezza. Se vi doveste trovare a fronteggiare un attacco di "depressione da inadeguatezza", posso guidarvi attraverso un incantesimo che vi aiuterà a purificare la vostra mente da energie negative e a perseverare nel perseguire i vostri sogni. Con il sostegno del regno astrale, possiamo ristabilire uno stato mentale equilibrato, fiducioso e capace, consentendovi di affrontare con fermezza qualsiasi sfida che la vita vi presenti.

La tradizione erboristica ci insegna che il basilico è uno strumento potente per liberare la mente dai sentimenti inappropriati. Esso vi aiuterà a riacquistare fiducia in voi stessi, donandovi il coraggio, la forza e la resistenza necessari per affrontare le sfide con dignità e sicurezza. Infatti, il nome stesso "Basil" porta con sé il significato di "coraggioso e valoroso". Sfruttate questo incantesimo per ricollegarvi alla vostra energia coraggiosa.

Per l'incantesimo, procuratevi i seguenti ingredienti:

Olio essenziale di basilico

1 cucchiaino di olio d'oliva

Un piccolo piatto

1 candela nera

Uno specchio a mano

Seguite con attenzione le istruzioni:

Prima di iniziare il rituale, miscelate un cucchiaino di olio d'oliva con alcune gocce di olio essenziale di basilico all'interno del piccolo piatto.

Accendete la candela nera.

Prendetevi un momento per fare tre respiri profondi. Inspirate lentamente dal naso ed espirate completamente, rilasciando qualsiasi pensiero o emozione negativa.

Consentite all'energia della candela nera di purificare la vostra mente e il vostro campo energetico da qualsiasi negatività presente.

Tenete lo specchio tra le mani e fissate i vostri occhi riflessi. Ungere con delicatezza la cornice dello specchio utilizzando l'olio di basilico, iniziando dalla parte superiore e procedendo in senso orario.

Ogni volta che applicate una piccola goccia d'olio intorno alla cornice dello specchio, ripetete il seguente incantesimo:

"Sappiamo chi siamo e siamo abbastanza."

Continuate a ripetere il canto a vostra discrezione, finché non percepite un'energia calda e rinvigorente irradiarsi su di voi.

Spegnete la candela con delicatezza e lasciate che la nuova energia vi pervada mentre proseguite con la vostra vita.

Se necessario, potete ripetere questo incantesimo più volte per rafforzare la fiducia in voi stessi.

Ricordate sempre di concedervi del tempo per voi stessi e di praticare la pulizia della mente spesso durante il vostro percorso da praticante. Questo incantesimo sarà un prezioso alleato nel vostro cammino di crescita personale.

Ogni volta che vi sentirete sopraffatti dalle sfide della vita o dai pensieri negativi, ricordate il potere di questo incantesimo. Usate l'olio di basilico per ungervi delicatamente intorno alla fronte e al petto, ripetendo il canto:

"Sappiamo chi siamo e siamo abbastanza."

Lasciate che l'aroma rassicurante del basilico vi riconduca a uno stato di fiducia e saggezza interiore. Con ogni respiro, sentitevi più leggeri e liberati da dubbi, pronti ad affrontare con determinazione qualsiasi sfida che possa attraversare il vostro cammino.

Incantesimo per l'armonia nelle relazioni amorose

Nel nostro mondo veloce e competitivo, le relazioni romantiche possono essere affascinanti e appassionate all'inizio, ma nel corso del tempo, possono sperimentare una perdita di vitalità e cadere in solchi energetici che portano alla discordia.

Come rappresentante Wicca, vi consiglio un incantesimo che sfrutta le proprietà energetiche del basilico per ristabilire la pace e la felicità in una relazione consolidata. Il basilico favorisce l'affinità tra due persone e, pertanto, può essere utilizzato per riconnettersi e riconciliarsi con il proprio amore.

Per eseguire l'incantesimo, procuratevi i seguenti ingredienti:

1 candela bianca

1 busta

Una penna rossa

Diversi piccoli foglietti di carta

3 foglie di basilico fresco

Seguite con attenzione le istruzioni:

Accendete la candela bianca e prendetevi un momento per meditare sulle qualità positive della vostra relazione. Concentratevi su momenti passati che sono stati armoniosi e pieni di serenità.

Riflettete su dettagli specifici di quei momenti, sensazioni e qualità del vostro partner che ammirate di più.

Utilizzando la penna rossa e i foglietti di carta, scrivete dettagli, impressioni o qualità che ricordate di quei momenti speciali.

Mettete ogni foglietto nella busta, uno alla volta.

Completata la lista, aggiungete tre foglie di basilico fresco alla busta e sigillatela con un bacio, simboleggiando l'unione delle vostre intenzioni.

Tenete la busta tra le mani e pronunciate le seguenti parole o frase simili: "Il mio amore per te è magnetico. L'armonia tra noi è ristabilita".

Posizionate la busta vicino alla candela e lasciate che la candela si spenga naturalmente, simboleggiando la continua crescita e il rinnovamento dell'amore tra voi.

Successivamente, tenete la busta in un luogo visibile, come un altare o uno spazio personale, dove vi ricorderà costantemente le caratteristiche e le qualità positive del vostro partner.

Ricordate, la magia è un complemento al lavoro costante e al dialogo aperto nelle relazioni. Questo incantesimo è concepito per rafforzare il vostro amore e per mantenere viva la connessione tra voi. L'amore richiede cura e attenzione continue, e l'incantesimo del basilico è un potente strumento per rafforzare e ravvivare l'armonia tra due anime legate dall'amore. Utilizzate questa magia con rispetto e responsabilità, sapendo che potete sempre trovare in essa un sostegno nella vostra pratica Wicca e nella crescita delle vostre relazioni.

Incantesimo per proteggere e benedire la casa

Vi guiderò attraverso un potente incantesimo di protezione e benedizione per la vostra nuova dimora. Oltre a purificare la vostra casa con salvia e lavanda, è altrettanto essenziale stabilire il tono energetico una volta che avete completato il trasloco e iniziato a viverci stabilmente.

Questo incantesimo è il "tocco finale" che conferirà alla vostra casa un'energia protettiva e gioiosa, richiamando benedizioni positive.

Avrete bisogno dei seguenti strumenti:

Olio essenziale di cannella

Aceto bianco

Imbuto

Bottiglia spray

Spugna o panno

Candela bianca

Portacandele portatile

Seguite attentamente le istruzioni:

Mescolate una tazza d'acqua con dieci-quindici gocce di olio essenziale di cannella e versatela nella bottiglia spray utilizzando l'imbuto. Completate la bottiglia spray con aceto bianco.

Posizionate la candela bianca in un portacandele portatile sicuro, in modo da poterla portare con voi in giro per casa.

Accendete la candela e, mentre osservate la sua fiamma, visualizzate la vostra casa avvolta da una luce bianca e protettiva.

Iniziate dalla porta che usate più frequentemente per entrare in casa. Spruzzate la miscela di cannella sulla spugna o il panno e pulite entrambi i lati della porta. Immaginate di creare una barriera magica tra la vostra casa e qualsiasi energia indesiderata.

Ripetete il processo per ogni porta e telaio di tutte le finestre della vostra casa, procedendo in senso orario visualizzando la protezione diffondersi.

Terminata l'operazione di protezione, sedetevi in silenzio per qualche minuto. Immaginate una luce bianca che collega tutte le finestre e le porte, avvolgendo la vostra casa in un abbraccio protettivo.

Pronunciate le seguenti parole o una frase simile:

"Tra queste mura sono protetto, benedetto e felice. E così sia."

Lasciate che la candela bruci da sola in un luogo sicuro.

La vostra casa è ora avvolta da una potente energia di protezione e benedizione. L'incantesimo creerà un ambiente armonioso e gioioso, consentendovi di godervi il vostro nuovo spazio in pace e serenità.

Utilizzate quest'incantesimo con l'intenzione positiva di creare una casa sicura, felice e benedetta per voi e i vostri cari.

Incantesimo contro la depressione

Questo è un potente incantesimo per alleviare la depressione e ristabilire l'equilibrio nella vostra vita. La depressione può essere un'ombra opprimente, ma con l'aiuto del regno astrale e delle energie positive, possiamo potenziare il vostro spirito.

Avrete bisogno di:

Una candela bianca

Un pezzo di carta bianco

Una penna o matita

Un mazzo di carte degli angeli o delle fate (o immagini di angeli e fate stampate su carta)

Un piccolo cristallo di quarzo trasparente o ametista (per le proprietà curative)

Incenso di lavanda o rosa

Una conchiglia o un contenitore resistente al calore per bruciare l'incenso

Seguite con attenzione le istruzioni:

Trovate un luogo tranquillo dove potete essere soli con i vostri pensieri e le vostre emozioni. Accendete l'incenso di lavanda o rosa e permettete al suo aroma calmante di riempire l'aria intorno a voi.

Accendete la candela bianca e sedetevi in posizione confortevole, concentrandovi sul movimento della fiamma. Visualizzate come la luce della candela abbia il potere di dissolvere l'oscurità e portare chiarezza nella vostra mente.

Prendete il pezzo di carta bianco e scrivete senza freni i vostri sentimenti depressivi, ansia o tristezza. Non giudicatevi, lasciate fluire liberamente le vostre emozioni sul foglio.

Accanto al testo scritto, disegnate o attaccate le immagini degli angeli o delle fate. Questi esseri celesti sono portatori di luce e guarigione, e vi assisteranno nel vostro cammino verso la guarigione emotiva.

Prendete il cristallo di quarzo trasparente o ametista tra le mani e concentratevi sulla sua energia curativa. Immaginate come il cristallo sia in grado di assorbire le vostre emozioni negative, trasformandole in energia positiva.

Posizionate il foglio con le vostre parole e le immagini degli angeli davanti alla candela. Mentre il foglio inizia a bruciare, pronunciate le seguenti parole con fiducia e determinazione:

"Sotto la luce della candela, lasciamo andare le tenebre della depressione. Angeli e fate, portate la guarigione e la serenità nelle nostre anime. Con la magia della luce, riempiamo il nostro cuore di gioia e speranza. Così sia!"

Osservate il foglio bruciare lentamente nella conchiglia o nel contenitore resistente al calore. Visualizzate come le vostre emozioni negative si trasformino in energia positiva che si dissolve nell'aria.

Infine, tenete il cristallo tra le mani e portatelo vicino al cuore. Chiudete gli occhi e cercate di percepire la sua energia curativa che alimenterà in voi calma e conforto.

Ringraziate gli angeli e le fate per la loro assistenza, sapendo che vi accompagneranno nel vostro percorso di guarigione.

Quando sarete pronti, spegnete la candela e conservate il cristallo in un luogo speciale, portandolo con voi come un simbolo di guarigione e protezione.

Questo incantesimo vi aiuterà a trovare sollievo dalla depressione e a riportare la luce nelle vostre vite. Ricordate sempre di essere gentili con voi stessi e di cercare il sostegno delle energie positive che vi circondano. Con la magia e l'amore, possiamo superare qualsiasi oscurità e ritrovare la gioia nella nostra esistenza. Che la luce delle stelle vi accompagni sempre nel vostro cammino.

Incantesimo di pace ed armonia

Trovate un momento di pausa dalla frenesia quotidiana e procuratevi i seguenti ingredienti:

Cannella

Timo

Rosmarino

Lavanda

Olio essenziale di lavanda

Fiori freschi

Un vaso da fiori

Iniziate unendo la vostra energia con quella degli elementi. Ungi il vaso da fiori con l'olio di lavanda e, se lo desiderate, decorate il vaso con colori associati alla pace e all'armonia, come il bianco, il rosa o il giallo, o qualsiasi colore che parli alla vostra anima.

Poi piantate i fiori nel vaso e ponetelo con cura sul vostro altare. Assicuratevi di scegliere una pianta adatta allo spazio in cui si troverà. Se il luogo ha scarsa luce solare, scegliete una pianta che non richieda molta luce.

A questo punto, iniziate a creare un cerchio intorno a voi e mescolate insieme la cannella, il timo, il rosmarino e la lavanda nel vostro calderone o in un'altra ciotola. Dopo averli mescolati, cospargete le erbe sul terreno del vostro fiore, seguendo il senso orario.

Mentre spargete le erbe, recitate con ferma intenzione:

"Pace e armonia vengano a noi. Che l'amore e la gioia pervadano chiunque passi di qui."

Visualizzate con chiarezza una luce radiosa rosa e bianca che emana dai fiori e dalle foglie della pianta. Vederla pulsare con un bagliore interiore che si diffonde in tutto ciò che circonda la pianta, portando serenità e positività a tutto il luogo.

Quando avrete completato l'incantesimo, rilasciate il cerchio e portate la pianta nella sua nuova dimora, il luogo dove desiderate creare un centro di atmosfera pacifica. Assicuratevi di annaffiare e curare la pianta con amore, poiché la sua salute influenzerà direttamente il potere e la durata dell'incantesimo. Con questa pratica, la vostra casa si riempirà di armonia e pace, creando un luogo di serenità e benessere. Che la magia degli elementi vi accompagni sempre nel vostro cammino verso l'equilibrio interiore e la gioia. Così sia!

Incantesimo d'amore dolce come il miele

Miele (organico è meglio, di provenienza locale sarebbe ottimale)

Un piccolo barattolo di vetro con un coperchio montato

Una piccola candela rosa

Cannella

Baccello di vaniglia

Jasmine

Viola

Cardamomo

Basilico

Pepe rosso

Noce moscata

Alloro

Cominciate pulendo e detergendo il barattolo di vetro. Sentitevi liberi di decorarlo con immagini, simboli e parole che evocano l'amore. Una volta che il vostro vaso è pronto, mescolate le erbe nel calderone o in un'altra ciotola, usando parti uguali di ogni erba. Poi versatele sul fondo del barattolo di vetro, assicurandovi che coprano completamente il fondo.

Con il vostro dito, disegnate un cuore nelle erbe e recitate con determinazione: "Amore libero vieni in mio soccorso. Riempi i miei giorni con i raggi luminosi dell'amore."

Dopo questo passo, riempite il resto del barattolo con il miele e avvitate bene il coperchio. Posizionate la candela sulla parte superiore del vaso e accendetela. Lasciate che la candela bruci fino in fondo e poi posizionate il barattolo sul vostro altare o in un luogo speciale nella vostra camera da letto.

Questo incantesimo attirerà l'amore in tutte le sue forme nella vostra vita. Se necessitate di un'ulteriore spinta di energia magica, accendete un'altra candela sopra il vaso e ripetete l'incantesimo.

Con la forza della magia e del vostro cuore ricettivo, potrete manifestare l'amore che desiderate. Che la luce delle stelle vi guidi sempre sulla via dell'amore e della felicità. Così sia!

Incantesimo per liberarsi da un debito

Questo potente incantesimo vi aiuterà a liberarvi dai debiti che gravano sulla vostra vita. Preparatevi e procurate i seguenti ingredienti:

Una candela bianca

Un olio misto che include bergamotto, patchouli, sandalo, mirra e incenso

Un piccolo coltello o un grande ago

Carta e penna

Cominciate creando il vostro olio miscelato. Pianificate in anticipo poiché ci vorranno almeno 2-3 settimane perché le erbe infondano l'olio abbastanza da poterlo utilizzare. Prendete un barattolo di vetro pulito e inserite le erbe che intendete utilizzare, mettendo quantità uguali di ognuna (almeno 2-3 cucchiai). Riempite poi il barattolo con il vostro olio vettore, l'olio di mandorle dolci è l'opzione migliore, ma qualsiasi olio leggero funzionerà, compreso l'olio extravergine di oliva. Chiudete il barattolo con il coperchio e agitatelo energicamente per mescolare le erbe e l'olio.

Conservate il barattolo in un luogo fresco e buio e ricordatevi di scuoterlo ogni giorno per le prossime 2-3 settimane (3 settimane è l'arco temporale migliore). Alla fine di questo periodo, filtrate le erbe dall'olio e conservatelo in un barattolo etichettato per futuri utilizzi.

Quando sarete pronti per eseguire l'incantesimo, prendete carta e penna e compilatene una lista dei debiti, indicando l'importo e a chi è dovuto. Successivamente, prendete questa lista e incidetela nella candela utilizzando il coltello o l'ago. Una volta terminato, ungete la candela con l'olio e accendetela. Concentratevi sulla fiamma della candela e immaginate di vedere i vostri debiti sciogliersi con la cera, lasciando la vostra vita svincolata da questo peso. Dedicate almeno 15 minuti a meditare su questo scenario prima di spegnere la candela.

Ripetete questo rituale ogni sera per 15 minuti fino a quando la candela si sarà consumata del tutto. Una volta terminata, tenete gli occhi aperti e la mente aperta alle opportunità che si presenteranno per alleggerire il debito. Potrebbe essere sotto forma di denaro extra, ma soprattutto occasioni per migliorare il vostro benessere finanziario. Che la magia della liberazione vi accompagni nel vostro cammino finanziario. Così sia!

Incantesimo per trovare un'occupazione

Siete alla ricerca di un nuovo posto di lavoro e volete aumentare le vostre possibilità di successo con un incantesimo magico?

Procurate un pezzo di carta e una penna

una candela verde e dell'incenso. Potete utilizzare il legno di sandalo al posto dell'incenso, se preferite.

Portate tutti gli strumenti al vostro altare, sedetevi e accendete l'incenso. Iniziate a riflettere e pensare in modo positivo. Immaginate con chiarezza il lavoro che potrebbe fare al caso vostro.

Prendete la vostra penna e cominciate a scrivere gli obiettivi che desiderate raggiungere con il nuovo lavoro. Esprimeteli come se fossero già realizzati nel presente. Ad esempio, scrivete: "Sono il manager di una multinazionale dell'auto. Possiedo diverse auto, ho investito e sono diventato un azionista dell'industria."

Concedetevi il tempo di sognare e immergetevi completamente nel business desiderato. Continuate a sognare finché non percepirete tutto ciò come reale, quasi dimenticando la vostra situazione attuale.

Ora, piegate la carta in un piccolo triangolo e accendete la candela, pronunciando le seguenti parole: "Trovo l'impiego con la benedizione di tutti e la sofferenza di nessuno." Lasciate che la candela si consumi del tutto e immediatamente seppellite anche il triangolo di carta.

Se doveste ottenete il lavoro prima che la candela si spenga del tutto, spegnetela, dissotterra la carta tagliandola a pezzi. Se, invece, doveste trovare il lavoro successivamente, eseguite la stessa procedura tranne per la candela ormai consumata.

Eseguire questo incantesimo in una notte di giovedì o domenica sarebbe ottimale, sicuramente andrebbe fatto durante la luna piena. Con la magia e la forza dei vostri desideri, potrete attrarre l'opportunità di lavoro ideale. Che la luce della luna e le stelle vi accompagnino verso il vostro obiettivo. Così sia!

Attirare l'amore

Precedentemente ho menzionato alcuni dei problemi personali che possono rendere difficile il rapporto con un partner, ora vi propongo una magia per assicurarvi l'uomo giusto per voi.

Per iniziare, avrete bisogno di:

tre o quattro cucchiaini di tè di ibisco

olio di gelsomino

un pezzo di quarzo o zaffiro

una candela rossa e petali di rosa.

Iniziate preparando il tè (tenetelo coperto). Poi versate un po' di olio sul polso e lasciatelo scendere direttamente sulla candela in modo da ungerla per bene.

Ponete lo zaffiro accanto alla candela e usate i petali di rosa per formare un triangolo intorno ad esso. Assicuratevi che la candela e lo zaffiro siano al centro del triangolo. Iniziate a riflettere sul vostro concetto d'amore, sui vostri momenti incantevoli preferiti, le storie eccitanti, i vostri desideri ispirati da racconti o libri sull'amore, e immaginatevi di viverla realmente.

Lasciatevi trasportare dalla fantasia. Successivamente pronunciate queste parole: "porto la luce splendente dell'amore nella mia vita, per la benedizione di tutti e la sofferenza di nessuno".

Accendete la candela e dite: "Così sia".

Bevete il tè sorseggiandolo lentamente, portate con voi lo zaffiro per alcuni giorni, poi lasciatelo tra la vostra collezione di pietre.

Protezione contro le persone negative

In molte occasioni, si possono incontrare individui la cui presenza suscita sentimenti di disagio o negatività nella nostra vita. In questi momenti, può essere utile ricorrere ad un incantesimo per creare una barriera protettiva contro queste influenze indesiderate.

Ecco un potente incantesimo molto utilizzato e raccomandato pr queste occasioni. Dobbiamo essere consapevoli che i risultati possono variare da individuo a individuo, ma la maggior parte delle persone ha riscontrato notevoli benefici.

Per avviare il rituale, vi occorreranno alcuni elementi specifici:

una ciotola di sale marino

una pietra nera di vostra scelta

una candela nera e una testa fiorita di verbena

Questi oggetti fungono da simboli di protezione e purificazione nella nostra tradizione Wicca.

Cominciate posizionando le teste fiorite di verbena intorno alla candela, creando un cerchio attorno ad essa. Durante questo processo, focalizzatevi sulla vostra intenzione di liberarvi da ogni negatività proveniente da fonti esterne. Recitate con determinazione: "Libero la mia vita da ogni influenza negativa".

Tenete la pietra nera tra le mani e focalizzatevi sulle influenze negative emanate da persone vicine a voi. Visualizzate di incanalare queste energie negative nella pietra, liberandovi da questo fardello. Quando sarete certi di aver trasmesso tutta la negatività alla pietra, lasciatela cadere delicatamente nella ciotola di sale.

Chiudete gli occhi immediatamente e immergetevi mentalmente in un'atmosfera luminosa e radiante. Usando il pollice e l'indice, immaginate di disegnare cerchi nell'aria, muovendo con grazia queste energie protettive intorno a voi. Concentratevi sulla luce brillante che si irradia, facendo sì che essa vi circondi come uno scudo contro tutte le influenze negative.

Visualizzate questa scena fin quando vi sentirete completamente immersi in questo vortice di energia protettiva, con la consapevolezza di poter allontanare ogni forza indesiderata. Lasciatevi guidare da questa energia positiva e rinnovata consapevolezza di protezione. Lentamente riaprite gli occhi e iniziate ad affrontare la vita con fiducia e serenità.

Incrementare l'ambiente mistico per incantesimi magici efficaci

Uno dei modi più efficaci per assicurarvi che i vostri incantesimi magici abbiano successo è creare un ambiente mistico, permeato di un'aura di spiritualità. Desiderate riempire il vostro spazio con queste energie potenti?

Per iniziare:

procuratevi un cucchiaio di olio d'oliva

due cucchiai di timo e rosmarino essiccati

una cannella in polvere e una candela nera

Sedetevi al centro della stanza o dell'altare per infondere il potere mistico. Successivamente, mescolate le erbe in una ciotola, creando una pasta con l'olio d'oliva. Utilizzate questo olio per ungere la candela dal centro, massaggiandola delicatamente.

Chiudete gli occhi in silenzio e immaginate una luce luminosa che attraversa lo spazio scelto. Quando avrete la sensazione limpida che la stanza sia stata pervasa completamente da quest'energia, pronunciate queste parole: "Illuminate questo luogo con lo spirito del bene, per il beneficio di tutti e il sollievo di nessuno".

Accendete la candela e sarete pronti ad eseguire qualsiasi altro incantesimo poiché gli spiriti risponderanno al vostro desiderio.

È importante capire che la creazione di un ambiente mistico è un atto di sacralità e rispetto verso le forze della natura e degli spiriti. Un approccio consapevole e etico alla pratica Wicca è fondamentale per evocare energie positive e sostenere l'armonia nella vostra vita e nella comunità circostante. Con questa consapevolezza, potrete utilizzare il potere del misticismo per promuovere il bene e diffondere la luce della magia Wicca.

Incantesimo per la serenità interiore

Questo incantesimo è mirato all'ottenimento della serenità interiore, per questo lavoro avrete bisogno di alcuni oggetti specifici:

Una piccola fiala di vetro con tappo

Una candela blu

Una ciotola

Acqua pura (preferibilmente acqua piovana)

Erbe di lavanda, gelsomino e palmarosa

Olio vettore (consigliato: olio di mandorle dolci)

Prima di iniziare, occorre preparare l'olio miscelato, che richiederà circa 2-3 settimane per ottenere un'infusione adeguata delle erbe nell'olio. Per creare l'olio, procuratevi un barattolo di vetro pulito e mescolate quantità uguali di lavanda, gelsomino e palmarosa (circa 2-3 cucchiai di ciascuna erba). Riempite quindi il resto del barattolo con l'olio vettore scelto, preferibilmente olio di mandorle dolci, ma anche oli leggeri come l'olio extravergine di oliva possono essere utilizzati. Chiudete il barattolo e mescolate bene le erbe nell'olio scuotendo il barattolo. Conservate il barattolo in un luogo fresco e buio e ricordate di agitarlo ogni giorno per le successive 2-3 settimane (preferibilmente 3 settimane) per ottenere una miscela potente. Al termine del periodo di infusione, filtrate le erbe dall'olio e conservatelo in un barattolo etichettato per un uso futuro.

Una volta pronti per eseguire l'incantesimo, ungete la candela con un po' dell'olio misto e accendetela. Versate l'acqua nella ciotola e mentre lo fate, visualizzate la vostra impazienza, agitazione, irritazione, rabbia e tutti i risentimenti negativi fluire via da voi, essere spezzate e portate via dall'acqua in movimento. Respirate profondamente e con movimenti delle dita in senso antiorario, sentirete queste emozioni negative abbandonare il vostro corpo completamente.

Successivamente, aggiungete nove gocce dell'olio miscelato nell'acqua. Questa volta, fate ruotare le dita in senso orario e respirate di nuovo profondamente. Sentirete la pace, l'energia vi procurerà calma interiore, sostituendo a pieno lo spazio lasciato dalle emozioni negative che avrete dissolto. Continuate a fare movimenti circolari delle dita nell'acqua e pronunciate: "Le acque distensive scorrono attraverso me, rimuovendo la collera e donando libertà. La pazienza e la calma sono in me. Come desidero, così sarà!"

Versate un po' di acqua nella fiala e tappatela. Portate questa fiala con voi per respirare l'energia distensiva ogni volta che ne avrete bisogno. Spegnete la candela e utilizzatela per l'incantesimo futuro. Utilizzate questo incantesimo con intenzioni positive, per nutrire la vostra serenità interiore e promuovere il benessere nella vostra vita e nella comunità circostante.

Felicità e longevità in una relazione

Per realizzare un legame felice e duraturo con il vostro partner, vi consiglio questo incantesimo:

Tre candele rosa

Petali di rosa

Profumo preferito

Incenso

Olio essenziale di rosa canina

Una piccola bottiglia di vetro

Prima di procedere con l'incantesimo, vi suggerisco di eseguirlo al mattino dopo aver digiunato. Accendete le candele rosa e l'incenso, creando un'atmosfera magica intorno a voi. Mentre le fiamme danzano, immergetevi nella visualizzazione della vostra relazione ideale con il vostro partner, felici e innamorati l'uno dell'altro. Prendete il profumo preferito e ungete i petali di rosa. Con amore e attenzione, date un leggero bacio su ognuno dei petali e pronunciate questa preghiera con il cuore: "Vieni a me, dolce frutto d'amore eterno,

Spezia, scorza, foglia e amore intenso.

Da ogni lato, sorridi nei miei sogni notturni,

Chiamo il tuo nome, invocando la Dea del cielo stellato."

Successivamente, ponete i petali in un luogo sicuro per farli asciugare. Una volta completamente asciutti, schiacciateli delicatamente e metteteli nella piccola bottiglia di vetro insieme a un po' d'olio essenziale di rosa canina. Assicuratevi che la bottiglia sia ben chiusa in modo che l'olio non fuoriesca.

A questo punto, donate questa bottiglietta al vostro amato/a. La loro responsabilità sarà di tenerla in un luogo sicuro. Questo incantesimo funge da amuleto d'amore e protezione per la vostra relazione, alimentando la felicità e la longevità del vostro legame. Utilizzate questo incantesimo per coltivare un amore duraturo e pieno di felicità. Che la luce della Dea guidi il vostro cammino amoroso. Così sia.

Attirare un amore

Avrete bisogno:

Cinque candele bianche

Fiammifero

Oggetto appartenente alla persona di cui siete attratti

Petali di rosa

Per cominciare, disponete le candele non accese in un cerchio con un diametro di almeno un metro. Al centro di questo cerchio, posizionate l'oggetto appartenente alla persona che vi interessa. Pronunciate con dolcezza le seguenti parole: "Frutto d'amore e d'immortalità, porta felicità e gioia nel mio cammino. Esprimo amore, onore e bontà".

Con un solo fiammifero, accendete le candele procedendo in senso orario. Inginocchiatevi davanti alle candele e concentratevi intensamente sull'oggetto al centro del cerchio. Focalizzatevi unicamente sulla persona che state cercando di attrarre e pronunciate il suo nome trenta volte, mantenendo la vostra attenzione sul centro del cerchio.

Successivamente, prendete i petali di rosa e cospargeteli sull'oggetto che si trova al centro del cerchio. Nel farlo, pronunciate le seguenti parole: "Nord, Sud, Est e Ovest. Concedimi tutto il vostro potere perché io vi onoro".

Spegnete le candele. Conservate al sicuro i petali di rosa per almeno un mese, poiché rafforzano l'energia dell'incantesimo nel tempo.

Magia del primo appuntamento

Per attirare l'amore nella vostra vita, prendete la foto della persona con la quale desiderate instaurare una connessione speciale. Mettete le vostre labbra sulla foto e lasciate un segno di un bacio. Successivamente, inserite la foto dentro la vostra scarpa destra e indossatela al vostro primo appuntamento. Questo incantesimo è inteso a favorire l'attrazione romantica e creare un legame speciale.

Anello della fortuna

Tavola rotonda

Panno bianco

Bicchiere d'acqua

Quattro candele viola

Fiammifero

Un anello di vostra scelta

Stendete il panno bianco sulla tavola rotonda e posizionate al centro il bicchiere d'acqua. Collocate le quattro candele viola intorno al bicchiere formando un cerchio. Con un movimento lento e consapevole, lasciate cadere l'anello dentro il bicchiere d'acqua.

Accendete le candele utilizzando un solo fiammifero, procedendo in senso orario. Mentre fate questo, recitate le seguenti parole con sincerità: "Fuoco purificatore, che puoi eseguire i miei desideri, ti invoco affinché tu sia il tramite dei miei comandi. Porta ricchezza e felicità, e donami la tua potenza. Con onore, bontà e amore, per i quattro elementi, ti convoco."

Continuate a ripetere questo canto con profonda intenzione e concentrazione. Spegnete tutte e quattro le candele e andate a letto. Al vostro risveglio la mattina successiva, prendete l'anello dal bicchiere e immergetelo nel bacino d'acqua più vicino a voi, come un fiume, un ruscello o un lago. Indossando questo anello, avrete la possibilità di attrarre la buona sorte nella vostra quotidianità. Questo incantesimo può essere ripetuto ogni volta che lo riterrete necessario, ma assicuratevi di utilizzare sempre lo stesso anello per massimizzare l'efficacia dell'energia magica.

Numeri fortunati

Per scoprire i vostri numeri fortunati vi aiuta la magia:

Preparate gli articoli necessari:

Forbici

Matita

Carta

Scatola

Acqua benedetta

Con le forbici, tagliate la carta in piccoli foglietti. Utilizzate la matita per scrivere i numeri desiderati su questi foglietti di carta. Posizionateli nella scatola, con la faccia rivolta verso il basso, e pronunciate questo incantesimo con determinazione: " Che i numeri mi siano propizi e alleati della fortuna ".

Con delicatezza, cospargete l'acqua benedetta all'interno della scatola e richiudetela. Agitate leggermente la scatola per distribuire l'energia. Successivamente, posizionate la scatola sotto la luce della Luna piena e lasciatela scoperta per tutta la notte. Al mattino seguente, coprite nuovamente la scatola e agitatela con delicatezza. Quando aprirete la scatola, noterete alcuni numeri rivolti verso l'alto. Essi saranno i vostri numeri fortunati, rivelati dall'energia della Luna. Utilizzate questi numeri fortunati con la dovuta saggezza.

Custodia protettiva per l'alimentazione

La custodia protettiva per l'alimentazione è un potente strumento magico che può offrirvi protezione e sicurezza quando indossato intorno al collo. Potrete personalizzare la custodia a seconda delle vostre esigenze e preferenze, in modo da poterla utilizzare nel tempo, riempiendola e benedicendola di nuovo, più e più volte.

Per creare la vostra custodia protettiva avrete bisogno dei seguenti elementi:

Materiale di vostra scelta per cucire la custodia (pelle, tela, velluto, ecc.)

Una corda lunga per legare la custodia, abbastanza lunga da rimanere appesa sopra il vostro cuore quando la indosserete intorno al collo.

Erbe magiche:

Rosmarino, Angelica, Salvia, Chiodi di garofano, Artemisia, Assenzio

Pietre preziose:

Tormalina, Onice, Ematite

Una ciotola per la miscelazione

Candele nere

Iniziate il vostro rituale creando un cerchio sacro e assicuratevi di avere tutti i vostri ingredienti con voi. Accendete le candele nere per simboleggiare la protezione e bruciate dell'incenso (salvia o artemisia) per aumentare la sicurezza dell'ambiente.

Mescolate le erbe nella ciotola sul vostro altare, connettendovi con i loro poteri protettivi. Parlate ad ogni erba dei suoi attributi di protezione mentre l'aggiungete nella ciotola. Inserite poi le pietre preziose per potenziare ulteriormente l'energia protettiva delle erbe.

Mentre le erbe si caricano dalle energie delle pietre e delle candele, potete iniziare a cucire la vostra custodia. Tagliate il tessuto nella misura desiderata e cucite due pezzi identici insieme, proprio come se steste creando una piccola borsa.

Una volta completata la custodia, potete aggiungere la vostra miscela di erbe, comprese le pietre. Legate la custodia con la corda e indossatela intorno al collo. Chiudete il vostro cerchio sacro e indossate la vostra custodia protettiva ogni giorno. Sentirete la sua energia avvolgervi e proteggervi durante la vostra vita quotidiana.

I sacchetti magici sono strumenti potenti per migliorare la vostra pratica di magia a base di erbe. Sperimentate e divertitevi, abbracciate queste affascinanti e stimolanti tecniche di manifestazione.

Incantesimo per la chiarezza mentale

Ogni tanto, ci si trova di fronte a dilemmi per i quali sembra impossibile trovare una soluzione immediata. La nostra mente può andare in over-drive analitico, cercando freneticamente di risolvere i problemi senza ottenere risultati concreti. Questo "rumore" mentale può offuscare la nostra chiarezza mentale e bloccare la nostra capacità di connetterci con intuizioni e messaggi provenienti dal piano spirituale.

Per questo incantesimo, useremo il potente dente di leone, noto per la sua capacità di aprire e chiarire il terzo occhio, la sede dell'intuizione. Sfrutteremo questa erba per aiutare a calmare la "mente bloccata" e aprire il vostro cuore all'ascolto delle voci psichiche.

Preparazione dell'incantesimo:

Prendete una candela viola, lavanda, blu o argento e accendetela per creare un'atmosfera magica.

Preparate il tè al dente di leone usando foglie essiccate e tagliate, che potete trovare facilmente in negozi di alimenti naturali. Potete optare per un colino per il tè o lasciare le foglie sciolte nella tazza.

L'incantesimo:

Abbandonate il bisogno di una risposta immediata al vostro problema. Per connettervi con i regni invisibili, è essenziale essere calmi e ricettivi.

Concentratevi sulla candela accesa e sul tè che avete preparato.

Prendete alcuni respiri profondi per rilassarvi.

Prima di bere il primo sorso di tè, pronunciate queste parole "Sono aperto a tutte le possibilità. Confido nella guida divina che indicherà la strada maestra".

Riflettete sulla vostra situazione, ma fatelo con una mente aperta, confidando che la soluzione diventerà chiara. Parlate con il regno degli spiriti, che sia la Dea e il Dio, l'Universo o le vostre guide personali. Esprimete i vostri pensieri ad alta voce, se possibile.

Noterete che nuove idee e intuizioni cominceranno a emergere nella vostra coscienza. Non respingete nulla a priori; esplorate ogni idea con una mente aperta, indipendentemente dalla sua apparente stranezza.

Potete scrivere tutte le intuizioni significative che riceverete, anche se sembrano lontane dal problema iniziale. Dopo aver finito il tè non avrete una risposta immediata, spegnete la candela e attendete alcuni giorni finchè la chiarezza mentale comparirà lentamente con grande impatto sui vostri pensieri.

Nell'attesa che ciò si verifichi, potete continuare a riaccendere la candela nelle notti successive fino al suo esaurimento, permettendo alla magia dell'incantesimo di persistere e continuare a lavorare per voi. Ricordate che la magia è un processo sottile e può richiedere tempo per manifestarsi completamente. Siate pazienti e fiduciosi nell'incantesimo e nelle vostre abilità intuitive. Con il tempo, la chiarezza mentale e la soluzione al vostro dilemma si manifesteranno.

Tintura di basilico santo (Tulsi)

La Tintura di basilico santo, noto anche come Tulsi o Ocimum sanctum, è una preparazione a base di erbe ottenuta dalla macerazione del basilico santo fresco o essiccato in alcol. Questa tintura è ampiamente utilizzata anche nella medicina tradizionale dell'ayurveda e in alcune pratiche di erboristeria come la magia Wicca. Ecco una descrizione di come viene prodotta la Tintura di basilico santo:

Raccolta delle foglie:

Per preparare la tintura di basilico santo, si inizia raccogliendo le foglie fresche della pianta. Idealmente, si dovrebbero raccoglicre le foglie in una giornata soleggiata quando l'umidità è bassa, poiché l'alta umidità può causare muffe o degradazione della tintura.

Asciugatura:

Se si utilizzano foglie fresche, queste devono essere lasciate asciugare completamente all'ombra o in un luogo ben ventilato. L'essiccazione evita la formazione di muffe e previene l'introduzione di umidità nella tintura.

Taglio e preparazione:

Una volta asciutte, le foglie vengono tagliate in pezzi più piccoli per aumentare la superficie di contatto con l'alcol durante il processo di macerazione. Questo aiuta a estrarre gli oli essenziali e i principi attivi del basilico santo.

Utilizzo di alcol:

La scelta dell'alcol da utilizzare per la tintura dipende dalle preferenze personali e dalla disponibilità di materiali. L'alcol etilico a 95-100 gradi è spesso utilizzato, ma l'alcol di grano o il brandy possono essere alternative valide.

Misurazione delle proporzioni:

Le foglie di basilico santo tagliate vengono poste in un barattolo di vetro scuro. Le proporzioni solitamente seguite sono di 1 parte di erba secca o 2 parti di erba fresca a 4 o 5 parti di alcol, ma queste possono variare in base alla ricetta e all'intensità desiderata della tintura.

Macerazione:

Le foglie vengono completamente coperte con l'alcol nel barattolo, che viene poi ben chiuso con un coperchio. Il barattolo viene poi posto in un luogo fresco e buio per circa 4-6 settimane. Durante questo periodo, l'alcol estrae i principi attivi e gli oli essenziali del basilico santo, creando così la tintura.

Agitazione:

Durante il periodo di macerazione, il barattolo deve essere agitato delicatamente ogni pochi giorni per favorire l'estrazione completa delle proprietà dell'erba.

Filtraggio:

Dopo 4-6 settimane, la tintura di basilico santo viene filtrata utilizzando un filtro a maglia fine per rimuovere le particelle solide e ottenere una tintura chiara e pulita.

Conservazione:

La Tintura di basilico santo viene generalmente conservata in bottiglie di vetro scuro, ben sigillate e conservate in un luogo fresco e asciutto. In queste condizioni, la tintura può mantenere la sua potenza per diversi mesi o anche anni.

La Tintura di basilico santo è conosciuta per le sue proprietà rilassanti, antiossidanti. Può essere utilizzata internamente o esternamente, a seconda delle necessità e delle raccomandazioni di un esperto in erboristeria o praticante di medicina tradizionale. Prima di utilizzare qualsiasi tintura o erba per scopi terapeutici, è sempre consigliabile consultarsi con un professionista qualificato per evitare controindicazioni allergiche.

Vi ricordo che questo Tintura viene utilizzata per la sua connessione con la guarigione, la protezione e l'elevazione spirituale. Le principali modalità in cui il basilico santo viene utilizzato nella Wicca sono negli incantesimi e rituali di guarigione. Il basilico santo è impiegato con lo scopo di promuovere la guarigione sia per sé stessi che per gli altri, e accelerare il processo di recupero.

Per la purificazione e protezione, viene bruciato come incenso o utilizzato in formule per purificare uno spazio o una persona da energie negative e influenze malevole. Collocato intorno a un ambiente per creare un cerchio protettivo potente.

Usato anche per incantesimi d'amore come amplificatore dell'energia dell'amore e dell'attrazione. Viene adoperato per creare un legame emotivo più profondo e per attirare l'amore in una relazione.

Molto potente nell'elevazione spirituale e per la connessione con il divino, rendendo più chiare le visioni intuitive e favorendo la comunicazione con le guide spirituali.

Nel culto degli dèi o delle dee, il basilico santo è offerto come segno di gratitudine o devozione. Viene presentato come un'offerta simbolica di ringraziamento per il sostegno e la protezione ricevuti.

Anche per i sacchetti o talismani le foglie essiccate di basilico santo sono fondamentali, rilasciando la sua energia protettiva e guaritrice.

Bustina di rinforzo spirituale personale

Per realizzarla avrete bisogno delle seguenti erbe consacrate:

Origano

Basilico

Timo

Rosmarino

Menta

Quattro fiori di Zinnia per la forza gioiosa e personale

Un pezzo di ametista

Un panno o una borsa nella tonalità di colore scelta (utilizzate la guida ai colori, se necessario)

Filo bianco e forbici di boline

Per iniziare, consacrate i vostri ingredienti con l'incenso, la salvia, il palo santo o l'acqua salata. Aggiungete ciascuno degli elementi nella sacca o sul panno, pronunciando queste parole:

"Per la Terra e tutta la sua gloria,

Stelle e sole, narrate la mia storia,

Forte come la quercia, veloce come il vento,

Rafforzo il mio spirito dall'interno".

Successivamente, legate o cucite il sacchetto tenendolo vicino al vostro sterno. Respirate profondamente e immaginate che l'energia dell'universo fluisca nel vostro cerchio, infondendo la sacca con amore e luce. Visualizzate questa luce riempire il vostro corpo, fluttuando attraverso il petto e lo stomaco, per poi espandersi fino a riempire ogni arto. Infine, immaginate anche la vostra testa avvolta come un'aureola o una corona. Continuate a respirare lentamente mentre l'energia bonificherà il vostro spirito.

Quando sarete pronti, pronunciate le Parole di Fusione. Potrete tenere la bustina sotto il cuscino, vicino al vostro posto di lavoro o in qualsiasi luogo dove trascorrete molto tempo. Quando avrete bisogno di più autostima, energia o forza, tenete il sacchetto vicino a voi e respirate profondamente per assorbire la sua potente energia. Questa sacca diventerà il vostro alleato per rinforzare il vostro spirito e aiutarvi nelle sfide che la vita vi riserverà.

Pozione della buona sorte

Avrete bisogno di:

7 bacche di ginepro

Olio di lillà (preferibilmente organico) o lillà fresco

1 rametto di rosmarino

1 noce moscata intera

4 porz. di rosa canina

Acqua piovana raccolta

Un barattolo

Un pizzico di erba medica

Un pezzo di quarzo bianco

Un imbuto

Un calderone o una ciotola

Unite gli ingredienti secchi e il cristallo nel calderone o nella ciotola e mescolate in senso orario con la vostra bacchetta o athame. Pronunciate con intenzione:

"Buona fortuna vieni da me,

per terra e per mare,

manifestati senza indugiare,

vieni da me, così sia".

Aggiungete lentamente l'acqua alla miscela, mescolando delicatamente ma attentamente. Chiudete gli occhi e visualizzate l'energia del Sole e della Luna riempire il vostro spirito. Respirate questa energia nella ciotola, infondendo il suo potenziale e consacrandolo con l'energia divina.

Quando sarete pronti, versate la pozione nel barattolo usando l'imbuto. Potete utilizzare questa pozione applicandone un tocco sulla sommità della testa, dietro le orecchie, sulla suola delle scarpe, sulle chiavi dell'auto o sul portafoglio, permettendo alla fortuna e alla buona sorte di accompagnarvi ovunque andiate.

Incantesimo del bagno per una connessione amorosa

Per questo incantesimo avrete bisogno dei seguenti ingredienti:

Rosemary (rosmarino)

Petali di rosa rossa

Estratto di vaniglia (preferibilmente naturale) o il baccello stesso

Tre chiodi di garofano

Balsamo d'api

Una candela rossa o rosa, portacandela e fiammiferi

Elisir di rosa

Iniziate il vostro rituale facendo un bagno, assicurandovi di gettare il cerchio intorno alla vasca. Accendete la candela e lasciate che la luce vi avvolga. Aggiungete gli ingredienti a base di erbe e tre gocce di elisir di rose nell'acqua della vasca.

Una volta immersi nel bagno, fissate la fiamma della candela e concentratevi sul vostro nuovo amore. Immaginate voi e il vostro nuovo amore in piedi uno di fronte all'altro, immersi in una conversazione intima e affettuosa. Assaporate le emozioni di tranquillità e felicità che questo momento può inspirare in voi. Immaginate una giornata d'autunno, con un cielo blu e le foglie rosse e arancioni che cadono delicatamente. Percepite la serenità e felicità crescere in voi.

Successivamente, recitate queste parole:

"Per le stelle che brillano in alto,

Apro il nostro cuore all'amore".

Rimanete nella vasca da bagno per almeno 15 minuti, immergendovi completamente nell'energia dell'incantesimo. Poi, svuotate l'acqua della vasca da bagno, rimanendo in essa per qualche minuto. Immaginate tutte le vostre paure e le vecchie abitudini che hanno ostacolato la ricerca dell'amore sincero, scorrere via con l'acqua.

Asciugatevi con un panno pulito, mai usato, e lasciate che la candela bruci fino al termine. Sotterrate gli ingredienti usati nel bagno possibilmente lontano dalla vostra abitazione in modo che l'energia dell'incantesimo possa confluire nella madre terra. Questo incantesimo è un modo potente per aprire il cuore e prepararsi per una connessione amorosa profonda e significativa. Utilizzatelo con fiducia e amore, sapendo che l'universo risponderà al vostro richiamo.

Incantesimo per accogliere l'inizio di una relazione

Se siete persone intuitive, è probabile che vi sia capitato almeno una volta di incontrare qualcuno e sentire quella scintilla che vi fa intuire che qualcosa di speciale sta per accadere. Potrebbe essere utile aiutarsi con un incantesimo magico per amplificare ciò che desiderate. Tuttavia, vi ricordo che nella nostra pratica Wicca è importante seguire il principio del "non nuocere a nessuno". Manipolare i sentimenti di qualcuno attraverso incantesimi d'amore non è etico e può avere conseguenze negative.

Questo incantesimo offre un approccio alternativo per sfruttare al meglio la scintilla iniziale, senza interferire con il libero arbitrio dell'altra persona. L'intento è dichiarare all'Universo che siete aperti e pronti per una relazione romantica e che il vostro desiderio è quello che la connessione con la nuova persona si manifesti nel modo migliore.

Avrete bisogno di:

3 rametti di basilico

1 nastro rosa

Un vaso piccolo

Una tazza d'acqua

Istruzioni:

Visualizzate un momento intimo, felice e in armonia assoluta con la persona che ha generato in voi la scintilla. Respirate profondamente e cercate di trasmettere un sentimento di pace e tranquillità intorno a questa persona.

Versate l'acqua della tazza nel vaso.

Prendete un rametto di basilico e mettetelo nel vaso, dicendo: "Il mio vero destino risplende in questa nuova connessione".

Mettete il secondo rametto di basilico nel vaso e pronunciate: "La mia vera passione risuona in colei che amo".

Aggiungete l'ultimo rametto di basilico nel vaso e scandite le seguenti parole: "Questa nuova connessione mostrerà il vero sentimento di tutte le persone coinvolte".

Avvolgete il nastro rosa intorno ai tre rametti di basilico.

Dedicate qualche momento ad immaginare questo nuovo rapporto amoroso, concentrandovi su voi stessi e non sulla persona con la quale sperate di unirvi.

Tenete il vaso tra le mani e pronunciate: "Accolgo con favore l'inizio di questa nuova relazione, per il bene di tutti e il male di nessuno".

Assicuratevi che il vaso abbia sempre molta acqua fresca. Quando i rametti cominceranno a cadere o a diventare marroni, portateli all'aperto e spargeteli sulla terra, ringraziando l'Universo per l'opportunità di accogliere una nuova connessione romantica nella vostra vita. Ricordate che l'incantesimo è strutturato per attirare una relazione autentica e positiva nella vostra vita, rispettando il libero arbitrio di tutte le persone coinvolte. Lasciate che l'Universo si occupi di voi, siate pronti ad accogliere con gioia l'amore che arriverà nella vostra vita.

Conclusione

Ora che avete acquisito una solida base nella magia delle erbe, vi esorto a non utilizzare mai erba che non sia conosciuta e familiare prima di impiegarla per scopi magici, al fine di evitare problemi dovuti alla loro tossicità.

Non dimenticate che il regno vegetale può comunicare direttamente con voi, se lo ascolterete attentamente. La connessione con la natura e l'ascolto delle erbe sono componenti essenziali nella pratica della Wicca. Siete tutti benvenuti in questo cammino. L'importante è essere pazienti, dedicare molta pratica e avere fiducia nelle vostre capacità. Come in ogni disciplina, ottenere risultati richiede tempo e la magia non fa eccezione. Con il giusto impegno, energia e perseveranza, i risultati arriveranno. Questa conoscenza vi permetterà di partecipare con fiducia e serenità ad incantesimi, rituali, bagni magici e altre pratiche. Le erbe sono potenti strumenti sia per gli incantesimi che per migliorare il vostro stato di salute. Questa scelta può condurre a una vita più sana e felice. E' fondamentale consultare un erborista o un medico prima di utilizzare rimedi a base di erbe per curare voi stessi o altri.

Integrare il lavoro con cristalli, pietre, gemme e candele conferirà maggior potere ai vostri incantesimi. Siate pazienti, esercitate con passione e concentrazione, scoprirete il fascino del potere della magia. Questa guida vuole essere un punto di partenza, uno strumento di comprensione introduttiva di questa pratica eseguita principalmente con le erbe. La Wicca è un eccellente veicolo per connettersi con Madre Natura e sviluppare rituali e incantesimi rafforzando il vostro legame con ciò che vi circonda. Prendete questa guida per principianti come punto di riferimento e godetevi la gioia e l'entusiasmo nel preparare e utilizzare tutte le erbe descritte.

Integrate gradualmente una o due nuove erbe alla volta, lavorando con esse in diversi incantesimi prima di passare alla fase successiva. Non abbiate paura di iniziare gradatamente, magari dedicando un angolo del vostro giardino a questa esperienza o iniziare con alcuni contenitori alla coltivazione delle erbe. Con il tempo e la pratica, acquisirete fiducia e potrete espandere le vostre conoscenze sul giardinaggio e sulle erbe. La passione per questo tipo di attività può diventare un affascinante percorso di vita, oltre ad essere certi della provenienza delle erbe impiegate. La gioia che deriva dall'utilizzare piante coltivate da voi stessi negli incantesimi e nei rituali magici non ha eguali.

Mentre approfondirete la vostra pratica, tenete a mente che la Wicca è un sentiero in continua evoluzione. Siate sempre aperti alle nuove scoperte e all'apprendimento, lasciandovi guidare dalla vostra intuizione e dal vostro cuore. Ascoltate il richiamo della Madre Natura e lasciate che la magia delle erbe vi ispiri e vi guidi nel vostro percorso spirituale. Che la magia vi accompagni sempre lungo il vostro cammino, portando gioia, benedizioni e prosperità nella vostra vita e nella vostra pratica Wicca. Con amore e luce, vi auguro un viaggio magico e meraviglioso nell'universo della magia.

Così sia!

INCANTESIMI E RITUALI WICCA

Una guida definitiva per padroneggiare

gli incantesimi wicca

Illes Arin

Introduzione

Molti di noi probabilmente hanno desiderato, nel corso della loro vita, utilizzare incantesimi d'amore, incantesimi per ottenere ricchezza, o protezione. Esistono vari incantesimi che provengono da diverse tradizioni e differiscono in base alle varie religioni pagane.

Un incantesimo è qualsiasi tipo di esperienza che include l'intenzione di una manifestazione volontaria ed è una linea diretta di comunicazione tra voi e il cosmo per raggiungere un determinato obiettivo. E' la forza della voce interiore che si trasforma in azione, attraverso l'espressione creativa.

Gli incantesimi hanno molteplici forme, dimensioni, colori, aromi, e vengono eseguiti secondo date specifiche, orari, fasi lunari e stagioni. Esistono possibilità illimitate quando si lavora con la magia e l'energia, incanalata nel modo corretto, può essere un potente mezzo di attivazione energetica seguendo un processo creativo e appagante. Una volta che avrete imparato ad utilizzare alcuni semplici incantesimi di questo manuale, otterrete la fiducia necessaria per iniziare a creare i vostri incantesimi.

Gli incantesimi sono un modo per ottenere una connessione energetica con la realtà, sono la porta per collegarsi con gli spiriti e con il Divino. All'interno del cerchio di protezione, è possibile raggiungere con facilità un'altra dimensione, pervadendo lo spazio con le proprie invocazioni attraverso il rituale magico. È una danza sacra che richiama le energie di tutto ciò che ci circonda.

Un incantesimo ha la funzione di apertura e affermazione dell'energia invocate sul piano reale. È un'energia a cui ci si connette in modo sottile, per poter essere utilizzata in modo efficace.

Gli incantesimi sono una forza vitale creativa che aspetta di essere manifestata. I vostri incantesimi saranno la chiave per allinearvi con la vostra magia più potente, con le credenze wiccan di armonia, equilibrio e natura.

Un incantesimo è anche uno strumento di connessione con la vostra pratica, con voi stessi, con il Dio e la Dea. Questo viaggio attraverso la pratica della magia eseguita in modo sicuro ed efficace, vi aiuterà ad accrescere le conoscenze di questo mondo magico ad un livello più elevato.

Questa guida vi offrirà informazioni fondamentali introduttive necessarie sugli incantesimi Wicca, così come alcune linee guida per aiutarvi a praticare in modo sicuro e semplice questa filosofia. L'energia con la quale vi accingerete ad approcciarvi è molto potente, pertanto, è fondamentale che siate preparati a gestire il risultato finale che si manifesterà nella vostra realtà.

Sarà un'eccellente risorsa per voi, per acquisire una varietà di incantesimi da includere nel vostro Libro delle ombre per aiutarvi a progredire nel vostro percorso di magia. Seguiranno una varietà di incantesimi per l'amore, la prosperità, la salute e fortuna.

Se siete in possesso di questo libro mi sembra chiaro che il vostro intento è recepire i fondamentali di questa pratica, dell'utilizzo della magia Wicca e dell'uso corretto degli incantesimi magici. Siete nel posto giusto al momento giusto, voglio condividere con voi alcuni consigli su come utilizzare gli strumenti per le arti rituali. Cominciamo...

CAPITOLO 1

La Wicca

Wicca è un movimento religioso relativamente nuovo e contemporaneo con radici in antiche credenze e culture pagane che precedono il cristianesimo. Anche se ci sono alcuni principi associati, la Wicca non ha un'autorità centrale. Al centro della Wicca c'è una profonda riverenza e adorazione della natura e dei cicli naturali delle stagioni. È una religione incredibilmente adattabile che continua a crescere ed evolversi secondo i bisogni delle persone che seguono il sentiero Wicca.

I principi della Wicca

La Wicca è una religione con molta teologia (studio della natura della divinità) e nessun dogma (regole imposte da nessun potere religioso) ed offre un terreno fertile e molto spazio per la creatività e l'indipendenza spirituale. La Wicca non è stregoneria satanica. I wiccani non credono in Satana; Satana è parte della religione Cristiana. I wiccani sanno che non c'è una sola strada che porta a Dio, e che tutti devono trovare la loro spiritualità.

- **Culto della natura.** I wiccani considerano la natura con rispetto e riconoscono la connessione spirituale (e scientifica) di tutta la vita sulla terra. La natura, in questo senso, potrebbe essere definita come "i fenomeni collettivi del mondo fisico, compresi i paesaggi della terra, le comunità vegetali, gli animali e i corpi d'acqua". Le creazioni umane non sono generalmente considerate parte della natura. Tuttavia, gli esseri umani e tutto ciò che è associato a loro è una parte della natura stessa. Questa è l'idea alla base del culto della natura : rispettare e riconoscere lo stato naturale del mondo e il reale potere della vita e della morte. La maggior parte dei wiccani crede che tutto nella natura sia uguale - umani, piante, animali... anche le rocce, le montagne e gli oceani hanno tutti un significato e un'essenza spirituale.

○ **Magia e stregoneria.** La magia può essere definita come le forze naturali o soprannaturali che ci circondano come parte dell'energia della terra o dell'universo. E' possibile definirla come la proiezione di energie naturali per produrre gli effetti necessari. Un wiccano dovrà essere in sintonia con la natura in primo luogo, per poter praticare ed incanalare l'energia in modo corretto e produttivo. La magia non è un superpotere usato per controllare gli altri, ma una fonte di energia che può essere usata per incoraggiare certi risultati, ispirare il cambiamento e delineare la chiarezza spirituale. Alcuni praticanti wiccani possono eseguire la magia su base giornaliera per molteplici attività. Altri possono semplicemente riconoscere l'esistenza di forze magiche che lavorano in modi misteriosi e straordinari.

○ **Strumenti magici.** Manici di scopa, calderoni e bacchette sono tutti strumenti comunemente associati alle streghe e alla magia. Mentre le wiccane non volano in giro su manici di scopa, non preparano l'occhio di tritone nei calderoni, né sparano saette dalle loro bacchette, tutti questi strumenti hanno scopi unici e simbolici utili nelle pratiche magiche. Altri strumenti magici comuni includono erbe, pietre, piante, ramoscelli, cristalli, conchiglie, parti di animali riciclati, candele, carte dei tarocchi, incenso, talismani e molto altro.

○ **La Dea e il Dio.** La Wicca si basa su una visione del mondo duo-teistica con la credenza in una Dea e un Dio. Mentre la Dea è di solito concentrata maggiormente nelle credenze wicca, entrambe le figure sono considerate uguali. Leggete la prossima sezione per maggiori informazioni sulle divinità wicca.

- **Il Rede Wiccan.** "Se non nuoce a nessuno, fate quello che volete". Questa è una dichiarazione morale della Wicca che è accettata da molti, ma ci possono essere molteplici interpretazioni del Rede. Alcuni credono che significhi fare ciò che si vuole, purché non si danneggi assolutamente altre forme di vita. Altri lo interpretano come un consiglio: fai del tuo meglio per non danneggiare gli altri, sentiti libero di fare delle scelte ma sii pronto ad assumerti la responsabilità delle tue azioni. Un numero selezionato di wiccani non segue affatto il Rede, ma può seguire un altro testo ispiratore pagano.

- **Reincarnazione.** Mentre non tutti i wiccani credono in un particolare tipo di aldilà, molti credono nella reincarnazione. La Wicca attribuisce molta importanza alla reincarnazione perché la considera il mezzo attraverso il quale le anime si evolvono dal punto di vista spirituale. La reincarnazione può avvenire quando una persona passa e rinasce in un'altra forma, come un umano o un animale. L'anima può scegliere di diventare un tutt'uno con le forze della natura, o può occupare un posto chiamato Summerland. Questo è un luogo dove gli spiriti vengono a riunirsi tra loro, a riposare e a riflettere. Altre correnti sono convinte che l'anima si trasferisca in un regno senza forme dove vortici di energia coesistono con la Dea e il Dio. La reincarnazione è lo strumento attraverso il quale le anime si perfezionano. Una vita intera non è sufficiente per raggiungere questa meta pertanto l'anima rinasce piu' volte e in ogni vita racchiude esperienze diverse finché non viene raggiunta la perfezione. Le anime devono affrontare un numero grandissimo di reincarnazioni per raggiungere la perfezione. Una volta che l'anima riesce a raggiungere questa perfezione non ritorna più sulla terra ma vive eternamente in una dimensione nella quale ha la possibilità di essere vicina alla Dea e al Dio. Molta importanza viene attribuita dalla Wicca anche alla legge del karma, che stabilisce quali saranno gli avvenimenti infelici o felici che caratterizzeranno la nuova esistenza degli individui.

o **Il libero arbitrio.** Nella religione wiccana non ci sono testi che dominano o dottrine minacciose che impongono di vivere in un certo modo. I wiccani hanno la libertà di pensare e agire come vogliono, purché siano consapevoli del Rede Wiccan e disposti ad assumersi la responsabilità dei loro errori.

Wicca oggi

Quando la Wicca uscì dalla nebbia e fece il giro del mondo, innumerevoli persone cominciarono a identificarsi con questa manifestazione religiosa, probabilmente perchè era l'unica fino a quel momento che aveva una divinità centrale femminile come creatrice. Questo avvenne a metà degli anni '50 e si estese fino ai primi anni '70-80.

Dalla sua nascita nel 1951, la Wicca ha acquisito nuove aspettative e ha subito trasformazioni significative. La Wicca non presenta un'ortodossia, né una gerarchia sacerdotale, accreditata da un'istituzione centralizzata che la tuteli. Più che una specifica fede, è richiesta la partecipazione assidua ai rituali wiccan. Chi non pratica la ritualistica della Wicca con costanza, non può propriamente essere definito un wiccan. Fu nel 1970 che il movimento femminista abbracciò la Wicca come religione. Trovarono nella Dea una figura forte, capace di provocare profondi cambiamenti nel pensiero della società e nel suo modo di guardare il mondo. Le donne che hanno lottato per i diritti di uguaglianza di genere hanno trovato in questa religione un rifugio sicuro per sentirsi forti, vive e attive. Fu nella Wicca che trovarono una religione in grado di riscattare la loro dignità, sia sociale che religiosa. Dalla ricerca di una nuova religione, un gruppo di pensiero dove le donne non erano escluse, anzi si sono appropriate di una nuova identità più focalizzata sulla figura della Dea. Insieme alla crescita e alla diffusione della Wicca a metà degli anni '80, sono arrivati la 'Rabeira' e diversi altri movimenti pagani. Il druidismo, il cemetismo, l'ellenismo, l'asatrù e altri innumerevoli movimenti neopagani mondiali si sono messi in evidenza cercando di far rivivere una religione centrata sulla Terra, nel Sacro Femminino, nella ricerca di connessione con la bandiera della lotta per la libertà nei paesi fortemente monoteisti. Questo dimostra che ognuno può venerare il Divino a modo suo, recuperando rituali quasi dimenticati nel tempo.

Man mano che la Wicca portava la sua struttura (dai Celti, dai Nordici, dai Greci, dai Sumeri e da qualsiasi cosa sembrasse corretta), molti gruppi si separarono, cercando l'identità spirituale e culturale degli Dei, con i quali si sentivano più connessi. Così, sorse il movimento ricostruzionista, che si abilitò per riconoscere nuovamente il culto degli antichi Dei esattamente come era nel passato. Molte persone che avevano iniziato ad appartenere a questi movimenti cominciarono poi a criticare la flessibilità della Wicca, dicendo cose opposte: che non era la vera erede della religione europea, che non era celtica, ma che era un'invenzione di Gardner, ecc. Nonostante le opinioni contrarie, la Wicca continuava la sua ascesa, cominciarono a tenersi congressi, riunioni e seminari per discutere le pratiche di questa religione in tutti gli Stati Uniti. A causa dei numerosi attacchi alla Wicca, fu creato un consiglio, con i più rinomati wiccan dell'epoca, per scrivere i *13 Principi della stregoneria*, che fu pubblicato sotto forma di avviso pubblico.

La Wicca stava guadagnando forza e visibilità in tutto il mondo come religione ufficiale. Insieme a questa nuova identità che la Wicca cominciava ad assumere, la Dea come centro del culto di questa religione fu sempre più enfatizzata. Essa divenne invocata nei riti come 'la Dea dei Diecimila Nomi' (proprio come Iside, che era tutte le Dee in una). L'affermazione che tutte le Dee sono la stessa Dea è decisamente accettata tra i wiccan, e ampiamente utilizzata in vari segmenti del paganesimo. La Wicca, quindi, diventa una religione che riconosce la Dea come il Creatore e la divinità principale.La nostra religione venera la sola e unica Dea che si manifesta in diverse forme e nomi a lei attribuiti.

Se a metà degli anni '50 la Wicca era considerata più un sistema magico che una religione, oggi la realtà è completamente diversa. Molti gruppi si sono organizzati per legittimarla come una vera religione, facendola accettare, riconoscere e rispettare in diversi segmenti della società. La massima visibilità della Wicca è ancora negli Stati Uniti e in Europa, dove è considerata una religione cappellania nell'esercito e nei matrimoni riconosciuti dallo Stato. In vari paesi, la Wicca sta crescendo in modo sostanziale. Vediamo ogni giorno più opere letterarie proposte per chiarire i suoi aspetti religiosi e filosofici e ci troviamo costantemente di fronte a persone che decorano i nostri simboli sacri, come il Pentagramma o la Triluna. Oggi, ci sono molte più persone che praticano l'arte della stregoneria singolarmente piuttosto che in gruppi o meglio riconosciute come congreghe. Si è trasformata da una religione segreta in una moderna religiosità alternativa, fortemente centrata sulla figura della Dea Madre. Gruppi coscienziosi, ambientalisti e sociali di diverse etnie hanno incorporato molta della loro cultura nella Wicca, rendendola più flessibile, e quindi eclettica. Il detto "Tutte le Dee sono la Dea" è diventato un assioma Wicca nell'ultima decade. Quindi, indù, nativi americani, africani, hawaiani, cinesi, e molte altre dee di queste culture sono state assimilate dalla Wicca, e sono state riconosciute come diversi volti della Dea.

La maggior parte delle attuali religioni dell'umanità sono basate su figure e principi divini maschili, con Dei e Sacerdoti piuttosto che Dee e Sacerdotesse. Per millenni, i valori femminili sono stati inseriti in molte culture, in cui le donne sono sottomesse e occupano una posizione inferiore rispetto agli uomini, sia a livello sociale che spirituale.

La Wicca cerca di recuperare il Femminino Sacro e il ruolo delle donne nella religione, e le sacerdotesse della Grande Madre. Cerca l'equilibrio complementare tra l'uomo e la donna, simboleggiato attraverso la Dea e il Dio, che si completano a vicenda. La Wicca dà alla Dea un ruolo di primo piano in entrambe le pratiche sia nei loro miti, quindi è la divinità principale adorata e invocata nei riti sacri.

Il Dio e la Dea

Nella Wicca si venerano due divinità principali, generalmente il Dio e la Dea. Sono considerate due metà di un intero essere, una rappresentazione della dualità dell'universo, il Maschile e il Femminile. In tutto il mondo, ci sono molti nomi per gli dei e le dee, che si concentrano su qualsiasi aspetto su cui hanno il dominio. Non tutti i wiccan o pagani adorano sia il Dio che la Dea, ed è loro diritto fare come desiderano in proposito. Alcuni adorano esclusivamente la Dea, altri il Dio. Alcuni dedicano la loro attenzione a una divinità particolare, a seconda del loro background o educazione, delle esperienze culturali, o semplicemente di una chiamata alla loro intuizione da parte di quella divinità. Altri adorano molte divinità. Questa è la libertà che offre la Wicca.

La Triplice Dea

E' la rappresentazione della Grande Madre primordiale. Si pensa che la Dea stessa sia composta da tre aspetti principali: la fanciulla, la madre e l'anziana. Rappresentano la ciclicità che caratterizza il cosmo e sono abbinate alle tre fasi visibili della Luna (luna crescente, luna piena e luna calante). Il Divino femminile rispecchia la capacità dell'umanità di creare la vita, e come tale, la vita è spesso segnata da alcuni passaggi fondamentali: l'infanzia, il raggiungimento dell'età adulta, la maternità, il raggiungimento della saggezza.

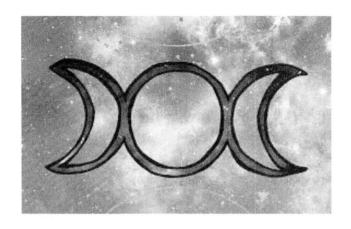

Indipendentemente dagli aspetti rguardanti la fertilità, il parto e la procreazione, la Triplice Dea protegge e porta messaggi ad ogni essere, indipendentemente dal sesso e dall'età.

Un simbolo popolare per noi wiccan, spesso inciso sui gioielli è il simbolo della Triplice Dea: una luna piena circondata da una mezzaluna calante ed una crescente.

La fanciulla

La fanciulla è rappresentata dalla fase di luna nuova e di luna crescente. Rappresenta il potere della giovinezza, così come la bellezza, la speranza, il potere della fede e la capacità di vedere il lato positivo delle cose. È la coraggiosa cacciatrice come ritratta da Artemide, la bella ninfa di Afrodite, l'amante della vita e dell'eccitazione come vista in Oshun. La fanciulla non rappresenta semplicemente la verginità sessuale, che è più un costrutto umano che altro, ma è il simbolo dell'individuo libero di camminare per il mondo in cerca di conoscenza, avventura ed esperienza.

Alcune dee fanciulle sono: Artemide e Oshun, Parvati, Rhiannon, Diana, Brigida, Kore, Freya, Nimue e Persefone. I colori della fanciulla sono il bianco, il rosa e l'azzurro. La Fanciulla è curiosa, audace, e comunicherà con voi, nel caso ci fosse qualcosa che state ignorando o che avesse bisogno della vostra attenzione, come un'opportunità o una decisione che porterà risultati positivi. La fanciulla risponde solo a se stessa. È una protettrice di uomini, donne e bambini; può anche apparirvi quando avrete bisogno di una fanciulla scudo per la vostra protezione. La fanciulla ci mostrerà quando è necessario fermarci, per godere dei semplici piaceri della vita come correre a piedi nudi sull'erba, guardare il fiume che scorre, danzare al chiaro di luna, svegliarsi gustando la bellezza dell'alba. La fanciulla è anche la protettrice degli animali. Sebbene rappresenti il cacciatore, non si attiene all'uccisione insensate, è un esperto della natura. I fiori sacri per lei sono rappresentati da tutti i fiori bianchi, e i suoi animali sacri sono il gufo e l'orso.

La madre

I nomi di solito associati alla Dea sono per esempio Diana, Atena, Aradia, Artemide, Iside, Hina, Ecate, Cerridwen, Era, Tara, Brigida, Inanna, Freya, Astarte, Dione, Melusine, Arianrhod, Bride, Mielikki, etc…

L'aspetto della Dea Madre è l'aspetto più comunemente venerato. Qui vediamo la Dea come dispensatrice e sostenitrice della vita, che ci fornisce abbondanza, nutrimento, guarigione materna ed empatia, così come una guida attenta nel momento del bisogno. La Dea ha tre aspetti in cui viene raffigurata (che seguono le fasi della luna) la Fanciulla o Vergine (luna crescente), la Madre (luna piena) e l'Anziana o Saggia (luna calante). Per questo molti le attribuiscono anche il nome di Diana. La Fanciulla è raffigurata come "Vergine Madre", la Madre è raffigurata come "Madre Amante", mentre la Saggia è raffigurata come "Madre Oscura".

In questo aspetto, la Dea diventa la sorgente della vita e il fornitore. Il suo massimo potere fisico è rappresentato dal pieno dell'estate e dagli alberi carichi di frutta, e dalle alte e ondeggianti coltivazioni di grano.

La Madre porta equilibrio e un senso di soddisfazione. E' portatrice di amore e di serenità. Il colore rosso è associato alla Dea Madre perché ovviamente trasmette il sangue del ciclo mestruale e dell'utero. Il blu è un altro colore associato alla Dea Madre, come Yemaya, un'amata Dea dell'oceano venerata in Nigeria, nelle Americhe e nei Caraibi. Gli animali cari alla Madre sono gli animali gravidi, la colomba e il cervo. Mentre la Fanciulla è più un'ispiratrice, una compagna d'avventura, la Dea Madre è presente per guidarci nella vita e spesso ci aiuta a prendere decisioni difficili. Proprio come una madre, vuole ciò che è meglio per noi, e cerca di mostrarci la strada nei momenti difficili con amorevole gentilezza. Quando ci sentiremo persi, la Dea Madre si avvicinerà permettendoci di piangere sotto il suo manto di stelle, e lenire i nostri dolori e ferite, ci ispirerà a trarre più forza e ad andare avanti. Lavorerà con voi per evitare le trappole della dipendenza e dell'eccesso. Vedrete chiaramente nella sua luce quali cambiamenti dovrete fare nella vostra vita per attirare felicità, armonia e pace nella vostra esistenza. Sono presenti molti simboli legati alla Dea, alcuni di questi sono: il calderone, la coppa, la labrys, le perle, l'argento, gli smeraldi, le conchiglie, le collane, lo specchio, i fiori a cinque petali. La Dea Madre è più potente durante la luna piena. Esegui la magia per l'abbondanza, l'amore per te stesso, la guarigione e la forza personale quando invochi la Dea Madre. Richiedi il suo aiuto per il matrimonio, il parto e la fertilità, per i compagni di vita, per la cura dei tuoi animali e del tuo giardino, per prendere importanti decisioni sulla tua vita e per aiutarti a risvegliare la tua naturale spiritualità. I sabba di Beltane, Litha e Lammas sono sacri alla Dea Madre. Alcune dee madri sono: Bast, Ceres, Corn Mother, Frigg, Hathor, Isis, Macha e Venus.

La donna saggia

La Crone è spesso trascurata dai praticanti di stregoneria e Wicca, ma è quella che dovremmo ascoltare di più quando si tratta di magia. La Crone rappresenta la donna saggia, la guaritrice sciamanica e la strega. Ha vissuto una vita intensa, immensa saggezza da condividere, è una sopravvissuta con grossa conoscenza dell'amore che del dolore. È una guaritrice del grado più esperto. Conosce tutte le erbe, i fiori, gli alberi e gli animali della Terra, è la vecchia donna saggia che ci porta il dono delle arti magiche. Nel corso della storia delle fedi pagane è stata chiamata strega cattiva, vecchia strega e dea oscura. La Crone si trova all'incrocio tra i vivi e i morti, dove la morte non è nulla di cui aver paura, è solo un inizio e non una fine. Con la Crone al nostro fianco, possiamo guardare la vita da un'altra prospettiva, rivalutando profondamente le proprie priorità, spesso date per scontate. Il colore della Crona è il nero, che assorbe l'intero spettro dell'arcobaleno. La sua oscurità è sia creativa che distruttiva. Creativa perchè dal nulla nasce sempre qualcosa, dal grembo materno nasce la vita, dall'oscurità dello spazio nascono nuove stele. Distruttiva in quanto il tempo sancisce la fine di tutti i cicli vitali, così che possano rinascere, riciclarsi, riproporsi e nascere di nuovo.

Il Dio

Il Dio wiccan è la controparte della Dea, rappresentando la virilità e gli aspetti maschili dell'universo. Anch'esso attraversa le fasi della vita, nasce come un bambino a Yule, ovvero dove la luce lentamente lascia il posto alle tenebre, raggiungendo il suo culmine il 21 dicembre durante il Solstizio d'Inverno, la notte più lunga dell'anno. In questa data si celebrava Yule, la festa pagana della luce e della rinascita. Corre libero come un giovane attraverso Imbolc e Ostara fino ad incontrare la sua compagna di vita, la Dea, a Beltane. Il Dio può svolgere molti ruoli nella nostra vita: può essere un insegnante e un maestro per il nostro apprendista, può essere un padre amorevole e affettuoso, può essere un custode di misteri che ci guida verso un'illuminazione più profonda, può essere un compagno di bevute. I ruoli del Dio sono molteplici; come padre, fratello, cacciatore, scriba, fabbro, capitano, guida, pastore, maestro d'armi, devoto alla pace. Esiste in tutti noi e cerca di sbloccare il nostro più grande potenziale.

Il Re della quercia

Il Re della Quercia, la controparte del Re dell'Agrifoglio è nato nelle antiche tribù britanniche. Pensare al Re della Quercia e al Re dell'Agrifoglio come a due entità separate è uno sbaglio, sono in realtà due aspetti dello stesso dio, l'ombra e la luce, il sole e l'oscurità, l'estate e l'inverno. Il Re della quercia rappresenta l'abbondanza. Assicura il successo del raccolto e della caccia ed è l'estroverso che ama le celebrazioni e le comunità che si riuniscono per prendere parte al suo infinito cibo e bevande. È il contadino e il cacciatore che prende ciò di cui ha bisogno per provvedere al suo villaggio. Il Re della Quercia è una forza di energia diretta.

Il Re della Quercia rappresenta l'espansione e la crescita. La sua abbondanza deriva dal duro lavoro e dalla forza di volontà nel perseguire i propri obiettivi. È schietto e onesto, aperto e diretto. Non c'è astuzia in lui. Come il sole, brilla e illumina, mostrando le sue intenzioni a tutto il mondo. Sfacciato e audace, egli non ha paura delle avversità. Gli dei che rappresentano il Re della Quercia includono: Pan, Giano, Giove e Frey.

Il Re dell'agrifoglio

Il Re Agrifoglio rappresenta la metà oscura o calante dell'anno, nasce in piena estate, e cresce fino alla maturità per svanire infine a Yule, quando il Re Quercia rinasce. Egli raggiunge la maturità intorno a Samhain e presiede alle cerimonie dei morti. È una versione cupa e saggia del Dio, che non ha paura dell'oscurità e dei misteri che vi si trovano. Il Re Agrifoglio rappresenta molte cose, inclusi i cicli naturali di morte e decadenza. Egli è il raccolto e lo spegnersi dell'estate, i ricchi colori dell'autunno e il crepitio di un caldo fuoco, il lungo e freddo sonno dell'inverno, e l'allargarsi del velo che separa il mondo degli spiriti dal mondo materiale. La sua conoscenza è antica e segreta; come la Luna, guida coloro che non temono le processioni di mezzanotte e le offerte del crepuscolo.

La versione del Dio che il Re Agrifoglio rappresenta porta equilibrio alla vita. Le piante morenti forniscono nutrimento alla terra e lasciano cadere i loro semi nel terreno che si raffredda, così che quando la Ruota dell'Anno riporta la primavera nelle nostre vite, nuovi raccolti, fiori e piantine spunteranno, ravvivandoci con speranza e promessa interiore. Il Re della Quercia e il Re dell'Agrifoglio sono entrambi considerati divinità sacrificali, che rappresentano il flusso e il riflusso della natura nel corso della Ruota dell'Anno. Il cibo e le bevande da offrire al Re Agrifoglio includono sidro o vino speziato, birra scura, idromele, succo di mirtillo e succo d'uva scuro, carni arrostite e piatti a base di zucche. Gli dei che rappresentano il Re Agrifoglio includono Anubi, Thoth, Padre Inverno, Loki, Ogun e Saturno.

Lugh

Lugh è un aspetto eroico del Dio che i Celti adoravano. Il suo nome è invocato nel nome alternativo di Lammas-Lughnasadh. La sua morte cerimoniale segna l'inizio del raccolto ufficiale, e anche il 'morire della luce', poiché il suo nome significa 'splendente'. Egli rappresenta in questo aspetto il Sole e l'arrivo dell'Inverno.

Lugh può essere utile quando viene invocato per superare gli ostacoli, in quanto è un Dio guerriero di incredibile abilità e senso dell'onore. I suoi simboli includono la lancia e le spade. Il corvo, il lupo, il cavallo e lo scricciolo sono sacri; gli scriccioli spesso cantano su un ramo in un giardino ed infondono ulteriore coraggio a coloro che ne necessitano. Le offerte a Lugh possono includere: pane di grano, more, monete d'oro e vino scuro.

L'uomo verde

L'Uomo Verde è l'aspetto del Dio più interessato alla flora e alla fauna della Terra. Simboleggia la vita che si trova nel mondo vegetale e nella terra stessa. Si aggira per i boschi, i campi, le foreste pluviali, gli accampamenti, le savane e la tundra, per vegliare su ogni pianta e animale che la Dea fa nascere. È l'arciere e la guida, presiede all'allevamento degli animali, all'artigianato del legno e alla coltivazione della terra. È il boscaiolo e il ranger furtivo, l'arciere audace e l'astuto segugio. È rappresentato sia dal lupo che dalla volpe.

L'Uomo Verde è più attivo in estate, viene da noi quando abbiamo bisogno di ringiovanimento, o quando abbiamo bisogno di entrare in contatto con la natura. Il Dio Cernunnos rappresenta accuratamente l'Uomo Verde, lo spirito divinizzato degli animali maschi cornuti, specialmente dei cervi, un Dio della fecondità, della virilità, della caccia, dell'abbondanza, della natura selvaggia.

Il Dio Sole

Il Dio Sole è uno degli aspetti più importanti nella mitologia Wicca. Egli porta la vita sulla Terra - senza il sole, la vita sarebbe impossibile e semplicemente non esisterebbe. Anche la più piccola creatura albina cieca che vive in una grotta sotterranea priva di luce dipende dal sole per la sua esistenza, perché il plancton e i microbi che vanno alla deriva nei corsi d'acqua sotterranei iniziano negli oceani, attivati dal sole. La Ruota dell'Anno celebra il ritorno del Dio Sole ogni anno dai suoi viaggi. Alcuni dei del sole sono Ra, Ogun e Apollo.

CAPITOLO 2

Introduzione agli incantesimi Wicca

Che cos'è un incantesimo? Nella vostra pratica o studio della Wicca, potreste aver scoperto che non sempre gli incantesimi sono necessari per praticare la religione Wicca. Anche se non siete dei wiccan, la curiosità sugli incantesimi, su come studiarli, prepararli e su come usarli nella vostra pratica spirituale è sicuramente motivante. Gli incantesimi sono una parte essenziale di ciò che la magia rappresenta. Allora, cos'è un incantesimo? E' qualsiasi tipo di esperienza che include l'intenzione di manifestare qualcosa nella vostra vita fisica, è una linea diretta di comunicazione tra voi e il cosmo per raggiungere un obiettivo. Un incantesimo è la vostra voce che invoca ciò che desiderate, trasformandosi in azione, dando risultati attraverso l'espressione creativa. Un incantesimo può energeticamente trasformarsi in qualsiasi cosa desideriate, ed è definito da un illimitato processo creativo. Gli incantesimi sono mezzi attraverso i quali si può raggiungere l'autorealizzazione. Si compongono di tre parti: formula, allestimento dell'altare ed esecuzione. Una volta che avrete imparato ad usare alcuni semplici incantesimi che troverete in questo manuale, otterrete l'esperienza necessaria per creare e utilizzare a vostro piacere le energie nel modo più appropriato. Un incantesimo è uno strumento di manifestazione. È un modo potente per focalizzare un obiettivo o un'intenzione, attraverso l'uso di ingredienti specifici, tempi e fermezza di pensiero. Un incantesimo ha la funzione di apertura e di trasformazione energetica utile a migliorare la vostra realtà. È un'energia a cui connettersi in modo potente. È un effetto a catena reso possibile dalle piccole pietre che gettate nelle acque della vita. L'invocare all'universo richiede un rituale specifico eseguito in un dato tempo, spazio e modalità ben specifiche. Tutti gli incantesimi condividono alcune qualità, passi e ingredienti comuni, e avranno sempre un determinato impatto. Il modo migliore per esercitarsi a lanciare incantesimi è quello di usare la vostra conoscenza degli elementi naturali e dei cicli della vita. Questi aspetti potrebbero essere ciò che distingue un incantesimo Wicca da altre pratiche. Se diverrete dei wiccan, sarete impegnati nei cicli lunari, nelle celebrazioni stagionali, nell'equilibrio tra luce e ombra. Ci sono diverse modalità di utilizzare un incantesimo. Il Rede Wiccan è un elemento comunemente noto del mestiere, e afferma che non si dovrebbe "nuocere a nessuno", la vostra magia volta al bene, significa essere disposti ad utilizzare i vostri incantesimi esclusivamente per migliorare la vostra vita. Il modo migliore per godersi l'incantesimo è quello di abbracciare gli elementi e usare tutti gli strumenti necessari per potenziare i vostri incantesimi. Alcune persone vogliono sapere se c'è un modo errato di invocare un incantesimo, e la risposta è no, se l'obiettivo è propositivo.

Molti degli incantesimi elencati in questo libro sono ottimi metodi per iniziare, la cosa principale è capire come veicolare l'energia e le vostre intenzioni, ma questo argomento lo vedremo nel prossimo capitolo. I vostri incantesimi saranno la chiave per allinearsi con la proprie vibrazioni e vi aiuteranno ad assimilare e convivere con le credenze wiccan di armonia, equilibrio e natura.

○ Magia delle candele
○ Magia e rimedio a base di erbe
○ Onorare dei, dee e divinità
○ Potenza del ciclo lunare
○ Magia del cristallo
○ Magia elementare
○ Visualizzazione creativa

- Spazio d'altare e strumenti consacrati o caricati per il tuo lavoro
- Cicli solari
- Celebrazioni stagionali
- Raccolta
- Potenziamento, ricchezza, prosperità, protezione, amore, abbondanza, buona fortuna e buona salute
- Risveglio spirituale e comunicazione con il Divino e altro ancora!

Gli incantesimi Wicca sono una via d'accesso alle vostre intuizioni, invocando le energie universali e celebrando la natura, la Dea e il Dio. Si tratta di eseguire un rituale di manifestazione utilizzando tutto ciò che è intorno a te e scegliendo il percorso adatto attraverso il tuo rapporto con la Wicca.

Procedure per scrivere i tuoi incantesimi

Determina il tuo obiettivo, l'intenzione o lo scopo magico

Il passo più importante nella progettazione del tuo incantesimo è scoprire il tuo reale obiettivo o scopo. Cosa vorresti ottenere? Stai cercando l'amore? Stai cercando di attirare più abbondanza finanziaria o prosperità nella tua vita? Vuoi onorare una divinità specifica? Ci sono molte possibilità e tutte richiedono un'intenzione specifica. Siate chiari, diretti e semplici.

Strumenti per il tuo rituale

Gli incantesimi hanno bisogno di strumenti e ingredienti, alcuni potrebbero avere bisogno solo di una candela o di un cristallo. Qualunque cosa vi serva, dovrete decidere la vostra lista di ingredienti per la vostra creazione. Alcuni ingredienti presenti nella seguente lista saranno specifici per l'obiettivo prefissato:

- Candele colorate
- Incenso
- Erbe
- Oggetti naturali
- Cristalli e/o pietre
- Strumenti dell'altare
- Ciotole, contenitori, cucchiai per mescolare (tutti consacrati per i rituali)
- Indumenti speciali
- Allestimento/altare all'interno o all'esterno (specifico per l'incantesimo)

Potreste trovare più oggetti di cui aver bisogno rispetto a quelli elencati , e potrete sempre aggiungerne altri in base al tipo di pratica e al tipo di incantesimo che state invocando.

Il timing corretto dell'incantesimo

Ogni incantesimo implica una differente energia. Il vostro incantesimo potrebbe aver bisogno di cadere in una data specifica o in una specifica ora del giorno. Potreste aver bisogno del sole pieno, che splende sul vostro incantesimo, o potreste aver bisogno dell'oscurità e dell'energia di una Luna Nuova. Ogni incantesimo necessita di una propria tempistica , alcuni saranno aperti per operare ogni volta che avrete bisogno di eseguirli e i risultati potrebbero essere diversi a seconda del vostro approccio. Molti wiccan lanciano i loro incantesimi in accordo con la luna o il ciclo stagionale nel quale si trovano per amplificare e rafforzare il potere dell'incantesimo. Qualunque sia il momento in cui decidiate di invocare il vostro incantesimo è fondamentale conoscere il vostro obiettivo originale. Scegliete il momento in base alle vostre intenzioni. Se state cercando di incrementare le vostre finanze e la vostra sicurezza, potreste invocare il vostro incantesimo su una Luna Nuova e guardare il vostro denaro crescere con la Luna Piena. Potreste aver bisogno dell'energia delle ore dell'alba per portare un nuovo inizio dalle prime ore di luce del mattino. Tutti i vostri incantesimi possono essere scritti nel *Libro delle Ombre,* ed è utile darvi un feedback sui momenti più influenti per eseguirli. Purifica te stesso prima di qualsiasi incantesimo. Prima di eseguire la magia, è necessario che il tuo corpo e la tua mente siano pronte al rituale, liberandoti da ogni dubbio, demone o impurità spirituali che potrebbero distrarti o deviare l'incantesimo. Purificare te stesso, devi lasciare il tuo corpo rilassato e la mente lucida. Concediti un lungo bagno, indossa un abbigliamento adeguato, medita fino a quando la tua mente non è limpida. Fai qualche respirazione profonda per migliorare la tua attenzione ed eliminare i pensieri che ti distraggono. Ungi il corpo con degli oli essenziali, purifica l'ambiente, bruciando qualche incenso, spruzzando un po' di acqua salata o di acqua santa, o suona alcune note chiare di uno strumento musicale. Crea un cerchio o un altare. Disegna un cerchio abbastanza grande nel quale sederti, o una stella a cinque punte all'interno del cerchio (chiamato pentacolo). Invoca il divino. Richiama verbalmente un potere più alto che benedica il tuo incantesimo. Focalizza la tua energia sul tuo desiderio. Visualizza l'oggetto del tuo incantesimo e immagina la luce che scorre da te verso di lui. Realizza nella mente queste energie in modo vivido e più esse saranno reali. Recita l'incantesimo. Per ogni incantesimo, scrivi un breve verso che descriva il tuo desiderio e chiedi che venga realizzato. Sigilla il rituale. Un buon incantesimo dovrebbe avere un componente di "innesco", ossia un elemento che rappresenti la tua volontà di entrare nell'universo. Strappa o brucia un pezzo di carta con scritto il tuo desiderio. Brucia del tabacco su una candela, lancia una pietra o un oggetto simbolico oppure versa o bevi una pozione. Sii riconoscente a qualsiasi divinità specifica che hai invocato. Riporta a terra l'energia in eccesso visualizzandola mentre scorre nel terreno, cancella il cerchio e smonta l'altare, raccogli i tuoi strumenti e abbi fede.

Scelta dei canti o delle parole negli incantesimi

La scelta delle vostre parole sono importanti perchè rivelano il significato del vostro intento attraverso l'energia dell'universo con lo scopo di renderlo manifesto, quindi dovrete essere sicuri, chiari e specifici nella scelta delle vostre parole e del loro significato. Scrivere un incantesimo è molto importante, questa procedura andrebbe eseguita prima di apprestarsi a compiere un rituale, è prassi tracciare attorno a se un perimetro circolare protettivo e successivamente contenitivo dell'energia sviluppata. Perchè un cerchio? Possiamo dire che servendoci della geometria, il cerchio per la sua forma uniforme, priva di spigoli, con assenza di opposizioni, si traduce in armonia, circolarità, eguaglianza di principi, completezza e diviene sinonimo del percorso umano di crescita e sviluppo. Nella cultura dei popoli naturali è appurato che la ciclicità era riconosciuta come caratteristica principale dell'universo stesso e di tutta la vita in esso contenuta. La natura veniva sperimentata nel suo ripetersi delle stagioni, nel movimento rotatorio degli astri celesti, nell'alternarsi del giono e della notte ed il sole, di cui la spirale ed il cerchio ne erano le più perfette rappresentazioni. Il cerchio, come simbolo del cielo, iniziò a dare forma all'idea di tempo assumendo connotati di perfezione ed eternità, incarnando di fatto le differenze tra ciò che è spirituale e ciò che è naturale e terreno. Dall'insieme dei concetti che racchiude il cerchio rappresenta il primo passaggio essenziale della pratica, esso è il perfetto contenitore energetico e confine magico atto non solo a proteggere il praticante ma anche ad avvicinare ed unire ciò che è spirituale e ciò che è materiale. Riassumendo, il cerchio nella Wicca assume un ruolo fondamentale, assicurarsi che la barriera che ci circonda abbia resistenza e consistenza sufficienti da garantirci protezione mentre entriamo in comunione con le divinità ed ampliamo le nostre percezioni. Affinchè l'incantesimo funzioni, è necessario avere una buona conoscenza delle procedure da seguire e una buona padronanza di sè e delle tecniche per lo sviluppo e l'utilizzo delle energie. Il mondo della magia non è sinistro, ma si possono avere dei riscontri imprevisti se l'energia non viene incanalata per propositi a fin di bene. "Attenzione a quello che si desidera" è un detto popolare, e nel lancio di un incantesimo assicurati di sapere con certezza cosa stai chiedendo prima di focalizzare le tue intenzioni.

Preparazione dell'incantesimo

Una volta determinati tutti gli elementi descritti, si è pronti a costruire l'incantesimo. Questa parte è indubbiamente la più affascinante perché è la fase di progettazione del tuo incantesimo. Una peculiarità della religione Wicca è il suo collegamento con i cicli naturali della vita: la notte e il giorno e le quattro stagioni. I riti vengono celebrati in precise giornate quando le energie naturali sono al loro apice: i Sabbat, mentre in corrispondenza dei pleniluni, ci sono invece, gli Esbat. E' il calendario Wicca che indica tutte le date che rappresentano perfettamente il concetto di ciclicità della Vita: la Primavera è la Nascita, l'Estate la Maturazione, l'Autunno il Deperimento e infine l'Inverno, la Morte, che comprende però il germoglio di una nuova Rinascita. Scelto l'arco temporale per invocare l'incantesimo, inizia la progettazione vera e propria, ovvero quando accendere le candele rituali che si è scelto, quali parole scegliere insieme all'atto sacro di accenderle. Deciderai esattamente quale metodo adotterai per incorporare le tue erbe (bruciarle, berle come tè, esporle all'altare, avvolgerle per asciugarle, ecc.) Nella Magia Wicca particolare importanza è rivestita dagli strumenti: dall'altare, all'athame, dal pentacolo, alla scopa, dal calderone, alla sfera di cristallo, dalla bacchetta magica, alla coppa, dalla campana al libro delle ombre. E' fondamentale trovare un proprio metodo di lavoro che permetta di lavorare in armonia indipendentemente dalla qualità degli strumenti. Sarete voi a decidere quando pronunciare le parole di manifestazione in concomitanza con ogni atto sacro e magico.

La costruzione dell'incantesimo è parte del lavoro che incorporerai nel tuo *Libro delle Ombre*. Funziona come un diario dei tuoi incantesimi scritti e dei tuoi progressi, quindi non aver paura di cambiare alcuni elementi e fattori. È un'opera d'arte in continua evoluzione, proprio come ogni incantesimo che creerai e ogni pezzo di magia che eseguirai. E' bene ricordare che la magia è contadina e povera e deve nascere da un effettivo bisogno. Deve quindi essere praticata per vera necessità e guidata da un Amore Vero.

Usa i tuoi incantesimi

Dopo aver creato il tuo incantesimo, la parte migliore è metterlo in pratica. Usare i vostri incantesimi è la ricompensa ai vostri obiettivi e intenzioni, sono mezzi attraverso i quali si può raggiungere l'autorealizzazione. L'incantesimo viene generalmente eseguito per chiedere qualcosa di personale. Le richieste possono essere sia di carattere materiale che di carattere spirituale ed è possibile rivolgerle a Divinità, Spiriti, Angeli o anche la semplice energia secondo la tradizione seguita dall'officiante.

Cose da considerare quando si lancia un incantesimo

Avere un protocollo standard nella progettazione degli incantesimi ti aiuterà a rimanere rispettoso di te stesso e di tutte le energie che svilupperai. Incantesimi e riti si avvalgono di energie, che rappresentano la materia prima, senza la quale tutto perde di efficacia.

Sicurezza

Considerate quanto spesso userete questi strumenti e quanta energia accumuleranno nel tempo. Pulire e purificare i vostri strumenti è un modo facile ed efficace per mantenere i vostri strumenti in uno stato più alto di vibrazione e chiarezza. E' fondamentale saper maneggiare con accortezza tutti gli strumenti che faranno parte dell'altare Wicca, candele, fiammiferi, fuoco, lame e bastoncini per lo smudging ecc ecc. Assicuratevi di avere i piatti e i contenitori giusti per tenere le tue candele in posizione verticale, il bastone per lo sbaffo lontano da qualsiasi cosa che potrebbe scaturire un incendio. Assicurarsi che l'altare e lo spazio rituale siano ben ventilati mentre si usano il fumo per la purificazione. La sicurezza degli strumenti è un must anche quando si è intenti a pulire e purificare l'energia dei vostri strumenti e attrezzi per evitare che possano raccogliere energie indesiderate.

La triplice legge.

La Triplice legge afferma che qualsiasi cosa tu faccia può ritornare a te tre volte, il che significa che il tuo impatto energetico attraverso rituali e incantesimi ti ritornerà tre volte. È un monito che vuole intendere che ciò che inviate nel bene e nel male ritornerà triplicato. Se si fa del bene si riceverà tre volte il bene, se fai del male si riceverà tre volte il male, nel momento in cui si attua un procedimento magico un'azione scatena una reazione e bisogna tenerne conto. Quando si effettua qualcosa contro la volontà di qualcuno, in particolare se si intende nuocere a qualcuno, può accadere che le energie che adoperiamo e i sentimenti che suscitiamo ci si rivoltino contro. Per questo tutte le volte che si opera è sempre necessario prestare attenzione e proteggersi dagli eventuali effetti di ciò che scateniamo. La legge del tre è un monito moderno, ma la reazione contraria era ed è un evento temutissimo.

Radicamento e centratura per il lancio degli incantesimi

La buona riuscita di un incantesimo non riguarda solo la sicurezza e gli strumenti utilizzati, ma il livello di concentrazione della mente, del corpo e dello spirito. Il radicamento è una delle tecniche base, non solo della Wicca ma anche di altre tradizioni ed è la più importante in quanto senza di essa un rituale o cerimonia che sia non avrebbe gli effetti desiderati. Non è una pratica complicata da mettere in atto ma deve essere eseguita con la massima concentrazione. Il radicamento consiste nel trarre energia dalla terra, ne assorbiamo la sua essenza per poter svolgere un rituale con il massimo della consapevolezza. Il radicamento può essere fatto prima di cominciare un rituale, oppure dopo aver completato il cerchio. Personalmente consiglierei di farlo prima. Se si pratica da soli è più vantaggioso perchè avrete tutto il tempo per radicarvi nel terreno, se praticate in gruppo potrebbe essere complesso perchè ognuno avrà i propri tempi. Il radicamento quindi rappresenta la vostra connessione con la forza vitale che dimora nella terra. L'idea alla base del radicamento e della centratura è che voi siate centrati sulla vostra energia e il vostro potere per raggiungere l'obiettivo prefissato. E' uno dei primi passi per lavorare con l'energia. Permette di trarre energia dalla Terra, invece che attingere dalle proprie risorse. Calmare la mente, concentrarsi sulle proprie intenzioni e allinearsi al proprio scopo magico, sono essenziali affichè i propri propositi abbiano successo. Molte persone a volte considerano il processo di centratura come qualcosa di molto simile alla meditazione. In generale, la meditazione è un termine onnicomprensivo che si concentra sul liberare la mente rimanendo concentrati sul momento presente. Il radicamento ci aiuta a veicolare energia nel terreno e contemporaneamente ad acquisire il potente beneficio energetico dalla Terra attraverso di noi. È un processo che ha il fine di aiutare la giusta direzione del vostro flusso di energia in modo che vi sentiate sostenuti, equilibrati e preparati per qualsiasi incantesimo o rituale stiate per eseguire. La centratura viene di solito eseguita dopo il radicamento per due scopi precisi:

se avete assorbito troppa energia dalla terra durante il radicamento, potete restituirne un pò alla terra ponendo le mani sul terreno umido e "scaricare" l'energia sotto di voi. Potrebbe inoltre servire per ricaricarvi in quanto userete molta energia personale. Per farlo dovrete porre le mani sulla terra umida e dovrete sentire l'energia che fluisce dentro di voi per portarla dritto al cuore. Dovrete determinare il metodo giusto per voi stessi, e se volete avere successo con i vostri incantesimi, considerate un rituale di radicamento e centratura prima di iniziare, assicuratevi che la vostra energia sia allineata con lo scopo del vostro incantesimo.

Come lanciare un cerchio

Lanciare un cerchio è uno degli aspetti più comuni della pratica degli incantesimi e di tutti i tipi di rituali pagani. Per prima cosa, parliamo del perché si vuole lanciare un cerchio prima di iniziare un incantesimo. Tradizionalmente, esso è una porta d'accesso alla magia e ci terrà sempre in allineamento con l'energia della natura.Un cerchio è una bolla energetica che racchiude il vostro potere e la vostra magia all'interno. Lo scopo del vostro cerchio magico è di proteggere lo spazio che comprende le energie esterne e di incanalare e valorizzare l'energia che si genera all'interno del cerchio di protezione. A seconda del tipo di magia che si crea si possono comporre cerchi con internamente un quadrato o una stella a cinque punte.

Il cerchio di protezione può essere disegnato con diversi materiali, ad esempio con un athame, un pugnale cerimoniale wicca, oppure cospargendo del sale, cristalli o pietre lungo il bordo della circonferenza. E' anche possibile modellare l'immagine circolare con delle candele, ad

esempio, con cinque candele che segnino i punti di un pentacolo oppure con quattro candele a rappresentare i punti cardinali del Nord, Sud,
Est e dell'Ovest. Il Nord rappresenta la Terra, che può essere raffigurato
da un contenitore di sale. A Sud il Fuoco, che può essere riprodotto da
una candela. A Ovest l'Acqua, simboleggiato da un contenitore d'acqua
e ad Est l'Aria, rappresentato dall'incenso.

CAPITOLO 3

Passi base per qualsiasi incantesimo

L a maggior parte dei nostri incantesimi magici saranno rappresentati sia su un altare, in mezzo alla natura o semplicemente in un angolo della vostra abitazione. È una rappresentazione molto semplice, pulita e ordinata. Ogni incantesimo risuonerà con le vibrazioni del tuo cuore e lascerà la tua impronta. La Magia deve essere sempre utilizzata per scopi benefici. Il luogo, il momento e le entità invocate durante il rito, ti aiuteranno a canalizzare le energie per raggiungere l'obiettivo desiderato.

Scelta e realizzazione

È molto importante scegliere la giusta fase lunare per il tuo incantesimo. I meccanismi magici per ottenere ad esempio un miglioramento economico piuttosto che un incremento in generale dovrebbero iniziare quando la luna è crescente (da nuova a piena); quando la luna sta calando (da piena a oscura) è invece il momento dei meccanismi magici per diminuire o scacciare via. L'energia è più forte quando la luna è piena, ed è questo il momento più potente per fare la magia. La nuova luna è il secondo momento più potente per un incantesimo. Lavorare con le stagioni è fondamentale per la buona riuscita della vostra magia. C'è un tempo naturale per iniziare le cose (il tempo della semina), per maturare le cose (il tempo della crescita), per raccogliere cose (il tempo della raccolta), un tempo per riposare e pianificare.

Raccogli i tuoi strumenti

Per preparare un incantesimo, dobbiamo essere in pace con noi stessi, avere calma e comodità per potersi concentrare in modo adeguato. Assicuratevi di avere tutti gli strumenti di cui aver bisogno per lanciare un incantesimo, tali strumenti sono l'amplificatore del tuo stato d'animo. Per rendere più forti le vostre parole e i vostri pensieri potete scrivere l'incantesimo in rima da ripetere a voce alta, o anche cantare per aumentare l'energia. Dovete pulire e benedire (consacrare) i vostri strumenti prima di iniziare il percorso di magia. Il colore, la consistenza e il contorno della carta dove scrivere le vostre parole possono migliorare la forza energetica. Le parole sono importanti in un incantesimo, usate parole semplici da ricordare, scrivetelo in rima in modo da memorizzalo più facilmente, seguite ciò che vi dice l'istinto.

Scrivete il vostro incantesimo

Vi suggerisco dei piccoli consigli su come scrivere un incantesimo tutto vostro. Tutto ciò che serve per lanciare un incantesimo efficace è carta e penna. La penna e il diario andrebbero usati esclusivamente per il rituale magico. Identificate il vostro desiderio. Fate una piccola valutazione del rischio. In altre parole, è saggio lanciare questo incantesimo? Farà male a qualcun altro? Focalizzate il vostro intento e aumentate l'energia richiamando la vostra emozione più forte. Rilassatevi e rilasciate l'incantesimo. Se iniziate a dubitare che non accadrà, non accadrà mai. Mentre leggete o sussurrate il vostro incantesimo, dovete raggiungere l'emozione più profonda e pura che potete. Se non siete dell'umore giusto per essere felici e consapevoli del risultato finale, allora questo potrebbe non essere il momento migliore per fare l'incantesimo.

Ogni volta che pensate al risultato desiderato e all'incantesimo che avete appena lanciato, pensate sempre in maniera propositiva. L'Universo è impegnato ad elaborare il vostro desiderio, quindi evitate pensieri negativi o dubbi sull'esito finale. Il linguaggio in rima, se parlato, avrà il ritmo di un battito di tamburo che aggiunge cadenza all'impatto delle parole e tende anche a migliorare l'impatto generale. Sia che utilizziate costruzioni poetiche o semplici, è necessario iniziare a scrivere le parole corrette. Non preoccupatevi della vostra prima bozza, lasciate che la vostra mente trasformi i vostri pensieri... Ritmate e leggete le parole per ascoltare il suono che creano. Fate delle note per indicare in quali pause o attività devono essere riprodotte. Leggete il vostro incantesimo lentamente tre volte. Se è possibile, sussurratelo ad alta voce. Mentre i vostri occhi passano sopra le parole, aumentate l'emozione. Immaginate il momento della realizzazione di ciò che state invocando, assaporate l'emozione del risultato che andrete a ottenere. Prendetevi il vostro tempo e sentitelo davvero. Quindi rilasciate e respirate, con la certezza che tutto sta accadendo. Ora strappate l'incantesimo e gettate via i pezzi di carta o girate saldamente la pagina nel vostro diario. Ora è consegnato all'universo. Consentite alla vostra sfera di protezione di svanire nel nulla.

CAPITOLO 4

Rituali Wicca

L a definizione della parola rituale significa una cerimonia religiosa con un ordine di eventi predefiniti. Nella Wicca, il nostro contatto con gli Dei avviene attraverso dei rituali. Un rituale non inizia con il lancio del Cerchio e finisce con il "burnout", ma il più delle volte sono di carattere devozionale, per onorare i nostri Dei come facciamo quando celebriamo un Sabbath, ecc.

Il rituale è un modo di connettersi con le energie della natura, con il sole, la luna o gli antenati. È il nostro ponte di comunicazione con l'altro mondo e noi pratichiamo i rituali per assicurarci di non perdere il contatto con queste forze. Secondo la filosofia Wicca, un rituale può essere eseguito in molti modi diversi. Qualsiasi cosa può diventare un rituale. Anche compiti come leggere, scrivere, mangiare, svegliarsi o dormire possono essere ritualizzati per dare loro un significato spirituale. Innalzare il pensiero alla Dea ringraziandola per l'abbondanza prima di nutrirci o salutare il sole per il mattino è una semplice pratica rituale che ci mette in contatto diretto con la chiamata sacra in modo che ogni momento della nostra vita diventi magico. Il più delle volte un rituale implica la comunicazione con una divinità. Attraverso di esso, si stabilisce una connessione psichica, avvicinando la consapevolezza del Sacro a noi, invitandolo a far parte della cerimonia devozionale affinché possa estendere le sue benedizioni e la sua presenza nella nostra vita quotidiana. Siate consapevoli del fatto che non tutti i praticanti ritualizzano allo stesso modo. I rituali variano molto da una strega all'altra, questo accade perché i rituali per funzionare veramente devono riflettere la personalità del loro oratore e questo è possibile solo dando un tocco personale, adattandoli secondo la nostra visione e comprensione del Divino.

Ci sono fondamentalmente due classificazioni di rituali nella Wicca:

o Rituali devozionali: per onorare una Dea, un Dio, una divinità in particolare o celebrare un Sabbat o Esbat

o Rituali magici: per dirigere l'energia magica nel raggio d'azione desiderato attraverso incantesimi, magie, talismani, ecc.

In molti casi, come nei rituali del Sabbath, un rituale può essere magico e/o adorare la Dea o il suo volto di Madre allo stesso tempo in cui viene fatto e lanciato un incantesimo o una magia.

Da qui imparerete un po' della magia che i wiccan usano e comprendendo la sua essenza, potrete anche praticarla per riempire la vostra vita con la presenza del Sacro.

Ciò che è descritto è solo una linea guida per iniziare a eseguire i vostri rituali. Tuttavia, sentitevi liberi di aggiungere il vostro tocco personale e di sviluppare il vostro metodo che possa riflettere la vostra personalità. Il modo migliore per imparare a ritualizzare è la pratica.

Un rituale segue alcuni dettami per essere creato ed eseguito. È importante conoscere le basi per il successo di qualsiasi operazione magica:

Preparazione degli oggetti e dell'area rituale

È importante pulire gli oggetti e lo spazio che sarà utilizzato per eseguire il vostro rituale. Pulisci gli strumenti dell'altare, spazza il pavimento della stanza scelta per il rito, adorna il luogo con fiori, candele e bastoncini d'incenso. Rendete l'ambiente piacevole ai vostri occhi. Assicurati che tutto ciò di cui hai bisogno sia a portata di mano. Quindi, controllate le erbe che verranno utilizzate, le candele, gli strumenti, ecc.

Preparazione personale

La preparazione personale è importante perché ci mette in uno stato di ricettività all'energia degli dei e ci centra interiormente. Quando eseguiamo un rituale, portiamo la nostra stessa energia nel cerchio magico. Pertanto, dobbiamo essere chiari di mente, corpo e cuore.

Fate un bagno di erbe purificanti come rosmarino, chiodi di garofano o salvia prima di eseguire un rituale. Asciugatevi con un asciugamano appena lavato e vestitevi con un indumenti puliti e freschi. Se lo desiderate, passate un olio con il vostro aroma preferito per il corpo e purificatevi con il fumo dell'incenso. Mentre eseguite l'operazione, riflettete sullo scopo del rituale, chiedendo agli Dei di purificare il voi stessi. L'atto di purificazione è una pratica che ci mette in uno stato alterato di coscienza, preparandoci alla magia.

Creazione dello spazio sacro

La creazione dello spazio sacro può essere divisa in 3 fasi diverse: purificazione, fusione e benedizione. Una stanza come un salotto o una camera da letto può essere usata per un rituale. Lo scopo di purificare lo spazio sacro è di rimuovere tutte le energie dalla zona che sono incompatibili con la vostra pratica. Versate del sale in una ciotola d'acqua e spruzzatelo sul pavimento visualizzando tutte le energie negative che verranno distrutte e annullate. Potete anche usare l'incenso e persino la fiamma di una candela per purificare l'area che verrà utilizzata. Fate un cerchio nell'ambiente in senso antiorario, il movimento usato per bandire e pronunciate queste parole:

"Purifico questo luogo da tutte le energie negative. Che il male esca e il bene entri". Dopo la purificazione, il passo successivo è quello di lanciare il cerchio magico, che sacralizzerà l'area utilizzata. Un esempio di come il cerchio può essere tracciato è stato descritto. Lanciare un cerchio consiste fondamentalmente nel fare tre volte il giro dell'area rituale nella direzione indicata con l'athame dove la luce proveniente dalla sua punta in direzione del suolo formerà una alone di luce intorno a noi.

Accogliere gli elementi della natura e gli Dei

Immediatamente dopo il lancio del cerchio magico, si invocano gli elementi della natura e gli Dei. L'invocazione di questi poteri non è altro che una richiesta personale che essi siano presenti e benedicano il vostro rituale. Le invocazioni agli elementi della natura sono sempre fatte in ordine partendo dal nord, poi est, sud e ovest invocando rispettivamente gli elementi terra, aria, fuoco e acqua. Accanto alla Dea, anche il Dio e tutte le altre divinità che desideriamo invocare facoltativamente sono convocati al rito.

Quando invochiamo la presenza dell'energia nei nostri rituali, ci aspettiamo una risposta, ma non sempre noterete una forte presenza nei rituali, specialmente nelle prime esperienze. Con il tempo e la pratica, le energie invocate saranno sempre più evidenti, e la loro presenza sarà sicuramente percepita totalmente.

Allineare un rituale di Sabbath o Esbat

Se state eseguendo un rituale per celebrare l'arrivo di una stagione o in una notte di luna piena, l'osservazione di questa data dovrebbe essere associata al vostro tema. Molte sono le pratiche magiche che possono essere utilizzate in un rituale includono i rituali con le candele, e quelli con le corde magiche. In un altro capitolo troverete alcuni incantesimi che possono essere realizzati per le diverse esigenze della vita umana. Usateli per allineare il vostro rituale al vostro desiderio.

Il banchetto

Il banchetto segna la fine del rituale e serve a riportare la consapevolezza allo stato normale. I cibi e le bevande che fanno parte dei banchetti variano molto da strega a strega. I più comuni sono frutta, vino e pane. Molti wiccan usano torte, semi, e molte altre fonti di cibo come parte del loro banchetto. I piatti con il cibo sono di solito posti sull'altare o ai suoi piedi e prima di essere ingeriti vengono consacrati con il tocco del bastone mentre si recitano queste parole:

"Nel sacro nome della Dea e di Dio, vi consacro e vi benedico, mangiando questo cibo rinvigorisco internamente e spiritualmente, che possa portarmi salute, armonia e prosperità. Che sia così, e che sia fatto! "

Questo è anche il momento di eseguire il grande rito in cui si consacra il vino, l'acqua o qualsiasi altro liquido presente nella coppa dell'altare. Il grande rito rappresenta l'unione delle dee e degli dei, che portano le benedizioni dell'abbondanza sulla terra.

Per fare questo, prendete il vostro athame nella mano destra e il calice nella sinistra. Immergete lentamente la lama dell'athame nel liquido del calice, guardatelo brillare con l'occhio della mente e poi dite:

"L'unione della Dea e del Dio è rappresentata qui. Possa questo vino (o qualsiasi altro liquido) portarmi salute, successo, prosperità e armonia. Nel nome sacro della Dea e del Dio, che sia così e che sia fatto!".

Terminare il rituale

È il momento di ringraziare gli elementi, gli Dei e tutte le energie che sono state presenti nel vostro rituale. In questo momento viene sbloccato il cerchio magico. Ringrazia gli elementi, la Dea, il Dio e tutte le energie invocate, e poi percorri l'area rituale in senso antiorario, mentre visualizzi la sfera di luce che svanisce. Il completamento del rituale è una parte importante e non dovrebbe mai essere dimenticato, perché è ciò che ci farà tornare al nostro stato di coscienza quotidiano. Dopo il completamento l'incenso e le candele dovranno spegnersi autonomamente.

L'efficacia del rituale

Un rituale è una parte importante della vita religiosa dei popoli di tutto il mondo. La motivazione primaria di un rituale è quella di invocare per connettersi con il grande mistero:

Una Dea o un Dio, una forza della natura, i diversi mondi spirituali, o anche i semplici ritmi delle stagioni. Un rituale è l'invocazione in azione. Nella Wicca e in altri modi pagani, ogni rituale è un momento di trasformazione, un istante magico in cui si apre un portale tra i mondi e tutto diventa possibile. È attraverso i rituali che ci connettiamo con le nostre antiche divinità, affinché il cambiamento fisico e spirituale abbia luogo.

Il richiamo a queste divinità avviene attraverso invocazioni, preghiere e testi che vengono recitati o letti durante le pratiche rituali come un invito al Divino a manifestarsi. Queste invocazioni richiamano aspetti e forze divine specifiche, percepibili nei nostri riti. La percezione di queste forze può essere sentita in molti modi, sia mentali che sinestetici.

I rituali ci aiutano in questa connessione con i grandi misteri dell'esistenza. Ricordate, sono porte d'accesso ad altre realtà. Gli Dei sono sempre intorno a noi, e i rituali e le invocazioni sono la base per connetterci con loro. Seguendo alcune semplici linee guida, un rituale per l'invocazione di una divinità o di una forza può essere creato per qualsiasi tipo di necessità.

Passi per un rituale invocatorio efficace

L'esecuzione di un rituale invocatorio efficace richiede attenzione, concentrazione e rispetto per le pratiche specifiche della nostra tradizione o pratica spirituale. Ecco alcuni passi generali che potresti seguire per un rituale invocatorio:

Preparazione dell'ambiente:

Assicuratevi che il luogo in cui eseguirete il rituale sia pulito e tranquillo.

Accendete candele o incenso per creare un'atmosfera sacra.

Posizionate gli strumenti rituali (se ne utilizzate) come candele, calici, pietre, ecc.

Centramento ed Equilibrio:

Praticate tecniche di respirazione o meditazione per centrare la vostra mente e bilanciare le vostre energie.

Assicuratevi di essere concentrati e presenti nel momento.

Definizione dell'intento:

Chiarite l'intento del vostro rituale. Che cosa state cercando di ottenere o quale energia state invocando?

Potete scrivere una breve dichiarazione o mantra che esprima il vostro scopo.

Creazione di un Cerchio Protettivo:

Molti praticanti creano un cerchio magico intorno a loro per proteggersi dalle influenze esterne.

Potete tracciare il cerchio con un oggetto o con la visualizzazione.

Invocazione degli Elementi:

Chiedete la presenza e il supporto degli elementi (terra, acqua, fuoco, aria) secondo la vostra tradizione.

Potete utilizzare parole, gesti o oggetti simbolici per chiamare gli elementi.

Invocazione degli Dei o delle Forze:

Chiedete la presenza e l'aiuto degli dei, degli spiriti o delle energie con cui state lavorando.

Potete utilizzare preghiere, invocazioni specifiche o parole personali.

Offerte o Sacrifici (se appropriato):

Potete offrire doni simbolici agli elementi, agli dei o alle forze invocate.

Assicuratevi che le offerte siano in armonia con il vostro intento e rispettino la vostra tradizione.

Comunicazione e Lavoro Energetico:

Parlate o meditate sulla vostra intenzione, chiedendo guida o supporto.

Potete eseguire rituali specifici o attività in linea con il vostro obiettivo.

Ringraziamenti e Conclusione:

Ringraziate gli elementi, gli dei o le forze invocate per la loro presenza e aiuto.

Chiudete il cerchio magico o la sfera protettiva.

Registro delle Esperienze:

Dopo il rituale, registrate le vostre esperienze nel vostro diario magico o diario spirituale.

Annotate i risultati, le sensazioni o qualsiasi intuizione ricevuta.

Ricordate che questi passi possono variare a seconda della vostra tradizione specifica o delle vostre preferenze personali. Adattate il rituale alle vostre esigenze e seguite la vostra intuizione.

CAPITOLO 5

Incantesimi Wicca con le candele

Le candele nei tuoi incantesimi

Esploriamo insieme il mondo affascinante delle candele e il loro ruolo cruciale nei nostri rituali magici. La storia delle candele come strumenti rituali risale all'inizio del XIX secolo, quando la loro fabbricazione divenne un'arte, influenzando un vasto pubblico. In epoche precedenti, le candele erano oggetti costosi e accessibili solo a individui facoltosi, specialmente quelle colorate. Oggi, le candele sono accessibili a tutti, economiche e disponibili in una varietà di colori, ognuno dei quali porta con sé significati e potenziali incantesimi.

La scelta del colore della candela è fondamentale, poiché ogni colore porta con sé energie e significati specifici. Ad esempio, il giallo può portare serenità, mentre il verde è associato alla prosperità finanziaria. Oltre ai colori, il materiale della candela gioca un ruolo cruciale nell'energia complessiva. Candele di cera d'api, simbolo di potere e vita, possono essere potenziate aggiungendo colori come il rosso per accentuare la passione e rafforzare le intenzioni durante l'incantesimo.

Oltre ai colori, oli essenziali, sigilli ed erbe possono essere aggiunti alle candele per aumentarne il potere magico. L'utilizzo di oli essenziali specifici o l'incorporazione di erbe selezionate possono personalizzare ulteriormente il tuo incantesimo in base alle tue intenzioni.

La dimensione della candela è un altro aspetto da considerare, anche se non influenza direttamente la potenza dell'incantesimo. La durata della candela è importante, soprattutto se il tuo rituale si estende per più giorni. Candele più spesse, con indicazioni giornaliere sulla durata della combustione, possono essere una scelta ideale per incantesimi prolungati, mentre candele più piccole e spesse sono perfette per incantesimi più brevi.

Per molti di noi wiccan, le candele non sono solo oggetti fisici ma simboli potenti. Lo stoppino rappresenta la mente, la cera il corpo umano e la fiamma stessa lo spirito o l'anima del praticante. Quando la fiamma si libra nell'aria, porta con sé i desideri del corpo e della mente nell'universo, veicolati attraverso il fumo che si alza dalla candela.

Spero che questi dettagli vi aiutino a comprendere il potenziale magico delle candele e a integrarle in modo più consapevole nei vostri rituali. Continuate ad esplorare e sperimentare, poiché ogni gesto e ogni elemento aggiunto contribuiscono a creare una pratica magica più ricca e significativa.

Magia delle candele

Esploriamo insieme la magia delle candele, una delle forme più accessibili e potenti di magia che ogni individuo può praticare senza la necessità di elaborati rituali o strumenti costosi. La candela, in quanto faro simbolico, svolge un ruolo fondamentale nel trasformare pensieri ed energie in realtà tangibile.

La magia delle candele è un atto di trasmissione di pensieri, obiettivi e intenzioni dal piano spirituale al mondo fisico, sfruttando il potere intrinseco della fiamma e delle energie divine. La candela funge da messaggero, veicolando i vostri messaggi e le vostre intenzioni verso le forze superiori che chiamate ad assistervi.

Osservare la candela bruciare è un potente simbolo di manifestazione fisica del vostro proposito, un messaggio inviato al Divino attraverso le fiamme e le vibrazioni dell'universo. In questo processo, la candela agisce come un equilibrio perfetto tra gli elementi: Terra rappresentata dallo stoppino, Acqua nella trasformazione della cera, Aria necessaria per sostenere la fiamma e Fuoco nella stessa fiamma ardente.

Considerate la candela come un veicolo che conduce l'intento energetico al quinto elemento, lo Spirito. In questo modo, il rito di spegnere le candele sulla torta di compleanno diviene un potente rituale basato su tre principi chiave:

Decidere l'obiettivo: Identificate chiaramente il vostro desiderio o intento.

Visualizzare il risultato finale: Immaginate vividamente come sarà la manifestazione del vostro desiderio.

Impegnarsi pienamente: Soffiate via le candele con determinazione, impegnandovi completamente per raggiungere il risultato desiderato.

Colori delle candele

Insieme alla scelta del tipo di candela e del profumo che desiderate usare nei vostri incantesimi, il colore è un'altra importante considerazione. Questa sezione spiegherà l'uso dei colori delle candele. Potrete fare riferimento alle Tavole di corrispondenza, che vi permetteranno di dare un veloce sguardo al reale significato dietro ogni colore.

Nero

Il nero come colore del distacco: è l'assenza di luce nello spettro, ma l'assenza non implica che sia un male. Il nero, assorbe tutti i colori invece di rifletterli, e come tale, assorbe anche la negatività. Impedisce all'energia negativa di fluire. Può essere utilizzata per proteggere, respingere, invertire o anche allontanare la magia o l'energia negative da ciò che vi circonda. Simboleggia le profondità della Madre Terra, per richiamare le forze di sopravvivenza (per esempio nel caso di una grave malattia), per allontanare persone indesiderate, per accedere alle profondità del proprio inconscio, per bruciare un evento fortemente negativo e quindi eliminare fatture e magia nera.

Blu

Il blu è un colore rilassante per natura, ed è comunemente usato per guarire e rafforzare la mente durante il lancio di incantesimi. Potete usarlo per incoraggiare il sonno. Quando si usa una candela blu, si sta incoraggiando la comprensione e la consapevolezza intrinseca del mondo spirituale, e in generale, anche la tonalità di blu che si usa è importante:

Le candele azzurre tendono a portare pace, tranquillità e chiarezza.

Le candele blu di media tonalità tendono a portare forza spirituale e forza d'animo, così come una profonda pace interiore.

Le tonalità blu scuro tendono a mostrare pensieri profondi e spiritualità - queste possono causare malumori se non si sta attenti a come le si utilizza.

Marrone

Questo colore simboleggia la Terra, quindi la Madre. La candela marrone viene utilizzata nei rituali di protezione dei beni materiali come la casa, l'auto e oggetti vari, oppure per la salute degli animali domestici.

Può essere utile per riconciliazione con amici o per rinforzare i legami. Viene usata per la protezione dei propri cari. La candela marrone scuro può essere usata in situazioni incerte, come ad esempio, l'insicurezza nella vita amorosa.

Verde

Le candele verdi tendono a rappresentare la crescita, la fortuna e la prosperità in generale, così come l'elemento Terra. Queste candele sono anche legate alla guarigione, proprio come quelle blu. Quando accendete una candela verde, probabilmente vi state preparando per un incantesimo che ha qualche tipo di legame con il denaro, come chiedere aiuto per ottenere una promozione o per intraprendere una nuova impresa finanziaria. Queste candele possono anche aiutarvi a raggiungere il successo nel vostro business, qualunque esso sia.

Oro

Le candele d'oro sono associate principalmente al Dio, al Sole, e alla mascolinità. Spesso viste come la controparte dell'argento, le candele d'oro sono anche legate principalmente alle finanze e agli affari, proprio come il verde. Sono molto potenti nell'attirare qualsiasi tipo di conoscenza di cui necessitate, così come trovare fortuna, denaro, o sviluppare un potere di influenza o di guarigione. Questa candela viene soprattutto bruciata come omaggio al Dio durante le feste rituali di tipo solare, soprattutto gli equinozi e i solstizi. E' in grado di donare benessere, costanza, forza di volontà e molta forza fisica e psichica.

Arancione

La candela arancione è utile per ottenere benefici materiali, o assicurarci il successo delle nostre imprese, come il superamento di prove ed esami, il successo nel lavoro e la risoluzione di problemi legati al denaro. Si può aiutare con una candela arancione una persona incapace nella gestione del denaro. La candela arancione stimola la concentrazione, la creatività e la vitalità mentale. Si può anche combinare l'arancione con altri colori per rinforzarne la funzione. Nel complesso, l'arancione è un'energia spirituale e fisica positiva, associata alla chiarezza di pensiero.

Rosa

Le candele rosa sono legate all'amore e all'amicizia. Aiutano a sviluppare l'altruismo e la generosità. Si può usare una candela rosa per risolvere i problemi di coppia, per rinforzare l'amore e l'affinità spirituale e fisica tra due persone. E' molto efficace per la guarigione spirituale in persone affette da malinconia e tristezza. Nella meditazione viene utilizzata per la realizzazione dei propri desideri e per fare chiarezza nel cuore. Associata all'incenso e alla lavanda, ha la funzione di lenire il dolore di un amore finito, poichè affievolisce i sentimenti provenienti da legami negativi e le passioni.

Argento

L'argento è associato alla Dea, alla Luna, ai corpi celesti, e alla femminilità. Quando usate una candela d'argento, state cercando di dissipare qualsiasi tipo di energia negativa che è presente intorno a voi. State incoraggiando il bene a vincere sul male, e siete in grado di connettervi direttamente con l'energia lunare. La candela color argento simboleggia la Dea nella sua forma lunare, quindi l'essenza del femminile. Aiuta la meditazione, l'introspezione e la veggenza.

Rosso

Le candele rosse sono principalmente destinate a trasmettere passione e salute. Sono associate all'energia e alla vitalità, rappresentando la salute stessa. Bruciando una candela rossa, si è in grado di alimentare l'anima, rafforzandola e permettendo a se stessi di non essere influenzati dalla negatività o dalla corruzione. Insieme alla salute e alla passione spesso viene associate anche alla lussuria e alla passione sessuale. Di tutti i colori il rosso è il più vicino a rappresentare l'elemento del fuoco. Il rosso è il colore della forza vitale, emette energie positive, rafforza l'energia interiore, infonde ardore, forza e combattività. Utile per proteggere dalle malattie, dalle disgrazie, dagli incidenti. Infatti, si usa la candela rossa anche per rispedirc al mittente il malocchio e per eliminare una fattura.

Viola

Le candele viola ricordano il potere: il blu riguarda la consapevolezza, mentre il viola incoraggia la prodezza nel mondo magico. Quando usate una candela viola, state potenziando la vostra magia, rafforzando i vostri incantesimi. Per esempio, se state tentando di lanciare un incantesimo d'amore, potete scegliere di bruciare una candela viola assieme ad una rosa per potenziarne l'effetto. Le candele viola favoriscono l'elevazione spirituale e la veggenza. Vengono usate per neutralizzare le negatività e la magia nera. Il viola è un colore molto positivo, che amplifica il potere degli altri colori. Può essere associata alla lavanda e alla pietra di ametista, per permettere i viaggi astrali e raggiungere la sorgente del sapere.

Bianco

Il bianco è puro e unificante, la sua purezza permette di usarlo praticamente in qualsiasi contesto, anche se è più comunemente associato alla verità e all'illuminazione. Viene usato principalmente per motivi difensivi o di purificazione, anche se può essere scelto quando non si ha il colore giusto richiesto, o quando non si é sicuri sul colore da utilizzare. Quando usate il bianco, richiamate la forza e il potere, così come riverite l'innocenza e la purezza. Può aiutarvi a connettervi con il mondo spirituale e ad evitare che il male si impossessi di voi.

Giallo

Le candele gialle sono associate alla conoscenza e alla scoperta. Sono destinate a migliorare la visualizzazione e ad incoraggiare il movimento verso l'innovazione. Sono più fortemente allineate con l'elemento dell'aria. Vengono utilizzate per ottenere il successo e la realizzazione dei propri progetti, soprattutto nell'ambito dello studio. Il colore giallo stimola la memoria e la capacità di concentrazione. Rappresentando il colore del Sole, abbinato al potere del fuoco è in grado di aiutare energeticamente il superamento di qualsiasi ostacolo.

Scegliere le candele giuste

Fare uso di una candela troppo grande può rivelarsi controproducente. Alcuni incantesimi con candela hanno la necessità di attendere lo spegnimento prima di procedere con il resto dell'invocazione. Pertanto, si raccomanda di prendere in considerazione questo elemento importante durante la fase dell'incantesimo. Oltremodo ci saranno occasioni nelle quali un tipo specifico di candela sarà richiesto, come ad esempio, una candela figurativa o di sette giorni. Una delle candele più conosciute che viene utilizzata nell'invocazione di un incantesimo è la candela menorah. Sono candele bianche, non profumate, alte circa 10 centimetri, ottime per lanciare incantesimi. Una cosa importante da ricordare quando si usano le candele è di usare sempre una candela vergine.

Non usare mai e poi mai le candele avanzate da un precedente incantesimo. Le tradizioni magiche insegnano che le vibrazioni di tutto ciò che la circonda viene assorbita dalla candela, pertanto è sconsigliabile utilizzarla nuovamente.

Come imparare a scegliere la candela perfetta? Potete farlo in modo relativamente semplice. Potrebbe esservi utile prendere la lista che descriverò e trascriverla nel vostro *Libro delle Ombre* per un riferimento futuro. In questo modo potrete disporre di uno strumento pratico che potrete consultare a colpo d'occhio, per assicurarvi di scegliere sempre la candela giusta per il vostro incantesimo.

Ogni colore e ogni forma avrà tendenze e significati diversi. Se imparerete a utilizzarle in ogni situazione, sarete in grado di assicurarvi il corretto svolgimento di ogni rituale e incantesimo.

Non importa quanto piccola possa essere la candela, deve essere trattata con cura, cautela e con la riverenza che merita. Non solo è in grado di attrarre l'energia intorno a sé purificando l'ambiente circostante, ma è uno strumento imprescindibile per ottenere le giuste vibrazioni energetiche. L'elemento Aria è sempre presente sotto forma di ossigeno, e l'ossigeno è necessario per mantenere la fiamma viva e ardente. L'elemento Terra è rappresentato dalla cera della candela, così come le fibre usate per fare lo stoppino. La cera rappresenta anche l'elemento Acqua in quanto si trasforma da solido a liquido, ed è caratterizzata dalle sue capacità di cambiare forma. La fiamma rappresenta l'elemento Fuoco.

Tipi di candele

Di seguito una breve lista di candele comunemente usate:

- **Figura femminile:** usata per attrarre o respingere qualcuno di specifico, ma può anche essere usata per rappresentare qualcuno vicino a te che si identifichi come una figura femminile.
- **Figura maschile:** usata per attrarre o respingere qualcuno di specifico, ma può anche essere usata per rappresentare qualcuno vicino a te che si identifichi come una figura maschile.
- **Coppia:** Le candele a forma di coppia sono usate per avvicinare una coppia sposata.
- **Genitali:** Questo simbolo è abbastanza esplicito. Si usa per l'eccitazione, la passione, il desiderio sessuale e la fertilità.

- **Buddha:** Porta fortuna e abbondanza.
- **Diavolo:** Una candela a forma di diavolo è usata per le tentazioni, sia per incoraggiarle che per scacciarle.
- **Il Gatto:** Questo è usato specificamente per incantesimi di denaro, fortuna, o anche protezione.
- **Teschio:** Questa forma di candela è usata per respingere sentimenti o pensieri indesiderati. È anche usata per incantesimi di guarigione o di pulizia.
- **Candela Pomello:** Le sette manopole che compongono il corpo di questa candela rappresentano sette desideri.

Utilizzate sempre una nuova candela per ogni incantesimo, qualora ne foste sprovvisti, dovreste considerare l'idea di iniziare il rituale in un secondo momento.

Usare la propria candela nel rituale

Dopo aver scelto la candela giusta per l'incantesimo, potrete applicare dell'olio sulla candela prima di usarla. Questo processo è chiamato *vestizione*. Ciò che fa la medicazione è creare una connessione psichica tra l'incantatore e la candela. Creare una connessione psichica significa esprimere la vostra volontà proiettando l'energia e le vostre vibrazioni sulla cera della candela. Per vestire una candela è necessario usare un olio naturale. L'olio di semi d'uva è usato da molti wiccan perchè non ha odore. Un'opzione alternativa può essere quella di fare uso di speciali oli magici che di solito si trovano nei negozi del settore specifico. Iniziate a vestire la vostra candela strofinando l'olio dalla parte superiore, fino alla parte centrale della candela. Poi, iniziate dalla parte inferiore, su verso il centro della candela.

Ci sono alcune varianti a questo processo, dove il rivestimento inizia dal centro della candela e si fa strada verso le due estremità. Se un particolare incantesimo di candela richiede l'uso di erbe, basta far rotolare la candela vestita d'olio nell'erba in polvere. Una delle forme più elementari di magia con le candele consiste nell'usare un piccolo pezzo di carta dello stesso colore della candela. Su questo pezzo di carta scriverete la vostra intenzione immaginando di raggiungere l'obiettivo.

Pensa alle varie forme in cui potrebbe presentarsi il vostro scopo, piegate il foglietto mantenendo la concentrazione sul vostro obiettivo. Lasciate che un angolo della carta prenda fuoco avvicinandolo alla fiamma della candela. Mettete la carta che brucia in un calderone, in una pentola o in una ciotola a prova di fuoco affinché possa bruciare per il resto del tempo. Lasciare la candela fino a quando non è completamente bruciata. Smaltire immediatamente la candela usata terminato l'incantesimo.

I segreti della pulizia e della consacrazione

Consacrare la candela può avvenire in diverse forme, come ungerla, ricoprirla di erbe o intagliarla, e a seconda della vostra intenzione, dovrete scegliere il metodo che funziona meglio per voi. Mentre leggete questo capitolo, vi farete un'idea di quando è appropriato usare ognuno di questi metodi e di come procedere al meglio durante il processo.

Questo passo è incredibilmente importante per assicurarvi di essere in grado di rendere l'incantesimo il più efficace possibile. L'efficacia dipenderà dalla qualità del vostro incantesimo e dall'intenzione. Prendete il tempo necessario per dedicarvi a preparare le vostre candele mentre riflettete sullo scopo del vostro incantesimo per assicuratevi il buon esito finale.

Come pulire una candela

Anche se nuova la candela è stata maneggiata da molte persone, assorbendo energia e intenzioni durante la sua produzione, pertanto è fondamentale passare attraverso questo processo di pulizia.

Pulendo la vostra candela, rilascerete tutta l'energia che è stata assorbita. Essenzialmente trasformate la vostra candela in una lavagna pulita per renderla molto più aperta alle invocazioni del vostro incantesimo. Vi parlerò di quattro modi efficaci che possono essere usati per la purificazione della vostra candela.

Cotone e alcool

Un metodo prevede poco più di un fazzoletto o di un batuffolo di cotone con dell'alcool. A partire dal fondo della candela, prendete il vostro cotone saturo di alcol e strofinatelo delicatamente. Non strofinate troppo forte, specialmente se si tratta di una candela lunga, per non danneggiarla. Mentre strofinate delicatamente la candela, immaginate che l'energia all'interno della stessa si liberi come una fiamma mentre sfregate lentamente lungo la cera, salendo lentamente. L'energia verrà espulsa attraverso la punta della candela.

Purificato con Salvia

Un altro modo in cui si può purificare una candela è bruciando la salvia. Il fumo, mentre la bruciate, purificherà l'area intorno a voi, o se l'energia negativa è presente nell'ambiente.

Sale marino

Il sale è ben noto come metodo di conservazione - per esempio, lo si può usare quando si cerca di igienizzare o conservare il cibo. Il sale ha importanti legami con la cultura Wicca in quanto è un potente purificatore e impiegato quando lanciate i cerchi, eseguite incantesimi o purificate la vostra candela. Quando vi accingete a purificare la vostra candela, iniziate versando il sale in una ciotola. La ciotola dovrebbe essere abbastanza grande da contenere la candela, e abbastanza sale da coprirla.

Pulizia al chiaro di luna

Soprattutto durante serate di Luna Piena, si possono pulire gli oggetti con permettendo all'energia della Luna di bagnare la candela durante la notte, purificandola lentamente estraendo la negatività dal suo interno purché la si lasci fuori l'intera notte.

Consacrazione della candela

Con la vostra candela purificata, siete pronti a consacrarla, riempendola con la vostra intenzione. I metodi per consacrare la vostra candela possono variare, dall'uso di oli ed erbe all'incisione. Alcune wiccan scelgono di usare anche l'Acqua Santa o l'Acqua della Luna, il metodo che userete dipenderà dalle vostre preferenze personali. Dopo aver consacrato la vostra candela, sarete pronti per iniziare il vostro incantesimo o rituale. Più la candela sarà colma della vostra energia, intenzioni e desideri, più la candela sarà in grado di fornire i risultati sperati. L'energia emanata dalla candela verso l'esterno nell'universo, porterà con sé la vostra richiesta.

Unzione e vestizione della candela

Il primo metodo di consacrazione di cui parleremo è l'unzione e la vestizione. Questo è un processo semplice. Si usa l'olio per coprire la candela e poi la si veste con le erbe. Quando ungerete la vostra candela, dovete prima scegliere un olio adatto al vostro rituale. Questo olio dovrà essere legato all'intenzione che sperate di inviare nell'universo, in linea con gli obiettivi che avete in mente per il vostro incantesimo. Cercate un olio che soddisfi il vostro umore, e con esso iniziate ad ungere la candela chiudendo gli occhi e immaginando visivamente l'obiettivo che sperate di infondere nella candela. Immaginate che questi obiettivi e desideri riempiano le vostre dita, visualizzate questa energia che illumina lette-

ralmente i vostri polpastrelli. Se l'unzione avviene dall'alto verso il basso
state cercando di attirare qualcosa a voi, questo processo attirerà energie
positive, fortuna e altri benefici. Quando desiderate espellere qualcosa,
tuttavia, l'unzione della candela avviene dal basso verso l'alto. Assicuratevi di coprire l'intera candela in qualsiasi direzione in linea con le vostre
intenzioni.

Rivestire la candela con erbe magiche

Vestire la candela vi aiuterà a rafforzare il potere del vostro incantesimo.
Puoi costruire energia extra aggiungendo erbe all'olio della candela. Ciò
che farete è selezionare le erbe adatte al vostro caso. Lo stesso concetto
vale per l'olio della candela, ovvero scegliete l'aroma di vostro gradimento. Depositate le erbe su un pezzo di carta spezzettandole, arroto-
late la candela unta in modo da avvolgerla totalmente nelle erbe. Non
otterrete un rivestimento perfetto, ma non è fondamentale.

Intaglio e incisione

Questo passo comporta l'incisione di simboli sulla vostra candela. E'
possibile scegliere un simbolo che possa amplificare il messaggio che
stai cercando di inviare nell'universo. Potreste anche incidere dei nomi
o dei segni astrologici, oppure delle rune che simboleggino l'intenzione
specifica.

Spruzzare la candela con acqua santa

L'ultimo metodo comunemente usato per consacrare una candela è
quello di creare la propria acqua santa. Usare un po' di acqua, olio e sale
che userete successivamente per spruzzare sulla candela.

Il sale è purificatore e creerà un'aggiunta protettiva all'acqua che userete. Inizierete questo processo prendendo una tazza d'acqua e mescolan-
dola con tre pizzichi di sale marino, il quale è più elementare rispetto

al sale da tavola, il che lo rende migliore per l'uso degli incantesimi. Utilizzando il sale marino, attingerai al potere dell'oceano e della terra, e lo applicherai alla candela che brucerai.

Magia del colore nelle candele

Oltre alle loro proprietà magiche elementari, le candele sono disponibili in una considerevole varietà di colori, e come per la maggior parte delle cose in questo mondo, c'è una magia speciale dietro ogni colore che usate nei vostri incantesimi e rituali. La magia dei colori ci aiuta a dirigere ulteriormente le nostre intenzioni e i nostri scopi, dichiarando e rappresentando chiaramente ciò che scegliamo di manifestare.

Attraverso i secoli e la nostra storia come popolo, i colori hanno portato significati specifici attraverso le culture, e hanno un'identità universale e una caratteristica associata a ciascuno. Quando vedete il colore rosso, potreste pensare immediatamente all'amore, alla passione, al desiderio, al sangue e al calore. Quando vedete il colore verde, potreste pensare al denaro, alla fortuna, a un quadrifoglio e alla Madre Terra. I colori attirano le nostre energie in direzioni specifiche grazie alle loro associazioni simboliche.

Utilizzare la magia dei colori con le vostre candele aiuterà a rafforzare particolari obiettivi e intenzioni. Qualsiasi candela colorata che utilizzerete per il vostro rito, può essere caricata e consacrata per l'utilizzo magico.

Proprietà magiche del colore

La lista qui sotto vi offrirà alcune delle proprietà magiche associate ad ogni colore. Potresti trovare altre fonti nella tua ricerca che forniscano ulteriori approfondimenti sui vari modi in cui il colore può avere il proprio simbolismo e significato. Usa il tuo intuito quando lavori alla tua pratica, e lascia che ti guidi verso il colore giusto per i tuoi incantesimi con le candele.

Rosso: Amore, romanticismo, passione, coraggio, emozioni intense, forza di volontà, forza, energia fisica e vitalità, salute, chakra della radice e fuoco

Arancione: Potere, energia, vitalità, attrazione, stimolazione, adattabilità (specialmente con i cambiamenti improvvisi), e chakra sacrale

Giallo: Comunicazione, fiducia, studio, divinazione, intelletto, ispirazione, conoscenza e chakra del plesso solare

Verde: Prosperità, ricchezza, crescita, fertilità, equilibrio, salute, fortuna, abbondanza, crescita, rinnovamento, chakra del cuore, Madre Terra e Madre Luna della Dea Triplice

Blu: guarigione, abilità psichica, comprensione, pace, saggezza, protezione, pazienza, verità, comprensione, armonia nella casa e chakra della gola

Viola: Devozione, saggezza, spiritualità, pace, miglioramento della capacità o qualità di nutrimento, bilanciamento delle sensibilità, divinazione e chakra del terzo occhio/capovolto

Bianco: Chiarezza, pulizia, crescita spirituale, comprensione, pace, innocenza, illuminazione, stabilire l'ordine, purezza, chakra della corona e Fanciulla della Tripla Luna

Nero: Forza, stabilità, protezione, trasformazione, illuminazione, dignità, bandire e rilasciare le energie negative.

Argento: Sviluppo spirituale, abilità psichica, saggezza, intelligenza, memoria, meditazione, allontanamento delle vibrazioni negative, sviluppo psichico e Divino femminile/dea femminile

Oro: Successo, buona fortuna, ambizione, autorealizzazione, intuizione, divinazione, forza interiore, salute, finanze e Dio Divino maschile/maschile

Marrone: Equilibrio, concentrazione, resistenza, solidità, forza, radicamento, concentrazione, guadagno materiale, animali da compagnia, casa, Terra ed equilibrio

Grigio: Contemplazione, neutralità, stabilità, decisioni complesse, compromesso, legare le influenze negative, decisioni complesse ed equilibrio

Indaco: Chiarezza di intenti, guarigione spirituale, padronanza di sé, emozione, intuizione, fluidità, espressività, meditazione, chakra della corona

Rosa: Partnership, amicizia, affetto, compagnia, guarigione spirituale, magia infantile e risveglio spirituale; aggiungere erbe, oli e simboli alla tua magia con le candele

Il colore è vitale. Ci sono altri modi per aumentare la magia dei vostri incantesimi di candele con erbe, oli e simboli. Ungere la vostra candela con olio sacro è una pratica comune e consiste semplicemente nello strofinare l'olio profumato e consacrato sulla cera della candela prima di bruciarla.

Come avete imparato nei capitoli sul *Libro delle Ombre*, ci sono una varietà di simboli, rune e sigilli che portano un significato significativo, che possono essere usati in tutte le vostre pratiche magiche per potenziare i vostri incantesimi. Con la magia delle candele, potete incidere i simboli direttamente nella cera per portare ulteriormente il vostro messaggio al piano degli spiriti.

I vostri simboli dovrebbero essere specifici per i vostri obiettivi e le vostre intenzioni, e potreste aver bisogno di fare qualche ricerca per decidere attentamente quali simboli sono necessari per quale incantesimo. Fidatevi della vostra intuizione e lasciatevi guidare da essa. Potrete incidere i simboli prima, o dopo l'unzione della candela con l'olio e le erbe. Puoi anche scegliere di usare i simboli da soli senza aggiungere altri ingredienti. Dipende esclusivamente da voi, dai vostri incantesimi e dai vostri scopi magici.

Lettura della fiamma della candela

Ci sono molti modi per leggere la magia del tuo incantesimo attraverso la fiamma della candela. Dopo che le parole dell'incantesimo e gli incantesimi sono stati pronunciati e la candela è stata accesa, puoi guardare la fiamma per ricevere messaggi sul potenziale successo della tua manifestazione:

- **Fiamma alta e forte.** La manifestazione sta procedendo rapidamente.
- **Fiamma bassa e debole.** Non c'è molta energia spirituale investita nelle vostre intenzioni.
- **Stoppino con fumo nero/spesso.** Esiste un'opposizione attiva al tuo lavoro (forse proveniente da persone malintenzionate, o la tua mente inconscia sta lavorando contro le tue intenzioni).
- **Fiamma danzante.** È altamente energetico per il tuo incantesimo, ma anche molto caotico.
- **Fiamma tremolante.** Gli spiriti sono presenti; le preghiere vengono riconosciute.
- **Fiamma scoppiettante/scintillante**
- Significa comunicazione/interferenza con forze esterne; qualcosa potrebbe lavorare contro di te; potresti aver bisogno di aggiungere più concentrazione ed energia al tuo incantesimo.
- **Fiamma che si spegne.** Una fiamma che si spegne indica che il tuo lavoro è finito, e una forza opposta più forte ha terminato il lavoro.
- **La candela non si accende.** L'incantesimo non può aiutarti con i risultati che stai cercando.

○ **La candela non si spegne**. Non hai finito di lavorare e hai bisogno di passare più tempo con il tuo incantesimo.

Una volta che la candela sarà consumata completamente, sarà possibile divertirsi ad interpretare le varie forme della cera fusa rimante, come leggere le foglie di tè in una tazza. Il nome di questa tecnica è "ceromanzia" e richiederà un po' di pratica da parte vostra. Sarà necessaria, per l'interpretazione, molta immaginazione e intuizione e potrete utilizzare il vostro potere di divinazione e chiaroveggenza. Potrete identificare varie forme, modelli, simboli, immagini e così via, e cercare di determinare quale sarà il messaggio finale dello spirito. Cercate di non pensarci troppo, o potreste alterare e confondere l'energia dei vostri incantesimi.

Giorni della settimana

Lunedì: Il lunedì è governato dalla luna e si occupa di fertilità, intuizione, saggezza, bellezza, illusione, emozioni e sogni. I colori da utilizzare in questo giorno sono il blu, il bianco e l'argento.

Martedì: Il martedì è governato da Marte, e si occupa di vittoria, successo, coraggio, difesa, logica, vitalità, convinzione. È un buon giorno per lanciare incantesimi per risolvere i problemi. I colori da utilizzare in questo giorno sono il nero, il rosso e l'arancione.

Mercoledì: Il mercoledì è governato da Mercurio e ha a che fare con la fortuna, il cambiamento, la creatività, l'educazione, l'intuizione e l'auto-miglioramento. I colori da utilizzare in questo giorno sono l'arancione, il viola e il grigio.

Giovedì: Il giovedì è governato da Giove e si occupa di prosperità, ricchezza, guarigione, abbondanza e protezione. I colori da utilizzare in questo giorno sono il viola, il verde e il blu.

Venerdì: Il venerdì è governato da Venere e si occupa di amore, fertilità, nascita, romanticismo, passione, amicizia e gravidanza. I colori da utilizzare in questo giorno sono il verde, il rosa e il blu.

Sabato: Il sabato è governato da Saturno e si occupa di saggezza, cambiamento, pulizia, motivazione e spiritualità. I colori da utilizzare in questo giorno sono il nero, il viola e il marrone.

Domenica: La domenica è governata dal Sole e si occupa di promozione, successo, fama, prosperità e ricchezza. È un buon giorno per lanciare incantesimi di denaro. I colori da utilizzare in questo giorno sono oro, giallo, verde e arancione.

Ora che i giorni e i colori sono stati elencati, è il momento di scegliere la candela più adatta. Per scegliere il colore, è necessario focalizzarsi sull'obiettivo esatto del nostro incantesimo. Per esempio, se avrete l'intenzione di lanciare un incantesimo per richiamare l'abbondanza sarà necessario usare una candela dorata, gialla o verde e lanciare un incantesimo di domenica.

La potenza del tuo incantesimo dipende interamente dalla sua esatta progettazione. Per questo motivo è di estrema importanza scegliere la giusta candela con attenzione e preparazione.

La maggior parte degli incantesimi che utilizzano le candele richiedono che la fiamma bruci naturalmente da sola, senza essere disturbata. Tuttavia, bisogna sempre fare attenzione nel lasciare una fiamma incustodita. Se fosse necessario lasciare la vostra candela incustodita sarà preferibile riporla in un luogo sicuro, lontano da fonti infiammabili. È anche importante sottolineare come alcuni oli usati per l'unzione possono essere altamente infiammabili, e devono essere usati con cura.

La sicurezza con la magia delle candele

È molto importante la sicurezza antincendio ogni volta che viene usata la magia delle candele o qualsiasi tipo di rituali che richiede la combustione nei vari incantesimi.

E' possibile anche usare alcuni contenitori come vasi cilindrici a fondo piatto fatti di vetro, in cui riporre la candela. In questo tipo di contenitore, la fiamma è contenuta, e anche se viene urtata o rovesciata all'interno del vetro, sarà al sicuro.

Inoltre, gli oli possono essere infiammabili se non lavorati correttamente, e la cera e la fiamma possono bruciare la pelle, quindi e' preferibile prendere le giuste precauzioni per praticare una magia sicura.

CAPITOLO 6

Incantesimi Wicca con i cristalli

Cosa sono i cristalli?

L e pietre e i cristalli sono stati apprezzati nel corso della storia al di là della loro bellezza estetica. Re, regine, sacerdoti e altre figure influenti hanno usato amulet, ciondoli di cristalli e gemme per aumentare il loro potere dai tempi antichi.

Il cristallo è un concentrato di energia, a contatto con il corpo umano il suo campo energetico entra in comunicazione con il nostro, e la sua energia fluisce dentro di noi riportando l'armonia e l'equilibrio.

Ci sono sei modelli possibili:

- ○ I **cristalli isometrici** hanno un motivo a cubo. Sono noti per rafforzare la vostra energia e migliorare determinate condizioni personali.
- ○ L'interno dei **cristalli tetragonali** è rettangolare. Sono noti per il loro potere energetico.

- I **cristalli esagonali** ricevono il loro nome dalla loro forma interna esagonale. Questi cristalli vengono utilizzati per favorire un nuovo inizio, o una nuova opportunità.
- I **cristalli ortorombici** sono a forma di diamante. Sono i migliori per pulire e rimuovere i blocchi.
- I **cristalli triclini** hanno tre assi inclinati. Non solo questi cristalli vi aiuteranno a mantenere le energie che volete, ma scacceranno le energie indesiderate.
- I **cristalli monoclinici** hanno una struttura a parallelogramma, che è tridimensionale. Sono una fonte di protezione.

Cristalli amorfi

I cristalli amorfi sono un tipo di cristallo senza un modello interno. Questo significa che nonostante vengano denominati cristalli, non lo siano realmente. Ci sono 6 famiglie di sistemi cristallini nei cristalli. Includono i sistemi cubico, tetragonale, esagonale, ortorombico, monoclino e triclino. Tutti questi tipi di cristalli, come l'ambra, l'opale e l'ossidiana, hanno le loro caratteristiche speciali.

Cristalli comuni

Il quarzo cristallino è ampiamente utilizzato per la misurazione del tempo negli orologi. Ecco una lista alfabetica delle pietre preziose e delle forze che vengono concesse a chi le indossa.

- *Ametista:* è una gemma di pace interiore, forza e felicità. Si dice che l'ametista migliori le capacità psichiche e creative. Viene anche utilizzata per placare l'ansia, la tensione e per rompere certe dipendenze. Ha un effetto calmante e protettivo. Il suo colore rappresenta il raggio viola della trasformazione, è una pietra che può essere usata per avvicinarci alla nostra parte spiritual.

- *Amazonite*: L'amazzonite è una gemma potente per le persone creative. Si presenta sotto varie varianti che vanno dal verde al blu-verde. E' una pietra calmante e riequilibrante. Questa proprietà la rende un alleato per contrastare le tensioni nervose e muscolari. Stimola e rafforza il sistema immunitario e rinvigorisce la circolazione sanguigna. Applicata sulla pelle, l'amazzonite lenisce le infezioni e le malattie della pelle.
- *Ambra*: L'ambra, una resina d'albero fossile, e' un cristallo che permette di risanare e purificare, assorbe le energie negative trasformandole in positive, è una pietra protettiva. Aiuta i rapporti personali e ci spinge verso la spiritualità. Pietra del sangue: Buona per i polmoni, aumenta l'ossigeno nel sangue e facilita il rilassamento e la riduzione dello stress emotivo.
- *Agata di pizzo blu*: Può essere usata per trattare disturbi scheletrici e ossei. Si dice che favorisca la guarigione di rotture e fratture ossee.
- *Corniola*: La corniola aiuta a promuovere sentimenti di amore e accettazione, utile per ridurre i sentimenti di paura, insicurezza e frustrazione. Ottima anche per gli artisti e il teatro.
- *Citrino*: Conosciuta come la pietra del mercante, si pensa che il citrino attragga il capitale e sviluppi l'industria. Aumenta anche la gratitudine e i sentimenti di speranza.
- *Dumorteiritis*: Una grande gemma per le amicizie, la dumorteirite tende a incoraggiare le interazioni positive, a migliorare la tolleranza.
- *Fluorite:* Buona per lo sviluppo intellettuale, maggiore concentrazione, rilassamento. Aiuta a considerare concetti più astratti e superiori. Facilita l'interazione.
- *Granato*: la roccia dell'amore e della dedizione, Grannet aiuta a bilanciare le energie all'interno del corpo e intorno ad esso e incoraggia l'affetto verso se stessi e gli altri.

- *Giada verde*: Equilibra le emozioni. E' una pietra porta fortuna, apporta chiarezza, dona armonia, coraggio e compassione. Aiuta lo sviluppo dei pensieri positivi e della saggezza, infondendo pace e serenità.

- *Ematite:* Una pietra che incoraggia la pace interiore e la felicità e la crescente concentrazione e fiducia in se stessi. Di color nero metallico, è una pietra di protezione. Questo cristallo assorbe le energie negative, inoltre agisce equilibrando l'energia. Rinforza il nostro legame energetico con il Tutto, con l'Universo. Questa pietra ci lega al piano terreno, ci fa essere presenti e ci mantiene sul piano fisico.

- *Giada del miele*: usata fin dall'antichità, la giada del miele migliora l'armonia psicologica e l'interazione del mondo spirituale. Migliora la condizione finanziaria e viene anche usata per favorire l'armonia di coppia.

- *Diaspro*: è presente in tre varietà che sono il verde, il rosso e il giallo. Il rosso è quello più comune, ripristina la connessione con la natura e alle energie che la Terra ci offre. Funge da guida interiore, dando forza e coraggio .

- *Lapislazzuli*: È la pietra della regalità, conosciuta per la sua potenza e vitalità. Protegge chi la indossa anche dai rischi fisici e mentali. Ha poteri di guarigione, apporta amore, fedeltà. Aumenta l'espressione creativa e ci induce a connetterci con l'universo. Libera da tensioni, stress e ansia. Aumenta la forza e la vitalità. Ecco alcuni significati e rappresentazioni associati al lapislazzuli: Aiuti a vedere la realtà senza illusioni, favorendo la comprensione e la comunicazione onesta. Favorire la forza spirituale e la connessione con il proprio sé interiore. Può essere utilizzata durante la meditazione per facilitare la consapevolezza e la profondità spirituale. Questa pietra ha anche proprietà di guarigione emotiva, aiutando a liberare emozioni represse e a promuovere l'equilibrio emotivo. Può essere indossato o posizionato vicino al cuore per favorire la guarigione in questo senso. Considerato un'amuleto di protezione contro le energie negative e le influenze malevoli. Indossato come gioiello o portato con sé per proteggere se stessi. Aiuta a sbloccare e bilanciare il chakra, facilitando una comunicazione aperta e autentica, e anche collegato alla stimolazione della creatività e dell'espressione artistica.

- *Malachite:* La roccia mobile, la malachite, aiuta a bilanciare il potere e a rimanere nella giusta direzione. Viene anche usata per trattare le articolazioni gonfie, le ossa rotte e i strappi muscolari.

- *Pietra di luna:* La pietra di luna è una gemma di buona fortuna chiamata anche "pietra del viaggiatore". Accresce l'energia dell'amore per se stessi e per gli altri. Dona armonia ed è una pietra femminile, associata alla Dea, alla maternità e alla bontà. Sblocca il sistema linfatico e attenua l'ansia. Favorisce la vitalità e il ringiovanimento.

- *Ossidiana:* Conosciuta come la 'roccia vetrificante', perché ci permette di guardare più da vicino e risolvere i problemi personali. Promuove il perdono.

- *Onice:* è usato per migliorare il processo decisionale e per attirare la buona sorte.

- *Peridoto:* Fornisce uno scudo per bloccare la negatività e aiuta a promuovere la felicità interiore e il rilascio di rabbia e invidia.

- *Quarzo:* Una roccia di potere, il quarzo è noto per favorire la pace e allineare le energie dentro e intorno al corpo. Placa la rabbia, la tristezza, la paura e la gelosia. Inoltre aumenta l'autostima e la creatività.

- *Quarzo Rosa:* Aiuta a calmare l'energia, elimina la negatività e cura il dolore emotivo. Placa le emozioni, la rabbia, la tristezza, la paura e la gelosia. Inoltre aumenta l'autostima e la creatività. Allontana lo stress inducendo ad uno stato di armonia con noi stessi e con tutto ciò che ci circonda.

- *Sodalizio*: Favorisce le capacità mentali e aiuta a calmare e liberare la mente. Utilizzato anche per migliorare il sistema linfatico e il metabolismo.
- *Tigereye:* Incoraggia l'intuizione cognitiva, migliora le capacità psicologiche e facilita l'accumulo e la gestione della ricchezza.
- *Turchia*: Grande per l'innovazione e la promozione della comunicazione aperta e dell'amicizia. Usata per trattare problemi di cuore, ventilazione e respirazione.
- *Unakite*: Favorisce la stabilità mentale, promuove la gravidanze e protegge la salute dei bambini. Usata anche per ricercare la causa principale delle malattie.

Magia del cristallo

Come le candele, la magia dei cristalli è molto comune. Possono essere usati per molti tipi di incantesimi, come oggetti protettivi e come gioielli magici, o come l'elemento fuoco nei riti magici, per potenziare l'energia. La magia dei cristalli utilizza i cristalli per lanciare incantesimi ed eseguire rituali e cerimonie. I cristalli focalizzano e immagazzinano l'energia magica, per questo motivo, l'aggiunta di pietre preziose nei riti, ne aumenta la potenza. Di seguito è riportato un elenco degli usi più comuni dei cristalli:

- Concentrare l'energia magica per potenziare gli effetti di un incantesimo
- Immagazzinare e mantenere l'energia magica per poter essere riutilizzata successivamente.
- Aggiungere ulteriori corrispondenze per rafforzare il potenziale energetico di ogni incantesimo.

Potreste domandarvi qual sia la definizione reale di cristallo. La risposta è che tutti i tipi di minerali, cristalli e gemme sono 'cristalli' nelle tradizioni pagane e neopagane. La definizione è così libera che ci sono molte opzioni disponibili. Poiché ogni cristallo, pietra e minerale ha un potere magico innato, ognuno di essi è associate ad un diverso potere.

Il potere dei cristalli

La cura dei cristalli è l'uso dei cristalli per produrre effetti positivi sia nel corpo che nella mente.

Tutte le pietre preziose hanno le loro frequenze vibrazionali, ed hanno il potere di modificare la frequenza vibrazionale sia fisica che aurica. Infatti, i cristalli sono degli amplificatori energetici che aiutano ad ottenere il risultato desiderato molto più rapidamente.

In tutte le forme, dimensioni e colori ci sono molti cristalli diversi, e ognuno ha le sue proprietà uniche per affrontare vari problemi fisici ed emotivi. Ogni cristallo sceglie voi!

Quando acquistate i vostri nuovi prodotti naturali, altri accordi devono essere fatti prima di poterli usare. Sono sicuro che siete eccitati, e volete già usarli, ma questi prossimi passi sono una parte cruciale dell'intero processo di guarigione con i cristalli.

Per prima cosa è necessario ripulire qualsiasi energia negative che i cristalli possano aver assorbito all'interno di alcuni ambienti. I cristalli possono assorbire facilmente energia negative, così sarà necessario ripulirli. Ci sono numerosi metodi attivi di pulizia dei cristalli. Il modo più semplice e uno dei più efficaci è quello di tenere l'energia negativa nelle mani e trattenerla per uno o due minuti sotto l'acqua corrente.

Altri metodi di purificazione includono l'immersione del cristallo nel sale grosso per diverse ore; oppure seppellirlo nella terra per un giorno o più. La seconda fase è quella di portare il nuovo cristallo sulla propria frequenza vibrazionale, e di utilizzarlo in modo esclusivo.

Dovete semplicemente tenere il cristallo tra le mani, chiudere gli occhi e impostare le vostre intenzioni. Potete dirlo ad alta voce o semplicemente ripeterlo interiormente. E' possibile esporre i cristalli direttamente alla luce del sole, per un minimo di cinque ore, oppure sotto la luce di una luna nuova o piena durante la notte.

E' possibile programmare un cristallo per una determinata funzione adattandolo alla frequenza delle vostre esigenze; in questo modo può produrre l'effetto desiderato ancora più facilmente.

Per fare questo, tenete il cristallo in mano e dite "userò" seguito dal proprio intento a voce alta (non nella vostra testa). Ripetetelo per 3 o 4 volte, per programmare completamente il cristallo.

Ci sono molti modi di usare i cristalli; dipende molto dalle vostre esigenze. Potete indossarli come gioielli o portarne uno o due con voi in tasca o in borsa (se li userete in tal modo, dovrete lavare i vostri cristalli più spesso in quanto assorbono qualsiasi elemento negativo dell'ambiente circostante.

Mettendo le pietre corrispondenti su ogni chakra, sarà possibile liberarli ed equilibrarli. Per la pulizia o la sicurezza, potete tenere i cristalli intorno alla vostra stanza o nella vostra area di lavoro.

Di notte, possono essere messi sotto cuscino per migliorare i propri sogni, o per dormire meglio. Le possibilità dei cristalli sono infinite e arricchiranno la vostra vita in molti modi diversi!

I cristalli sono incredibili condotti di energia, e possono essere usati regolarmente in qualsiasi vostro incantesimo.

I cristalli manterranno e saranno portatori di qualsiasi informazione che desideriate porre in loro per un lungo periodo. E' possibile che possano raccogliere energie che non vorreste catturare, quindi è pratica comune pulire e purificare i vostri cristalli tra un incantesimo e l'altro.

L'acqua salata calda, la luce del sole e il fumo di un bastone da smudge sono tutti modi corretti per pulire le vostre pietre e i cristalli da energie indesiderate, vecchie o stagnanti. Una volta purificati, potete impregnarli con qualsiasi intenzione magica desiderata. Noi wiccan definiamo questo passo come una "consacrazione".

Tutte le pietre e i cristalli hanno già qualità e proprietà uniche che rifletteranno una certa energia nel vostro incantesimo. Alcune sono energie più appropriate per la guarigione e la salute, mentre altre per il potere psichico e la divinazione. Ci sono pietre per l'amore e pietre per la protezione e il radicamento. L'elenco dei cristalli è lungo e richiederà ulteriori ricerche durante il vostro viaggio attraverso la magia, in modo da poter trovare tutte le pietre che risuonano maggiormente con la vostra pratica. La prossima sezione vi darà una lista di alcune delle pietre più comunemente usate ed essenziali.

L'energia dei cristalli

Alcune persone sono più capaci rispetto ad altre nel percepire le frequenze dei cristalli. Una vibrazione è l'energia che percepite in altre persone o negli oggetti.

Quando l'energia di qualcun altro inizia a influenzare la vostra, questo si chiama *trascinamento*. Per esempio, il vostro amico entra nella stanza e si siede accanto a voi. Senza dire nulla, il tuo umore inizia a cambiare da pacifico e felice a triste.

I cristalli hanno una vibrazione più alta degli umani. Questo significa che la loro energia può aumentare la nostra energia, il che ci permette di percepirci in modo più intuitivo il livello emotivo e fisico. Ci permette anche di potenziare la nostra spiritualità.

Per diventare un guaritore di cristalli, dovete essere in grado di sentirne l'energia. Per alcune persone, questo avverrà in modo più naturale rispetto ad altri.

Ecco alcuni modi per poter aumentare la propria connessione con i cristalli:

Uso del cristallo tra i palmi delle mani

Durante la meditazione potete connettervi con un cristallo tenendolo tra i palmi delle mani mentre sarete concentrate sul vostro respiro, poiché l'energia del cristallo influirà positivamente durante la vostra meditazione. Tuttavia, alcuni cristalli si adatteranno maggiormente di altri alla connessione energetica, pertanto è consigliabile sperimentare con più cristalli.

Uno dei migliori per iniziare la meditazione è l'ametista, non solo trasmette serenità e pace, ma aiuta ad essere propositivi.

Crea un posto speciale per i tuoi cristalli

Gli spazi sacri stanno diventando popolari. Si tratta di un luogo all'interno della vostra casa progettato per un motivo specifico. Per essere certi di migliorare la connessione con i cristalli è opportuno un posto speciale dove posizionarli, dove il cambiamento energetico sarà percepito con più naturalezza.

Collocazione dei vostri cristalli

Oltre allo spazio sacro dedicato, è usanza mettere i cristalli intorno alla casa. Ecco alcune linee guida generali sulla collocazione dei cristalli:

Chakra Corrispondenti: Posiziona i cristalli sui chakra corrispondenti per equilibrare e armonizzare l'energia del corpo. Ad esempio, un cristallo verde come l'avventurina potrebbe essere posizionato sul chakra del cuore.

Ambienti di Vita: Colloca cristalli in aree specifiche della tua casa o del tuo luogo di lavoro per influenzare l'energia dell'ambiente. Ad esempio, la citrina potrebbe essere posizionata nell'area finanziaria per attrarre abbondanza. È una buona idea cambiare la posizione del cristallo di tanto in tanto. Questo diffonderà l'energia nella vostra casa aitandovi ad avere una connessione più forte con esso.

Meditazione e Altari: Utilizza cristalli durante le sessioni di meditazione o sulla tua area di preghiera o altare. Posizionali in modo che tu possa vederli o tenerli durante la pratica spirituale.

Sotto il Cuscino o sul Comodino: Posiziona cristalli sotto il cuscino per favorire sogni positivi o vicino al comodino per promuovere un sonno tranquillo.

Abbigliamento e Gioielli: Indossa cristalli come gioielli o inseriscili nei tuoi vestiti per portare con te le loro energie durante il giorno. Puoi anche cucirli all'interno degli abiti.

Nel Portafoglio o Borsa: Posiziona cristalli come la pirite nella borsa o nel portafoglio per attirare prosperità e abbondanza finanziaria.

Sotto la Sedia o il Cuscino del Meditante: Se pratichi la meditazione seduta, posiziona un cristallo sotto la tua sedia o cuscino per migliorare la tua esperienza meditativa.

Nelle Piante: Metti cristalli intorno alle radici delle piante per stimolare la crescita o nel terreno del tuo giardino.

Bagni Energetici: Aggiungi cristalli all'acqua del bagno per creare un bagno energetico che influenzi il tuo stato emotivo e spirituale.

Nel Luogo di Lavoro: Posiziona cristalli sul tuo posto di lavoro per promuovere la concentrazione, la creatività o la tranquillità, a seconda delle tue esigenze.

Cristallo rigenerativo

Un modo per esplorare il potere del cristallo sul tuo corpo è attraverso la guarigione reiki, che vi aiuterà a concentrarvi sull'auto-miglioramento. Importante sarà assicurarsi di usare i cristalli giusti in riferimento ai tuoi chakra. La guarigione dei cristalli esiste da secoli. La filosofia alla base della guarigione dei cristalli e delle pietre è che ogni pietra ha un'energia che promuove qualità diverse nella persona che la indossa o la usa. L'ametista, ad esempio, ha una qualità protettiva e funzionale nel calmare una persona. Il quarzo trasparente, d'altra parte, migliora le qualità di qualsiasi altra pietra e cristallo con cui viene utilizzato. Quindi il cristallo di quarzo viene spesso utilizzato durante una sessione di guarigione del cristallo reiki.

Ci sono varie modalità di posizionamento dei cristalli che possono essere usati in una sessione di Crystal Reiki. A volte pietre e cristalli vengono posti in linea retta sui chakra , o centri energetici principali.

Ci sono sette chakra principali, e questi si trovano alla corona, alla fronte, alla gola, al cuore, al plesso solare, agli organi sessuali e tra i genitali e il coccige.

Non è necessario usare il reiki per ottenere i benefici energetici dei cristalli. Il potere terapeutico dei cristalli è dato dal loro contenuto minerale. Ferro, calcio, silicio, sodio, manganese e molti altri componenti ancora che ne fanno un rimedio naturale ed efficace.

Trova un momento in cui puoi concentrarti sull'energia dei cristalli, e mettili ovunque sul tuo corpo. Concentrati sul cristallo e su come il tuo corpo riuscirà a ristabilire l'equilibrio bio-psico-energetico.

Tenete i cristalli sempre con voi

E' solito, per noi wiccan, indossare i cristalli durante il giorno, ciò permette all'energia del cristallo di alleviare l'ansia durante la giornata.

Qualsiasi sia l'uso dei Cristalli essi esplicheranno sempre il loro lavoro: quello di contornarvi di energie purificatrici benefiche ed energetiche, utili per armonizzare tutto il campo bioplasmico. La frequenza emanata dai minerali attiva e potenzia tutte le emissioni mentali. Facilita il controllo, la trasformazione e la direzione delle energie, grazie alle eccezionali proprietà di conduzione, canalizzazione, trasformazione e amplificazione connaturate alle pietre.

Connettersi con un cristallo più grande è possibile posizionandolo nella vostra auto mentre guidate, sulla vostra scrivania al lavoro, e nella vostra casa.

Assicurati di essere aperto all'esperienza

Alcune persone fanno fatica a connettersi ai cristalli perché non si aprono all'esperienza. Essa diventa unica ed efficace se permette di ascoltare le necessità del proprio corpo e di riprendere contatto con voi stessi. Spesso si provano sensazioni che sono difficili da esprimere, proprio perché sono legate al riequilibrio della nostra energia

Dovete mettere da parte qualsiasi nozione preconcetta sui cristalli, i loro poteri e la guarigione, al fine di abbattere le barriere che vi impediscono di sentire la loro energia.

Focalizzati sul cristallo da cui sei più attratto

Le persone sono attratte dai cristalli per una ragione. Sarete attratti da alcuni cristalli rispetto ad altri. A volte la connessione sarà intensa, e saprete immediatamente il cristallo che fa per voi. Il cristallo si evolve insieme a chi lo possiede, perché ha la capacità di entrare in risonanza con le intenzioni di chi li usa.

Cristalli di carica

Prima di usare i vostri cristalli, dovete assicurarvi che siano preparati per l'uso. Potete farlo assicurandovi che i cristalli siano carichi di energia magica. Il processo di preparazione dei cristalli per l'uso è simile alla consacrazione di strumenti magici o alla vestizione di una candela. Per preparare i tuoi cristalli per l'uso, segui queste istruzioni:

Strumenti magici

5 candele bianche

Gesso bianco o colorato, sale da cucina o bacchetta

Incenso e incensiere

Erbe

Oli

Boline

Canto magico

"Oh, Ishtar!

Oh, Re Cornuto!

Oh, Madre Luna!

Oh, Tammuz!

Benedici questa pietra con il tuo tocco magico!

Fasi della carica

1. Vestire le candele per il rituale. Puoi farlo incidendo una runa o un sigillo nella candela e strofinando olio e/o erbe sulla candela. Spesso si desidera che il colore della candela sia simile al colore delle pietre preziose.

2. Fai un cerchio magico usando sale da cucina, gesso bianco o una bacchetta. In alternativa, puoi usare un colore di gesso che è associato al cristallo che stai caricando.

3. Entra nel cerchio usando una porta.

4. Disegna un pentacolo nel cerchio usando il gesso bianco, un altro colore di gesso, sale da cucina o una bacchetta.

5. Metti una candela in ogni punto del pentacolo.

6. Metti i cristalli, le pietre preziose o i minerali al centro del pentacolo.

7. Accendere le candele e l'incenso.

8. Ripeti l'incantesimo.

9. Posiziona i cristalli, le pietre preziose o i minerali su un altare/stanghetta.

10. Siediti a gambe incrociate e visualizza l'energia che fluisce nei cristalli, nelle pietre preziose o nei minerali che vuoi caricare.

11. Esci dal cerchio usando una porta.

12. Lasciare che le candele si spengano.

13. Rompere il cerchio e lasciare che l'energia si disperda.

14. Rimuovi i cristalli dal centro del pentacolo.

15. Prendi le candele bruciate e seppelliscile vicino a un grande albero.

16. Lascia la pietra fuori per una notte. È meglio se lo fai durante una luna nuova o piena.

Cristalli nella pratica Wicca

Tieni un cristallo in mano e guardalo da vicino da ogni angolo. Giralo più e più volte. Se vi fermate un minuto e liberate la mente, sarete in grado di sentire il senso di misteriosa meraviglia che hanno le pietre e i cristalli. Parlano silenziosamente del potere vivente, creativo e infinito della Terra. Per millenni le persone hanno venerato e usato i cristalli per molti scopi. Nei tempi moderni le pietre e i cristalli sono usati per scopi magici, per la guarigione alternativa e per migliorare l'energia innata degli spazi fisici.

Gettare il cerchio è importante in un rituale perché segna la linea che viene usata per creare un confine tra il mondo ordinario e lo spazio sacro dove il rituale verrà eseguito. Il vostro altare sarà solitamente al centro del cerchio. Quando il rituale viene eseguito da una congrega, l'altare sarà sicuramente al centro del cerchio in modo che tutti possano muoversi liberamente e non debbano preoccuparsi di uscire accidentalmente dal cerchio sacro. Se sei un praticante solitario il tuo altare sarà collocato contro il muro, quindi il cerchio sacro dovrebbe assomigliare ad un semicerchio. Puoi segnare i parametri del cerchio con candele, sale marino, erbe, o cristalli e pietre. A molti wiccan piace usare pietre e cristalli, poichè la loro energia aiuta l'invio delle intenzioni al piano spirituale dell'universo.

Sul vostro altare, troverete pietre e cristalli, pentacoli e bacchette sono spesso decorati con cristalli, e i quattro elementi cardinali sul tuo altare posso essere indicate dai cristalli.

L'Est è l'elemento dell'Aria e può essere rappresentato con alessandrite, ametista, pomice o topazio.

Il Sud è l'elemento del Fuoco, e può essere rappresentato con lava vulcanica, opale di fuoco o rubino.

L'ovest è l'elemento dell'acqua e può essere rappresentato da topazio blu, corallo, perla, tormalina blu o acquamarina.

Il Nord è l'elemento della Terra e può essere rappresentato da quarzo, diaspro, onice o smeraldo.

L'Etere, o Spirito, è il quinto elemento, ed è spesso usato sull'altare durante il culto rituale. Non ha pietre particolari per rappresentare la sua presenza.

Durante la loro pratica della magia un wiccan userà pietre e cristalli per molti scopi magici come talismani, amuleti, guarigione, divinazione, e per manifestare le intenzioni attraverso l'incantesimo. Pietre e cristalli possono essere usati per intensificare un incantesimo o come punto focale dello stesso. Gli incantesimi si concentrano sul miglioramento delle proprie richieste, sia che si tratti di amore, denaro, amore, felicità, salute o protezione. Puoi anche lanciare incantesimi per aiutarti a svilupparti spiritualmente o mentalmente. Puoi usarli in meditazione per riflettere sul percorso della tua vita o per creare intenzioni per l'equilibrio e la crescita continua. Alcune lavorazioni della magia provengono da antiche tradizioni, e alcune sono ispirate sul posto e create al momento. Divinazione, visualizzazione, fare pozioni, danze, incantesimi, rituali e incantesimi sono tutti tipi di magia in cui le pietre e i cristalli possono essere usati per energizzare e migliorare la magia.

Tenete a mente che non importa quale tipo di magia stiate eseguendo con le vostre pietre e cristalli, non creerete mai una magia che sia intesa a danneggiare un'altra entità, in particolare un'altra persona. I wiccan tengono sempre presente la Regola d'oro, ovvero il Rede wiccan, che afferma che la magia non sarà mai usata per causare danni. Le vostre intenzioni magiche devono essere sempre chiare, in modo da non causare accidentalmente danno altrui, o interferire con il suo libero arbitrio. Se state lanciando un incantesimo per aiutare qualcun altro, dovete prima ottenere il suo permesso. Quando le intenzioni si manifestano nel regno fisico, potrebbero accidentalmente causare un danno non voluto, quindi tutti gli incantesimi terminano con una frase come: "per non nuocere a nessuno" o "con danno a nessuno".

Nella pratica della magia pochi avranno successo all'inizio. Dovrete essere pazienti e imparare dai vostri errori. Assicuratevi di entrare nella vostra pratica con una mente e un cuore aperto, perché la più piccola resistenza o scetticismo farà sì che il vostro incantesimo sarà vano.

Cristalli nella pulizia, guarigione e bilanciamento dei chakra

Il corpo, mente e spirito sono una cosa sola, le nostre emozioni ed i nostri pensieri si manifestano non solo sotto forma di eventi psichici, ma anche sotto forma di energia concentrata in punti ed organi specifici del corpo. Il ruolo di questa energia è fondamentale nel determinare il nostro stato di salute e di equilibrio.

La traduzione letterale della parola 'chakra' significa una ruota o un disco che gira, ed è utilizzata per rappresentare i centri energetici del nostro corpo, che hanno il compito di "ricevere e distribuire" la nostra energia vitale.

I chakra principali sono 7, ed ognuno di loro, oltre ad avere caratteristiche specifiche, è associato a determinate emozioni, sensazioni, funzionalità mentali e spirituali. L'area lungo la colonna vertebrale contiene sette chakra che sono direttamente collegati al vostro benessere emotivo, spirituale e fisico. Quando l'energia di un chakra è attiva anche la ghiandola endocrina corrispondente, o gli organi ad essa associati, riescono a svolgere al meglio le loro funzioni vitali. Conoscendo il funzionamento dei chakra è quindi possibile comprendere i nostri squilibri energetici, e capire dove andare a lavorare per ristabilire un equilibrio psico-fisico .

La pratica moderna basata sui chakra cerca un modo di vivere più puro e tradizionale, associando ad ogni chakra varie funzioni fisiche: un aspetto della coscienza; un elemento classico; e numerose altre caratteristiche che servono a distinguere un chakra dall'altro.

I vostri chakra sono il potere che fornisce vitalità al vostro corpo, e fornisce energia positiva alla mente. La funzione principale di ciascuno dei vostri chakra è quella di girare sul proprio asse, e di usare il suo potere per attirare l'energia trattenendola dentro di voi, al fine di equilibrare e mantenere la vostra salute fisica, mentale, emozionale e spirituale della vostra mente, anima e corpo.

Nel tentativo di adottare uno stile di vita più naturale e libero da influenze chimiche e medicinali, sempre più persone cercano modi naturali per mantenersi sani ed equilibrati sia mentalmente che fisicamente. La credenza di base nel potere dei chakra non è cambiata nel corso degli anni. Questa credenza afferma che l'energia che è stata rilasciata durante la creazione del mondo, la *Kundalini*, dorme avvolta in una bobina alla base della vostra spina dorsale. Il vostro obiettivo è quello di risvegliare questa energia e farla salire attraverso i vostri chakra fino a raggiungere il chakra più alto in cima alla vostra testa. Allora, sarete in grado di raggiungere una fusione con i poteri superiori dell'universo.

A volte i vostri chakra saranno sbilanciati o malsani. Potrebbero non aprirsi abbastanza, o essere troppo aperti. Possono chiudersi completamente e bloccare la trasmissione di energia attraverso quel particolare chakra. Ogni volta che succede una di queste cose, l'energia che scorre attraverso di voi sarà rallentata, bloccata o scorrerà troppo velocemente influenzando il vostro corpo e la vostra mente. Questo causerà problemi mentali, dubbi spirituali e disturbi fisici. Il tuo "chi" (pronunciato CHEE), che è la tua forza vitale, non è in grado di muoversi nel tuo corpo.

Quando i vostri chakra non sono a posto e il vostro chi non scorre bene, potete sviluppare lesioni o malattie nell'area specifica governata da quel chakra. Quando passate del tempo a curare e bilanciare i vostri chakra, allora eliminerete questi problemi e ristabilirete una buona salute nel vostro corpo. Quando guarite i vostri chakra, prenderete il controllo del vostro benessere spirituale, emotivo, mentale e fisico. Il tuo corpo invierà segnali che ti diranno quando uno o più chakra hanno bisogno della tua attenzione. Potresti percepire sentimenti di depressione, isolamento, scarse abilità sociali, problemi di sonno, scarsa motivazione, difficoltà di concentrazione, o l'incapacità di realizzare obiettivi nella tua vita a casa o al lavoro.

Tutti noi siamo fatti di un corpo fisico, visibile, ed un corpo energetico, invisibile, che regola le nostre attività intellettuali e spirituali. Questo corpo invisibile è fatto di "prana", ovvero la nostra energia vitale.

Il prana fluisce nel nostro corpo attraverso degli speciali canali energetici chiamati "nadi"; questi canali energetici sono molteplici, ma ne esistono 3 di principali: Sushumna, Ida e Pingala.

Ci sono sette chakra principali e corrispondono ai diversi sistemi del tuo corpo. I chakra, come centri di energia dentro di te, elaborano e contengono tutta l'energia del tuo corpo.

Alla base della vostra spina dorsale c'è il Chakra della Radice, e rappresenta il nostro radicamento, il nostro istinto di sopravvivenza, il bisogno di sicurezza, ed è collegato al soddisfacimento dei nostri bisogni primari, come avere una casa, un lavoro, procurarsi il cibo.

Questo è il chakra dove l'energia comincia a fluire attraverso il resto dei vostri chakra. Il Chakra della Radice aiuta a dare equilibrio al vostro corpo. È associato con i piedi, le gambe e l'intestino. È anche associato con la fine della spina dorsale, la parte pelvica e le tre vertebre inferiori della spina dorsale. Il Chakra della radice è il centro dei tuoi bisogni di sopravvivenza, sicurezza e primari. Il Chakra della radice è considerato il fondamento degli altri chakra e del corpo umano.

Il chakra successivo è il chakra sacrale, che detiene la chiave delle vostre emozioni e sensazioni più profonde. Questo chakra controlla come i tuoi sentimenti ed emozioni sono trattenuti ed espressi all'interno del tuo corpo. In profondità nella parte inferiore del tuo addome, il Chakra Sacrale controlla la vescica, i reni, i fianchi, la parte bassa della schiena e il tuo sistema riproduttivo. È responsabile della tua sessualità e creatività. Quando il tuo Chakra Sacrale è ben bilanciato, ti sentirai appassionato, appagato e amichevole. Quando è bloccato, ti sentirai privo di ispirazione, instabile e depresso.

All'interno della parte superiore del tuo addome e appena sopra il tuo ombelico c'è il tuo Chakra del Plesso Solare. Questo chakra governa il vostro senso di autostima e porta il vostro fuoco interiore. Le persone con un chakra del plesso solare danneggiato si sentono spesso sconfitte, timide, insicure o irragionevolmente arrabbiate. Quando il vostro chakra del plesso solare è ben bilanciato e sano, vi sentirete sicuri, amichevoli, coraggiosi e ottimisti. Questo chakra governa lo stomaco, la milza, la cistifellea, il fegato e il pancreas.

Il chakra centrale dei sette è il Chakra del Cuore, che si trova al centro del tuo petto. Controlla il cuore, le braccia, i polmoni e il sistema circolatorio. Il tuo Chakra del Cuore non solo si squilibra quando sei stato ferito dall'amore, ma anche quando rifiuti di aprire il tuo cuore all'amore delle altre persone. Il Chakra del Cuore ha bisogno di dare e ricevere amore liberamente per funzionare correttamente. Questo è il chakra dove il vostro essere fisico e il vostro essere spirituale si incontrano.

Il Chakra della Gola controlla la ghiandola endocrina, e questo centro energetico regola le attività del collo, gola, spalle, bocca, mascella. Le persone con un Chakra della Gola non sano, tendono a nascondere la propria verità interiore, parlano eccessivamente o rimangono in silenzio per lunghi periodi di tempo, e trovano difficile comunicare con altre persone. Il Chakra della Gola è il primo dei tre chakra spirituali; tutti quelli sotto di esso sono chakra fisici.

Il chakra più alto del tuo corpo è il Chakra della Corona. Questo chakra ti collega al mondo spirituale. Il Chakra della Corona controlla la tua corteccia cerebrale, che è responsabile della tua capacità di elaborare il linguaggio, il funzionamento dei tuoi sensi, le tue abilità motorie, la tua intelligenza e personalità.

Controlla anche la tua ghiandola pineale, che è la ghiandola che controlla tutta la produzione e la funzione ormonale nel tuo corpo.

Un Chakra della Corona sofferente vi farà sentire irrazionalmente timorosi della spiritualità, eccessivamente supponenti e con problemi di comprensione dei concetti spirituali. Quando il Chakra della Corona è sano ed equilibrato vi sentirete spiritualmente svegli, vivi, concentrati ed evoluti. Il Chakra della Corona serve per metterci in relazione con la nostra parte spirituale, e, quindi, con il divino. È una spiritualità che trascende la religione, è uno stato dell'essere, che va oltre il mondo fisico e crea nella persona un senso d'interezza, creando un contesto più ampio in cui collocare la nostra esistenza.

I cristalli e le pietre hanno proprietà curative naturali che possono equilibrare e attivare i sistemi energetici dei vostri chakra. L'energia delle pietre e dei cristalli risuona con l'energia individuale di ciascuno dei chakra. Quindi, possono essere usati per attivare il bilanciamento e il movimento dell'energia naturale che vive dentro di noi.

Ogni chakra potrà essere curato ed equilibrato attraverso le pietre o i cristalli. Ci sono diversi metodi che potete usare per guarire i vostri chakra. Puoi sdraiarti e mettere la pietra direttamente sopra il chakra mentre mediti sulla tua intenzione. Puoi indossare cristalli e chakra come gioielli per incoraggiare i tuoi chakra a rimanere in equilibrio. Puoi tenere la pietra o il cristallo in tasca o semplicemente tenerlo in mano.

I vostri chakra sono vitali per la salute del vostro corpo e della vostra mente. I chakra sono responsabili di portare l'energia nel vostro corpo e di farla fluire per la vostra salute spirituale, mentale, emotiva e fisica. I tuoi chakra cambiano continuamente anche se rimangono radicati e stabili nel tuo corpo.

Cristalli per il miglioramento del benessere personale

Le persone hanno usato i cristalli fin dai tempi antichi per i loro poteri curativi e propulsori di energia. I cristalli possono instillare una maggiore felicità, aiutarvi a vivere in buona salute, e risolvere problemi personali radicati. Alcuni cristalli sono adatti per attrarre prosperità e abbondanza, ed altri per la protezione e la schermatura. Altri ancora sono buoni per l'armonia, l'amore e le relazioni.

I migliori cristalli per la magia

Quando si tratta di usare i cristalli nella magia, è importante capire la loro correlazione. Questo aiuterà a scegliere i migliori cristalli per i vostri incantesimi, e a trovare alternative se non riuscite a trovare il cristallo richiesto dall'incantesimo. Questi cristalli sono quelli più comunemente usati e tendono ad essere alcuni dei più facili da trovare.

Ametista

L'ametista è stata una delle pietre più ammirate per i suoi poteri leggendari e la sua bellezza per aiutare, calmare e stimolare le emozioni e la mente. Gli antichi si riferivano a questa pietra come ad una 'gemma di fuoco'. È collegata a febbraio, che era il mese che i romani dedicavano al loro dio, Nettuno. È anche la tradizionale pietra natale di febbraio, fedele e d'amore. È stata anche definita come la pietra del vescovo. Contiene spiritualità, creatività, passione e fuoco, ma porta anche la logica della sobrietà e della temperanza.

L'ametista è una grande pietra da usare quando si cerca di essere creativi. Può aiutare nelle cose in cui i risultati originali sono importanti. Sono state spesso chiamate la pietra del pittore, del poeta, dell'inventore, del compositore e dell'artista.

Quarzo

Il cristallo di quarzo chiaro è il cristallo più abbondante e più comune nel mondo. Costituisce la famiglia più varia e più grande del regno minerale. Fin dai tempi antichi, il quarzo chiaro è stato una luce per l'umanità.

Il più delle volte, quando una persona usa la parola cristallo, sta parlando del quarzo chiaro. I quarzi sono il dono supremo della Madre Terra. Anche il più piccolo pezzo è pieno delle proprietà di un maestro guaritore. I popoli antichi credevano che queste pietre fossero vive e che facessero un respiro ogni cento anni. Ci sono molti paesi che credevano che fossero l'incarnazione fisica del Divino.

I guaritori di oggi credono ancora che il quarzo chiaro sia vivo, e che comunicheranno a chiunque sia pronto e aperto a ricevere il loro messaggio. Meditare o indossare il quarzo chiaro può aprire il cuore e la mente alla guida superiore. Dà al regno dello spirito la capacità di essere tradotto e trasmesso nel mondo fisicamente.

Jet

Il getto non è fatto come gli altri cristalli. Si forma quando pezzi di legno vengono sepolti, compattati e passano attraverso un processo di degradazione organica. Una volta riscaldato, formerà un filone di carbone. Questa pietra tende ad essere di colore nero, ma alcuni appariranno marroni. Può essere facilmente intagliata o tagliata, e la sua consistenza uniforme la rende facile da scolpire con precisione.

Possono essere lucidati e avranno una lucentezza brillante. Il getto può essere trovato in tutti gli Stati Uniti, in Polonia, Francia, Germania, Spagna, India e Russia. Questa pietra può aiutare a fornirvi una guida spirituale, emotiva e fisica che vi aiuterà a raggiungere i vostri obiettivi e a trovare armonia ed equilibrio. Quando è accoppiata con l'aragonite, può aiutarvi a districarvi da qualsiasi situazione negativa.

Jet ti permette di concentrarti sulla tua vita, le tue relazioni e la tua carriera. Può aiutare a guidarvi nella realizzazione dei vostri obiettivi usando le vostre capacità naturali, le vostre abilità e i vostri talenti. Jet vi aiuta anche a riconoscere gli errori commessi, fare ammenda e a rimediare ai torti subiti.

Ossidiana

Questo talismano è considerato una pietra guaritrice e benefica. L'ossidiana è spesso chiamata lo specchio, porta alla luce la verità. Questo è il primo effetto positivo che riconosco nell'ossidiana nera. Il suo scopo non è quello di assecondare le vostre credenze ma piuttosto di annientare quelle costruite solo dall'ego e basate su una rete di bugie che vi siete raccontati. Indossarla vi permette di capire veramente chi siete. Se foste particolarmente attratti dall'ossidiana mediante le sue vibrazioni intense e misteriose, potrebbe rivelare il desiderio di un riordino psico-fisico. E' conosciuta come "l'aspirapolvere psichico". L'ossidiana aiuta la pulizia spirituale, e a sbarazzarsi del vostro blocco emotivo e di qualsiasi fantasma del vostro passato. Aiuta a proteggere la vostra anima e avviare un bel processo di guarigione emotiva.

Se vi sentite spiritualmente persi, l'ossidiana è in grado di portarvi un equilibrio armonioso. L'ossidiana aiuta a tenervi ancorati alla Terra.

Lapislazzuli

Da quando è stato scoperto, il lapislazzuli è stato uno dei cristalli più ricercati. La sua colorazione è un blu celeste, che mostra onore e regalità, visione e spirito, e divinità e potere. Questa pietra è sempre stata un simbolo di verità e saggezza.

Il lapislazzuli è un'ottima pietra per psicologi, giornalisti e dirigenti. È in grado di stimolare il buon giudizio e la saggezza. Aiuterà anche gli storici e gli archeologi nella loro analisi intellettuale. Può aiutare gli avvocati a risolvere i problemi. È anche in grado di fornire a scrittori e inventori idee nuove e creative.

Può aiutare a stimolare il desiderio di conoscenza, comprensione e verità. È anche in grado di aiutare il processo di apprendimento e può migliorare la memoria. È considerata una pietra della verità e può aiutare a incoraggiare l'onestà della parola scritta e parlata e dello spirito.

Labradorite

Questa pietra può aiutarvi a trovare la magia nel vostro spirito e a connettervi all'universo. È una delle pietre migliori per aiutare a combattere una crisi filosofica. È una luce scintillante e mitica che separa il mondo normale dai regni invisibili. È una pietra magica. Un cristallo di guaritori, Divinatori, Sciamani, e chiunque viaggi e abbracci l'universo mentre cerca guida e conoscenza.

E' ottimo per aiutarvi a risvegliare le vostre capacità psichiche, l'intuizione e la consapevolezza del vostro spirito interiore. La labradorite ci ricorda di mantenere la vita magica aiutandoci a collegarci al mondo spirituale dove tutto è possibile. La labradorite è considerata un protettore. Aiuta a schermare la vostra aura e a rafforzare la vostra energia naturale. Vi aiuterà anche a proteggervi dalle disgrazie, dalla negatività e vi fornirà un'esplorazione sicura nei livelli alternativi della vostra coscienza.

Selenite

La selenite è anche una pietra di pulizia e non ha bisogno di essere pulita come altre. Infatti, potete mettere altri cristalli sopra o vicino alla selenite per aiutare a pulirli e ricaricarli. Una bacchetta fatta di selenite può essere usata per pulire il vostro corpo, così come altre pietre.

Come funziona l'energia cristallina

La guarigione dei cristalli è qualcosa che chiunque può fare. Non è necessario possedere poteri speciali o essere sensitivi. Tutto quello che devi fare è aprirti al cristallo e permettere alla sua energia di passare attraverso di te.

L'energia del cristallo funziona fondendosi con l'energia del vostro corpo. Una volta che l'energia del cristallo è dentro di voi, trasforma parte della vostra energia. Pertanto, le persone possono mettere un'ametista sulla loro scrivania al lavoro e sentirsi meno stressati. Non è sempre necessario tenere il cristallo in mano per sentire la sua energia. Funzionerà quando è vicino a voi, purché permettiate all'energia di passare attraverso di voi affinché possa aiutarvi a trovare il vostro equilibrio interiore.

È importante prestare attenzione al tuo corpo e alle tue emozioni. Tuttavia, è importante che per ottenere il meglio dai vostri cristalli, dovete concentrarvi sulla cura e la pulizia degli stessi. Proprio come noi possiamo raccogliere energia negativa, anche i cristalli possono raccogliere negatività. Non sarete in grado di trovare il vostro equilibrio o di usare correttamente l'energia del cristallo se è contaminata dalla negatività.

Conoscere i tuoi cristalli

Prima di legare con i vostri cristalli e allinearvi con un cristallo, esso deve avere un campo energetico pulito.

Una volta che un cristallo è stato allineato con la vostra energia, potete caricarlo e programmarlo per un uso magico.

Ci sono diversi metodi per allinearsi con le energie del cristallo. Uno dei metodi più popolari è quello di portare il cristallo con voi, nella vostra tasca, borsa o zaino per tre giorni. Questo darà al cristallo il tempo di assorbire la vostra energia in varie forme durante le vostre attività quotidiane.

Durante questi tre giorni, si deve toccare periodicamente il cristallo, questo approfondirà ulteriormente il legame tra te e il tuo cristallo.

Un altro metodo di legame è quello di indossare il cristallo, ad esempio una collana, anello, braccialetto, cavigliera, o qualsiasi altro gioiello o accessorio.

Indossare un cristallo in modo che esso abbia un contatto con la vostra pelle è un ottimo modo per legare e allinearsi con tali cristalli. Non solo si connette alla vostra energia, ma anche al vostro corpo fisico. Il contatto è un modo potente per legare e allinearsi con i cristalli.

Non tutti i metodi di legame con i vostri cristalli devono richiedere diversi giorni. Ci sono metodi per allinearsi e legarsi ai cristalli che non richiedono molto tempo. Un'altra considerazione è la dimensione del cristallo. Alcuni cristalli sono grandi o di forma strana, e non sono ideali da indossare tantomeno da portarseli con se.

Un metodo semplice per legare con i cristalli è quello di sedersi e tenere il cristallo in mano per 3-5 minuti concentrandosi intensamente sul cristallo. Passato il tempo necessario, metti il cristallo sul tuo altare o nella posizione scelta dentro casa. Successivamente potrai usare il cristallo per la magia.

Per i gioielli, un metodo simile è quello di tenere il gioiello in mano per 3-5 minuti dopo averlo pulito. Tieni la tua mente concentrata su quel gioiello. Una volta trascorso il tempo, indossa il gioiello per 5-10 minuti prima di toglierlo.

Con i cristalli che corrispondono ad un chakra specifico nella vostra anatomia energetica, toccare il cristallo a quel chakra nel vostro corpo e tenerlo lì per 1-2 minuti, aiuterà ad allineare quel cristallo specificamente al vostro chakra, specialmente se decidete di usarlo nella guarigione o nella magia chakra.

Meditare su un cristallo è un'altro modo per legarsi o allinearsi con l'energia del cristallo. Potete tenere il cristallo mentre meditate, o metterlo davanti a voi sul vostro altare. Accendi qualche candela per creare l'atmosfera e lasciati cadere in uno stato meditativo. Concentra i tuoi pensieri sul cristallo, e se la tua mente cerca di vagare, concentrati nuovamente sul tuo cristallo.

Meditare per 5-15 minuti con il vostro cristallo come punto focale dovrebbe essere sufficiente per allinearsi e legarsi al cristallo e a ricevere informazioni dal cristallo sotto forma di visioni, suoni, odori, sensazioni, ecc. Tutto ciò che sperimentate durante la meditazione con un cristallo vale la pena di prenderne nota e trascriverlo in seguito.

Se siete abili in una modalità di guarigione energetica, come il *Reiki*, potete usare quell'energia di guarigione per aiutare il legame con i vostri cristalli. I cristalli stessi sono potenti guaritori, e quando sono combinati con la guarigione energetica, amplificano quel potere. Questo ti permette di creare un forte legame con i tuoi cristalli.

I cristalli, che intendete usare per la guarigione, possono diventare guaritori più forti se allineati con tecniche di guarigione energetica.

Se hai dei cristalli che intendi usare sul tuo altare per le rappresentazioni elementali, assicurati di legarli con il tuo metodo di legame preferito. Poi, allineateli con l'energia elementale portandoli in contatto con un elemento associato all'oggetto.

Per esempio, una piuma o la bacchetta può essere usata per l'Aria. La fiamma di una candela o l'athame possono essere usati per il Fuoco. Un calice o l'acqua piovana possono essere usati per l'Acqua. Un piatto di sale grosso o un pentagramma possono essere usati per la Terra. Ci sono molte altre rappresentazioni degli elementi che possono essere usate per allineare i vostri cristalli con il loro elemento corrispondente.

Se avete dei cristalli da designare come rappresentazione di una divinità, per prima cosa, legate il cristallo con il vostro metodo preferito. Poi, allineate anche il cristallo alla vostra divinità. Un'opzione per allineare un cristallo a una divinità è pronunciare un incantesimo che nomina sia il cristallo che la divinità. Un'altra opzione è di mettere il cristallo sul vostro altare nello spazio che avete designato per la divinità, e accendere una candela e meditare per un momento, visualizzando il cristallo che rappresenta la forma della vostra divinità.

Quando usate strumenti d'altare che hanno dei cristalli al loro interno, legatevi direttamente a loro, e poi lasciate che lo strumento sieda sul vostro altare per tre giorni per assorbire l'energia dell'altare, insieme all'elemento che la divinità rappresenta.

Allineare e legare i cristalli a te stesso, agli elementi, a una divinità e al tuo altare aiuta a facilitare una forte connessione energetica. Questa connessione assicura una magia e pratiche rituali più fluide, equilibrate e armoniose.

Più cristalli lavorerete e vi legherete a loro, più troverete i vostri metodi preferiti per legarvi a loro.

Anche dopo il legame con un cristallo, si raccomanda di meditare periodicamente con i vostri cristalli. Non solo questo rafforza il legame, ma vi permette anche di passare del tempo con la loro energia e di conoscerli.

Portare con voi i cristalli legati è un altro modo per continuare a conoscerli. I cristalli sono entità energetiche, e mantenere quel legame forte è il modo più efficace per ottenere i migliori risultati magici con i vostri cristalli.

Mentre i cristalli sono potentemente energetici di per sé, caricare e programmare i vostri cristalli prima di usarli per gli incantesimi è un modo per sovralimentare la loro produzione magica.

Programmare i cristalli è un rituale Wicca che allinea il vostro cristallo con le energie. Essenzialmente, la programmazione è solo comunicare al vostro cristallo ciò di cui avete bisogno, in modo che possa assistere nel compito o nel progetto.

Pensate ad un cristallo programmato come ad un puntatore laser. La programmazione dà al laser la messa a fuoco e la direzione intensa di dove l'energia deve essere incanalata.

Un sacco di gioielli di cristallo che sono venduti per uno scopo specifico, come la guarigione, la positività e la fortuna, sono stati programmati dal produttore per garantire che chi li indossa ottenga quella peculiarità specifica.

Pulizia del cristallo

La prima cosa da fare è purificare i propri cristalli. Effettuare una pulizia a livello energetico elimina le negatività e le cattive vibrazioni accumulate nel tempo. Esistono più soluzioni: lasciarlo sotto la luce energetica della luna, oppure posizionare i cristalli direttamente sotto l'acqua corrente del rubinetto per qualche minuto. Possiamo sempre fare affidamento alla Natura e alle sue forze: ad esempio purificando le nostre pietre nell'acqua di un ruscello, o di un fiume; oppure lasciandole in sicurezza sotto la pioggia, approfittando dei giorni di maltempo. Seppellire il cristallo nella terra, o usare il rosmarino per pulire il potere, accendere l'incenso e lasciare che il flusso del suo fumo avvolga le pietre, portando via ogni impurità. Alcuni oli essenziali hanno una spiccata azione purificante che favorisce la rimozione delle energie stagnanti e dissonanti.

Una volta scelto i vostri cristalli, assicuratevi di prendervi cura di essi. I cristalli sono uno strumento magico e spirituale, dovranno essere caricati e puliti. Dovete assicurarvi di sapere se i vostri cristalli sono sensibili al calore o all'acqua. Per esempio, selenite, halite e azzurrite sono tutti solubili in acqua. Alcuni cristalli sono porosi, come il turchese, il lapislazzuli e l'opale. Il quarzo rosa e le ametiste possono sbiadire se vengono lasciati alla luce diretta del sole per troppo tempo. La luce della luna piena è un ottimo modo per pulirli senza tante preoccupazioni.

Non lavorate con cristalli che sono stati toccati da altre persone. La loro energia può finire per danneggiare il vostro percorso energetico. I rituali di pulizia che andremo ad esaminare possono essere eseguiti in qualsiasi momento. Questi rituali di pulizia sono molto semplici. Prima di farli, potete lanciare un cerchio anche se non strettamente necessario.

Pulizia dell'aria

La pulizia dei cristalli con il fumo è uno dei metodi più antichi di pulizia. Per fare questo, avrete bisogno di incenso o di un bastone per lo smudge. Le migliori opzioni sono copale, salvia o rosmarino. Iniziate accendendo l'incenso e poi passate il vostro cristallo attraverso il fumo.

Mentre lo fate, iniziate ad immaginare tutte le impurità e le negatività al loro interno che iniziano a bruciate via. Questo può essere fatto tutte le volte che ne sentite il bisogno. Lasciate che l'incenso si spenga completamente, oppure potete spargere il bastoncino dello smudge sulla terra.

Pulizia della terra

Questo è il metodo di pulizia più semplice restituendo le energie alla Terra. Operazione ottimale se viene fatto all'esterno, se fatto all'interno, dovreste usare una ciotola di sale, terra o sabbia. Per prima cosa, scaverete una buca e depositerete all'interno il vostro cristallo. La Terra acquisirà tutte le energie indesiderate del vostro cristallo, lasciatelo per tutto il tempo che riterrete opportuno.

Pulizia del fuoco

Questo è considerato un metodo di pulizia aggressivo ma potente. Fate attenzione a non bruciare voi stessi o il vostro cristallo. Avrete bisogno di una candela rossa per questo. Anche un caminetto funzionerà se ne avete uno.

Accendi la candela e dichiara la tua intenzione di pulire il tuo cristallo; evoca il Fuoco nel tuo spazio. Poi, passate rapidamente il vostro cristallo attraverso la fiamma, immaginando che il fuoco bruci via tutte le sue impurità e negatività. Quando hai finito, lascia che la candela si spenga.

Pulizia dell'acqua

L'acqua è stata a lungo considerata un purificatore. Si può usare qualsiasi tipo di acqua o anche l'olio. Ci sono due modi per farlo. Potete immergere l'intero cristallo nell'acqua, o semplicemente far cadere qualche goccia su di esso, se è sul lato fragile. L'acqua da usare per le purificazioni però deve essere solo quella a fredde temperature, quelle calde corrono il rischio di danneggiare la struttura cristallina della pietra senza però apportare alcun beneficio. Se volete dei benefici più duraturi allora potete usare l'acqua ottenuta dall'elisir dei minerali.

Tale elisir si ottiene prendendo una bottiglia in vetro trasparente contenente acqua e mettendo tutto intorno ad essa dei quarzi come il cristallo di rocca, l'ametista, il quarzo citrino e si mantiene questa disposizione per alcuni giorni, possibilmente in un luogo buio dove nessuno vi accede. Se si cercasse una pulizia profonda allora l'unica acqua corrente da usare dovrebbe essere quella di un ruscello di montagna o la riva del mare, purtroppo l'acqua delle tubature non possiede un livello di vibrazioni abbastanza alto per poter purificare a fondo le nostre pietre. Attenzione a questo tipo di purificazione, non è adatta a tutti i tipi di pietre, ve ne sono alcune infatti che non devo assolutamente entrare in contatto con l'acqua, tipo l'ambra, l'occhio di tigre o la malachite.

Pulizia con il riso

La pulizia con il riso è adatta a tutti i tipi di cristalli. In particolare, per le pietre morbide e i cristalli di protezione. Sarà sufficiente immergere i cristalli in una ciotola di riso e lasciarli lì per circa 24 ore. Una volta concluso il rito, sarà necessario smaltire il riso per liberarci dalle energie negative che ha assorbito. Il sale resta tuttavia lo strumento ottimale per una pulizia energetica di fondo.

Pulizia con oli essenziali

Alcuni oli essenziali hanno una spiccata azione purificante che favorisce la rimozione delle energie stagnanti e dissonanti. Puoi utilizzare gli oli essenziali per la purificazione che preferisci, o quelli che meglio corrispondono al tuo intento.

Perché è importante purificare regolarmente i cristalli

La purificazione dei cristalli ha due importanti valenze: da un lato rimuove le impurità fisiche esaltando la bellezza naturale di ogni pietra; dall'altro effettua una pulizia a livello energetico poiché elimina le negatività e le cattive vibrazioni accumulate nel tempo. Non è necessario avere qualcosa di speciale con cui pulire i cristalli. La vostra mente è un ottimo strumento. Questo è un po' più avanzato, quindi i principianti potrebbero avere difficoltà con questa pratica. Affinché questo funzioni, dovete essere in grado di sentire e usare i campi energetici.

Immaginate un raggio di luce che fuoriesca dalle vostre mani. Prendetevi il tempo necessario per sentire questa luce. Poi, mettete entrambe le vostre mani sopra la pietra e immaginate che tutte le energie indesiderate siano piccole bolle nere. La luce proveniente dalle vostre mani sarà un vuoto energetico che risucchierà tutti quei residui di energia. Una volta catturato nelle vostre mani, immaginate tutta questa energia che cade a terra, meglio se con le mani toccate il pavimento in modo da liberarvi di tutta quell'energia. Immaginate di trasferirlo nella madre Terra.

Connettersi ai tuoi cristalli

Una volta che i vostri cristalli sono puliti, dovrete connettervi con essi. Il modo migliore per farlo è quello di meditare con il vostro cristallo. Questo vi aiuterà a lavorare in modo più efficiente, e contribuirà a migliorare le vostre capacità psichiche. È anche rilassante.

Prendete il cristallo nella vostra mano non dominante. Mettetevi in una posizione comoda e poi guardate il cristallo per qualche minuto. Osservate tutti i piccoli dettagli del cristallo finché riuscirete ad immaginarlo accuratamente nella vostra mente. Chiudete gli occhi. Ora, concentratevi sulla sensazione che emana il vostro cristallo. Attingete a tutti i vostri sensi per connettervi con esso, e cercate di percepire le sue vibrazioni. Questa sarà un'esperienza personale e sarà diversa per ogni cristallo usato. Una volta terminata la meditazione, potrete aprire gli occhi e passare alla programmazione del vostro cristallo.

Programmare il tuo cristallo

Per programmare un cristallo bisogna usare la tecnica della visualizzazione ed inserire un messaggio, cioè un nostro pensiero all'interno della pietra scelta specifica per l'occasione. Ciò sarà più efficace se si è instaurato una sorta di legame con la pietra.

E' necessario entrare in uno stato meditativo e poi cominciare a visualizzare il vostro spirito che fluisce nella pietra. Il concetto è che dovete visualizzarvi dentro alla pietra. Successivamente immaginate una sorta di piedistallo con un libro dove poter scrivere il messaggio desiderato e che questa richiesta venga esaudita. Poi prendete il cristallo e portatelo al centro della fronte per tre volte ripetendo il testo immaginato in precedenza. Terminata la programmazione aprite gli occhi e ringraziate la pietra e riponetela in un luogo dove sicuro, per non interrompere la programmazione.

La Legge dell'attrazione suggerisce la massima disponibilità da parte vostra nel ricercare la giusta frequenza così da permettere ai vostri desideri di fluire verso di voi. I cristalli sono un forte strumento per aiutare il ciclo di manifestazione, poiché vi aiutano ad aumentare la vostra capacità ricettiva e a mantenere il focus sul vostro desiderio.

CAPITOLO 7
Incantesimi di cristalli e candele

Incantesimo di fortuna crescente

Di cosa avrete bisogno:

Una candela verde

Il seme di una pianta originaria della tua zona

Lanciare l'incantesimo:

Una candela verde

Lanciate il vostro cerchio e invocate il Divino.

Accendete la candela verde e osservate le fiamme mentre tenete delicatamente il seme in mano.

Visualizzate la buona sorte e attiratela verso di voi. Pensate positivo e concentratevi su ciò di cui siete grati. Provate a pensare a qualcosa di gioioso, ad esempio, "Candela verde, per favore, portami abbondanza e prosperità. Seme della crescita, per favore, migliora la mia condizione."

Soffiate sulla candela quando siete pronti. Prendetevi del tempo per meditare e liberare la vostra mente dai pensieri negativi. Se possibile, seppellite il seme all'esterno, assicurandovi che si tratti di una pianta nativa della vostra zona.

Chiudete il cerchio (potete farlo due volte - una volta dopo aver spento la candela e un'altra volta dopo aver seppellito il seme) e ringraziate. Ripetete questo incantesimo ogni volta che vi sentite sfortunati.

Incantesimo di risanamento fisico

Questo incantesimo è progettato per aiutare e sostenere il processo di guarigione del vostro corpo, fornendovi l'energia necessaria per accelerare il tasso di recupero. Si precisa che questo incantesimo non deve sostituire la medicina o il trattamento prescritto da un medico, qualora ce ne sia bisogno. È piuttosto un modo per potenziare il processo di guarigione senza complicazioni. Il momento ideale per eseguire questo incantesimo è il lunedì o il giovedì, durante la fase di Luna calante. È possibile ripetere l'incantesimo ogni lunedì o giovedì fino a quando la persona non è completamente guarita, ma è importante iniziare durante la Luna calante.

Ecco cosa vi occorrerà:

Fiammiferi o un accendino

2 candele blu

Un piccolo piatto o una ciotola

Uno strumento appuntito da utilizzare per l'incisione (spillo, chiodo o coltello)

Dolci, noci o frutta da utilizzare come offerta

Iniziate creando un cerchio di protezione, potete meditare per alcuni minuti per liberare la vostra mente e rafforzare ulteriormente la vostra intenzione.

Prendete le due candele blu; su una di esse, inciderete il nome di una Divinità o un Dio con il potere di guarigione, utilizzando lo strumento appuntito. Sull'altra candela, inciderete il nome della persona che desiderate guarire, che sia voi stessi o qualcun altro.

Accendete entrambe le candele e invocate l'aiuto della Divinità o del Dio. Successivamente, offrite il sacrificio e pregate per la salute della persona.

Visualizzate vividamente la persona che si sta riprendendo, immaginando il sorriso sul suo volto quando sarà libera da malattie o sofferenze. Infondete i vostri sentimenti ed emozioni nella visualizzazione per attivare appieno il suo potere, richiedendo una connessione intensa.

Attendete che la cera delle due candele diventi liquida; non è necessario che sia completamente liquefatta. Prendete la prima candela, con il nome della Divinità inciso, e versate la cera nella ciotola. Prendete la seconda candela e versate la sua cera nella ciotola. Ripetete le seguenti parole una sola volta:

"Come la cera di entrambe le candele si unisce,

Il potere di guarigione di (nome del Dio o della Divinità)

E l'energia di (nome della persona che richiede la guarigione)

Diventeranno una cosa sola."

Quando la cera sulla ciotola si solidifica completamente, prendetela quando è ancora calda e posizionatela sulla parte del corpo colpita da malattia o disagio. Immaginate l'energia di guarigione dalla cera che penetra in profondità nel corpo. Al termine della procedura, chiudete il cerchio e lasciate che le candele brucino completamente, facendo attenzione a tenerle lontane da animali domestici o bambini e a non lasciarle incustodite per evitare incendi.

Dopo aver completato il rituale, dirigetevi nella natura e seppellite la cera nel terreno. Non consumate mai il cibo utilizzato come offerta; lasciatelo nella natura o bruciatelo, depositando le ceneri nel terreno. Consentite alla terra di assorbire l'energia residua e lasciate che le forze agiscano con la loro magia.

Incantesimo per potenziare le relazioni

Avrete bisogno dei seguenti articoli:

3 candele blu reale

1 candela rossa

1 candela bianca

1 candela verde

Filato o filo, preferibilmente bianco

2 bastoncini (da fuori)

Iniziate selezionando il luogo per il vostro incantesimo e purificate l'area nel modo che preferite, utilizzando incenso o spruzzando acqua di luna. Dedicate un momento per liberare la vostra mente attraverso la meditazione, impostando intenzioni pure e positive. Assicuratevi di disporre di spazio sufficiente per eseguire l'incantesimo.

Su un altare o un tavolo, posizionate le candele verde, bianca e rossa una accanto all'altra, formando una linea. Mettete le altre tre candele blu reale insieme, creando un triangolo. Assicuratevi che il triangolo di candele sia rivolto verso le altre tre candele con l'angolo.

Durante l'incantesimo, concentratevi sulla persona con la quale intendete ristabilire il rapporto spezzato. Trovate due bastoni in natura, senza preoccuparvi delle dimensioni o dello spessore. Utilizzando un filo bianco, avvolgete i due bastoni insieme con alcuni giri per assicurare una presa salda.

Accendete le candele iniziando con quella bianca, seguita da quella verde, rossa e tutte e tre le candele blu reali. Continuate ad avvolgere il filo attorno ai due bastoni mentre recitate il seguente incantesimo:

"Nel mio essere, terra e acqua intrecciati dalla nascita,

Dissolvo timori e odii, in armonia e amore, che da questo istante regneranno.

Sciogli gli attriti,

Luce e calma, avvicinatevi ora.

Scacciate timori e odii, radicati dentro in voi!"

Una volta terminato il canto, interrompete l'avvolgimento del filo e fate un nodo per assicurare che rimanga saldo. Tenete i due bastoni con entrambe le mani e chiudete gli occhi. Concentratevi sulla persona da voi scelta, visualizzate la felicità dalla vostra riunificazione e ritrovato amore. Dedicate almeno due o tre minuti a questa visualizzazione.

Lasciate che le candele brucino per almeno trenta minuti, o anche più, se lo desiderate, ma non lasciatele incustodite. Nell'attesa, posizionate i due bastoni orizzontalmente tra la linea delle candele e il triangolo di candele.

Dopo lo spegnimento delle candele, recatevi in natura e seppellite i due bastoni nel terreno, pronunciando le seguenti parole:

"Torna alla Madre Terra,

Armonizza e guarisci,

Questo nuovo inizio!"

Incantesimo per la ricchezza

Tenete presente che il colore ideale per attirare denaro è il verde, e se possibile, potete amplificare il vostro incantesimo combinandolo con il viola e l'arancione per ottenere risultati ancora più potenti. Un altro aspetto di fondamentale importanza è la scelta del momento ideale nel corso del giorno o della notte per lanciare il vostro incantesimo. Fate attenzione alle fasi lunari; iniziate a raccogliere i materiali e le informazioni necessarie durante la Luna Nuova, preferibilmente nei tre giorni precedenti o successivi alla Luna Piena. Evitate di lanciare incantesimi per attirare denaro o buona fortuna durante la fase calante della luna.

Siate specifici ed equi nelle richieste che formulate. Sentite i vostri poteri e rendete l'intero processo sacro. Durante l'esecuzione dell'incantesimo, prestate attenzione alle energie che circolano, poiché potrete percepire l'energia aumentare mentre lavorerete con il vostro incantesimo. Ricordate che la magia richiede concentrazione e consapevolezza, quindi immergetevi completamente nel processo, connettendovi con l'energia del denaro che desiderate attirare.

1 candela color oro

1 candela verde

Incenso Patchouli

Incenso di pino

Una manciata di ghiande

1 pezzo di carta

Sul fondo di entrambe le candele, incidete la runa FEHU. Sistemate i portacandele uno di fronte all'altro. Mettete il porta incenso al patchouli accanto alla candela d'oro e l'incenso al pino accanto alla candela verde. Accendete le candele e poi fate fumare tutti gli incensi.

Disegnate FEHU un pezzo di carta, e poi mettete alcune ghiande sopra la carta. Potete sostituire le ghiande con delle pietre lisce. Entrambi sono simboli di ricchezza e di energia della Terra quando si lanciano incantesimi.

Lasciate che entrambe le candele si spengano completamente da sole; lasciate le ghiande (o le pietre) sul vostro altare fino quando il denaro comincerà a manifestarsi nella vostra vita.

Bruciare via le energie negative.

Questo incantesimo è utile per liberare la vostra vita da energie negative. Per eseguire questo incantesimo, avrete bisogno di:

1 candela nera

Olio di sandalo

Menta secca

Basilico secco

Salvia bianca

Schiacciate le erbe secche in pezzi molto piccoli. Grossi pezzi non funzioneranno per questo incantesimo. Strofinate l'olio di sandalo su tutta la vostra candela. Fate rotolare la candela nelle erbe in modo che sia totalmente ricoperta.

Mettite la candela in un supporto e accendetela. Si potrebbero verificare alcune scintille mentre l'olio e le erbe cominceranno a bruciare, quindi eseguite questa operazione in un luogo sicuro:

"Bandisco tutta l'energia negativa,

Bandisco qualsiasi atteggiamento negativo,

Bandisco il povero spirito,

Invito alla felicità e alla pace".

Ripetere tre volte; lasciare che la candela si spenga completamente. Seppellite la cera rimanente nel cortile o in natura.

Altro rituale per bruciare via le energie negative:

Segui questi passi per eseguire un rituale di purificazione mediante il fuoco:

Candela bianca

Incenso purificatore (come salvia bianca o incenso di mirra)

Piccolo foglio di carta

Penna

Procedura:

Trovate un luogo tranquillo dove poter eseguire il rituale senza essere disturbato.

Accendite l'incenso purificatore e lasciate che il fumo avvolga l'ambiente. Visualizzate il fumo che dissipa le energie negative.

Posizionate la candela bianca davanti a voi e accendetela, concentrandovi sulla sua luce purificatrice.

Sedetevi comodamente e chiudete gli occhi. Respirate profondamente per alcuni minuti, cercando di rilassarvi.

Prendete il foglio di carta e la penna. Scrivite su di esso tutte le energie negative, paure o pensieri che desiderate eliminare.

Guardate la lista e immaginate che tutte quelle energie siano intrappolate su quel foglio.

Accendete il bordo del foglio con la fiamma della candela. Osservate il fuoco consumare il foglio, trasformando le energie negative in cenere.

Mentre il foglio brucia, visualizzate la luce della candela che purifica e libera il vostro spazio dalle energie indesiderate.

Quando il foglio è completamente bruciato, soffiate via le ceneri, immaginando che le energie negative siano disperse.

Ringraziate l'elemento del fuoco e l'energia purificatrice della candela.

Potete ripetere questo rituale ogni volta che sentite la necessità di liberarvi da energie negative.

Incantesimo della fortuna in generale

Una candela verde o dorata

Incenso - olio essenziale o incenso (o entrambi)

Lanciare l'incantesimo:

Gettate il vostro cerchio e invocate il Divino.

Prendete un po' di olio di incenso e fatelo scorrere dolcemente lungo la candela, muovendo il dito su e giù per tre volte. Se usate l'incenso, accendetelo e fate girare la candela attraverso il fumo per tre volte. Nota: la candela non deve essere accesa.

Mentre avvolgete la candela con l'incenso, visualizzate il tipo di abbondanza di cui necessitate, meditate e rilassatevi per concentrarvi sul desiderio richiesto. Siate fiduciosi e propositivi affinchè la richiesta sia esaudita. Immaginate nuove porte aprirsi e nuove sfide avverarsi.

Accendete la candela e lasciatela bruciare secondo i tuoi tempi.

Potete cantare qualcosa come:

"Candela verde e d'oro,

danza con la brezza,

Soffia dolcemente, fa danzare la mia fortuna.

Affida al vento il canto, alza la melodia,

Finché nell'armonia della vita, l'abbondanza fiorirà.

Canta con il cuore, canta con l'anima,

Medita nei riflessi dorati, trova la calma.

Come petali d'oro al soffio del destino,

Che la fortuna intrecci e danzi nel suo destino divino.

In un ritmo di candela e speranza,

Lascia che il canto risuoni, nella notte, nella luce,

Fino a quando, avvolto nell'incanto della magia,

La mia fortuna si schiude, come un fiore all'alba."

Cantate o recitate finché non ti sentirete appagati .

Spegnete la candcla.

Chiudete il cerchio e ringraziate.

Ripetete questo incantesimo quando lo riterrete opportuno. Conservate la candela solo per gli incantesimi di fortuna.

Incantesimo d'amore con candela rosa

Avrete bisogno di:

Una bottiglia di profumo preferito.

Uno strumento per l'iscrizione e una candela rosa

Iniziate incidendo un cuore sulla vostra candela, successivamente accendetela e mettetela vicino alla finestra per ricevere un po' di luce lunare.

Mettete il profumo preferito vicino alla candela e recitate:

"Venere, mandami l'amore di cui ho bisogno.

Attraverso questo profumo, possa lui o lei essere attratto".

Fate bruciare la candela e portate il profumo con voi. Uno spruzzo prima di incontrare nuove persone.

Incantesimo d'amore con candela rossa.

L'incantesimo d'amore con candela rossa si basa sul colore della candela e della sua fiamma, che, quando brucia, libera un'energia potenziata attraverso la recitazione di una formula magica. Il rosso, colore della potenza sessuale, ha il potere di risvegliare la passione. Questa pratica viene adottata quando l'interesse all'interno di una coppia mostra segni di affievolimento. Per potenziare l'aspetto affettivo dell'incantesimo, è possibile posizionare un quarzo rosa davanti alla candela rossa durante il rituale, sfruttando la sua energia delicata.

Accendete la candela rossa utilizzando un fiammifero, evitando gli accendini.

Dedicate alcuni minuti all'osservazione della fiamma, percependo l'amore crescere dentro di voi, un amore così grande da pervadere l'intero spazio circostante.

Una volta raggiunta questa intensa sensazione, recitate le seguenti parole per dieci volte:

"Chiedo alle Forze dell'Universo, chiedo alla madre Terra, chiedo agli Angeli di sorvegliarmi e di aiutare il mio amore a crescere in forza."

L'intero rituale si focalizza sulla possibilità di rinvigorire la passione e l'impegno nella relazione, permettendo di riavere accanto una persona appassionata e coinvolta.

Incantesimo di protezione

Una candela rossa

La tua scelta di erba protettiva

Cominciate a circondare la vostra candela con la vostra erba di protezione.

Accendete lo stoppino e guardate il fuoco, assicurandovi di non essere troppo vicini ad esso. Concentrate la vostra energia e quando vi sentirete pronti, recitate le vostre intenzioni.

Lasciate che la candela si spenga mentre meditate sul vostro incantesimo.

Incantesimo basico per attrarre il denaro

Scegliete una piccola candela nuova di zecca, inutilizzata, e conditela con dell'olio.

Assicurati che l'olio di condimento sia naturale. Carica la candela vestita con il tuo intento personale per l'incantesimo.

Prendete un piccolo pezzo di carta e scrivete il vostro desiderio di prosperità. Concentratevi intensamente mentre lo scrivete sulla carta. Inoltre, assicuratevi che la carta sia dello stesso colore della candela che state usando.

Accendete la candela assicurandovi di visualizzare il vostro desiderio avverarsi, piegate il pezzo di carta colorato e posizionatelo sopra la fiamma della candela.

Tenete la carta che brucia il più a lungo possibile, ma assicuratevi di non bruciarvi le dita nel processo. Successivamente ponete quel che rimane del foglio in una ciotola o in un calderone ignifugo e lasciatela bruciare fino al suo totale spegnimento.

Incantesimo per scacciare gli spiriti

Una candela bianca

Sale marino

Come fare:

Mettete del sale in un piccolo sacchetto, spargetelo in ogni stanza della casa.

Tenete la candela accesa con la mano destra e un po' di sale con la sinistra.

Iniziate a camminare all'indietro percorrendo tutto il perimetro di casa entrando in ogni stanza. Cospargete un po' di sale negli angoli di ogni stanza mentre ripetete le seguenti parole: "Fantasmi e spiriti, lasciate questo posto e andatevene. Non tornate mai più".

Una volta raggiunta la parte più a nord della tua casa, spegnete la candela.

Incantesimo della prosperità

Una candela verde

Una candela bianca

Qualsiasi olio di vostra scelta

Come fare:

Le candele verdi rappresentano il denaro, mentre quelle bianche simboleggiano ognuno di voi. Cominciate spargendo l'olio sulle candele, focalizzandovi sull'intento di prosperare finanziariamente.

Posizionate le candele su un altare o su qualsiasi tavolo disponibile, assicurandovi che siano distanziate di circa 15 cm l'una dall'altra.

Una volta completato questo passo, recitate ad alta voce le vostre intenzioni.

Ripetete questo procedimento per nove giorni, sempre alla stessa ora. Ad ogni sessione, assicuratevi anche di spostare la candela bianca di un centimetro più vicino a quella verde. Al termine del periodo dell'incantesimo, le candele dovrebbero trovarsi vicine tra loro.

Incantesimo d'amore

Ecco come procedere con l'incantesimo:

Vi serviranno i seguenti elementi per l'incantesimo d'amore:

Una candela rossa o rosa (rosa se state cercando qualcosa di a breve termine, rossa se siete pronti per un impegno più duraturo)

Una rosa con stelo e spine

Incenso e/o olio di gelsomino

Gettate il vostro cerchio e invocate il Divino.

Ungete la candela con l'incenso o l'olio.

Accendete la candela e respirate il profumo di gelsomino e rosa, immaginando di attirare un amante stabile e meritevole della vostra attenzione.

Prendete la rosa e rimuovete attentamente una delle spine. Spingete la spina nella candela o fatela cadere nella cera mentre si scioglie.

Visualizzate l'attrazione di un nuovo amore inaspettato. Immaginate di incontrare qualcuno affascinante e rispettoso.

Spegnete la candela. Lasciate la rosa sul vostro altare, se possibile.

Chiudete il cerchio e ringraziate.

Ricordate che finché sarete aperti all'amore, questo potrà trovarvi ovunque andiate. Una volta che la rosa appassirà, potete riciclarla o usarla come offerta per non sprecare l'energia generata dall'incantesimo.

Incantesimo di benedizione con candela bianca

Questo incantesimo richiede una candela bianca, che può essere sia semplice che figurativa a seconda del sesso dell'individuo al quale desiderate inviare la benedizione, seguite questi passaggi:

Prima di condire la candela con l'olio santo o benedetto, assicuratevi di incidere il nome della persona da benedire sull'esterno della candela.

Per aumentare la potenza dell'incantesimo, potete posizionare accanto alla candela un pezzo di carta bianca con il nome o la fotografia della persona, oppure qualsiasi oggetto personale come un capello, un vestito o un'unghia. Per semplificare, potete collocare tutti questi oggetti sotto un piatto o un piattino rovesciato e poi posizionare la candela bianca sopra.

Lasciate bruciare la candela ogni giorno per circa sette giorni, spegnendola tra una sessione e l'altra. Ogni volta che accendete la candela, recitate questo incantesimo:

"(Nome della persona), possa tu essere sempre benedetto. Che tutte le cose desiderabili vengano da te. Che tu possa essere sempre lontano dal male. Che il tuo cuore sia leggero. Che i tuoi viaggi siano privi di problemi. Che il tuo benessere sia sempre ottimale. Che la tua mente sia in pace. Che le tue relazioni personali siano serene. Che tutti gli aspetti della tua vita siano benedetti."

Questo incantesimo si conclude non appena la candela è completamente bruciata. Se voi o il destinatario di questo incantesimo necessiterete di una benedizione a lungo termine, potete utilizzare una candela grande a colonna. In questo caso, sarà necessario rivestirla di olio una volta a settimana.

Incantesimo della pulizia e purificazione

Avrete bisogno di:

Una candela bianca

Una tazza di sale.

Come fare:

Posizionate la candela al centro della stanza da purificare.

Cospargete il vostro sale, in senso orario, intorno alla vostra candela.

Accendete la candela e concentrate tutta la vostra energia mentre lancerete le vostre intenzioni.

Benedizione del giardino

Questo è l'incantesimo perfetto per dare più potenza alle vostre piante sfruttando il potere degli elementi.

Una candela verde

Una bussola

Una candela marrone

Ametista - Aria

Getto - Terra

Granato - Fuoco

Lapislazzuli - Acqua

Per creare un giardino prospero, seguite attentamente questi passi:

Scegliete un luogo centrale nel giardino e utilizzate la bussola per individuare i quattro angoli o le direzioni cardinali.

Raccogliete l'ametista e dirigetevi verso il punto est del giardino, fino al confine. Qui, seppellite l'ametista pronunciando le parole: "Per le quattro potenze, il mio giardino fiorisce".

Ritornate al centro e camminate verso il bordo nord del giardino con il pezzo di getto. Seppellite la pietra, ripetendo la stessa frase di incantesimo.

Tornati al centro, dirigetevi verso ovest e seppellite il lapislazzuli, pronunciando ancora il canto. Ritornate al centro e dirigersi verso il bordo sud, seppellendo il granato e ripetendo le stesse parole.

Dopo aver sepolto tutte le pietre, posizionate le candele al centro del giardino, lontane da possibili fonti di fuoco.

Accendete la candela e recitate il seguente verso quattro volte: "Per i quattro poteri, il mio giardino fiorisce". Immaginate quindi il vostro giardino circondato da un cerchio bianco incandescente.

Lasciate bruciare le candele per un po' e poi spegnetele.

Ora, fornite al vostro giardino le migliori cure possibili per il resto della stagione, assicurandovi che cresca sano e robusto. Unite l'energia delle pietre e delle candele al vostro impegno per un giardino prospero e fiorente.

Incantesimo per la protezione della casa

4 Pietre appartenenti alla casa

Vernice nera o pennarello permanente

Una pala

Iniziate pulendo l'area, gli strumenti e voi stessi con salvia o Palo Santo prima di cominciare. Poi create il vostro cerchio protettivo.

Con vernice o pennarello, disegnate la runa ALGIZ su ciascuna delle pietre. Visualizzate nella vostra mente tutte le energie negative che si allontanano dalla vostra proprietà.

Assorbite il desiderio profondo di avere una casa completamente protetta e al sicuro da tutto ciò che considerate dannoso.

Chiudete il cerchio e dirigetevi all'esterno per scavare una buca in ogni angolo del vostro terreno. Posizionate una pietra in ciascuna buca e ricopritele. Mentre le sistemate, immaginate una barriera elettrica di luce bianca che circonda la vostra proprietà. Ancora una volta, visualizzate tutte le entità nocive che lasciano la vostra casa. Se qualcuno con intenzioni malevole si avvicina, dimenticherà il motivo della sua presenza e si allontanerà.

Mantenete questa protezione, rinnovando periodicamente l'immagine di una barriera sicura e invulnerabile intorno alla vostra casa. La vostra proprietà sarà così preservata da influenze indesiderate e potrete godere di un ambiente sicuro e positivo.

Incantesimo per bandire i cattivi pensieri

Di cosa avrete bisogno:

Una candela nera (usata per scacciare la negatività)

Una bacchetta (o il tuo dito)

Incenso al rosmarino

Assicuratevi di fare la doccia o il bagno prima di eseguire questo incantesimo.

Per lanciare l'incantesimo, iniziate gettando il vostro cerchio e invocando il Divino. Dedicate un minuto alla meditazione, sedetevi a terra e liberate i vostri pensieri. Concentratevi sul respiro, immergendovi completamente nel momento.

Accendete la candela e utilizzatela per accendere l'incenso. Se non trovate l'incenso al rosmarino, potete usare l'olio essenziale per ungere la candela o strofinare del rosmarino fresco sulla sua superficie.

Estraete la vostra bacchetta e disegnate un pentagramma nell'aria, pronunciando parole che bandiscano la negatività e i cattivi pensieri. Ad esempio, potreste dire: "Nel nome della signora e del signore, bandisco questi pensieri oscuri che infestano la mia mente."

Mentre disegnate il pentagramma e recitate le parole, immaginatevi avvolti da una luce bianca e purificante.

Quando sentite di essere completamente immersi nella luce bianca, spegnete la candela.

Chiudete il cerchio e ringraziate.

Se avete affrontato momenti di depressione o pensieri indesiderati, utilizzare questo incantesimo insieme alla meditazione può essere un modo efficace per concentrare la mente e purificare le energie personali.

Incantesimo d'amore con cristallo

Avrete bisogno di:

Filato rosa

Panno rosso

Quarzo rosa

Pietra di luna

2 Semi di mela

Cannella macinata

Basilico secco

Candela rosa

Candela rossa

Questo incantesimo è consigliato eseguirlo durante la Luna Piena.

Prima di iniziare, assicuratevi di essere certi del tipo di relazione che vorreste ottenere. Chiara deve essere la vostra intenzione.

Questo processo può richiedere del tempo. Invece di elencare tutte le caratteristiche che vorreste negli altri, concentratevi su come vorreste sentirvi nella relazione e quanto desiderereste essere attratti da loro.

Raccogliete i vostri oggetti e create il vostro cerchio. Accendete le candele e posizionate il panno rosso davanti a voi. Passate la pietra di luna attraverso le fiamme delle candele e poi posizionatela sul panno. Ripetete lo stesso procedimento con il quarzo rosa.

Raccogliete i semi di mela e dichiarate: "Alla luce della luna, io ora pianto questi semi d'amore".

Mentre posate questi semi sul panno insieme ai cristalli, sentirete crescere l'energia rosa proveniente dai cristalli, che nutrirà i vostri semi.

Cospargete il tutto con cannella e basilico. Tirate insieme i quattro angoli del panno in modo che tutto sia racchiuso al suo interno, quindi avvolgete il filo rosa intorno al sacchetto per tre volte. Legate il sacchetto con tre nodi e pronunciate: "Così sia".

Chiudete il cerchio e tenete con voi la borsa contenente l'amore che desiderate attirare.

Incantesimo di primavera energizzante

Di cosa avrete bisogno:

Un mazzo di fiori appena sbocciati

Un posto sicuro e privato da qualche parte all'aperto (dovrebbe essere in primavera)

Lanciare l'incantesimo:

Gettate il vostro cerchio e invocate il Divino.

Respirate profondamente l'aria fresca, immergetevi completamente nel momento e liberate i vostri pensieri attraverso la meditazione.

Se è possibile, togliete le scarpe e con le dita dei piedi scavate nella terra. Sentirete la potente energia della terra sotto di voi. Immaginate questa energia fluire nel vostro corpo, accogliendola con serenità.

Non abbiate paura di esprimere la vostra connessione! Comunicate con i fiori attraverso parole significative: "Giovani fiori di primavera, antica terra di saggezza, nutrite il mio essere e permettete ai miei pensieri di fiorire".

Dedicate del tempo alla meditazione o al relax accanto ai fiori o alla vegetazione, se possibile. E, non dimenticate di ringraziare per la preziosa connessione!

Chiudete il cerchio e ringraziate, portando con voi la serenità della natura.

Incantesimo per il risparmio economico

Hai bisogno di:

Alcune monete d'argento

Pizzichi di calendula secca

Fazzoletto nero o verde

Di notte, spegnete tutte le luci interne e stendete il fazzoletto in una zona illuminata dalla luce lunare, oppure utilizzate una luce associata alla notte.

Aggiungete la calendula al fazzoletto, quindi adagiate le monete su di essa. Legate saldamente le estremità del fazzoletto in modo che tutto sia protetto al suo interno.

Tenete il vostro fagotto tra le mani e parlate ad alta voce delle vostre intenzioni riguardo al desiderio di risparmiare denaro. Comunicate all'universo il vostro impegno a conservare il denaro guadagnato e a mantenerlo al sicuro.

Una volta completato l'incantesimo, posizionate il fazzoletto in un luogo sicuro. Evitate di toccarlo o di sciogliere il legame fino a quando non avrete ottenuto ciò di cui avrete bisogno. La magia del risparmio sarà preservata finché deciderete di rivelarla.

Benedizione della cucina

Un rametto di rosmarino fresco

Un lungo pezzo di spago

Una foglia di alloro

Una striscia di scorza d'arancia

Se lo desiderate, potete iniziare lanciando un cerchio magico.

Quando siete pronti, legate saldamente la scorza d'arancia e la foglia di alloro alla base del rametto di rosmarino, utilizzando lo spago.

Assicuratevi di avvolgere lo spago in modo sicuro. Prendetevi del tempo per meditare su ciò che vorreste realizzare con l'incantesimo. Una volta che vi sentite carichi, potete procedere con il rituale.

Se avete scelto di iniziare l'incantesimo lanciando un cerchio magico, chiudetelo e ringraziate.

Poi, prendete il rametto di rosmarino e appendetelo da qualche parte nella vostra cucina, in modo che possa diffondere energia positiva e purificare l'ambiente culinario. La magia delle erbe contribuirà a benedire la vostra cucina.

Incantesimo per migliorare le proprie finanze

Di cosa avrete bisogno:

Ramoscelli di conifere - almeno cinque della stessa dimensione (raccoglieteli da terra) - e lasciateli riposare sul vostro altare per qualche giorno accanto ad una moneta, prima di iniziare l'incantesimo.

Un pezzo di nastro o del filo, colori argento e verde

Olio di patchouli

Lanciare l'incantesimo:

Gettate il vostro cerchio e invocate il Divino.

Ungete i ramoscelli con l'olio di patchouli.

Unite i ramoscelli e la moneta, poi iniziate ad avvolgerli con il nastro o il filo.

Esprimete il vostro desiderio di miglioramento economico con queste poche parole: "Con questi ciondoli appartenenti alla nostra casa, mostrateci la via verso l'abbondanza".

Appendete i ciondoli in una parte della casa che ritenete più accogliente. Vicino a una porta sarebbe ideale.

Ringraziate l'albero da cui provengono i ramoscelli.

Chiudete il cerchio e ringraziate.

Potete creare altri ciondoli se necessario, ma lasciate passare un po' di tempo prima di ripeterlo. Siate creativi nella costruzione dei ciondoli, purché vi ricordiate di ungerli e ringraziare la fonte. La magia dei ciondoli contribuirà a manifestare il miglioramento economico desiderato nella vostra vita.

Incantesimo per attrarre relazioni di qualità

Avrete bisogno di:

13 semi di coriandolo interi

Un piccolo quarzo rosa

Un piccolo sacchetto con coulisse o un pezzo di stoffa

Un nastro rosso o rosa

Una candela da lavoro (per l'atmosfera-opzionale)

Istruzioni:

Accendere la candela, se la si usa.

Disporre i semi di coriandolo in cerchio intorno al quarzo rosa.

Chiudete gli occhi e immergetevi nella sensazione di completa pace con il vostro amato partner. Se doveste incontrare un blocco emotivo, aprite gli occhi, focalizzatevi sul quarzo rosa e pronunciate le seguenti parole: "Attraiamo a noi un amore sano ed equilibrato".

Ora, prendete i semi di coriandolo, inserendoli uno alla volta nel sacchetto a cordoncino o nel panno.

Iniziate con il seme nella parte più a sud del cerchio e procedete in senso orario.

Aggiungete il quarzo rosa, chiudete il sacchetto o il panno e fissatelo con il nastro.

Con questo semplice rituale, create un amuleto carico di energia positiva per rafforzare la vostra connessione amorosa.

Incantesimo per ripagare un debito

Una candela verde

Olio di patchouli (o olio di cannella)

Incenso (lo stesso dell'olio che state usando)

Un pezzo di carta

Disegnate una rappresentazione della banconota sul pezzo di carta e scrivete l'importo del debito da restituire. Evitate di fotocopiare la banconota, poiché mancherebbe di qualsiasi energia personale.

Ungete la candela con l'olio scelto, piegate il pezzo di carta e posizionatelo sotto il portacandela. Accendete la candela e l'incenso scelto. Concentratevi sulle fiamme e pronunciate:

"Mentre la candela brucia,

Illumina la strada,

Il denaro in arrivo,

Questo conto lo pago io."

Visualizzate il pagamento effettuato e di sentirvi liberi da questo pensiero fisso.

Lasciate bruciare la candela per circa 15 minuti, quindi spegnetela. Ripetete questo rituale per 15 minuti ogni giorno, per 7 giorni (assicuratevi di utilizzare una candela abbastanza grande). L'ultimo giorno, estraete la carta che rappresenta la banconota e accendetela con la fiamma, bruciandola completamente. Lasciate bruciare la candela fino al termine. Dovrete rispettare la vostra promessa e utilizzare ogni denaro inaspettato per pagare il debito.

Incantesimo del sonno

Aiuta a dormire bene, ad avere sogni felici e positivi. Questa miscela di erbe aiuterà questo processo.

10 baccelli di cardamomo interi

Un cucchiaio di sale marino

15 chiodi di garofano interi

1/2 oncia di menta secca

1/2 oncia di rosmarino secco

Una candela bianca

Una candela rosa

Una candela d'argento

Un piccolo sacchetto e un breve tratto di corda

Accendete le candele

Mescolate gli ingredienti con le mani in una piccola ciotola. Assicuratevi di mantenere pensieri di pace e serenità mentre mescolate. Usate questo incantesimo esclusivamente in un contesto silenzioso senza distrazioni.

Ripetete questa operazione, mescolando le erbe con le dita:

"Sonno, sogno, pace

Pace, sogno, sonno

Sogno, sonno, pace"

Mettete le erbe nel sacchetto e usate lo spago per chiuderla. Ponetelo in nel letto in una zona a voi più confacente.

Incantesimo di sblocco mentale.

Un bicchiere da 8 once di succo biologico

Un pezzo di plumcake

Una candela bianca

Sedetevi, chiudete gli occhi e visualizzate la vostra vita e la vostra sensazione emotiva dopo che gli ostacoli non faranno più parte della vostra esistenza.

Poi, pronunciate ad alta voce: "Sant'Espedito, vi chiedo di aiutarci (esprimete le vostre difficoltà) velocemente. Vi offro cibo e bevande per questa richiesta. Dopo il completamento, vi offrirò di più... così sia, è fatto".

Accendete la candela bianca in omaggio a Sant'Espedito, ripetete ad alta voce la vostra richiesta. Dopo aver completato l'incantesimo, assicuratevi di onorare l'offerta di cibo promessa.

Incantesimo per gli spiriti indesiderati

Se c'è uno spirito indesiderato o non necessario che indugia nella vostra casa o nei dintorni, ecco un modo per aiutarlo ad andare via. Per questo avrete bisogno di:

Una candela bianca

Una tazza di sale marino

Mettete il sale in una piccola borsa o in un contenitore.

Accendete la candela tenendola nella mano destra. Prendete il sale e con la mano sinistra.

Iniziate dalla parte più a sud della casa. Spargete una piccola quantità di sale nell'angolo di ogni stanza mentre camminate all'indietro attraverso la casa. Mentre camminate parlate ad alta voce, dicendo: "Fantasmi e spiriti se ne vanno ora, per non tornare mai più".

Quando raggiungerete il posto più a nord della casa, spegnete la fiamma della candela.

Pozione magica motivazionale

Questa pozione molto semplice è in realtà una versione migliorata del rituale mattutino che la maggior parte delle persone usano fare.

Usa questa pozione come una spinta extra, magica, per i giorni in cui vi sentite fiacchi e privi di energie.

Nota: Se siete in ritardo a causa di una malattia o di un esaurimento, è meglio attenersi a una versione a base di erbe piuttosto che ingerire caffeina. La visualizzazione e la recitazione dell'incantesimo si fanno idealmente all'aperto, ma anche di fronte a una finestra va benissimo. Avrete bisogno di:

Una tazza di caffè o di tè appena fatto

Un pizzico di cannella

Un cucchiaino o più di miele

Istruzioni:

Mescolate il miele nella vostra bevanda, usando movimenti in senso orario. Mentre la bevanda sta ancora girando in tondo, spargete la cannella al centro.

Portate la vostra pozione fuori casa o fuori dalla finestra e ringraziate la luce del mattino (non importa quanto nuvoloso possa essere il giorno).

Fate un respiro rilassante e iniziate a sorseggiare la vostra bevanda.

Visualizzate la sensazione di energia rinvigorente pervadere il vostro corpo e la vostra mente, amplificando il desiderio di raggiungere i vostri obiettivi giornalieri.

Quando sarete pronti, recitate le seguenti parole: "Salutiamo questo giorno con gratitudine e positività. Mentre la nostra energia aumenta, affrontiamo i nostri doveri che saranno compiuti".

Ora siete pronti per godervi la vostra giornata!

Incantesimo per la creatività e la concentrazione

Questo incantesimo è concepito per ottenere una mente chiara, un focus mentale adatto alla creatività e ispirazione. Va eseguito seduto a terra e di lunedì. Il tempo necessario per questo incantesimo è di circa dieci-quindici minuti.

Avrete bisogno di quanto segue:

Quarzo rosa e/o avventurina, (usato per la creatività)

Quarzo chiaro (usato per la concentrazione mentale e come amplificatore per aumentare gli effetti)

2 candele azzurre

Accendino o fiammiferi

Una candela viola

Un utensile da scrittura

Uno strumento di intaglio

Un pezzo di carta (foderato se possibile)

Menta piperita/menta per concentrarsi (qualcosa con un forte odore)

Pulite l'area di lavoro con incenso o cristalli. Tirate fuori il vostro strumento da intaglio e su entrambe le candele azzurre, incidete parole, segni o sigilli che rappresentano la creatività (su una candela) e ispirazione sull'altra.

Potete scegliere di incidere direttamente le parole "creatività" e "ispirazione". Mettete le candele in quest'ordine seguente: la candela "creatività", la candela viola e la candela "ispirazione". Procedete accendendo le due candele azzurre e la candela viola. Tirate fuori il vostro quarzo rosa, il quarzo chiaro e/o l'avventurina, e tenete preferibilmente la dominante in mano.

Mentre impugnate i cristalli, guardate nella fiamma della vostra candela azzurra della creatività, visualizzando le fiamme come scintille di energia che fluiscono all'interno del vostro corpo.

Immaginatevi di essere avvolti da energia che infonde creatività, fantasia, genialità. Poi guardate la fiamma della vostra candela azzurra "ispirazione", e immaginate di essere pervasi da nuove idee, intuizioni, un'ispirazione per i vostri affari o la vostra vita e un nuovo modo di pensare.

Infine, guardate nella candela viola. Chiedetevi cos'è per voi la creatività? Proiettate l'energia da voi stessi ai vostri cristalli e poi nell'universo, il tutto fissando la candela viola. State di fatto chiedendo che l'immaginazione, le nuove prospettive e la creatività siano portate a voi. Chiudete gli occhi e meditate per qualche minuto mentre tenete le gemme.

Ora dirigete la vostra attenzione alle fiamme, con gli occhi chiusi, sentirete il calore che si irradia in voi. Visualizzate le fiamme come se i vostri occhi fossero ancora aperti.

Guardate la fiamma che danza con la sua proverbiale armonia. Rivolgete poi, la vostra attenzione ai cristalli, al quarzo chiaro, cristallo di amplificazione, che dirà all'universo le vostre intenzioni e i vostri desideri.

Aprite gli occhi e spegnete esclusivamente la candela viola e posate i cristalli. Mettete un foglio di carta davanti a voi, potete decidere di spostare le due candele per dare spazio alla carta.

Assicuratevi che la carta sia posizionata orizzontalmente. Tirate fuori la menta, odoratela nella vostra mano non dominante. Quando avrete finito, mettete giù la menta per sostituirla con un'altra, ma questa volta mettendola nella mano dominante. Con l'altra mano, tenete il quarzo chiaro.

Con la mano dominante schiacciate la menta e cospargetela sulla carta, lasciandola cadere. La vostra attenzione e concentrazione inizierà ad aumentare sempre più durante l'operazione dello spargimento della menta sulla carta, risveglierà la vostra attenzione mentale.

Usando la vostra mano dominante, prendete il quarzo chiaro dalla mano non dominante e posizionatelo al centro della carta senza spostare la menta, e mettete il cristallo in cima. Meditate sulle candele azzurre unendole insieme, concentrandovi su tutte le nuove idee che emergeranno.

La vostra mente sarà più aperta e più nitida, meditate per qualche minuto prima di aprire gli occhi. Mettete da parte la menta e il quarzo chiaro. Prendete un pennarello e disegnate sul foglio linee più dritte possibile, in modo che la vostra mente sia focalizzata, concentrata e percettiva. Potete disegnare dieci linee, è semplicemente un esercizio per mantenere concentrata la tua mente.

Prendetevi un momento per ripensare alle vostre invocazioni e mandatele fuori visivamente nell'universo attraverso il quarzo chiaro, alla candela e all'universo. Quando avrete finito, potrete lasciare che le candele si spengano in autonomia. La candela viola può essere riutilizzata per incantesimi futuri, purché sia pulita. Potete scegliere se bruciare la carta o di farla a pezzi prima di seppellirla. Potete buttare via la menta o addirittura mangiarla.

Pozione per i sogni

Questo incantesimo ha lo scopo di aiutarvi ad accogliere sogni dai vostri spiriti guida. Questa operazione dovrebbe essere svolta 30 o 60 minuti prima di andare a dormire. Assicurati di avere un diario vicino al vostro letto.

Avrete bisogno di:

Luce o fiammiferi

Acqua

Athame o bacchetta

Terra del cimitero - altrimenti usare la terra di un luogo con cui sentite un legame speciale.

Olio di lavanda

Un calderone

Candela tealight nera

Aggiungere mezza tazza di acqua nel calderone. Cospargete la terra speciale all'interno dello stesso e mostrate la vostra intenzione mentre pronunciate queste parole: "Un po' di terra per avvicinarmi a un mondo pieno di lucentezza".

Mescolate un po' di olio di lavanda nell'acqua. Accendere la candela e metterla sotto il calderone. Avrete bisogno di avere il calderone su un supporto in modo che la candela sia sotto di esso in modo che la fiamma riscaldi il fondo del calderone. Inizierete a sentire l'aroma della pozione mentre si riscalda. Rilassatevi e iniziate a meditare avendo la mente leggera, fate scorrere i vostri pensieri.

Rimanete seduti e aspettate che la candela finisca il suo percorso, e che l'acqua non sia del tutto evaporata. Assicuratevi di memorizzare qualsiasi sogno durante la successiva notte.

Incantesimo dell'amicizia

Avrete bisogno di:

Basilico secco macinato

Una candela bianca

Una sottile candela alla lavanda

Fate una fessura lungo il tronco della candela di lavanda mantenendo lo stoppino intatto. Questa crepa rappresenta la frattura tra te e la persona con la quale vorresti ricucire il rapporto.

Durante questo incantesimo, concentratevi esclusivamente sul motivo della diatriba che ha compromesso la vostra amicizia, e su come poter risolvere il problema.

Strofintea un po' di basilico sulle estremità della fessura della candela. Poi spingerle di nuovo insieme. Accendete la candela bianca e lasciate che la cera sgoccioli all'interno della fenditura finché la candela di lavanda sia nuovamente sutura.

Mettete la lavanda in un supporto e accendetela. Lasciatela bruciare finché la fiamma non raggiungerà l'inizio del taglio originario. Sedetevi con la candela e osservate la fiamma fare il suo corso attraversando l'intera fessura unita. Durante questa operazione riflettete sulle possibili soluzioni per migliorare la vostra relazione.

Incantesimo per la forza interiore

Una candela bianca, marrone o blu

Una miscela di oli di garofano, ginepro e rosa per ungere la candela.

Maneggiare l'olio di chiodi di garofano con cautela: sono necessarie solo una o due gocce di ciascuno.

Un piccolo e sottile pennello.

Un piccolo piatto su cui bruciare la candela.

Sale rosa o sale kosher.

Fiammiferi per accendere la candela – non l'accendino, perché il metallo non deve colpire la fiamma sacra.

Aprite il vostro cerchio e attirate l'energia dall'universo.

Con il pennello, ungete la candela nella miscela di olio, pennellando dal retro della candela verso la parte anteriore a voi. Iniziate dalla base della candela verso lo stoppino.

Accendere la candela e pronunciare queste parole:

"Come brucia, così imparo. Come danza, così mi trasformo. Come brilla, così cresco. Come si scioglie, così svaniscono i miei problemi".

Muovete le mani sopra la candela come se attiraste verso di voi l'energia curativa della fiamma e ripetete: "Fiamma del potere, alimenta in me la tua forza".

Sedetevi in contemplazione per tutto il tempo che vi sembrerà necessario, immaginando di rimuovere gli ostacoli e gioire dell'avvenuta serenità.

Quando sarete pronti, aprite il cerchio e lasciate bruciare la candela fino al suo completamento. Smaltirete la cera e il sale seppellendoli in giardino o in un luogo da voi prescelto.

Incantesimo per nutrire il cuore

Quarzo rosa

Petali di rosa

melissa

olio essenziale di limone

Fai questo incantesimo con la luna nuova, crescente o piena.

Aprite il vostro cerchio nel bagno.

Riempite la vasca e aggiungete cinque gocce di olio essenziale di limone.

Inserite i petali di rosa e la melissa. Immergetevi nell'acqua e aggiungete il quarzo rosa.

Chiudete gli occhi e immaginate una luce rosa e curativa che brilla sullo specchio dell'acqua.

Immaginate che il vostro corpo sia pervaso da questa energia curativa. Sentirete il vostro cuore risplendere di felicità e di calore che si irradierà su tutto il vostro corpo.

Durante questa sensazione di benessere, ripetete queste parole:

"Sono degno di amore e sono capace di amare.

Sono degno di pace e sono capace di infondere pace.

Sono degno di essere felice e sono capace di essere felice.

Tutte le cose buone sono possibili. Possano entrare nella mia vita come benedizioni".

Finito il bagno, asciugatevi con un asciugamano partendo dai piedi fino alla testa.

Incantesimo per il successo personale

Di cosa avrete bisogno:

Un pezzo di pietra del sole

Una candela arancione

Sale rosa o sale kosher

Bacche di ginepro

Alcuni terreni

Una piccola ciotola o un calderone

Incenso al benzoino

Olio di mirra

Pennello piccolo e sottile

Aprite il vostro cerchio e ungete la candela con l'olio di mirra. Accendete l'incenso in una ciotola o nel calderone, mettete il sale, la terra, la pietra del sole e le bacche di ginepro. Mescolateli con il vostro athame o bacchetta, in direzione del sole.

Mentre mescolate gli ingredienti, pronunciate:

"Come il sole riscalda la terra e incoraggia il raccolto,

Così la mia capacità di successo cresce ogni giorno.

Raggiungerò i miei obiettivi e i miei sogni, passo dopo passo,

Così come il girasole e il grano crescono alti".

Immaginate il sole che splende su un campo di grano e girasoli: questi rappresentano il vostro successo e le vostre finanze. Immaginate il vento che fa ondeggiare gli alti steli. Guardate come il campo si estende all'infinito verso l'orizzonte. Questo è il vostro successo; è tangibile e reale.

Dite:

"Come la candela brucia la sua fiamma, così il mio successo aumenta".

Quando sarete pronti, aprite il cerchio e lasciate che la candela continui a bruciare. Cospargete gli ingredienti dell'incantesimo, tranne la pietra del sole, in un campo aperto il prima possibile.

Incantesimo con candela verde per il denaro.

Hai bisogno di:

Candela verde

Olio preferito

Sei monete

Cannella

Panno verde o sacchetto

Preparate il vostro altare e poi prendete qualche minuto per meditare prima di iniziare l'incantesimo.

Ungete la vostra candela con l'olio e poggiatela sul vostro altare. Formate un cerchio intorno alla candela con delle monete. Mentre disponete le monete, immaginatevi di ottenere la sicurezza economica desiderata e proiettate la vostra gratitudine nell'universo. Mentre accendete la vostra candela, ripetete per tre volte quanto segue:

"Il denaro scorre. Il denaro cresce. Il mio denaro brilla. Questo denaro è mio".

Posizionate il panno sul vostro altare e cospargeteci sopra un po' di cannella. Se sceglierete un sacchetto, spargete la cannella nel suo interno.

Mettete le monete sul panno o nel sacchetto. Avvolgete il panno intorno alle monete se non usi il sacchetto, altrimenti raccogliete le monete, e pronunciate tre volte quanto segue:

"Vieni a me denaro , per rimanere , per crescere , così sia".

Riunite gli angoli del panno e legateli oppure chiudete il sacchetto. Potete portare con voi il vostro panno o sacchetto per qualche giorno o lasciarlo in casa .

Incantesimo per il successo negli affari

Procuratevi un pezzo di carta con il nome della vostra attività lavorativa o business. Nel foglietto dovrete scrivere anche l'obbiettivo lavorativo da raggiungere in un determinato arco temporale.

Per questo incantesimo abbiamo bisogno di :

Una candela verde

Una banconota

Lanciare l'incantesimo:

Gettate il vostro cerchio e invocate il Divino.

Accendere la candela.

Mentre attendete che la cera si sciolga, visualizzate la crescita e il successo finanziario della vostra attività. Pensate al vostro inizio, a quanto lontano siete arrivati e ai vostri obiettivi futuri. Ricordate la motivazione che vi ha spinto a scegliere la vostra attività e cosa vi piace di più.

Prendete il pezzo di carta e versate qualche goccia di cera della candela. Lasciate che si asciughi.

Mettete la banconota sopra la carta e poi la candela verde sopra di essa.

Spegnete la candela e immaginate il vostro business crescere seguendo con lo sguardo il fumo della candela che sale.

Chiudete il cerchio e ringraziate.

Tenete la candela sopra la banconota e la carta sul vostro altare. Se ritenete di voler ottenere nuovi obiettivi, eseguite di pari passo l'incantesimo, usando la stessa candela.

Incantesimo per il benessere dello stomaco

Una tazza di camomilla con limone

Incenso alla menta piperita

Lanciate il vostro cerchio e invocate il Divino.

Accendete l'incenso e sedetevi comodi.

Sorseggiate il tè assicurandovi che sia caldo e senza dolcificanti artificiali.

Concentratevi sulla respirazione naturale, ascoltate il vostro respiro mentre inspirate ed espirate.

Appoggiate la mano sullo stomaco e pronunciate le seguenti parole:

"Con camomilla curativa, limone ringiovanente e menta piperita rinfrescante... liberami da questo dolore, così sia".

Lasciate che l'incenso finisca il suo corso e finite tranquillamente il vostro tè.

Chiudete il cerchio e ringraziate.

Incantesimo per proteggere la salute di un vostro caro.

Una tazza di succo di mela biologico

Un bicchiere

Una stecca di cannella

Una candela bianca

Dopo aver versato il succo di mela nel bicchiere, mescolate il succo 4 volte con il bastoncino di cannella. Accendete la candela, sorseggiate il contenuto senza finirlo e pronunciate quanto segue:

"La dea benedica il mio corpo e la mia anima

La salute e la vitalità sono il mio obiettivo".

Bevete il resto del succo e poi spegnete la candela. Potete ripetere questo incantesimo ogni volta che un vostro caro ha dei principi di malessere.

Incantesimo di riappacificazione

Quando una relazione con una persona cara è tesa, o quando il risentimento vi impedisce di risanare tale rapporto, questo incantesimo vi aiuterà a ristabilire la connessione e la serenità persa.

Avrete bisogno di:

Una foglia di alloro (fresca)

Una piccola busta

Una candela gialla

Prima di iniziare, tenete vicino una ciotola di vetro o di metallo in cui mettere la busta. Su un lato della busta scrivete il vostro nome, sull'altro lato della busta scrivete il nome della persona con la quale desiderate recuperare sintonia.

Mettete la foglia all'interno della busta e chiudetela. Accendete la candela gialla e fate scorrere la busta sopra la fiamma finché non brucia.

Fate cadere la busta nella ciotola quando il fuoco aumenta di potenza. Terminata l'operazione con lo spegnimento della fiamma, attendete qualche minuto meditando sulla reale volontà di instaurare una comunicazione positiva e duratura con la persona scelta per l'incantesimo.

Incantesimo per la felicità

Iniziate l'incantesimo con un atteggiamento solare e di gioia interiore che possa rendere la tua giornata attiva e piena di energia positiva.

Avrete bisogno di:

2 candele arancioni

Lavanda secca

Mettete un po' di lavanda sul vostro altare o su un tavolo tra le due candele arancioni.

Accendete entrambe le candele e mettete le mani in modo da sentire il calore della fiamma.

Pronunciate sette volte quanto di seguito riportato:

"Con questo incantesimo benedici

questo mio desiderio per una vita piena di felicità".

Lasciate bruciare le candele e con il tempo il risultato di tale incantesimo sarà chiaro nel vostro successivo percorso di vita.

Incantesimo per acquisire autostima

Tutti abbiamo bisogno di un sostegno per sentirci sicuri nelle decisioni da prendere quotidianamente. Questo incantesimo vi aiuterà ad avere più consapevolezza voi stessi ed avere più autostima.

Di cosa avrete bisogno:

Una candela rosa

Petali di rosa bianchi e rosa

Acqua di sorgente (acqua piovana se disponibile)

altrimenti potete usare l'acqua del rubinetto come ultima opzione.

Disponete i petali di fiori a forma di anello sul vostro altare e mettete la candela rosa al centro.

Poco prima di accendere la candela, concentratevi esclusivamente sui vostri lati caratteriali migliori per qualche minuto. Accendete la candela e pronunciate quanto segue:

"Permetti alla mia luce di brillare

Solo con l'amore Divino".

Bevete un po' d'acqua, per pulire la mente da tutti i pensieri negativi. Lasciate che la candela si spenga da sola.

Incantesimo per la relazione matrimoniale

Una candela bianca

Una candela rosa

Una ciotola di vetro o metallo

Fiammiferi (accendino opzionale ma non consigliato)

Penna e un foglio di carta

2 pezzi di spago

Preparazione di circa 30 minuti:

Iniziate scrivendo due lettere.

Indirizzate la prima al Dio dell'universo e la seconda alla Dea dell'universo.

Nella vostra prima lettera, scrivete in dettaglio tutti i problemi che ritenete correggere nel vostro matrimonio e una descrizione del vostro sentimento in relazione a tali ostacoli che vi impediscono una serena convivenza. Esprimete con grande onestà ogni situazione che vi rende momentaneamente incompatibili.

Successivamente dovrete stilare una serie di azioni comportamentali che risulteranno efficaci per la guarigione del vostro matrimonio.

Anche in questo caso ogni dettaglio va messo nero su bianco, senza alcun indugio o riluttanza. In sostanza di cosa avete bisogno per essere felici? Fate in modo che questa lettera sia più lunga della prima.

Inizio dell'incantesimo:

Riunite i componenti dell'incantesimo (comprese le lettere) e formate un cerchio. Accendete la candela bianca (che rappresenta la spirituali-

---

tà e la pace). Poi accendete la candela rosa (che rappresenta l'amore e l'affetto).

Mettete la prima lettera nella ciotola e fategli prendere fuoco. Mentre la lettera brucia, lasciate che l'energia negativa del vostro matrimonio o della vostra relazione bruci con essa. Pronunciate quanto segue:

"Le fiamme sacre portano via i nostri problemi,

Fai in modo che la nostra relazione ricominci con armonia oggi stesso".

Prendete la seconda lettera e i pezzi di spago. Leggete nuovamente la lettera e visualizzate per qualche minuto l'immagine desiderata della vostra relazione nel modo che ritenete opportuno, sicuramente in armonia l'uno con l'altro.

Prendete i due pezzi di spago e legateli assieme all'estremità in modo da formare un unico pezzo di spago più lungo. Assicuratevi che il nodo sia forte.

Il nodo rappresenterà il legame tra voi e il vostro partner. Piegate la carta a metà e di nuovo a metà.

Avvolgete lo spago intorno alla carta mentre pronunciate le seguenti parole:

"Dea e Dio in alto,

Per favore, aiutami a unirmi al mio amore,

Portaci la sacra armonia e la pace,

Permetti che la forza del nostro legame aumenti.

Così sia".

Chiudete il cerchio e seppellite la carta e lo spago vicino a una mela o una betulla (simboleggiano l'amore). Se non è possibile, lo potete sostituire con un albero qualsiasi.

Divinazione alla scoperta del futuro

Usate questo incantesimo per scoprire cosa vi riserva il futuro. Riceverete diversi segni durante l'incantesimo. Dovrete interpretarli con molta attenzione. Per questo incantesimo avrete bisogno di:

3 candele della stessa tipologia

Cominciate mettendo le tre candele sul vostro altare a forma di triangolo. Accendete le candele iniziando dalla parte superiore del triangolo proseguendo in senso antiorario.

Lettura dei segni che si rivelano:

Se vedete una fiamma che brucia più luminosa delle altre, stai entrando in un periodo di buona sorte.

Se una delle fiamme delle candele si spegne improvvisamente, avrete un'energia negativa, in questo caso dovrete correre ai ripari eseguendo un incantesimo di protezione.

Se le fiamme della candela bruciano luminose e poi cominciano ad affievolirsi improvvisamente, state in guardia. State entrando in un periodo di incertezza e di cambiamento improvviso.

Se le fiamme della candela sembrano attorcigliarsi e girare o avere un aspetto a spirale, qualcuno vicino potrebbe covare un rancore o avere qualche risentimento segreto verso di voi.

Incantesimo contro le molestie

Assicuratevi di lanciare questo incantesimo durante una luna calante. Prendete una candela di colore marrone per simboleggiare il particolare individuo che vi molesta incessantemente.

Scrivete il nome di questa persona su entrambi i lati della candela (lato anteriore e lato posteriore). Se state usando una candela rotonda, immaginate di dividere la candela verticalmente in due parti e scrivete il nome della persona su ogni lato.

Scrivete su un piccolo pezzo di carta bianca quanto segue:

"Da oggi in poi, (nome dell'individuo) dirai solo parole dolci e affettuose nei miei confronti. Per il potere della dea Aradia, così sia!"

Versate una goccia di miele al centro della carta bianca e accartocciatela.

Con un coltellino, fate una fessura o uno taglio nella candela e inserite la pallina di carta al suo interno.

Accendete la candela e lasciatela bruciare una, tre, sei o nove notti , ma non oltre.

Trovate dell'acqua corrente e immergete i resti della candela.

Conservate una piccola quantità di cenere o di residui della candela usata per questo incantesimo e depositatelo nella proprietà abitativa del vostro persecutore (giardino o sotto il suo zerbino).

Incantesimo di benedizione della candela bianca

Questo incantesimo richiede l'uso di una candela di colore bianco. Potete usare una candela semplice o figurativa che rappresenti il sesso dell'individuo al quale va destinata la benedizione.

Prima di condire la candela con l'olio santo o benedetto, assicuratevi che il nome della persona da benedire con questo incantesimo sia inciso sulla candela di colore bianco.

Per aumentare la potenza degli incantesimi, si può mettere un pezzo di carta bianca con il nome della persona scritto su di esso, una fotografia, o qualsiasi tipo di oggetto personale accanto alla candela.

L'oggetto personale di quella persona può essere un capello, un vestito, un'unghia, ecc. Per facilitare le cose, potete mettere tutti gli oggetti sopra menzionati sotto un piatto o un piattino rovesciato e poi metterci sopra la candela bianca.

Lasciate bruciare la candela ogni giorno per circa sette giorni, spegnendola tra una bruciatura e l'altra. Ogni volta che accendete la candela, pronunciate le seguenti parole:

"(nome della persona), possa tu essere sempre benedetto.

Che il male sia lontano dal tuo essere, che il tuo cuore sia sempre leggero. Che i tuoi viaggi siano densi di esperienze positive. Fai si che la tua salute e il tuo benessere sia sempre in buone condizioni. Che la tua mente sia in pace. Che le tue relazioni personali siano fortificate. Che tutti gli aspetti della tua vita siano benedetti".

Questo incantesimo termina con lo spegnimento autonomo della candela. Nei casi in cui si dovesse usare una grande candela a torre, è necessario rivestire di olio la candela una volta ogni settimana.

Incantesimo per ottenere un lavoro

Questo particolare incantesimo deve essere lanciato solo dopo aver presentato la tua domanda di lavoro.

Per lanciare questo incantesimo bisogna usare due grandi candele, una rossa e una verde. Usando un coltellino o uno spillo, sul lato della candela verde è necessario incidere i nomi delle aziende o delle società per le quali desiderate fosse accolta la vostra domanda d'impiego.

Incidete il simbolo della runa della vittoria di Tiwaz insieme al vostro nome completo sul lato della candela rossa. La runa della vittoria di Tiwaz ha l'aspetto di una freccia che punta verso l'alto.

Dopo il tramonto di un giovedì, brucia le due candele per circa 30 minuti mentre immaginate di aver ottenuto il lavoro desiderato.

Dopo 30 minuti, spegnete entrambe le candele con le dita senza soffiare sulla fiamma.

Continuate a bruciare le candele per circa 15 minuti ogni giovedì sera, fino al termine della loro funzione.

Gettate via le candele usate e lasciate una ciotola di latte fresco all'esterno della vostra abitazione fino al mattino come offerta.

La fiducia è un aspetto molto importante nella vita di una persona. Questo incantesimo di candela ti aiuta ad avere fiducia in te stesso.

Incantesimo per attrarre il denaro

Avrete bisogno di:

Una stecca di cannella, lunga 7/8 cm

30 cm di nastro verde o oro

Istruzioni:

Infilate il nastro nell'incavo della stecca di cannella e legate bene le estremità.

Tenete il bastone in entrambi i palmi e chiudete gli occhi. Immaginate una tempesta di banconote che vi colpiscono da tutte le direzioni.

Poggiate delicatamente il bastoncino nei punti di pulsazione dei tuoi polsi, gomiti, collo e tempie mentre pronunciate le seguenti parole:

"Legno dolce di cannella,

Attira su di me fortuna e prosperità.

Talismano fai si che ogni porta si apra a me e ogni opportunità mi conduca alla ricchezza.

Che il denaro scorra verso di me come un fiume in piena e che la mia vita sia colma di abbondanza, così sia".

Appendi il tuo "magnete del denaro" in un posto visibile e cerca di toccarlo almeno una volta al giorno.

Incantesimo della gioventù

Di cosa avrete bisogno:

Una candela di vostra scelta (giallo o verde sono buone scelte per la giovinezza e la crescita)

Un fiore o un seme di pianta autoctona

Un piccolo vaso di fiori

Terra fresca dalla terra

Il vostro olio essenziale preferito (patchouli o gelsomino sono buone scelte per la bellezza)

Acqua dolce

Lanciare l'incantesimo:

Gettate il vostro cerchio e invocate il Divino.

Accendete la candela e meditate sulle qualità che ritenete più positive di voi stessi. Immaginate di fermare il tempo e di mantenere la vostra bellezza intatta negli anni a venire, o di invecchiare molto lentamente.

Prendete il vostro vaso di fiori e ungetelo con il vostro olio essenziale preferito. Spegnete la candela.

Riempite il vaso di fiori con terra fresca e piantate il seme al suo interno.

Innaffiate il vaso di fiori. Visualizzate il seme che cresce e fiorisce. Identificate la forza vitale giovanile del seme e prendetela in prestito per voi stessi. Da questo momento prendetevi cura della pianta ogni giorno.

Il vaso di fiori dovrà essere posto in un luogo sicuro esposto alla luce del sole.

Chiudete il cerchio e ringraziate.

Piantate dei fiori in giardino o in alcuni vasi all'esterno della vostra abitazione in modo da attirare api e uccelli. Prendetevi del tempo per apprezzare la bellezza della natura in qualsiasi posto vi troviate, amandola e rispettandola così come fareste per voi stessi.

Incantesimo per la bellezza con candela rossa

Di cosa avrete bisogno:

Un opale di fuoco

Un athame o coltello rituale

Una candela rossa

Lanciare l'incantesimo:

Gettate il vostro cerchio e invocate il Divino.

Sedetevi di fronte il vostro altare o il vostro spazio sacro con la schiena dritta. Fate tre respiri profondi mentre orientate lo sguardo in alto. Cercate di rilassarvi il più possibile.

Accendete la candela rossa e tenete l'opale in mano. Invocate lo spirito del fuoco. Pronunciate: "Spiriti del fuoco, aiutatemi a guidarmi verso la passione e la vitalità".

Poi, prendete l'athame e avvicinatelo delicatamente contro il vostro petto. Invocate gli spiriti dell'Aria pronunciando le seguenti parole: "Spiriti dell'aria, aiutatemi a guidarmi verso l'armonia e la vitalità".

Prendetevi del tempo per visualizzare la vostra vitalità interiore . Immaginate il fuoco ardere nel vostro cuore ad infondervi un'energia potente e rassicurante. Toccate l'athame con l'opale di fuoco.

Spegnete la candela quando vi sentirete appagati e gratificati.

Chiudete il cerchio e ringraziate.

Incantesimo per l'abbondanza

Avrete bisogno di :

Un calderone o una ciotola d'argento

3 monete d'argento (di qualsiasi valore economico)

Acqua piovana o di fiume

Eseguite questo incantesimo con la luna piena. Riempite metà calderone con dell'acqua pura, immergete le monete pronunciando queste parole:

"Abbondanza, vieni da me,

Per fiume, strada, aria o mare.

Sarò grato per questa abbondanza, eternamente".

Ponete il calderone o la ciotola dove la luce della luna possa riflettere sulla superficie dell'acqua. Il giorno dopo, rimuovete le monete, ascigatele delicatamente e custoditele in tasca, nel portafoglio o nella vostra borsa senza mai dividerle.

Incantesimo dello scrigno per attirare il denaro

Avrete bisogno di:

Una scatola di legno con una serratura

Alcune monete di vario valore compreso alcune monete straniere. Stessa procedura per banconote di carta.

Giada verde

Pirite

Quarzo chiaro

Quarzo rosa

Un fascio di erba medica, legato con uno spago verde

Foglie di basilico appena raccolte

3 foglie di alloro

Un pezzo di radice di zenzero

Olio di abbondanza

Acqua della Florida o acqua di fiori d'arancio

Una bottiglia spray

Un fascio di salvia

Eseguite questo incantesimo con la luna piena. Una Luna Blu (la seconda luna piena in un mese) ideale per questo specifico incantesimo.

Questo è un incantesimo molto potente per accrescere la tua prosperità e a mantenerla nel tempo. Nel flacone spray, mescolate un po' di acqua di Florida o di fiori d'arancio con alcune gocce d'olio dell'abbondanza.

Accendete il fascio di salvia e passatelo delicatamente su ogni moneta, banconota e pietra. Prendete il flacone spray e spruzzate una dose su ogni moneta, banconota e pietra, ponendo ognuno di essi all'interno della scatola. Mentre vi dedicate a questa operazione pronunciate: "Per il potere del tre per tre, questa scatola del tesoro mi porterà abbondanza".

Quando avrete terminato di mettere tutti gli oggetti nella scatola, chiudetela e con la vostra la mano poggiata su di essa dite:

"Questa scatola è ora un magnete per la ricchezza e la prosperità

che si mostrerà a me,

con forza e impeto,

Così sia".

Mettete la scatola alla luce della luna, all'esterno (in un posto sicuro), e pronunciate:

"Meravigliosa luna,

Getta la tua luce

Su questa scatola del tesoro

E lascia che la mia magia prenda il volo".

Ricaricate la scatola ogni luna piena per un flusso continuo di ricchezza e abbondanza.

Incantesimo per acquisire fiducia in se stessi

Per questo incantesimo avrete bisogno di quanto segue:

Petali di rosa bianchi e rosa

Acqua naturale fresca

Una candela di colore rosa

Posizionare la candela al centro dell'altare, mentre sul lato destra rispetto alla candela posizionate i petali di rosa.

Concentratevi sulle vostre migliori qualità come individuo prima di accendere la candela.

Terminata la meditazione accendete la candela e poi ripetete il seguente incantesimo:

"Possa la mia luce brillare, con il vero amore Divino".

Dopo aver recitato l'incantesimo, bevete l'acqua naturale per liberarvi da qualsiasi vibrazione o pensiero negativo.

Lasciate che la candela bruci completamente fino al termine del suo corso.

Incantesimo per raddoppiare il vostro denaro

Preparate una somma di denaro. Più soldi avrete a disposizione per questo incantesimo e più il risultato sarà esponenziale.

Mettete i soldi in una busta bianca non utilizzata e sigillatela. Piegate la busta a metà. La piega deve essere fatta verso voi stessi, pronunciando le seguenti parole:

" Ascoltami, spirito che canta, vieni presto e dolcemente

Quanta acqua c'è nei mari, negli oceani, nei fiumi, nei ruscelli, fai in modo che la prosperità scorra in me come un fiume in piena.

Questa operazione deve essere eseguita una volta al giorno per una settimana. Quando pronunciate il canto, tenete la busta in mano e allungatela davanti a voi. Immaginatevi che la busta diventi sempre più pesante.

Se aveste intenzione di ripetere nuovamente questo incantesimo, dovete assolutamente usare banconote diverse e una nuova busta.

Incantesimo per recuperare l'amore perduto

Di cosa avrete bisogno:

Una penna e carta

Incenso o olio di gelsomino

Lanciare l'incantesimo:

Gettate il vostro cerchio e invocate il Divino.

Scrivete il vostro nome e quello della persona che vi ha lasciato o che avete timore di perdere. Disegnate un quadrato intorno ai vostri nomi.

Accendete l'incenso e passate la carta attraverso il fumo (senza bruciarla). Se usate l'olio, mettetene una piccola goccia al centro della carta.

Respirate profondamente e meditate sulla vostra relazione. Immaginate un rapporto sentimentale forte e sano, concentratevi sul fatto che la vostra relazione cresca e si fortifica.

Pronunciate: "Gelsomino dell'amore e della fortuna, sostieni il mio partner e conducilo da me in armonia affinché si possa restare uniti nell'amore".

Bruciate la carta se volete o conservatela in un posto sicuro.

Chiudete il cerchio e ringraziate.

Incantesimo per attenuare il mal di testa

Di cosa avrete bisogno:

Olio di menta piperita

Una tazza di acqua pulita

Una candela bianca

Incenso alla cannella

Lanciare l'incantesimo:

Gettate il vostro cerchio e invocate il Divino.

Accendete la candela e poi usatela per accendere l'incenso.

Mescolare alcune gocce di olio di menta piperita con l'acqua. Massaggiate con delicatezza le tempie e la nuca facendo una leggera pressione con i polpastrelli.

Respirate i profumi di menta piperita e cannella. Inspirate ed espirate profondamente, ma naturalmente. Concentratevi sul vostro respiro e continuate a farlo finché non sentite un benessere crescente che vi rilasserà e vi toglierà la pesantezza iniziale.

Se desiderate, sdraiatevi e riposate mentre la candela bianca e l'incenso continuano a bruciare.

Spegnete la candela quando avrete raggiunto la vostra dimensione ottimale, ovvero quella leggerezza e benessere che dovreste aver acquisito durante la meditazione.

Chiudete il cerchio e ringraziate.

Incantesimo di bellezza

Una borsa, preferibilmente in pelle

3 erbe di vostra scelta

Un piccolo frammento o pietra del tuo cristallo o gemma preferita

Il tuo olio essenziale preferito

Lanciare l'incantesimo:

Gettate il vostro cerchio e invocate il Divino.

Raccogliete le vostre erbe. Se necessario, tagliatele a dadini con il vostro boline.

Cospargere le erbe all'interno del sacchetto (inserirle dentro un panno più piccolo per assicurarsi che siano contenute).

Inserite anche il piccolo frammento del tuo cristallo o gemma preferita nello stesso sacchetto.

Mentre eseguite questa operazione, immaginate che il cristallo sia parte di voi e le erbe immaginatele come le vostre migliori qualità.

Chiudete il sacchetto e ungetelo con il vostro olio essenziale preferito.

Chiudete il cerchio e ringraziate.

Incantesimo per attirare i contanti

Una candela d'oro (o verde)

L'olio adatto per il rito dell'attrazione della ricchezza

Una banconota da €5, €10 o €20 (le banconote possono essere anche di valore superiore)

Un nastro verde o color oro

Istruzioni:

Per prima cosa ungere con l'olio le tempie, il terzo occhio e i polsi. Poi ungere la candela, iniziando dalla base e risalendo fino alla cima.

Ungere la banconota scelta su tutte le quattro estremità. Piegare la banconota a forma di triangolo e legarla con un nastro.

Accendere la candela e inclinarla verso il centro della banconota in modo che un po' di cera coli sul nastro.

Mettere la candela nel suo supporto e quando la cera sulla banconota si è seccata un po', mettere la banconota delicatamente tra i vostri palmi.

Pronunciate le seguenti parole tre volte:

"Essenza dell'abbondanza, ti chiamo nella mia vita sotto forma di moneta solida".

Lasciare che la candela si consumi.

Portare la banconota energeticamente carica nel proprio portafoglio per almeno un mese.

Incantesimo con la Pirite per il miglioramento delle vostre finanze.

Una pietra di pirite grezza di medie dimensioni

Barattolo o un vaso dove depositare le monete

Monete di importo diverso

Istruzioni:

Caricate la pirite tenendola tra i palmi delle mani per alcuni minuti, concentrandovi sulla sensazione di equilibrio e prosperità.

Quando sentirete una forte energia scorrere nelle vostre mani, pronunciate le seguenti parole: "In ricchezza e saggezza, la mia vita cresce".

Mettete la pirite sul fondo del contenitore e fatte cadere delicatamente le monete.

Ogni volta che aggiungerete monete o le toglierete dal vaso, ricaricate la pirite , ripetendo le parole dell'incantesimo.

Incantesimo del desiderio

Di cosa avrete bisogno:

Una candela rossa

Opale

Olio di patchouli

Incenso al muschio

Lanciare l'incantesimo:

Gettate il vostro cerchio e invocate il Divino.

Ungete la candela con l'olio di patchouli.

Accendete la candela e utilizzatela per accendere l'incenso.

Tenete l'opale tra le mani e immaginate che la pietra amplifichi le vostre emozioni e quelle del tuo compagno o compagna.

Visualizzate voi stessi con il vostro compagno/a in un momento di intimità. Immaginatevi sicuri di voi stessi durante il vostro contatto fisico,

Successivamente spegnete la candela e mettete via l'opale. Il vostro corpo inizierà ad accumulare energia positiva e scariche di emozioni piacevoli. Prendetevi del tempo per godere di queste purissime sensazioni.

Chiudete il cerchio e ringraziate.

Il desiderio d'amore reciproco può richiedere del tempo, pertanto se ritenete necessario potete ripetere l'incantesimo ma non più di 2 volte al mese.

Incantesimo di purificazione per ottenere fortuna

Quattro candele verdi

Una candela bianca

Cristallo di quarzo

Salvia o alloro

Una foto di te stesso

Incenso di sandalo o incenso (opzionale)

Una ciotola per le offerte

Lanciare l'incantesimo:

Gettate il vostro cerchio e invocate il Divino.

Posizionate sul vostro altare le candele verdi in ogni punto cardinale (nord, ovest, sud, est) con la candela bianca al centro. Mettete la vostra foto davanti alla candela bianca.

Posizionate il cristallo di quarzo e la salvia (o le foglie di alloro) nella ciotola delle offerte.

Accendere ciascuna delle candele verdi e successivamente la candela bianca. Accendete l'incenso con la candela bianca.

Versate con attenzione un paio di gocce di cera della candela bianca sulla vostra foto.

Concentratevi su di essa e immaginatevi una persona favorita dalla sorte e rigogliosa di successo. Sedetevi a terra e meditate sulla imminente prosperità che fluirà in voi. I pensieri dovranno essere potenti e visivamente percettibili, dovrete assaporare la nuova sensazione di agio e serenità interiore. Spegnete la candela senza soffiare o aspettate che si consumi del tutto.

Chiudete il cerchio e ringraziate.

Incantesimo per rimuovere stress e tensione

Una candela nera

Un pezzo di carta

Qualcosa per accendere la tua candela

Metodo:

Lanciate il vostro cerchio di sicurezza.

Disegnate un pentacolo.

Mettete il foglio al centro dell'area di lavoro da voi delineata.

Accendete la candela

E pronunciare quanto segue:

"Faccio appello a capacità lontane e vicine

Per bandire ciò che non è piacevole

Usate questa candela, usate questa luce

Per allontanare dolori e tensioni indesiderati ".

Immaginate di dissolvere tutta la negatività, la paura e l'ansia durante il vostro rituale.

Fate un bagno magico rilassante

Si richiede:

1/4 di tazza di fiori di camomilla

1/4 di tazza di fiori d'ibisco

1/4 di tazza di fiori di lavanda

1/2 tazza di sale marino nero

Immergetevi nella vasca di acqua calda combinando i componenti sopra menzionati.

Nota: i fiori di ibisco possono macchiare pertanto fate l'infusione dei fiori e poi versate l'acqua infusa nella vostra vasca.

Conclusione

Chiudere un capitolo sulla Wicca significa abbracciare una filosofia che va oltre la semplice lettura di un libro; è un percorso che apre la mente a una meravigliosa connessione con la spiritualità e la natura. Ora che hai esplorato le profondità della Wicca attraverso queste pagine, ti trovi alla soglia di un viaggio che può veramente trasformare la tua vita.

Se vuoi cambiare la tua vita, inizia ad osservare i piccoli dettagli che la compongono. Sperimenta con le fasi lunari, impara a riconoscere gli orari dell'alba e del tramonto, scopri quali giorni della settimana sono più propizi per eseguire determinati incantesimi. Prenditi il tempo di raccogliere gli ingredienti necessari con gioia e serenità, godendoti il processo di preparazione per il tuo primo incantesimo.

Le sensazioni che proverai in questa fase di raccolta saranno sorprendentemente magiche, e questo è solo l'inizio del tuo percorso. Quando sarai pronto a creare la magia, ricordati di rilassarti e divertirti. La curiosità nella magia apre la porta a sensazioni miracolose. Impara, esplora, sii coraggioso. Questo libro è stato scritto per la nuova strega che è pronta a intraprendere un viaggio di scoperta.

Gradualmente costruisci il tuo altare, raccogli e acquista i tuoi strumenti, coltiva un giardino di erbe magiche e aspetta il momento giusto per iniziare un incantesimo. È così che diventerai un vero wiccan. Non passerà molto tempo prima che ti considererai una strega a tutti gli effetti.

Siate benedetti e che il vostro cammino wiccan sia illuminato dalla luce della conoscenza e dell'amore. Grazie per aver condiviso questo viaggio.

WICCA MAGIA DELLA LUNA

Imparare il potere della luna e le

misteriose energie lunari

Illes Arin

Introduzione

In questa guida, verranno esplorati gli elementi fondamentali della pratica della Wicca, nonché la sua attualità nel contesto dei tempi moderni. Saranno analizzati i poteri esercitati dalla Luna sulla Terra e come essa possa, in effetti, donare energia alle vostre intenzioni magiche. La Luna rappresenta una risorsa di energia straordinaria, pronta ad essere sfruttata. Se impiegata correttamente, la magia della Luna può rappresentare un'aggiunta di grande potenza alla vostra pratica magica.

La Luna è sempre stata considerata un oggetto di natura magica. Fin dai tempi antichi, l'umanità ha contemplato la Luna e cercato di trovare risposte alle proprie domande nella sua transizione dalla fase luminosa a quella crescente. Essa ha influenzato il nostro modo di coltivare il cibo e di raccogliere le nostre risorse. La Luna governa le maree e ha un'influenza diretta anche sul nostro corpo.

I capitoli successivi della guida esamineranno le basi della Wicca e il suo legame con la Luna. Si esploreranno i movimenti della Luna, e si analizzerà la storia del culto della Luna nelle isole britanniche. Infine, il libro offrirà diversi rituali basati sulla Luna e illustrerà come adattare la vostra pratica magica per allinearsi alle energie della Luna.

CAPITOLO 1

Cos'è la Wicca?

N ella pratica Wicca, gli dei e le dee sono considerati come elementi presenti dentro di noi e con noi. Essi sono rappresentati come entità compassionevoli e nutritive, prive di vendetta, rancore e punizione, che promuovono sempre l'amore e l'uguaglianza. Sono guide spirituali che ci ispirano a coltivare il nostro potenziale e a vivere in armonia con la natura e gli altri esseri viventi. La Wicca ci insegna a prendere la piena responsabilità delle nostre azioni e non promuove l'idea di una forza esterna come il Diavolo, che manipola le nostre scelte e ci spinge a compiere il male. La filosofia wiccan si fonda sull'insegnamento del Karma, una legge che afferma che ciò che mettiamo nel mondo ritorna indietro sotto forma di energia, persone e circostanze. Questo principio fondamentale ci insegna che ogni azione ha delle conseguenze, e queste conseguenze influiscono sulla nostra vita e sulle relazioni che costruiamo con gli altri e con l'ambiente circostante.

Noi wiccan crediamo nella legge dell'azione e reazione, che è strettamente legata al concetto di Karma. Ogni nostra azione genera una reazione o una conseguenza, e questa energia si diffonde nell'universo. Pertanto, diventa cruciale agire in modo etico, responsabile e rispettoso, poiché ciò che inviamo nell'universo tornerà a noi in qualche modo. La pratica della Wicca insegna a seminare amore, gioia e compassione in tutto ciò che realizziamo. Questi sentimenti positivi non solo migliorano la nostra vita, ma influenzano anche positivamente le vite degli altri e l'ambiente che ci circonda. La consapevolezza delle nostre azioni e delle loro conseguenze è un aspetto centrale della nostra filosofia, e ci incoraggia a cercare sempre di fare del bene nel mondo. I wiccani non credono in Satana o in altre rappresentazioni del Male, poiché tali concetti sono tipici degli insegnamenti cristiani. La Wicca si concentra piuttosto sull'equilibrio tra le forze opposte, come il giorno e la notte, il maschile e il femminile, il caldo e il freddo. Tutte queste dualità sono parte integrante dell'universo ed entrambi gli aspetti hanno un ruolo significativo nella nostra crescita spirituale. La Wicca celebra la diversità e accoglie la molteplicità di credenze e pratiche spirituali, senza giudicare o escludere nessuno.

Non esiste alcuna pretesa di esclusività nel perseguimento della conoscenza, della pace, della saggezza e della divinità. Gli insegnamenti della Wicca, al contrario, incoraggiano ogni individuo a cercare e scegliere il proprio cammino nella vita. Non c'è un unico sentiero "giusto" o "sbagliato", ma piuttosto un'infinità di possibilità che si aprono a coloro che desiderano esplorare e crescere spiritualmente. Questa filosofia si basa sulla convinzione profonda che la Natura sia sacra e che ogni forma di vita meriti rispetto indipendentemente dalla sua manifestazione. La Wicca ci invita a vivere in armonia con la Terra, ad onorare e proteggere tutti gli esseri viventi e ad apprezzare la bellezza e l'interconnessione del mondo naturale. Ci offre un sentiero di amore, rispetto e consapevolezza, guidato dalla connessione con la divinità interiore e l'unità con la Natura. È un invito a vivere una vita autentica e significativa, abbracciando la magia e la spiritualità come parte integrante della nostra esistenza. Attraverso la pratica, impariamo a connetterci con le forze primordiali dell'universo, ad ascoltare la voce interiore e ad accogliere la magia che si manifesta nelle nostre vite quotidiane.

La Wicca ci invita a celebrare i cicli della natura e le fasi della Luna, riconoscendo che siamo parte di un tessuto interconnesso di vita e che le energie cosmiche influenzano le nostre esperienze. Le celebrazioni dei sabba e degli esbat ci permettono di onorare e rinnovare questa connessione, riunendoci come comunità per celebrare la fertilità, l'abbondanza, la rinascita e altre fasi significative della vita. Nella pratica della magia della Luna, impariamo a lavorare in sintonia con le diverse fasi lunari. Durante la Luna crescente, canalizziamo l'energia positiva per manifestare nuovi progetti e obiettivi. Durante la Luna piena, celebriamo il culmine dell'energia lunare e raccogliamo i frutti dei nostri sforzi. Durante la Luna calante, rilasciamo ciò che non ci serve più e lavoriamo per liberarci da vecchi schemi e abitudini. Infine, durante la Luna nuova, siamo pronti per iniziare nuovi cicli e seminare le nostre intenzioni.

La magia della Luna non si limita solo alle pratiche individuali, ma può essere integrata nella nostra vita quotidiana. Possiamo creare altari lunari per onorare la Luna e utilizzare cristalli, erbe e simboli associati alle diverse fasi lunari per amplificare il nostro lavoro magico. Possiamo anche incorporare la consapevolezza delle energie lunari nelle nostre decisioni e azioni quotidiane, sfruttando l'intuizione e la connessione con la Luna per guidarci lungo il nostro percorso.

Attraverso la magia della Luna e la pratica della Wicca, scopriamo il potere dentro di noi e la nostra capacità di creare la vita che desideriamo. Siamo invitati a esplorare, sperimentare e crescere nel nostro cammino spirituale, abbracciando la bellezza e la sacralità della vita stessa. La Luna, con la sua maestosità e il suo mistero, ci guida lungo il sentiero della magia e dell'autoesplorazione, sempre pronta a illuminare il nostro percorso. Che la magia della Luna continui ad ispirarvi e a guidarvi, mentre imparate e crescete al suo chiaro di luna. Siete pronti per abbracciare il potere e la bellezza della magia della Luna e a creare una vita ricca di connessione, amore e saggezza.

Il Mondo Wicca

La Wicca è una forma di spiritualità della natura che fa parte del paganesimo. All'interno di questa religione , ci sono molte variazioni e gruppi con diversi orientamenti come:

Gardnerian: Fondata negli anni '50 da Gerald Gardner, questa è considerata la prima tradizione wiccan moderna. La tradizione Gardneriana si concentra sulla pratica iniziatica e sulla trasmissione del sapere attraverso linee di sangue o iniziazioni.

Alexandrian: Fondata negli anni '60 da Alex Sanders e sua moglie Maxine, la tradizione Alexandrian è strettamente legata alla tradizione Gardneriana. Tuttavia, presenta alcune differenze, come l'inclusione di influenze magico-cerimoniali e l'adozione di un approccio più eclettico.

Dianica: Questa tradizione, anche nota come Wicca femminista, si concentra sulla dea come divinità primaria e spesso esclude il dio nella pratica. La Dianica pone un'enfasi particolare sul potere femminile, e la connessione con il ciclo della vita.

Eclettica: Le tradizioni wiccan eclettiche combinano elementi e pratiche da diverse tradizioni, creando un percorso personale e unico per ogni praticante. Gli wiccan eclettici spesso mescolano elementi da diverse culture, religioni e sistemi di credenze per creare la propria pratica spirituale.

Seax-Wicca: Fondata da Raymond Buckland negli anni '70, la Seax-Wicca è una tradizione che si ispira alla mitologia anglosassone e alle antiche pratiche pagane germaniche. Mette un'enfasi sull'onore degli antenati e sulle divinità germaniche.

Feri: Questa tradizione wiccan, fondata da Victor e Cora Anderson, si distingue per la sua enfasi sull'estasi e sulle pratiche di trance. La Feri incorpora elementi della magia sessuale e si concentra sulla scoperta della propria divinità interiore. La Wicca, insieme ad altre religioni del paganesimo, abbraccia la visione del divino come parte integrante della natura stessa. In queste tradizioni, si crede che ogni forma di natura, che sia un essere umano, un ruscello, un animale, una roccia o un albero, sia animata da uno Spirito Divino o una presenza spirituale. Questa connessione profonda tra gli esseri viventi e la divinità è una caratteristica fondamentale del paganesimo.

Nel contesto della Wicca, esistono diverse dimensioni o approcci alla spiritualità. Alcuni wiccani seguono una visione monoteistica, dove c'è un'unica Deità Divina che è venerata. Questa Deità può essere vista come una rappresentazione dell'unità di tutte le forze divine o come una divinità suprema che abbraccia tutti gli aspetti maschili e femminili del divino.

Ci sono anche praticanti wiccan che seguono una visione politeistica, in cui credono in molte divinità, tra cui dei e dee, ciascuna con le proprie caratteristiche, simbolismo e attributi. In questa prospettiva, gli dei e le dee rappresentano aspetti specifici della vita, della natura e dell'esperienza umana.

In entrambe le dimensioni, il rispetto per la natura e la connessione con lo Spirito Divino sono fondamentali. La natura è vista come sacra e come una manifestazione dell'energia divina. Noi wiccani e pagani cerchiamo di onorare e preservare l'equilibrio ecologico, lavorando in armonia con la terra e gli elementi naturali.

Come approcciari alla Wicca

Quando comincerete ad esplorare qqusta filosofiadi vita, le sue credenze e i suoi precetti, è fondamentale prendere in considerazione se le vostre convinzioni personali sono compatibili con questa religione. È importante sottolineare che la Wicca non è una religione dogmatica, ma si basa sulla venerazione della natura e sull'adorazione della Dea e del Dio, che rappresentano le forze femminili e maschili dell'universo.

Gli adepti della Wicca credono nella reincarnazione e nella legge del ritorno. Questo significa che le vostre azioni, positive o negative, influenzeranno la vostra vita futura. Pertanto, la responsabilità delle vostre azioni è un principio fondamentale della Wicca. Prima di adottare la Wicca come vostra religione o pratica spirituale, è importante riflettere sulle vostre credenze personali, valori e sensibilità. Chiedetevi se vi sentite in sintonia con l'idea di onorare la natura, di venerare la Dea e il Dio, e di accettare la legge del ritorno come parte integrante della vostra visione del mondo.

E' fondamentale comprendere e rispettare tali credenze, in ogni caso, è importante avvicinarsi alla Wicca con un atteggiamento aperto e rispettoso verso le tradizioni e le credenze degli altri praticanti.

Adorazione

L'adorazione e la connessione con Dei e Dee sono aspetti essenziali nella pratica della Wicca. Questa interazione divina è un elemento fondamentale della spiritualità. Per stabilire una connessione più profonda con gli Dei e le Dee, è importante dedicare del tempo alla riflessione e alla meditazione. Questo può essere realizzato attraverso un sistema quotidiano di riflessione e contemplazione, che vi aiuta a sintonizzarvi con gli aspetti spirituali della vostra pratica. Durante queste meditazioni, potete concentrarvi su concetti chiave come la connessione con la natura, l'equilibrio tra la luce e l'oscurità e la comprensione della legge del ritorno.

La meditazione è un mezzo potente per approfondire la comprensione della spiritualità e stabilire una connessione più intima con i vostri Dei o Dee. Durante queste sessioni, potete dedicare del tempo a riflettere su come i principi wiccan si applicano alla vostra vita e come potete integrarli nella vostra pratica quotidiana. La meditazione vi aiuta a mettere in contatto la teoria con l'esperienza personale, consentendovi di interiorizzare e vivere appieno la vostra fede. Essa include anche la ricerca di conforto, della saggezza e forza nelle vostre relazioni spirituali, ciòvi aiuterà a crescere spiritualmente. La riflessione vi permette di esplorare le vostre convinzioni e di definire il percorso spirituale in modo chiaro e intuitivo.

Osservare

È di fondamentale importanza iniziare a osservare la propria vita da una prospettiva wiccana, sintonizzandosi con i cicli delle stagioni e delle fasi lunari. La Wicca è una religione che celebra la connessione con la natura e l'ambiente circostante, quindi prendere coscienza di questi cicli è un passo significativo. Un modo per incorporare la nostra filosofia nelle vostre decisioni quotidiane è considerare i precetti della Wicca quando affronterete scelte e situazioni nel vostro percorso di vita. Questo vi aiuterà a vivere in modo più armonioso con la natura e a onorare la spiritualità della Wicca nella quotidianità.

Per integrare appieno la pratica nella vostra vita quotidiana, è consigliabile iniziare con semplici rituali per celebrare gli Esbat (le fasi lunari) e i Sabbat (le festività stagionali). Questi rituali vi permettono di connettervi con il ritmo naturale della vita e di celebrare la spiritualità wiccan in modo concreto. Ad esempio, potreste pianificare rituali di luna piena per onorare la Dea o partecipare a celebrazioni stagionali per connettervi con le energie della stagione corrente. Vivere da wiccan significa osservare i cicli naturali, considerare i precetti della religione nelle decisioni quotidiane.

Costruire

Molte persone commettono l'errore di pensare che la pratica Wicca sia solo una mera raccolta di strumenti magici, mentre essa è una religione e una filosofia che richiede impegno, studio e pratica costante. E' importante non affrettarsi a raccogliere strumenti e oggetti magici, ma piuttosto concentrarsi sull'acquisizione di una comprensione profonda della filosofia e sulla pratica dei suoi rituali e delle sue credenze. Quando avrete acquisito una conoscenza di base delle sue credenze, passerete all'adozione degli strumenti speciali per le vostre pratiche rituali. È importante esaminare con attenzione ogni strumento e la sua funzione, per poi passare su alcuni elementi di base della pratica Wicca, come l'apertura e la chiusura standard dei rituali, le convocazioni e il lancio del cerchio magico. Non è consigliato affrontare le nuove nozioni troppo velocemente, dovete costruire gradualmente la vostra pratica Wicca, senza sentirvi inadeguati.

Infine, è importante ricordare che tale pratica è un percorso personale e unico per ciascun individuo. Quindi, non abbiate fretta di raggiungere determinati obiettivi o di adottare un rituale non adatto a voi. Continuate a studiare, ad esplorare e a praticare con sincerità e apertura mentale, e troverete il vostro cammino personale all'interno di questa religione.

Magia

La pratica della Wicca va oltre la semplice raccolta di strumenti magici ed è una religione e una filosofia che richiede un impegno profondo, lo studio continuo e una pratica costante. Per iniziare il vostro percorso wiccan, è fondamentale evitare l'impulso di accumulare strumenti magici prima di avere una conoscenza di base. Concentratevi sulla comprensione profonda della filosofia stessa e sulla pratica dei rituali e delle credenze. Questo vi darà una base solida su cui costruire la vostra pratica magica.

Una volta che avrete acquisito tali conoscenze, potrete considerare l'idea di servirvi degli strumenti magici essenziali. Ogni strumento ha un significato specifico pertanto è importante scegliere con cura quelli che risuonano con voi.

Prima di immergervi completamente nelle pratiche avanzate, è consigliabile acquisire competenza con l'apertura e la chiusura standard dei rituali, le convocazioni e il lancio del cerchio magico. Non dovete sentirvi inadeguati se non sarete pronti per pratiche più avanzate; il vostro percorso è unico e personale, e potrete progredire gradualmente. Ricordate che la Wicca è un percorso individuale e personale. Non dovete avere fretta di raggiungere determinati obiettivi o di adottare pratiche che non sono adatte a voi. Continuate a studiare, esplorare e praticare con sincerità e apertura mentale, e troverete il vostro cammino personale naturalmente. La Wicca è un percorso in continua evoluzione, il vostro impegno e la vostra dedizione saranno ricompensati con una comprensione più profonda e una connessione significativa con il divino.

CAPITOLO 2
Il culto della luna

Il culto della Luna ha una storia lunga e diversificata, presente in varie culture e continenti fin dai tempi in cui gli esseri umani hanno sollevato gli occhi al cielo notturno affascinati dalla bellezza e dal mistero della Luna. Questo culto si basa sulla profonda connessione tra la Luna e il ciclo della vita, con la Luna stessa che rappresenta la ciclicità, la crescita e il declino, simboleggiando anche la dualità tra luce e oscurità.

Gerald Gardner ha contribuito a modellare la Wicca prendendo ispirazione principalmente dalle pratiche degli antichi inglesi, gallesi, scozzesi e irlandesi, che conservavano molte tradizioni precristiane. Queste culture avevano una profonda connessione con la natura e un profondo rispetto per le forze naturali, compresa la Luna, che era vista come un potente simbolo di divinità femminili. Gardner ha incorporato queste antiche tradizioni nel contesto della Wicca, creando così una religione moderna che onora la natura, la Dea e il Dio, e celebra i cicli della vita attraverso rituali e pratiche che hanno radici nelle antiche credenze.

Purtroppo, molti dei riti religiosi precristiani sia in Gran Bretagna che in Irlanda sono andati persi nel tempo, in parte a causa dell'azione intenzionale dei conquistatori cristiani che invasero le isole molti secoli fa. Molte tradizioni precristiane erano considerate minacce al potere della Chiesa Cattolica e furono messe fuori legge. Questo non era limitato alla Gran Bretagna e all'Irlanda, ma era la pratica standard dell'epoca.

In particolare, il culto della Luna era visto come una minaccia. Come disse il vescovo Elegius di Noyon in un sermone: "Che nessun cristiano prenda nota... della Luna, prima di iniziare qualsiasi lavoro". Elegius aveva anche vietato di "gridare alle eclissi" o di riferirsi al Sole e alla Luna.

Gli antichi Celti hanno dedicato una festa al potere della Luna, chiamata Samhain, che si teneva all'inizio di novembre. In questa festa, gli antichi Celti accendevano falò e versavano offerte a spiriti e divinità in modo che il male passasse oltre il villaggio durante il successivo inverno. Samhain era anche la notte in cui gli spiriti dei morti si alzavano dalle loro tombe per visitare i vivi. Piatti di cibo venivano preparati per questi cari perduti e, in alcuni casi, la gente usava il sottile velo tra i vivi e i morti per comunicare con essi.

Il Sole aveva anche la sua festa, chiamata Beltaine o Bel-Tane, che insieme a Samhain, erano le feste più importanti per gli antichi Celti. Erano così importanti che le benedizioni erano spesso formulate come "la benedizione di Bel-Tane e Samhain", che per gli adoratori significava "la benedizione del Sole e della Luna". Gardner ha adattato tutto questo alla religione Wicca, inclusi Samhain e Beltaine

La luna e la dea

Noi Wiccani cerchiamo l'equilibrio, sapendo che il cambiamento è inevitabile e che le ore, i giorni e le stagioni continueranno a scorrere indipendentemente dalle azioni umane. Al contrario di ribellarsi, noi wiccan ci muoviamo con il flusso del cambiamento e troviamo l'equilibrio al suo interno, celebrandolo. Questo è il motivo per cui la Dea Triplice e la sua connessione con le fasi della Luna sono così importanti per noi.

Anche se è difficile dire quale sia la prima fase della Luna poiché le fasi lunari seguono dei cicli, spesso iniziamo con la Luna crescente, poiché rappresenta l'aspetto della Dea Fanciulla. Essa rappresenta la nuova crescita e sorveglia tutti i nuovi nati, sia essi piante, animali o umani.

La Dea Madre ha solo pochi giorni per donare la sua energia ai lavori magici wiccani, ma ciò che non viene dato in quel poco tempo viene compensato dall'abbondanza della sua energia. La Madre è il volto più fertile della Triplice Dea, e la pienezza della Luna rappresenta una pancia incinta. La Dea Madre rappresenta tutto ciò che è fertile e tutto ciò che nutre la vita, ed è in grado di aiutare in situazioni difficili, incutendo sicurezza, protezione e fiducia in se stessi. L'energia della Luna Piena è considerata particolarmente potente per la pratica magica. È il momento in cui la Luna è completamente illuminata nel cielo notturno, emanando una luce intensa e misteriosa. Questo momento è utilizzato per incantesimi diretti a superare sfide, raggiungere obiettivi e lavorare sulla protezione.

I rituali di protezione sono particolarmente efficaci durante la Luna Piena, così come il giorno prima e il giorno dopo. La Luna Piena è vista come un momento in cui la Dea Madre, rappresentante delle energie femminili e della natura, manifesta la sua forza, intesa non come aggressione, ma come protezione. La Dea Madre è considerata una figura materna e protettiva, pronta a difendere coloro che cercano la sua guida.

Quando si lavora con l'energia della Luna Piena, è importante farlo con rispetto e intenzioni positive. Questo è il momento ideale per lanciare incantesimi di protezione per sé stessi, per gli altri o per luoghi importanti. La Dea Madre è vista come una forza che può scacciare influenze negative e respingere le energie dannose, creando un ambiente di sicurezza e protezione. Per quanto riguarda gli incantesimi per bandire o rimuovere ostacoli nella vita di una persona, i wiccan invocano la Dea Crone durante la Luna calante. Essa è la fase più anziana e saggia della Dea, e simboleggia la saggezza, la trasformazione e l'esperienza matura. La Crone è associata a diverse simbologie:

Saggezza: la saggezza accumulata attraverso l'esperienza di una vita intera. È la custode del sapere profondo e delle verità nascoste. Coloro che cercano la sua guida cercano consigli saggi e intuizioni profonde.

Trasformazione: simboleggia il processo di trasformazione e di passaggio da una fase della vita all'altra. È associata alla fine di un ciclo e all'inizio di uno nuovo, sottolineando il ciclo naturale della vita e della morte.

Morte e Rinascita: associata alla morte simbolica e alla rinascita. Non rappresenta necessariamente la morte fisica, ma piuttosto il concetto di fine e inizio. È la Dea che guida le anime attraverso il viaggio dopo la morte.

Luna Nera: La Crone è talvolta associata alla Luna Nera, la fase in cui la Luna non è visibile nel cielo notturno. Questo è un momento di oscurità e di profonda introspezione, simboleggiato dalla saggezza oscura e dalla conoscenza nascosta.

Creatività nell'Anzianità: Nonostante la sua età avanzata, la Crone è spesso considerata una figura creativa. Rappresenta la creatività matura e la capacità di creare con saggezza e profondità.

Protezione: vista come una figura protettiva, in grado di offrire conforto e guida durante momenti difficili e di transizione.

Noi wiccan ci muoviamo con il flusso del cambiamento, trovando equilibrio e celebrandolo attraverso la connessione con la Dea Triplice e le fasi della Luna.

Storia della magia della luna

La Luna è stata una presenza costante nella vita umana e nella storia delle culture fin dall'alba dell'umanità. Questo misterioso astro ha influenzato in modo significativo la spiritualità, la magia e la cultura di molte civiltà attraverso i secoli. Nella Wicca, come in molte altre tradizioni spirituali e religiose, la Luna occupa un posto di rilievo, simboleggiando il femminile, la ciclicità, la magia e la connessione con la Dea.

La Luna è una fonte di ispirazione e venerazione per le culture di tutto il mondo. In molte società antiche, le fasi lunari erano osservate attentamente e considerate un momento propizio per l'agricoltura, la caccia, la pesca e le attività rituali. I cicli lunari influenzavano anche le credenze sulla fertilità e sulla nascita.

Nella Wicca, la Luna è spesso vista come un simbolo della Dea, incarnando il suo aspetto femminile. Le fasi lunari, in particolare la Luna Piena, sono momenti di grande importanza nei rituali wiccan. La Luna Piena è associata a un picco di energia magica ed è utilizzata per incantesimi di guarigione, protezione, amore e manifestazione di desideri. Le tradizioni wiccan riflettono l'antica adorazione della Luna, incorporando riti e pratiche che onorano la sua energia e magia. Gli altari wiccan, infatti, includono rappresentazioni della Luna, come statue o immagini, per onorare il suo influsso nelle pratiche rituali.

Le antiche civiltà costruirono templi e luoghi rituali dedicati al culto della Luna in diverse parti del mondo, evidenziando il suo impatto duraturo sulla storia umana. La Luna è un simbolo potente e universale che ha plasmato la spiritualità e la cultura umana attraverso i millenni. Oggi rappresenta una fonte di connessione spirituale, magia e venerazione, incarnando l'essenza femminile e ciclica della Dea. La sua bellezza e il suo mistero continuano a ispirare e a guidare coloro che cercano il suo influsso nella loro vita personale e spirituale.

Il lavoro delle ombre e il buio della luna

Il lavoro delle ombre è un aspetto cruciale nella pratica della Wicca, poiché permette ai praticanti di esplorare se stessi e le loro connessioni con il mondo in modo più approfondito. Tuttavia, come menzionato, è un lavoro che deve essere intrapreso con cautela e rispetto. Ci sono diverse tecniche che i praticanti possono utilizzare durante il lavoro delle ombre, tra le quali la meditazione, l'incantesimo di auto-riflessione e la ricerca di radici genealogiche. Inoltre, il lavoro delle ombre non si limita all'esplorazione del passato o alle connessioni personali, ma può rappresentare anche la scoperta di sé stessi, di traumi passati o di desideri repressi.

Il lavoro delle ombre può essere estremamente personale, può anche coinvolgere la connessione con gli altri e la comprensione delle loro esperienze e connessioni. Inoltre, può aiutare ad una maggiore consapevolezza del proprio posto nel mondo e della propria missione spirituale. È importante notare che il lavoro delle ombre non deve essere visto come un'attività negativa o oscura. Piuttosto, è un aspetto importante dell'auto-guarigione e della crescita personale, che richiede coraggio e umiltà per affrontare l'esplorazione di se stessi.

Lo possiamo considerare anche un'opportunità per onorare i propri antenati e stabilire una connessione più profonda con le loro radici culturali e spirituali, e a onorare i loro predecessori e le loro tradizioni.

CAPITOLO 3

L'importanza della luna

Q uando si parla di magia, il mondo naturale offre un'ampia gamma di fonti di energia e di potere. Gli alberi, le piante, i fiori e gli animali sono tutti collegati a livello simbolico alla magia e possono essere utilizzati in molti modi diversi.

Per comprendere appieno la magia insita nel mondo naturale, è importante studiare e comprendere il simbolismo delle piante e degli animali che incontriamo nella vita di tutti i giorni. Ad esempio, l'usignolo è spesso associato alla magia d'amore, mentre la farfalla rappresenta la trasformazione e il cambiamento. Capire questi simbolismi può aiutare a selezionare gli elementi giusti da utilizzare nei tuoi incantesimi e rituali.

Quando si pianificano gli incantesimi, è importante considerare una serie di fattori, come la fase della luna, l'ora del giorno e la posizione del sole. Ad esempio, la luna crescente è associata alla crescita e al rinnovamento, mentre la luna piena è considerata un momento di potere massimo. Utilizzare queste informazioni può aiutare a pianificare incantesimi e rituali più efficaci.

Oltre a capire il simbolismo e i fattori astrologici, le piante e i fiori sono utilizzati in molti modi diversi nel lavoro magico. Ad esempio, la lavanda è utilizzata per calmare e rilassare, mentre il rosmarino è associato alla memoria e all'energia mentale. Adoperare le piante giuste può aumentare la potenza dei tuoi incantesimi e rituali.

Studiare il simbolismo delle piante e degli animali, pianificare gli incantesimi in base ai fattori astrologici e utilizzare le piante giuste aiuta a migliorare l'efficacia del tuo lavoro magico.

La magia e le fasi della luna

La Luna nuova è un momento in cui è possibile connettersi con l'energia femminile e la Dea. La Dea rappresenta la fertilità, la creatività e la rinascita, ed è un'ottima fonte di ispirazione per i nuovi inizi. Inoltre, la Luna nuova può anche essere un momento per liberarsi del passato e lasciare andare ciò che non serve più nella propria vita. Lavorare con la Luna nuova per il rilascio può essere un'esperienza catartica e liberatoria. Si possono scrivere le cose che si vogliono lasciare andare su un pezzo di carta, e poi bruciarle come segno di liberazione.

Lavorare con la Luna nuova può anche includere la creazione di un ambiente magico che sia adatto per le vostre pratiche. Si può creare un'altare speciale per la Luna nuova, decorato con i simboli della Dea e della rinascita. Si adoperano candele e incensi specifici come il bianco per la purezza e il rosa per l'amore e l'auto-guarigione. Con un po' di pianificazione e di attenzione, la Luna nuova può essere un momento molto potente per la magia e la trasformazione personale.

La fase della Luna non è l'unico fattore da considerare quando si pianificano incantesimi. Ci sono anche gli influssi planetari da considerare. Ad esempio, se state lavorando sull'amore, potreste voler pianificare il vostro incantesimo durante il periodo in cui Venere è in movimento diretto o durante una congiunzione tra Venere e un altro pianeta. Allo stesso modo, se state cercando di aumentare la vostra creatività, potrete pianificare il vostro incantesimo durante un periodo in cui Mercurio è forte, poiché esso governa l'intelletto e la comunicazione.

E' importante considerare il luogo dove si esegue l'incantesimo. Molti praticanti scelgono di lavorare all'aperto, tra la natura, poiché ciò consente una miglior connessione con le energie naturali dell'Universo. Tuttavia, se si lavora al chiuso, è importante creare un ambiente sereno e tranquillo. La pulizia della stanza, l'accensione di candele o l'utilizzo di profumi o oli essenziali sono alla base per un ambiente ricettivo.

Infine, quando si pianifica un incantesimo, è necessario essere chiari sui propri obiettivi e sulle proprie intenzioni. In genere, gli incantesimi funzionano meglio quando si concentrano su un singolo obiettivo piuttosto che su una serie di obiettivi. Inoltre, è importante assicurarsi che l'incantesimo sia ben strutturato e che si utilizzino i materiali giusti. Ciò potrebbe includere l'utilizzo di una determinata erba o cristallo, o la creazione di un sigillo o un simbolo magico per aiutare a focalizzare l'energia dell'incantesimo. Con la giusta pianificazione e intenzione, è possibile realizzare incantesimi potenti e significativi che possono aiutare a trasformare la propria vita.

Giorni della settimana

Lunedì

Significato: è il giorno associato alla Luna, che rappresenta l'intuizione, l'emozione e la saggezza interiore. È un momento per connettersi con le energie femminili e la magia lunare.

Usanze Tipiche: Si pratica la divinazione, la meditazione, e si lavora con pietre e cristalli legati alla Luna come la selenite o la luna turchese.

Colore Associato: Argento o bianco.

Riti Associati: Rituali di intuizione, meditazione e divinazione.

Fase Lunare Associata: Luna Piena o Luna Crescente.

Erbe e Piante: Camomilla, giglio, biancospino.

Martedì

Significato: è dedicato al Dio della Guerra, Tyr. Rappresenta il coraggio, la forza, la protezione e la determinazione.

Usanze Tipiche: Si possono effettuare rituali per la protezione personale, la guarigione e per aumentare la forza interiore. È anche un buon momento per lavorare con pietre come l'ematite o l'agata di fuoco.

Colore Associato: Rosso.

Riti Associati: Rituali di protezione, coraggio e determinazione.

Fase Lunare Associata: Luna Crescente o Luna Gibbosa.

Erbe e Piante: Pepe di Caienna, rosmarino, aglio.

Mercoledì

Significato: è associato al Dio Woden o Odino, signore della saggezza, della conoscenza e dell'apprendimento.

Usanze Tipiche: Si concentra sull'acquisizione di conoscenza, studio, divinazione e comunicazione spirituale. È ideale per leggere tarocchi, fare ricerche e praticare la divinazione.

Colore Associato: Giallo o oro.

Riti Associati: Divinazione, studio, comunicazione spirituale.

Fase Lunare Associata: Luna Crescente o Luna Gibbosa.

Erbe e Piante: Lavanda, salvia, prezzemolo.

Giovedì

Significato: è dedicato al potente Dio Thor, che rappresenta la forza, il coraggio, la prosperità e la protezione.

Usanze Tipiche: Questo giorno è adatto per lavorare con le energie di prosperità, la crescita personale e la protezione. Puoi dedicarti a rituali per aumentare la fortuna e la sicurezza.

Colore Associato: Blu o verde.

Riti Associati: Rituali di prosperità, crescita personale, e protezione.

Fase Lunare Associata: Luna Crescente o Luna Gibbosa.

Erbe e Piante: Basilico, salvia, menta.

Venerdì

Significato: è associato a Freya, la Dea dell'amore, della bellezza e della fertilità. Rappresenta l'amore, la passione e la sensualità.

Usanze Tipiche: È un giorno ideale per rituali legati all'amore, all'attrazione e alla fertilità. Si possono eseguire incantesimi per migliorare le relazioni o la creatività.

Colore Associato: Rosa o verde.

Riti Associati: Rituali d'amore, attrazione, e fertilità.

Fase Lunare Associata: Luna Crescente o Luna Gibbosa.

Erbe e Piante: Rosa, melissa, lavanda.

Sabato

Significato: è governato dal pianeta Saturno ed è associato alla disciplina, all'autocontrollo, alla protezione e al rinnovamento spirituale.

Usanze Tipiche: È un giorno per lavorare sulla crescita personale, la purificazione e la rimozione di ostacoli. Puoi meditare sulla tua evoluzione spirituale.

Colore Associato: Nero o marrone.

Riti Associati: Rituali di purificazione, rimozione di ostacoli, crescita spirituale.

Fase Lunare Associata: Luna Crescente o Luna Gibbosa.

Erbe e Piante: Mirra, pino, cipresso

Domenica

Significato: Domenica è il giorno del Sole, simbolo di luce, potere, energia e successo. Rappresenta il culmine della settimana.

Usanze Tipiche: È il momento ideale per rituali di guarigione, prosperità e celebrazione della vita. Puoi lavorare con pietre come il quarzo cristallo o il topazio.

Colore Associato: Giallo o oro.

Riti Associati: Rituali di guarigione, celebrazione della vita, successo.

Fase Lunare Associata: Luna Crescente o Luna Gibbosa.

Erbe e Piante: Elicriso, calendula, girasole.

Meditazione o devozione quotidiana

Nella pratica Wicca, l'incorporazione delle credenze e dei principi nella vostra vita quotidiana è fondamentale per vivere in armonia con la spiritualità e la natura. Ecco come potete integrare le credenze wiccan nella vostra vita di tutti i giorni attraverso una serie di pratiche significative:

Meditazione Regolare: La meditazione è un elemento chiave della spiritualità wiccan. Trovate un momento tranquillo ogni giorno per meditare, connettervi con la Dea e il Dio, e rafforzare la vostra concentrazione e la vostra consapevolezza. Potete concentrarvi su temi specifici o semplicemente trovare la quiete interiore.

Visualizzazione Creativa: La visualizzazione è un potente strumento magico. Praticate la visualizzazione creativa per manifestare i vostri desideri e perfezionare le vostre abilità magiche. Immaginate i vostri obiettivi con grande chiarezza e fiducia che si avvereranno.

Riflessione e Diario Spirituale: Tenete un diario spirituale per riflettere sui vostri pensieri, le vostre esperienze e i vostri progressi nella pratica wiccan. Questo diario può diventare un prezioso strumento di crescita personale e spirituale.

Natura e Ambiente: La Wicca è profondamente radicata nella natura. Trascorrete del tempo all'aperto, in natura, per connettervi con gli elementi e gli spiriti della terra, dell'acqua, dell'aria e del fuoco. Camminare nei boschi, osservare le stelle o semplicemente sedervi in giardino possono essere atti spirituali significativi.

Altare Personale: Create un altare personale dedicato alla Dea e al Dio, adornato con oggetti significativi, candele e simboli wiccan. Utilizzate l'altare come luogo di preghiera, meditazione e celebrazione dei Sabbat e degli Esbat.

Feste Wiccan: Celebrate i Sabbat e gli Esbat in modo significativo. Organizzate piccole cerimonie o incontri con altri praticanti wiccan per onorare gli dei e la natura durante queste festività.

Creatività e Arte: Esprimetevi attraverso l'arte e la creatività. Create opere d'arte, sculture o gioielli che riflettono le vostre credenze wiccan. Questo è un modo potente per connettervi con il divino e con voi stessi.

Comunità Wiccan: Unitevi a una comunità wiccan locale o online per condividere esperienze, apprendere da altri e sentirete parte di una comunità più ampia.

Educazione Continua: Continuate a studiare e ad approfondire la vostra comprensione della Wicca. Leggete libri, partecipate a workshop e continuate a sviluppare le vostre conoscenze spirituali.

Rispetto e Etica: Praticate il rispetto per voi stessi, per gli altri e per l'ambiente. Seguite gli insegnamenti del Rede Wiccan, cercando sempre di fare il bene e di evitare di recare danno.

L'integrazione delle credenze wiccan nella vita quotidiana richiede dedizione e pratica costante. Ogni individuo può personalizzare queste pratiche in base alle proprie esigenze e alla propria connessione spirituale. Ricordate che la Wicca è una religione viva e in continua evoluzione, quindi siate aperti alle nuove scoperte e alle esperienze personali nel vostro cammino wiccan.

Il Libro delle Ombre

Questo testo sacro svolge un ruolo centrale nella vita di un praticante wiccan, e imparare ad utilizzarlo correttamente è fondamentale per il vostro cammino spirituale.

Il termine "Libro delle Ombre" può sembrare enigmatico e misterioso, ma in realtà è piuttosto semplice da comprendere quando si svela il suo significato. In sostanza, il Libro delle Ombre è un registro personale e sacro in cui un praticante wiccan annota le proprie esperienze, conoscenze, rituali, incantesimi e osservazioni spirituali. È un po' come un diario di viaggio del vostro cammino spirituale, una testimonianza scritta della vostra crescita e delle vostre scoperte.

Personale e Unico: Il vostro Libro delle Ombre è un'opera unica, personale e sacra. Nessun Libro delle Ombre è uguale a un altro, perché riflette la vostra esperienza individuale e la vostra connessione personale con la spiritualità wiccan.

Manuale di Studio: Il Libro delle Ombre funge da manuale di studio personale. Contiene informazioni essenziali sulla Wicca, dalle credenze di base ai dettagli sui rituali e sugli incantesimi. È il vostro punto di riferimento quando desiderate approfondire la vostra conoscenza.

Registro delle Esperienze: Oltre a contenere informazioni teoriche, il Libro delle Ombre registra anche le vostre esperienze personali. Qui potrete annotare i vostri sogni, le visioni, gli incontri spirituali e ogni altro evento significativo legato al vostro percorso wiccan.

Guida per i Rituali: Esso contiene istruzioni dettagliate sui rituali, che possono variare da Sabbat a Esbat, da incantesimi di guarigione a cerimonie di celebrazione. È qui che troverete le parole, i gesti e i simboli necessari per condurre i vostri rituali in modo corretto e significativo.

Libertà Creativa: Sebbene ci siano elementi chiave da includere nei rituali wiccan, come il lancio del cerchio magico, il Libro delle Ombre vi offre anche la libertà creativa di personalizzare le vostre pratiche. Potete aggiungere poesie, illustrazioni, incantesimi originali e qualsiasi cosa rifletta la vostra unica espressione spirituale.

Connessione con la Dea e il Dio: Scrivere nel Libro delle Ombre è un atto sacro di connessione con la Dea e il Dio. Quando scrivete le vostre esperienze, le vostre preghiere o i vostri pensieri, state comunicando direttamente con le divinità wiccan. Questo rafforza la vostra relazione spirituale e la vostra connessione con il divino.

Ora che conoscete le caratteristiche fondamentali del Libro delle Ombre, è importante esplorare le sue funzioni principali.

Apprendimento e Studio: Il Libro delle Ombre è il vostro manuale di studio wiccan personale. Qui potrete annotare le nozioni di base della Wicca, comprese le credenze, le divinità, gli strumenti magici e le corrispondenze degli elementi. Utilizzatelo per imparare e approfondire la vostra comprensione della religione.

Registro delle Esperienze: Come accennato precedentemente, il Libro delle Ombre registra le vostre esperienze spirituali. Questo può includere sogni profetici, incontri con la natura, visioni durante la meditazione e molto altro. Questi appunti non solo vi aiutano a tenere traccia del vostro progresso spirituale, ma possono anche essere una fonte di ispirazione.

Rituali e Incantesimi: Uno degli aspetti più pratici del Libro delle Ombre è la sua funzione come guida per i rituali e gli incantesimi. Qui troverete istruzioni dettagliate su come condurre rituali wiccan, compresi i materiali necessari, le parole da pronunciare e i passaggi da seguire. Gli incantesimi per amore, guarigione, protezione e altri scopi possono essere registrati e utilizzati quando necessario.

Ricettario delle Erbe e delle Pozioni: Se siete interessati all'utilizzo delle erbe, delle pozioni e degli oli essenziali nella vostra pratica wiccan, il Libro delle Ombre è il luogo ideale per registrare le vostre ricette. Potrete annotare le proprietà delle erbe, le dosi e le istruzioni per la preparazione di pozioni magiche.

Celebrazioni dei Sabbat ed Esbat: Nel vostro Libro delle Ombre, troverete anche istruzioni dettagliate per celebrare i Sabbat e gli Esbat, i giorni sacri nel calendario wiccan. Queste celebrazioni sono intrise di significato e connessione con la natura e le divinità. Ogni Sabbat e Esbat ha le proprie tradizioni e pratiche specifiche, che potrete annotare nel vostro Libro delle Ombre per celebrare queste festività in modo autentico.

Corrispondenze Magiche: Le corrispondenze magiche si riferiscono alle associazioni tra elementi, colori, piante, pietre e altri simboli e le intenzioni magiche. Il Libro delle Ombre è il posto ideale per registrare queste corrispondenze in modo da poterle consultare quando progettate incantesimi o rituali. Ad esempio, potreste annotare che l'agata è associata alla protezione o che il colore verde rappresenta la fertilità.

Diario Spirituale: Il Libro delle Ombre funge da diario spirituale in cui potete registrare le vostre riflessioni, le vostre emozioni e le vostre esperienze spirituali quotidiane. Scrivere le vostre emozioni o stati d'animo durante le meditazioni, le preghiere o le interazioni con la natura può aiutarvi a comprendere meglio voi stessi e il vostro percorso spirituale.

Sviluppo Personale: Il processo di scrittura nel Libro delle Ombre contribuisce notevolmente allo sviluppo personale. Ogni parola che scrivete, ogni meditazione registrata e ogni incantesimo realizzato rappresentano un passo in avanti nel vostro cammino spirituale. Osservare e fotografare la vostra crescita spirituale nel corso del tempo è una fonte di ispirazione e motivazione.

Ora che avete una comprensione più chiara delle funzioni e delle caratteristiche del Libro delle Ombre, potete iniziare a crearlo. Ecco alcuni passi per aiutarvi a cominciare:

Acquistate o Create il Vostro Libro: Potete acquistare un libro già pronto per essere utilizzato come Libro delle Ombre, oppure potete crearlo personalmente. Molti praticanti wiccan preferiscono personalizzare il loro libro, decorandolo con simboli, immagini e disegni significativi.

Iniziate con le Credenze di Base: Dedicate le prime pagine del vostro Libro delle Ombre alle credenze di base della Wicca. Questo può includere la legge del Rede Wiccan, la triade della Dea e del Dio, e altri concetti fondamentali.

Aggiungete le Corrispondenze Magiche: Create una sezione dedicata alle corrispondenze magiche, come le pietre, le erbe, i colori e gli elementi. Questa sezione sarà una risorsa preziosa per i vostri incantesimi e rituali futuri.

Registrate i Vostri Rituali e Incantesimi: Man mano che eseguite rituali e incantesimi, registrate i dettagli nel vostro Libro delle Ombre. Annotate i vostri obiettivi, i risultati ottenuti e le vostre osservazioni personali.

Esplorate la Vostra Creatività: Non abbiate paura di esplorare la vostra creatività nel vostro Libro delle Ombre. Aggiungete illustrazioni, collage, poesie e qualsiasi altra forma di espressione che rifletta la vostra spiritualità.

Mantenetelo Aggiornato: è un documento in continua evoluzione. Continuate ad aggiungerci nuove informazioni, esperienze e scoperte mentre progredirete nel vostro percorso wiccan.

Condividete con la Comunità: Molte persone scelgono di tenere i loro Libri delle Ombre privati, ma potete anche condividere alcune parti con la vostra comunità wiccan. Questo può essere un modo per imparare dagli altri e per ispirare gli altri con la vostra esperienza.

Il Libro delle Ombre è un prezioso compagno nel viaggio wiccan. È il vostro manuale di studio personale, la vostra testimonianza spirituale e la vostra guida pratica per i rituali e gli incantesimi. È un'opera d'amore che crescerà e si svilupperà insieme a voi nel corso del tempo. Ricordate che non c'è un modo "sbagliato" di redigerlo, esso è un'espressione unica della vostra spiritualità, quindi siate autentici.

Espandi la tua comunità Wicca

Far parte della comunità wiccan è importante poiché fornisce un sostegno morale e spirituale durante il vostro cammino religioso. Questa appartenenza offre l'opportunità di imparare dalle esperienze degli altri e di accedere a risorse e materiali utili per la pratica. Tuttavia, è cruciale rispettare la scelta personale di ognuno, evitando di imporre la cultura wiccan. Se qualcuno dimostra un interesse genuino nella Wicca, è possibile offrire aiuto e guida per comprenderne la filosofia di vita e il percorso personale.

Connessione con i praticanti

È essenziale notare che partecipare a gruppi online comporta anche alcuni rischi. Molti di questi gruppi non sono moderati e potrebbero non rappresentare fedelmente le vere credenze della Wicca. Inoltre, alcune persone potrebbero cercare di approfittare della vostra vulnerabilità o della vostra curiosità verso la Wicca per motivi poco etici. Pertanto, quando ci si unisce a gruppi online, è cruciale esercitare cautela e prestare attenzione alle informazioni e alle persone con cui si entra in contatto. La scelta di condividere la propria fede con gli altri dovrebbe essere sempre una decisione personale e rispettata dagli altri.

CAPITOLO 4

Immagini lunari

Cosa c'è nella Luna che evoca curiosità, timore e persino un pizzico di paura? Perché lo spettro dei lupi che ululano alla Luna fa venire i brividi alla comunità? Le immagini lunari appaiono come un potente simbolo della coscienza umana in tutta la letteratura mondiale dai tempi antichi a quelli moderni.

Esploreremo le credenze dei nostri antenati sulla Luna, la soppressione di tali credenze da parte della Chiesa e della scienza, e i principi naturali che gli scienziati stanno ora riscoprendo. Esamineremo alcuni risultati di ricerca controversi e alcuni modi in cui la vita moderna può aver mascherato o alterato i nostri ritmi naturali, causando tensione e stress. Nel fare ciò, attingeremo al lavoro di due ricercatori scrupolosi e pionieristici della storia della Luna e sulle prove scientifiche del suo potere. Un tempo la Luna era oggetto di culto per i popoli di tutto il mondo. Quando gli esploratori occidentali viaggiarono attraverso le isole e i continenti della Terra, trovarono ovunque persone che condividevano il fascino e la riverenza per la Luna . C'era un collegamento della Luna con la fertilità e il parto, e si faceva qualche collegamento tra i cicli mestruali delle donne e il ciclo della Luna. Prima che il cristianesimo diventasse la religione dominante nella civiltà occidentale, venivano venerati molti dei. Tra i più comuni la Dea della Luna, conosciuta con molti nomi, tra i quali, Diana, Artemide ed Ecate. La gente la venerava per assicurare la fertilità, un parto sicuro, buoni raccolti e successo nella caccia. A quei tempi, c'era un alto tasso di mortalità infantile e di morte per parto, quindi i suoi templi erano popolari. Nessuna donna desiderosa di un figlio avrebbe mai trascurato Diana.

In tutta Europa, nei millenni prima del cristianesimo, la religione della Luna era quella dominante. Rituali, cerimonie e feste si tenevano abitualmente in occasione della Luna Piena. Alcune di esse erano considerate particolarmente potenti e sante, in sintonia con le fluttuazioni dell'energia e del potere della Luna. Halloween e la Pasqua sono in realtà residui di celebrazioni di quell'epoca che furono astutamente prevenute dai padri della Chiesa.

Oggi conosciuta con i nomi di Wicca, paganesimo o stregoneria, l'Antica Religione era una pratica spirituale basata su secoli di osservazione della Luna e altre forze naturali che interagivano con le piante, gli animali e gli esseri umani. L'antica parola anglosassone Wicca significa semplicemente conoscenza, e incarnava la conoscenza di quando piantare, cacciare e pescare, e di come guarire usando piante, erbe e altri mezzi naturali. Tutt'oggi i buoni agricoltori prendono spunti dalla Luna per piantare e raccogliere. I semi germogliano in condizioni migliori subito dopo la Luna Nuova, in particolare la Luna Nuova in Toro, che cade alla fine di aprile o all'inizio di Maggio. Allo stesso modo, i pescatori comprano calendari lunari che dicono loro i tempi in cui la pesca è migliore.

La Luna corrisponde al lato più femminile delle persone, sia uomini che donne, e la stessa Antica Religione era una celebrazione dell'aspetto femminile della natura, con una dea e sacerdotesse piuttosto che sacerdoti. Man mano che il Cristianesimo diventava più potente, la religione della Luna veniva considerata pericolosa e malvagia, insieme al lato femminile che è in contatto con la Luna e con le emozioni, i ritmi naturali e gli istinti. Il declino dell'Antica Religione andò di pari passo con un periodo storico in cui la società divenne fortemente patriarcale e le donne furono messe in una posizione inferiore e impotente.

L'Antica Religione è stata soppressa dalla persecuzione religiosa, dalle conversioni forzate, dalla caccia alle streghe e dai roghi di streghe, ma un tempo era la religione del popolo. Avrete sicuramente visto statue di Maria con una mezzaluna sotto il piede. Questo simboleggia l'abbattimento della Vecchia Religione. Sopprimendo con la forza la Wicca, si era perso gran parte della conoscenza della guarigione e dei ritmi naturali che la accompagnavano.

Non sono nella posizione di suggerire un ritorno alla venerazione della Luna; ma almeno possiamo smettere di ignorarla e iniziare a prestare attenzione ai ritmi e ai cicli che rappresenta. Come scopriremo nel corso di questo libro, c'è un costo nell'ignorare questa parte di noi stessi, in termini di stress, fatica, nervi logori e temperamenti che esplodono. Siamo in grado di conoscere i periodi in cui il nostro corpo, la nostra mente e il nostro spirito necessitano di riposo, lo stesso vale per i periodi più produttivi. Per farlo in modo consapevole, qui troverete informazioni sugli usi dei segni e dei cicli della Luna.

Connessione tra la Luna e i cicli delle donne

Come anticipato in precedenza, gli antichi pregavano Diana, la Dea della fertilità, per un parto sicuro, non scontato a suo tempo.

In molti popoli nel mondo, vi era una credenza comune, che la Luna avesse il proprio ciclo mestruale. Già nel 1898, lo scienziato premio Nobel Svante Arrhenius fece studi accurati dei cicli mestruali di dodicimila pazienti donne di un ospedale materno svedese e trovò che la Luna aveva un effetto speciale sui loro cicli. Nel 1936, diecimila donne tedesche furono registrate da Guthmann e Oswald, e si scoprì che molte di loro avevano le mestruazioni con la Luna nuova. Uno studio su più di settemila donne nel 1962 da parte dello scienziato ceco Dr. Jeri Malek ha mostrato che l'inizio del sanguinamento si verificava molto più frequentemente durante la Luna Piena rispetto qualsiasi altra fase.

La credenza popolare sosteneva che ci fossero più nascite durante la luna piena. Gli stessi medici cominciarono ad essere affascinati da questa influenza e incominciarono a compilare statistiche. La principale rivista medica francese, La Presse Médical, riportò che il tasso di natalità raddoppiava subito dopo la Luna Piena. Un medico tedesco, il Dr. H. Gunther, riportò un aumento delle nascite a Colonia durante la Luna Piena nel 1938. Gli studi continuarono, e a Roanoke, in Virginia, e a Tallahassee, in Florida, i dati stabilirono diverse centinaia di nascite con picchi impressionanti durante la Luna Piena e alla Luna Nuova.

Il dottor Walter Menaker decise di prendere in considerazione un campione molto esteso, esaminando le registrazioni di oltre mezzo milione di nascite a New York City dal 1948 al 1957. La scoperta fu senzazionale, la più alta frequenza di nascite si era verificata, indovinate un po', durante la luna piena. Un secondo studio del Dr. Menaker su un altro mezzo milione di nascite sempre a New York City dal 1961 al 1963 ha di nuovo confermato il picco di nascite intorno alla Luna Piena. Si è ipotizzato che forse la forza di gravità sul liquido amniotico aumentava con queste fasi lunari.

Possiamo affermare con certezza che la connessione tra la Luna e la fertilità è un tema centrale nella religione Wicca e ha radici antiche che risalgono a molte culture pre-cristiane. Per noi seguaci della Wicca, la Luna è un simbolo del femminile divino e rappresenta la Madre Terra. La Luna influenza i cicli naturali, tra cui i cicli mestruali delle donne e i cicli delle coltivazioni.

Il plenilunio è un momento importante per celebrare la fertilità. La potenza della Luna piena aumenta la possibilità di fertilità sia nelle donne che nella natura. I rituali del plenilunio sono spesso focalizzati sulla fertilità e sulla creazione, e possono includere la pratica di rituali per la fertilità, la guarigione e la prosperità.

Oggi, la connessione tra la Luna e la fertilità è stata oggetto di interesse da parte di molte persone e organizzazioni che promuovono la salute e il benessere delle donne. Ad esempio, ci sono molte di esse che seguono il ciclo lunare e praticano tecniche di meditazione e visualizzazione durante le diverse fasi lunari per migliorare la salute riproduttiva.

Inoltre, molte donne che lottano con problemi di fertilità si rivolgono alla medicina alternativa, compreso la tradizione Wicca, per ristabilire l'equilibrio e la salute del loro corpo. In effetti, molte donne trovano che la pratica della Wicca e la connessione con la Luna e la natura può essere molto utile nella gestione dello stress e nell'equilibrare i loro ormoni.

a connessione tra la Luna e la fertilità è una componente significativa della religione wiccan e continua a suscitare interesse in molte persone interessate alla salute e al benessere. La pratica della Wicca e l'attenzione dedicata alla Luna e alla natura possono offrire un modo per mantenere l'equilibrio e la salute riproduttiva, sia a livello fisico che emotivo.

Nella Wicca, la Luna è vista come una rappresentazione della Dea, incarnante le energie femminili e la ciclicità della vita. Le fasi lunari influenzano molti aspetti della pratica wiccan, comprese le cerimonie e gli incantesimi legati alla fertilità. Ad esempio, la Luna Piena è spesso associata all'abbondanza e alla crescita, mentre la Luna Nuova può simboleggiare nuovi inizi, compresa la pianificazione di una famiglia.

La connessione tra la Luna e la fertilità nella Wicca si basa su una profonda comprensione del ciclo naturale della vita. E' importante onorare e rispettare il proprio corpo e la sua ciclicità, includendo il ciclo mestruale. Questo può portare a una maggiore consapevolezza delle fasi lunari e delle loro influenze sulla fertilità. La Wicca offre anche rituali specifici per la fertilità, che coinvolgono l'uso di erbe, pietre, candele e visualizzazioni per aiutare a manifestare l'energia della fertilità. Questi rituali possono essere praticati individualmente o in gruppo, a seconda delle preferenze personali.

È importante sottolineare che la connessione tra la Luna e la fertilità nella Wicca non è solo fisica, ma anche spirituale ed emotiva. La nostra religione enfatizza l'importanza della connessione con la Dea e il Dio, che rappresentano le forze femminili e maschili dell'universo. La fertilità è vista come un aspetto di queste energie divine e come parte integrante della vita e della spiritualità wiccan.

La Wicca promuove l'equilibrio e l'armonia tra le energie femminili e maschili sia all'interno di ciascun individuo che nell'intero mondo naturale. Questa prospettiva contribuisce a migliorare il benessere emotivo e la salute mentale, che a sua volta può influenzare positivamente la fertilità. Ciò non riguarda solo il piano fisico, ma anche quello spirituale ed emotivo, promuovendo l'equilibrio e l'armonia nelle energie femminili e maschili dell'universo.

Fasi lunari nella propria esistenza

La ragione per cui molti praticanti della Wicca sono attratti dalla Luna risiede nel potere straordinario che essa possiede e può offrire, soprattutto durante le fasi della Luna Piena. La Luna è un corpo celeste di grande potenza che esercita un'influenza significativa su vari aspetti della vita sulla Terra.

Tra questi, vi sono il controllo del flusso e del riflusso delle maree oceaniche, l'incidenza sulle emozioni e i sentimenti degli esseri umani e di altre forme di vita, nonché la regolazione dei cicli mestruali nelle donne. Questi sono solo alcuni esempi dell'impatto che la Luna ha sulla nostra realtà quotidiana.

Molti individui preferiscono focalizzare la loro pratica magica principalmente sulla connessione con il Sole, sfruttando il potere del dio per potenziare i loro incantesimi e rituali. Ogni persona ha la sua modalità di connessione con le energie divine e la natura, e questo è rispettabile. Per coloro che scelgono di allineare la loro magia con le fasi lunari, emerge un potenziale magico ancora più accentuato. Ogni fase della Luna ha un'energia unica che può essere sfruttata per migliorare la vita in diversi modi. Ecco alcuni modi in cui le fasi della Luna possono essere utilizzate per migliorare la propria esistenza.

Fase della Luna nuova: è il momento in cui la Luna è completamente oscurata e non visibile. Questa fase lunare è un momento di nuova energia e possibilità. Questo può essere un momento per fare piani e fissare obiettivi per il futuro.

Fase della Luna crescente: durante questa fase, la Luna appare come una sottile falce di luce. Questo può essere un momento per concentrarsi sulla crescita e sull'espansione. Questa fase lunare è ideale per iniziare nuovi progetti e fare passi avanti nella carriera.

Fase della Luna piena: è il momento in cui la Luna appare completamente illuminata nel cielo notturno. E'un momento di massima potenza e di energia volto a celebrare la vita e la fertilità e per rafforzare le relazioni personali.

Fase della Luna calante: la luce lunare diminuisce gradualmente fino a scomparire. Questo può essere un momento per concentrarsi sulla riduzione e l'eliminazione di cose negative nella propria vita, come le cattive abitudini o le persone tossiche.

Per applicare queste fasi lunari alla propria vita, si possono adottare alcune pratiche come la meditazione, la visualizzazione e la creazione di rituali.

Ad esempio, durante la fase della Luna piena, si potrebbe creare un'offerta alla Madre Terra o effettuare una meditazione sulla gratitudine per le relazioni nella propria vita. Durante la fase della Luna calante, si potrebbe praticare una meditazione sulla liberazione delle cattive abitudini o delle persone negative nella propria vita.

Quando si lanciano incantesimi o si eseguono rituali magici, così come altri tipi di pratiche magiche, è importante prendere nota dei giorni della settimana, in quanto avranno influenza energetica per ogni giorno.

Nella Wicca, i giorni della settimana rappresentano diversi aspetti della spiritualità e della pratica magica. Ogni giorno è associato a un pianeta e a una divinità specifica, che può essere invocata per ottenere energia e supporto nella pratica magica. Ecco una lista dei giorni della settimana nella Wicca e delle loro corrispondenze:

Lunedì: associato alla Luna e alla dea lunare, rappresenta la fertilità, la guarigione, l'intuizione e le emozioni. È un buon giorno per praticare divinazione, meditazione, magia dell'acqua e lavorare con i sogni.

Martedì: associato a Marte e al Dio della guerra, rappresenta la forza, la protezione, la passione e la determinazione. È un buon giorno per praticare la magia di protezione, la magia del fuoco e lavorare sulla propria forza e determinazione.

Mercoledì: associato a Mercurio e al Dio del commercio, rappresenta la comunicazione, l'intelletto, l'istruzione e il viaggio. È un buon giorno per studiare, fare affari, scrivere, fare viaggi e praticare la magia dell'aria.

Giovedì: associato a Giove e al Dio della giustizia, rappresenta la prosperità, la generosità, la giustizia e la saggezza. È un buon giorno per fare incantesimi di prosperità, fare offerte agli dei e alle dee, lavorare sulla giustizia e la saggezza.

Venerdì: associato a Venere e alla Dea dell'amore, rappresenta l'amore, la bellezza, la creatività e l'armonia. È un buon giorno per lavorare sulla magia dell'amore, fare offerte di bellezza e armonia, praticare la magia artistica.

Sabato: associato a Saturno e al Dio del tempo, rappresenta la stabilità, la disciplina, la saggezza e la protezione. È un buon giorno per praticare la magia di protezione, lavorare sulla stabilità e sulla saggezza, fare offerte agli antenati e ai morti.

Domenica: associato al Sole e al Dio solare, rappresenta la vitalità, la salute, la fama e la leadership. È un buon giorno per praticare la magia della salute, lavorare sulla leadership e la fama, fare offerte al Dio solare. E' abitudine credere che la domenica sia un giorno molto spirituale in cui i cristiani vanno in chiesa per il Giorno del Signore. L'energia che si crea la domenica è strettamente legata allo Spirito e alla mente. Le domeniche possono essere giorni molto buoni per trovare risposte a dubbi e preoccupazioni, così come è adatto a riconoscere il valore delle relazioni con altre persone, e riconoscere i vostri legami con loro.

CAPITOLO 5

Come sfruttare il potere della luna

La maggior parte delle persone è a conoscenza delle maree, ovvero del fenomeno del flusso e riflusso dell'acqua nell'oceano, che si manifesta con l'innalzamento e l'abbassamento delle acque marine ogni giorno. Questo spettacolare fenomeno è direttamente attribuito all'influenza gravitazionale della Luna sulla Terra. Tuttavia, è fondamentale comprendere che la Luna non influenza solo l'acqua dell'oceano, ma anche altre sostanze e, addirittura, la vita stessa sulla Terra.

Mentre la Terra esercita una forza gravitazionale che attrae la Luna verso di sé, è importante sottolineare che la Luna, a sua volta, esercita una forza gravitazionale costante sulla Terra. Questa forza lunare non si limita solo all'acqua degli oceani; essa influisce anche su molte altre componenti della Terra, compresi i solidi e i liquidi presenti sulla superficie terrestre.

Uno dei modi più evidenti in cui la forza gravitazionale lunare si manifesta è attraverso il fenomeno delle maree, che coinvolge l'acqua dei mari e degli oceani. La Luna esercita una forza di attrazione sulla parte dell'acqua più vicina a sé, causando l'innalzamento delle maree. Inoltre, la Terra stessa subisce un'attrazione gravitazionale dalla Luna, anche se in misura minore rispetto all'acqua oceanica. Questo effetto genera una sorta di "marea terrestre," che causa un leggero innalzamento e abbassamento della superficie terrestre nelle aree soggette a questa forza.

Tuttavia, l'influenza della Luna non si limita alla sola acqua e alla superficie terrestre. Gli effetti della gravità lunare si estendono anche alla biosfera terrestre, influenzando gli esseri viventi. Ad esempio, alcune specie marine, come i granchi eremiti, sono noti per il loro comportamento di accoppiamento sincronizzato durante le fasi di Luna Piena, quando le maree sono più intense. Anche alcune piante e animali terrestri possono essere influenzati dalla gravità lunare nei loro cicli riproduttivi e comportamentali. Per quanto riguarda la vita umana, le fasi lunari influenzano le emozioni e i comportamenti delle persone.

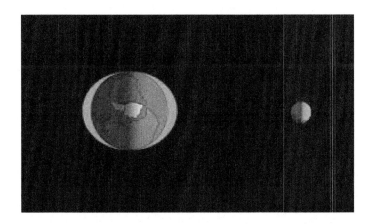

In pratica, quando la Luna si trova sopra la testa di un osservatore, il suo effetto gravitazionale sulla Terra è massimo, e questo si traduce in un'alta marea. Al contrario, quando la Luna si trova al lato opposto della Terra, il suo effetto gravitazionale è minore, e questo si traduce in una bassa marea. Questo meccanismo non è così semplice come sembra, poiché la Terra stessa è in movimento, così come la Luna. Inoltre, le orbite della Terra e della Luna non sono perfettamente circolari, ma hanno una forma ellittica, il che significa che la distanza tra i due corpi celesti varia nel corso del tempo. Tutto ciò ha un effetto importante sulle maree, in realtà, il tempo tra una marea alta e la successiva non è sempre uguale, ma varia in base alla posizione della Luna rispetto alla Terra.

Ad esempio, se la Luna è più vicina alla Terra rispetto alla sua posizione media, il suo effetto gravitazionale sarà maggiore, e ci saranno maree più alte e più frequenti. Al contrario, se la Luna è più lontana dalla Terra, il suo effetto gravitazionale sarà minore, e ci saranno maree più basse e meno frequenti. Inoltre, va detto che anche il Sole ha un effetto sulle maree, anche se minore rispetto a quello della Luna. Quando la Luna e il Sole sono allineati, ad esempio durante le fasi di Luna nuova e Luna piena, il loro effetto combinato sulla Terra è maggiore, e questo si traduce in maree più alte (note come maree di primavera). Al contrario, quando il Sole e la Luna sono a 90 gradi di distanza l'uno dall'altro, ad esempio durante le fasi di primo e ultimo quarto, il loro effetto combinato è minore, e questo si traduce in maree più basse (note come maree di morta).

Maree dell'oceano

La marea oceanica è il fenomeno più noto e visibile legato all'influenza gravitazionale della Luna sulla Terra. Queste maree provocano il ritirarsi e il crescere delle acque marine in risposta alla forza gravitazionale della Luna e del Sole, nonché alla rotazione della Terra. Le maree oceaniche sono massime durante la Luna Piena e la Luna Nuova e sono comunemente conosciute come "maree di primavera".

Quando si verificano le maree di primavera, si assiste a una fluttuazione più drastica nella profondità dell'acqua nei mari e negli oceani. Durante l'alta marea, l'acqua sale verso le coste, causando l'innalzamento del livello dell'acqua in spiagge più strette o sommerse. Durante la bassa marea, l'acqua si ritira dalle coste, esponendo più terreno e creando una vasta zona intertidale.

Questo ciclo di alte e basse maree ha un impatto significativo sull'ecosistema costiero, influenzando la vita marina, la fauna selvatica e l'habitat delle zone umide. Ad esempio, alcune specie di pesci, molluschi e crostacei sono adattate a questi cicli di marea e possono essere influenzate dai cambiamenti nella disponibilità di cibo e negli schemi di riproduzione legati alle maree.

Le maree oceaniche non si verificano solo nei mari e negli oceani, ma possono anche essere osservate in alcuni fiumi e baie costiere con un'estensione sufficiente. In queste aree, l'effetto delle maree può essere meno evidente rispetto a quelle costiere, ma comunque influisce sulla navigazione e sull'ecosistema circostante.

Le maree di primavera, durante la Luna Piena e la Luna Nuova, sono il risultato dell'allineamento del Sole, della Luna e della Terra, che crea una forza gravitazionale combinata più intensa. Durante queste fasi, la Luna e il Sole esercitano una forza di attrazione complementare sulla Terra, portando a maree più accentuate.

Maree terrestri

Le maree terrestri, o "maree solide", rappresentano un fenomeno complesso e meno visibile rispetto alle maree oceaniche. Sono causate principalmente dalla forza gravitazionale della Luna e del Sole sulla Terra e dipendono da vari fattori, tra cui la posizione della Luna e la forma ellittica delle orbite.

La forza gravitazionale della Luna esercita una trazione sulla Terra, causando un'innalzamento delle acque nei mari e negli oceani, che è visibile come le maree oceaniche. Tuttavia, questa stessa forza gravitazionale causa anche un'espansione o un "allungamento" della Terra stessa lungo la linea immaginaria diretta verso la Luna e lungo la linea opposta, formando due protuberanze.

Questi due punti di allungamento causati dalla forza gravitazionale della Luna sono chiamati "protuberanze lunari". Una protuberanza lunare è situata sulla parte della Terra rivolta direttamente verso la Luna, mentre l'altra si trova sulla parte opposta del pianeta. Queste protuberanze lunari sono responsabili delle alte maree, dove l'acqua si accumula nei mari e negli oceani.

Anche la forza gravitazionale del Sole ha un effetto sulle maree terrestri, sebbene sia meno significativa rispetto a quella della Luna. Il Sole provoca la formazione di due protuberanze solari sulla Terra, una rivolta verso il Sole e l'altra opposta. Queste protuberanze solari sono associate alle basse maree, dove l'acqua si ritira dai mari e dagli oceani.

Le maree terrestri, quindi, sono il risultato della combinazione delle forze gravitazionali della Luna e del Sole sulla Terra, insieme a vari fattori geologici e topografici. La forma ellittica delle orbite della Luna e del Sole, così come l'angolo tra queste orbite e il piano dell'equatore terrestre, influenzano la gravità e la sua distribuzione sulla Terra, contribuendo alla complessità delle maree terrestri.

Maree di fuoco

Le maree di fuoco, anche chiamate flussi di marea, sono un fenomeno che si verifica principalmente nelle zone costiere dell'oceano Pacifico, dove l'acqua marina si sposta in modo irregolare creando onde di marea che penetrano nelle insenature e nei fiumi vicini. Questo fenomeno è causato principalmente dalle forti maree, che a loro volta sono causate dalle forze gravitazionali della Luna e del Sole sulla Terra. A differenza delle maree marine, le maree di fuoco sono causate dall'attrazione gravitazionale della Luna sulla crosta terrestre e non sull'acqua. In pratica, quando la Luna si trova più vicina alla Terra, la forza di gravità aumenta e la Terra si deforma leggermente, creando una "marea terrestre" che si propaga attraverso la crosta terrestre. Questa marea può anche influenzare le attività vulcaniche, aumentando il rischio di eruzioni. Inoltre, le maree di fuoco possono influire sulle correnti marine e sull'erosione costiera, creando anche effetti sul clima locale.

Maree d'aria

Le maree d'aria, o flussi di marea atmosferica, sono un fenomeno meteorologico che si verifica a causa delle variazioni di pressione atmosferica causate dal riscaldamento solare. Il Sole, infatti, riscalda in modo diverso diverse zone della Terra, a seconda della loro latitudine e della loro esposizione alla luce solare. Ciò provoca una variazione nella temperatura dell'aria, che a sua volta crea una variazione nella pressione atmosferica. Queste variazioni di pressione atmosferica possono creare delle "onde" di pressione che si propagano nell'atmosfera e che possono influenzare il clima locale e la formazione delle nuvole. In particolare, le maree d'aria possono influire sulla formazione di nuvole stratiformi, che sono nuvole piatte e allungate, che si formano nelle zone di convergenza di aria calda e umida con aria fredda. Le maree d'aria possono anche influire sulla formazione di cicloni e anticicloni, che a loro volta possono influenzare il clima e le condizioni meteorologiche locali.

Maree di sangue

Le maree di sangue sono un concetto associato alla nostra credenza Wicca, che si riferisce al momento in cui le energie del mondo spirituale e dell'aldilà sono particolarmente intense. Le maree di sangue possono verificarsi durante le festività stagionali, come Samhain, Beltane e Imbolc. Durante queste festività, il velo tra il mondo fisico e quello spirituale si assottiglia, permettendo ai morti di entrare in contatto con i vivi. In questa fase, le energie del mondo spirituale e dell'aldilà sono particolarmente intense, creando una sorta di marea di energia che può essere utilizzata per eseguire incantesimi o per comunicare con i defunti. Le maree di sangue sono un momento di grande importanza, in cui si celebra la vita e la morte, il passato e il presente, e si rafforzano i legami con il mondo spirituale. Durante questo periodo, si possono eseguire rituali per onorare i morti e per invocare le energie del mondo spirituale.

Le maree e la riproduzione

Le maree possono influenzare la riproduzione di alcune specie marine, come i molluschi, crostacei e i pesci. Questo perché le maree regolano la salinità, la temperatura e la concentrazione di nutrienti dell'acqua, fattori che influenzano la riproduzione delle specie marine. Ad esempio, le maree basse possono esporre alla luce del sole le alghe e i coralli, che a loro volta producono ossigeno e nutrienti per la fauna marina. Inoltre, le maree basse possono creare delle pozze d'acqua calda e salmastra, che favoriscono la riproduzione di alcune specie di crostacei e molluschi. D'altra parte, le maree alte possono aiutare nella diffusione delle specie marine, favorendo la fecondazione e la riproduzione. Inoltre, le maree alte possono creare delle correnti d'acqua che aiutano nella diffusione delle uova e dei larvali, che sono gli stadi giovanili delle specie marine. Le stesse maree possono anche causare problemi per alcune specie marine, come le balene e i delfini, che possono spiaggiarsi durante le maree basse, oppure causare la morte di alcune specie marine, come i molluschi e i crostacei, a causa della variazione della salinità dell'acqua.

Le maree e l'equilibrio mentale ed emotivo

Il collegamento tra la Luna e il benessere emotivo è stato oggetto di molte teorie e credenze nel corso della storia, sia nella cultura popolare che nella scienza. La Luna è uno dei corpi celesti più influenti sulla Terra, e il suo movimento e le sue fasi possono influenzare l'umore e il benessere emotivo delle persone. La Luna influisce sui cicli del sonno delle persone, in particolare durante le fasi di Luna piena e Luna nuova, causando una maggiore agitazione e difficoltà nell'addormentarsi.

Può influire sull'umore delle persone, portando ad un aumento di ansia, stress o irritabilità durante le fasi di Luna piena.

Giardinaggio con la luna

La luna ha un impatto importante sulle piante, in particolare sulle colture delle piante, a causa dei suoi cicli lunari che influenzano le maree dell'oceano e le forze gravitazionali sulla Terra. La luna influenza la crescita delle piante in base alla sua fase lunare. Le piante che vengono seminate durante le fasi crescenti della luna crescono più velocemente e producono raccolti più abbondanti, ripetto le fasi decrescenti della luna. Inoltre, le fasi della luna influenzano anche la potatura delle piante. Durante le fasi di luna calante tendono a svilupparsi meno vigorosamente, mentre quelle potate durante le fasi di luna crescente hanno uno sviluppo più vigoroso.Il successo del giardinaggio dipende ovviamente anche dalla scelta delle piante, dalla qualità del terreno, dall'irrigazione e dalla cura adeguata delle piante.

Piantare nella luna nuova

Durante questo periodo di tempo, quando la Luna è scura, piantare può avere effetti positivi sulle piante, poiché durante questa fase lunare il suolo è più umido e la gravità della luna, in combinazione con l'assenza di luce lunare, possa favorire una buona germinazione delle piante. Inoltre, le piante seminate durante questa fase lunare sono meno soggette a malattie e parassiti.

Piantare nel quarto di luna crescente

Piantare durante il quarto di Luna crescente è una pratica che può avere effetti positivi sulla crescita delle piante in quanto la gravità della luna è più forte e favorisce una buona circolazione della linfa, stimolando la crescita delle radici e delle foglie delle piante.

Piantare con la luna piena

Durante questa fase lunare la luce della luna aiuta la fotosintesi delle piante, favorendo la crescita delle foglie e delle parti aeree. Le piante assorbono meglio l'acqua dal terreno, poiché la gravità della luna è più forte in questo periodo.

Piantare nel quarto di luna calante

Durante questa fase lunare la gravità della luna ha un effetto di trazione sulle radici delle piante, stimolando la crescita delle radici e il consolidamento delle piante nel terreno. Le piante saranno meno soggette a malattie e parassiti, poiché la linfa delle piante scorre verso le radici, rendendo le parti aeree meno suscettibili agli attacchi di funghi e insetti.

Tempi di raccolta in Italia

Ecco un elenco di alcuni raccolti che è possibile piantare nei vari mesi della stagione in Italia:

Marzo: lattuga, rucola, spinaci, piselli, carote, broccoli, cavolfiore, cipolle, fave, fagioli

Aprile: pomodori, melanzane, peperoni, cetrioli, zucchine, cipolle, carote, fagiolini, fave, lattuga, rucola

Maggio: zucche, meloni, angurie, pomodori, peperoni, melanzane, cetrioli, fagiolini, fave, cipolle, carote

Giugno: zucche, meloni, angurie, pomodori, peperoni, melanzane, cetrioli, fagiolini, fave, cipolle, carote

Luglio: pomodori, melanzane, peperoni, cetrioli, zucchine, fagiolini, carote, cipolle, meloni, angurie

Agosto: pomodori, peperoni, melanzane, cetrioli, zucchine, fagiolini, cipolle, meloni, angurie

Settembre: cavoli, broccoli, lattuga, rucola, spinaci, piselli, fave, carote, cipolle, fagioli

È importante tenere presente che questi sono alcuni esempi di ciò che è possibile piantare nei vari mesi dell'anno e che la scelta delle piante da coltivare dipende molto dal clima, dal tipo di terreno e dalle condizioni locali. Inoltre, ci sono molte altre piante e colture che possono essere piantate in diversi periodi dell'anno, a seconda della zona climatica in cui ci si trova.

Carica energetica sotto la luna nuova o piena

La ricarica energetica sotto la luna nuova o piena è una pratica che si basa sull'influenza che l'energia della luna ha sul corpo e sulla mente umana. Durante le fasi di Luna Nuova o Piena, l'energia lunare è particolarmente forte e può essere utilizzata per migliorare il benessere psicofisico delle persone. Per fare la ricarica energetica, si può scegliere di stare all'aperto durante la fase di Luna Nuova o Piena, esponendosi alla luce della luna, oppure di stare in un luogo tranquillo e rilassante all'interno di casa, ad esempio in una stanza con luci soffuse. In entrambi i casi, si cerca di creare un ambiente rilassante e meditativo.Durante questa pratica, si può scegliere di meditare, di praticare la respirazione consapevole o di fare esercizi di rilassamento per rilasciare la tensione muscolare e mentale. Inoltre, si può utilizzare la visualizzazione creativa, immaginando di assorbire l'energia della luna e di sentirsi rivitalizzati e rigenerati.

Cos'è la carica positiva?

Tutto ha una carica: positiva, neutra o negativa. Questa è l'energia che è racchiusa nell'oggetto, che vibra all'infinito. Questa energia interagisce con altri oggetti, influenzandoli. Gli oggetti intorno a te raccoglieranno energia ovunque tu vada, assorbendola, ma parte di questa energia è negativa e dannosa. È qui che entra in gioco la carica positiva. Quando caricate il vostro oggetto, concentrerete la vostra energia e la vostra intenzione nel permettere alla negatività, assorbita,di essere scaricata, rilasciandola nuovamente nell'universo. Questo lascia il vostro oggetto ripulito, il che fa spazio all'energia positiva che accoglierete. Quando deciderete di caricare un vostro oggetto con la Luna, permetterete all'oggetto di assorbire l'energia della Luna attraverso un semplice processo.

Caricare un oggetto

Indipendentemente dal fatto che si sta tentando di abbracciare l'energia di una luna nuova o piena, si passa attraverso gli stessi passi per la ricarica. Dovrete assicurarvi di avere tutti i vostri strumenti - acqua, una candela, una ciotola, sale, e qualsiasi cosa vogliate pulire e caricare. Iniziate prendendo la vostra ciotola e riempitela di acqua. Poi, cospargete il sale in cima. Preferibilmente un sale marino naturale, meno lavorato del tipico sale da tavola. Il sale è usato per la sua capacità di assorbire e rompere l'energia negativa.

Ponete la vosra ciotola all'aperto dopo il tramonto durante una Luna Piena o Nuova per il miglior risultato finale. La ciotola deve essere posizionata in modo che la luce della Luna risplenda sull'acqua. In caso di Luna Nuova, dovete assicurarvi che sia posto all'esterno per assorbire l'energia lunare emanata. Accendete la vostra candela. Potete aggiungere una bruciatura di salvia se ritenete di purificare la zona intorno a voi. Raccogliete gli oggetti che saranno purificati come ad esempio, un cristallo, un pezzo di gioielleria o un vestito. Se troppo grande, può essere lasciato a terra, preferibilmente al chiaro di luna. Tenete in mano gli oggetti più piccoli, in modo che siano bagnati dalla luce della Luna e rilassatevi in uno stato meditativo. Uno dei modi più semplici per entrare in uno stato meditative, è quello di fare inspirazioni ed espirazioni profonde. Una inpirazione lunga e profonda per cinque secondi attraverso il naso trattenendolo per un'istante, prima di espirare per altri cinque secondi. Durante questo processo, permettete al vostro corpo di rilassarsi e concentratevi sui vostri respiri e sul vostro stato attuale. Una volta che sarete sufficientemente rilassati , fate un ultimo respiro profondo e abbassate i vostri oggetti verso il vostro petto. Poi, espirate, soffiando leggermente su di essi. Mentre espirate, assicuratevi di mantenere i vostri pensieri piacevoli, positivi e rilassati. Chiudete gli occhi e immaginate l'energia che scorre intorno a voi, fin dentro i vostri polmoni con la respirazione attiva. Bene, ora immaginate quell'energia fluire sui vostri oggetti. Immaginate i raggi della Luna assorbire la superficie degli oggetti mentre pronunciate queste parole:

"Energie della Terra, della Luna e dell'Universo, purificate [nome dell'oggetto] con la vostra energia positiva. Ode a te Universo, ode a te madre Terra, ode a te Luna.

Mettete gli oggetti nell'acqua, se possibile, altrimenti poneteli accanto alla ciotola, o se preferite, seppelliteli per ottenere ulteriore energia della Terra insieme a quella della Luna.

Mentre farete questa operazione sarà il momento di dichiarare la vostra intenzione, sia una pulizia, una ricarica o qualcos'altro di più complesso. Per un principiante, sarà sufficente recitare la seguente frase: "Chiedo che l'energia negativa all'interno del mio oggetto sia purificata e che all'energia positiva sia permesso di fluire al suo interno".

Gli oggetti devono stare all'aperto durante la notte, in alternativa messi sul bordo di una finestra affinchè possano assorbire l'energia della Luna. Se desiderate impostare un'intenzione specifica, prendete ogni oggetto purificato tenendolo in mano, uno alla volta recitando l'intenzione diretta all'oggetto contenuto nella vostra mano. Per esempio, se state purificando un gioiello affinchè vi porti calma e serenità, dichiaratelo con precisione; stessa cosa per un oggetto che vi dia forza nei momenti di debolezza, e così via. Con l'oggetto in mano, fate un respiro profondo e concentratevi sulle vibrazioni dell'oggetto, immaginando che tale energia interagisca con la vostra e si fondano insieme.

Gravidanza: tasso di natalità e luna piena

La Luna Piena è indubbiamente un momento di grande potenza nell'universo della Wicca e della spiritualità in generale. Questo splendido fenomeno celeste è spesso associato a un'energia intensa e può essere considerato un periodo di notevole importanza per i rituali, tra cui quelli legati alla fertilità, compresa quella umana. Ecco alcune ragioni per cui la Luna Piena è vista come un momento significativo per la pratica wiccan.

Massima Illuminazione Spirituale: La Luna Piena rappresenta il culmine del ciclo lunare, quando la luce lunare è al suo apice. Questo aumento della luminosità è metaforicamente associato all'illuminazione spirituale, alla consapevolezza e all'ispirazione. Molti wiccan ritengono che sia il momento ideale per lavorare su questioni profonde dell'anima, meditare e cercare risposte interiori.

Energia Lunare Potenziata: La Luna Piena è spesso associata a un aumento dell'energia lunare. Le energie della natura sono percepite come più intense, il che significa che i praticanti wiccan possono sfruttarle per scopi magici e spirituali. Ciò include la conduzione di rituali per scopi diversi, tra cui purificazione, guarigione, protezione, prosperità e, come menzionato, fertilità.

Rituali di Fertilità: La fertilità è un tema comune in molte tradizioni wiccan, poiché rappresenta la crescita e la creazione in tutti i suoi aspetti, non solo la fertilità fisica. Durante la Luna Piena, molti praticanti wiccan possono scegliere di condurre rituali specifici per lavorare sulla fertilità, sia essa intesa come la capacità di concepire fisicamente, la creatività artistica o la prosperità finanziaria.

Questi rituali possono includere l'uso di simboli, incantesimi o oggetti magici correlati alla fertilità.

Incantesimi d'Amore: La Luna Piena è spesso associata all'amore e alle passioni. Molti praticanti wiccan credono che questa sia un'opportunità ideale per lanciare incantesimi d'amore, sia per attrarre un nuovo amore che per rafforzare una relazione esistente. L'energia della Luna Piena è vista come potenziante per questi tipi di lavori magici.

Celebrazione dell'Abbondanza: La Luna Piena è un momento ideale per celebrare l'abbondanza e la gratitudine per ciò che si ha nella vita. I praticanti wiccan possono condurre rituali di ringraziamento, esprimendo gratitudine per la prosperità materiale, emotiva e spirituale. Questo rafforza il legame tra l'individuo e le forze positive dell'universo.

Rinforzo dell'Intenzione: Durante la Luna Piena, I praticanti wiccan sfruttano l'energia intensa per rinforzare le loro intenzioni e gli obiettivi stabiliti precedentemente. Questo può includere la ripetizione di affermazioni, la visualizzazione di successi futuri o l'uso di oggetti rituali per ancorare tali intenzioni.

La luna piena e la creatività

La Luna Piena è un momento straordinario per connettervi con la vostra creatività e liberare il potenziale creativo che alberga dentro di voi. Questa connessione tra la Luna Piena e la creatività è una parte preziosa della vostra pratica wiccan e può essere sfruttata in modo potente attraverso un rituale intenzionale. Ecco come potete utilizzare l'energia della Luna Piena per sbloccare la vostra creatività:

1. *Identificate l'Energia Lunare*: Ogni Luna Piena ha un'energia unica associata al suo mese lunare. Prima di iniziare il vostro rituale, prendetevi

del tempo per identificare e comprendere questa energia. Ad esempio, la Luna Piena di agosto è spesso associata all'abbondanza e alla prosperità. Comprendere questa energia vi aiuterà a lavorare in armonia con essa.

2. *Stabilite un'Intenzione Creativa*: Una volta che avete identificato l'energia della Luna Piena, stabilite un'intenzione creativa chiara e specifica. Può essere qualcosa come liberare la vostra mente da stress e blocchi creativi, o potrebbe essere focalizzata su un progetto creativo specifico che desiderate portare avanti. Questa intenzione diventerà il cuore del vostro rituale.

3. *Cerimonia di Liberazione*: Durante il vostro rituale sotto la Luna Piena, prendetevi un momento per recitare ad alta voce la vostra intenzione creativa. Focalizzatevi su ciò che desiderate rilasciare: lo stress, i pensieri negativi, le paure o qualsiasi cosa stia ostacolando la vostra creatività. Visualizzate questi ostacoli che si dissolvono e lasciano spazio alla chiarezza mentale.

4. *Sbloccate la Vostra Creatività*: Dopo aver rilasciato l'energia negativa, concedetevi il permesso di esprimere la vostra creatività in qualsiasi modo desiderate. Ballate, scuotetevi, disegnate, dipingete, cantate o fate qualsiasi altra cosa che vi permetta di esprimervi liberamente. La chiave è liberare la creatività senza giudizio o auto-critica.

5. *Manifestate la Luce della Luna*: Mentre vi immergete in attività creative, assicuratevi di farlo sotto la luce diretta della Luna Piena. Questo può significare lavorare all'aperto, se possibile, o semplicemente posizionarvi in un luogo dove la luce lunare possa raggiungervi. La luce della Luna è vista come purificante e potenziante per la creatività.

6. *Sentitevi Leggeri e Creativi*: Dopo aver liberato l'energia negativa e aver sperimentato la luce della Luna Piena, spesso vi sentirete più leggeri, più aperti e con una mente più chiara. I vostri processi creativi saran-

no potenziati e potrete avvicinarvi ai vostri progetti con una maggiore ispirazione e chiarezza.

Modi per attingere alla tua intuizione

L'intuizione è una capacità di percezione che permette di comprendere e riconoscere informazioni sottili e non esplicite presenti nell'ambiente circostante. Essa può essere definita come la capacità di accedere ad informazioni sottili, senza l'ausilio di ragionamenti logici, ed è spesso associata a sensazioni o percezioni interiori. Sebbene alcuni descrivano l'intuizione come un'esperienza che deriva dall'intestino, ciò non è necessariamente corretto. L'intuizione non è una sorta di "sesto senso", ma è piuttosto una funzione della mente che viene stimolata dall'esperienza, dall'osservazione e dalla pratica. L'intuizione può fornire un senso di consapevolezza e di guida che spesso viene ignorato o messo da parte in favore del ragionamento e della logica. Tuttavia, la capacità di comprendere il mondo che ci circonda attraverso l'intuizione è altrettanto importante quanto la razionalità, e dovrebbe essere ascoltata con attenzione.

Se si desidera sviluppare l'intuizione, ci sono diversi passi che possono essere intrapresi. Ad esempio, si può iniziare a fare pratica con l'osservazione delle sensazioni fisiche e delle emozioni, sviluppando la propria capacità di ascolto e di comprensione del mondo che ci circonda. In questo modo, si può apprendere a comprendere meglio l'energia dell'universo e le informazioni sottili che ci circondano. Anche se questo processo può essere difficile o può richiedere del tempo, l'ascolto della propria intuizione può fornire una fonte di guida preziosa nella vita.

Vivere nel presente

Vivere nel presente è un aspetto fondamentale per sviluppare una connessione più profonda con la vostra intuizione. Quando vivete nel presente, potete sintonizzarvi meglio con il flusso delle energie e delle vibrazioni intorno a voi. Ecco come potete praticare questa consapevolezza nel contesto della vostra spiritualità wiccan:

Mindfulness: La mindfulness è una pratica che vi aiuterà a rimanere ancorati al momento presente. Dedicate del tempo ogni giorno per praticare la mindfulness, concentrandovi sulla vostra respirazione e sulle sensazioni fisiche. Questo vi aiuterà a liberare la vostra mente da pensieri ansiosi o distruttivi.

Meditazione: La meditazione è un modo potente per vivere nel presente e ascoltare la vostra intuizione. Durante le vostre sessioni di meditazione, focalizzatevi sul qui e ora. Concentratevi su un singolo punto di concentrazione, come la fiamma di una candela o il suono di una campana. Questo vi aiuterà a svuotare la mente e a diventare più consapevoli delle vostre percezioni interiori.

Comunicazione con la Natura: La Wicca è profondamente radicata nella natura, quindi trascorrete del tempo all'aperto. Quando siete in natura, fate attenzione ai dettagli intorno a voi: i suoni degli uccelli, il vento tra gli alberi, l'odore della terra. Questa connessione con la natura vi aiuterà a vivere nel presente e ad aprire i vostri sensi intuitivi.

Diario Spirituale: Mantenete un diario spirituale in cui registrare i vostri pensieri, le vostre intuizioni e le vostre esperienze quotidiane. Questo atto di scrittura vi terrà ancorati al presente e vi permetterà di esplorare i vostri pensieri interiori.

Pratica dell'Ascolto: Dedicate del tempo ogni giorno per ascoltare attivamente. Ascoltate le voci dei vostri cari, i suoni della natura e anche la vostra voce interiore. Spesso, l'intuizione si manifesta attraverso sussurri interiori o sensazioni sottili. Essere presenti e ascoltare con attenzione vi permetterà di cogliere queste indicazioni.

Rilassamento e Centro: Praticate regolarmente il rilassamento e il recentramento. Queste tecniche vi aiuteranno a liberare le tensioni fisiche e mentali che potrebbero ostacolare la vostra capacità di vivere nel presente.

Vivere nel presente è un elemento chiave per sviluppare una connessione profonda con la vostra intuizione wiccan. Quando siete ancorati al momento presente, potete percepire meglio le energie sottili e le intuizioni che vi guidano sulla vostra strada spirituale. Siate aperti e pronti ad ascoltare, e scoprirete un mondo di saggezza interiore che vi aiuterà nella vostra pratica.

Meditazione

La meditazione consiste nell'allenamento della mente per concentrarsi sul momento presente, ridurre lo stress e l'ansia e sviluppare la consapevolezza di sé. Essa può assumere diverse forme, ma la più comune consiste nel sedersi in posizione eretta, chiudere gli occhi e concentrarsi sulla respirazione. In questo modo, si impara a carpire i pensieri che attraversano la mente, senza giudicarli o reagire ad essi, ma semplicemente osservandoli e lasciandoli andare.

La funzione della meditazione è molteplice. Innanzitutto, essa aiuta a ridurre lo stress e l'ansia, inoltre, la meditazione può migliorare la salute mentale, riducendo i sintomi di depressione e ansia migliorando la qualità del sonno. Aiuta a sviluppare la consapevolezza di sé, ovvero la capacità di riconoscere e gestire le proprie emozioni e pensieri. Questo può essere particolarmente utile per chi soffre di disturbi dell'umore o per chi desidera migliorare le proprie relazioni interpersonali o come strumento di crescita personale e spirituale. Grazie alla sua capacità di farci concentrare sul momento presente, questa abitudine aiuta a sviluppare la compassione, l'empatia e la gratitudine, migliorando così la qualità della nostra vita e delle relazioni con gli altri.

L'acqua della luna

Creare l'Acqua della Luna è un atto magico e significativo nella pratica wiccan, poiché cattura l'energia e la luce della Luna Piena per essere utilizzata in vari rituali e incantesimi. Ecco come potete procedere per creare e utilizzare l'Acqua della Luna nella vostra pratica spirituale:

Raccogliere l'Acqua: Iniziate raccogliendo dell'acqua purificata. Potete utilizzare acqua distillata, acqua di sorgente o acqua di rubinetto previamente purificata attraverso un processo di filtraggio o di carbone attivo. È importante iniziare con un'acqua pulita e purificata per catturare l'energia della Luna in modo ottimale.

Contenitore trasparente: Scegliete un contenitore trasparente o una bottiglia di vetro per conservare l'Acqua della Luna. Il vetro è un materiale ideale perché non reagisce chimicamente con l'acqua e permette alla luce della Luna di passare attraverso.

Esposizione alla Luna Piena: Per creare l'Acqua della Luna, posizionate il contenitore all'esterno durante una notte di Luna Piena. Assicuratevi che il contenitore sia esposto direttamente alla luce della Luna, in modo che possa assorbire la sua energia. Potete posizionarlo su una finestra o all'aperto, a seconda delle vostre preferenze.

Intenzione e Benedizione: Prima di esporre l'acqua alla Luna, potete tenere il contenitore tra le mani e concentrarvi sulla vostra intenzione. Potete recitare una breve benedizione o affermazione per chiedere alla Luna di caricare l'acqua con la sua energia e potere.

Raccolta al mattino: Al mattino seguente, recuperate il contenitore con l'Acqua della Luna. Sentirete una connessione speciale con questa acqua, poiché è stata influenzata dalla potente energia della Luna Piena.

Conservazione: Trasferite l'Acqua della Luna in una bottiglia scura o in un contenitore opaco per proteggerla dalla luce diretta del sole, che potrebbe deteriorare le sue proprietà energetiche. Potete conservarla in un luogo fresco e buio.

Utilizzo rituale: L'Acqua della Luna può essere utilizzata in vari rituali e incantesimi wiccan. Potete spruzzarla per purificare oggetti, luoghi o voi stessi durante le vostre cerimonie. È anche ideale per l'acqua consacrata nei rituali o per la preparazione di amuleti e talismani.

Riserva per momenti speciali: Poiché l'Acqua della Luna è particolarmente potente durante le notti di Luna Piena, potete conservarla per i momenti in cui ne avrete maggiormente bisogno, come ad esempio, durante rituali importanti o quando desiderate amplificare l'energia spirituale.

Rimanete sempre consapevoli e rispettosi nei confronti della natura mentre praticate questa antica arte magica.

CAPITOLO 6
Le fasi della luna

V ivere sotto la Luna aiuta a rendere la vostra vita più efficiente. I rituali lunari sono una pratica sacra e antica che ha radici in Egitto, India, Babilonia e Cina, dove l'adorazione della Luna faceva fa parte della loro cultura. Avevano capito che le fasi della Luna influenzavano il declino o la crescita delle loro piante, degli uomini e degli animali. Crogiolarsi al chiaro di luna era visto come qualcosa di sacro e necessario come parte di ogni ciclo.

Prima fase: Luna nuova

La Luna nuova rappresenta un momento di nuovo inizio per tutti, poiché indica l'inizio di un nuovo ciclo lunare. Durante questo periodo, la Luna non è visibile nel cielo, rendendo l'atmosfera assolutamente particolare, oscurità e introspezione si fondono. In questa fase, la magia è particolarmente potente e può essere utilizzata per lavorare sulla propria ombra interiore, ovvero sui lati oscuri della personalità che solitamente vengono nascosti agli altri. Questa può essere un'opportunità per esplorare questi aspetti di sé stessi e cercare di comprendere e accettare i propri difetti. Inoltre, la Luna nuova è anche un momento propizio per iniziare nuovi progetti o intraprendere nuove attività. Questo perché la Luna rappresenta la fertilità e la creazione, quindi un momento ideale per concentrarsi sulla realizzazione di nuovi obiettivi e progetti. È un momento per seminare ciò che si desidera veder crescere nella propria vita.

Per sfruttare al meglio la magia della Luna nuova, possiamo creare un rituale personale. Ad esempio, si può accendere una candela bianca e meditare sui propri obiettivi e desideri per il futuro, oppure si può scrivere una lista di cose che si desidera realizzare e tenere questa lista vicino per ricordare i propri intenti.

Nel mondo della Wicca, la Luna nuova è un momento di grande significato e potere. È considerata una fase lunare ideale per rinnovare se stessi, porre fine a vecchi cicli e iniziare nuove avventure nella vita e nella spiritualità. Il rituale del bagno magico durante la Luna nuova è una pratica comune per sfruttare appieno questa energia rinfrescante e trasformatrice.

Per preparare il vostro rituale del bagno magico durante la Luna nuova, dovete prima scegliere il momento giusto. Monitorate attentamente il calendario lunare per determinare quando si verifica la Luna nuova, in modo da poter sincronizzare il vostro rituale con questo potente periodo. Tradizionalmente, la Luna nuova è il momento in cui la Luna non è visibile nel cielo notturno, segnando l'inizio di un nuovo ciclo lunare.

Una volta stabilito il momento giusto, preparate il vostro spazio rituale. La vostra vasca da bagno diventa il vostro calderone magico, quindi assicuratevi che sia pulita e libera da qualsiasi negatività energetica. È utile pulire la vasca con un detergente naturale e, se lo desiderate, potete aggiungere un po' di sale marino o sale da bagno nella vasca stessa per intensificare la purificazione.

Prima di entrare nella vasca, preparate la vostra mente e il vostro spirito. Sedetevi tranquillamente in un luogo confortevole e iniziate a rilassarvi. Concentratevi sul motivo reale del rituale. Forse desiderate liberarvi di vecchi schemi di pensiero limitanti, lasciare andare il passato o creare spazio per nuove opportunità nella vostra vita. Visualizzate chiaramente il vostro obiettivo e dedicate un momento a concentrarvi su di esso.

Quando vi sentirete pronti, entrate nella vasca, immergetevi nell'acqua purificante, sentirete immediatamente il peso delle vostre preoccupazioni e dei vostri dubbi evaporare dal vostro corpo e dalla vostra mente. L'acqua laverà via tutte le vecchie energie negative, lasciandovi con una sensazione di leggerezza e chiarezza. Potete recitare a voce alta o mentalmente delle affermazioni positive durante il bagno, focalizzandovi sulla trasformazione e sulla rinascita.

Le candele sono un elemento aggiuntivo importante per il vostro rituale. Posizionatele intorno al bordo della vasca, creando un'atmosfera rilassante e magica. Le fiamme delle candele rappresentano la luce interiore e la trasformazione, e aiutano a intensificare l'energia del rituale.

Mentre sarete immersi nella vasca, continuate a visualizzare il vostro obiettivo e lasciate che l'acqua della Luna nuova vi avvolga con la sua energia purificante e rigenerante. Concentratevi sul nuovo inizio e lasciate andare tutto ciò che vi ostacola.

Quando avrete fatto tutt i passaggi descritti, il rituale può terminare. Tirando lo scarico della vasca, simboleggerà il completamento del processo di purificazione e il rilascio delle vecchie energie. Pronunciate a voce alta o mentalmente la vostra volontà di lasciare andare il passato aprendo la strada ad un nuovo inizio.

Asciugatevi e vestitevi con molta calma, conservate la sensazione ottenuta da questa esperienza durante i giorni seguenti, utilizzandola come motivazione e ispirazione per perseguire i vostri obiettivi e per abbracciare il nuovo capitolo della vostra vita.

Il rituale del bagno magico durante la Luna nuova è una pratica potente per la trasformazione personale e la crescita spirituale. Continuate a esplorare le varie fasi lunari e le pratiche wiccan per arricchire la vostra connessione con la natura e la vostra saggezza interiore.

Seconda fase: Luna crescente

La Luna crescente è una fase affascinante e dinamica che segue la Luna nuova ed è caratterizzata dal suo progressivo aumento di luminosità nel cielo notturno. Questa fase, che si estende fino alla Luna piena, è particolarmente significativa nella pratica wiccan, poiché rappresenta la crescita, l'energia crescente e l'accumulo di potere magico. La Luna crescente può essere suddivisa in tre parti principali, ognuna con le sue caratteristiche e implicazioni energetiche:

La Mezzaluna: All'inizio della fase crescente, la Luna appare come una sottile falce luminosa nel cielo. Questa è la cosiddetta "Mezzaluna" o "Luna crescente iniziale". È un momento di nuova speranza e inizio, simboleggiato dalla forma del sorriso della Luna. In questo periodo, molte persone si concentrano su nuovi progetti, obiettivi e desideri, lavorando per dar loro inizio.

Il Primo Quarto: A seguire la Mezzaluna, la Luna continua a crescere fino a diventare una metà luminosa nel cielo, noto come il "Primo Quarto". Questa è una fase di crescita e sviluppo, ed è associata al progresso verso gli obiettivi stabiliti durante la Mezzaluna. È un periodo in cui molte persone intensificano i loro sforzi per raggiungere ciò che desiderano.

La Luna Mezza Piena: Quando la Luna è a metà tra il Primo Quarto e la Luna piena, è chiamata "Luna Mezza Piena". È un momento di equilibrio tra l'energia crescente e quella declinante. Questa fase rappresenta l'opportunità di riflettere sul progresso finora compiuto e di apportare eventuali correzioni di rotta. È un momento favorevole per valutare i vostri obiettivi e l'evoluzione della vostra pratica wiccan.

La Luna crescente è un periodo ideale per lavorare sulla crescita personale, l'attrazione di nuove opportunità e l'accumulo di energia magica. Durante questa fase, i praticanti wiccan intensificano le loro pratiche rituali e magiche per sfruttare al massimo l'energia in crescita della Luna. Può essere un periodo di grande attività e manifestazione, poiché le vostre intenzioni e gli obiettivi stabiliti durante la Luna nuova iniziano a prendere forma.

Ricordate sempre di lavorare in armonia con le fasi lunari e di adattare la vostra pratica wiccan in base alle energie e agli scopi di ciascuna fase. La Luna crescente offre un'opportunità straordinaria per crescere spiritualmente e raggiungere i vostri obiettivi.

La Luna crescente è davvero un momento di grande potere e significato nella filosofia Wicca. È affascinante notare come questa fase sia strettamente legata alla crescita e all'espansione, sia nella natura che nella pratica magica.

Nella natura, come menzionato, la Luna crescente è il momento in cui le piante sfruttano l'energia lunare in aumento per la fotosintesi, il processo vitale che consente loro di crescere e prosperare. Allo stesso modo, molti animali iniziano la loro fase riproduttiva durante questa fase, sfruttando l'energia crescente della Luna per la procreazione. È davvero una rappresentazione tangibile della connessione profonda tra la Luna e la vita stessa sulla Terra.

Le maree oceaniche, con il loro aumento più pronunciato durante la Luna crescente, ci ricordano la potenza dell'influenza lunare anche sull'acqua, che è uno dei quattro elementi fondamentali nella pratica Wiccan. Questo legame tra la Luna e l'acqua è un aspetto importante delle credenze wiccan, poiché l'acqua è vista come un mezzo per canalizzare l'energia e la magia.

Terza fase: Luna piena

La Luna piena è davvero una fase straordinaria nel ciclo lunare, ed è considerata uno dei momenti più potenti nella pratica Wiccan. È una fase che risplende con energia e magia, e offre molte opportunità per il lavoro spirituale e magico.

Come hai menzionato, la Luna piena è spesso associata all'energia femminile e alla creatività. Questa è una fase in cui l'energia è a un livello massimo, il che la rende ideale per lavorare su obiettivi e intenzioni significativi. I rituali durante la Luna piena possono essere dedicati all'attrazione dell'amore, della prosperità, della saggezza e di tutto ciò che desiderate manifestare nelle vostre vite.

La connessione tra la Luna piena e le emozioni è molto forte, è il momento in cui le emozioni tendono ad essere elevate, e questa intensità può essere utilizzata in modo costruttivo nella magia e nei rituali. La carica di oggetti come cristalli sotto la luce della Luna piena è un gesto simbolico che può potenziare ulteriormente la loro energia e renderli strumenti magici più efficaci.

Un aspetto importante della Luna piena è il potenziamento delle capacità psichiche e intuitiva. La pratica della meditazione sotto la luce della Luna piena è un modo straordinario per ottenere chiarezza mentale e spirituale. Questo è il momento ideale per ascoltare il proprio istinto e connettersi con il mondo spirituale.

La magia del sesso durante la Luna piena è un argomento di grande interesse nella pratica Wicca. L'orgasmo è considerato un momento di grande potere energetico, ed è utilizzato per manifestare desideri e intenzioni. La visualizzazione dell'intenzione durante l'orgasmo è un modo potente per canalizzare l'energia verso gli obiettivi desiderati.

La Luna piena è un momento straordinario e offre una vasta gamma di opportunità per la crescita personale, la manifestazione dei desideri e la connessione con le energie dell'universo. È un periodo in cui ci si può sentire veramente in sintonia con la magia e la spiritualità della natura.

Quarta fase: Luna calante

La Luna calante è davvero una fase straordinaria del ciclo lunare e ha una profonda importanza. È una fase di transizione, di rilascio e di purificazione, in cui molte energie convergono verso il completamento di cicli e l'inizio di nuovi.

Questa fase è associata alla decomposizione e alla fine dei cicli nella natura. È un momento in cui le piante e gli animali perdono la loro forza vitale e si preparano per il riposo invernale. Questo processo naturale di declino è analogo al rilascio di ciò che non è più necessario nella nostra vita durante la Luna calante. È il momento ideale per liberarsi di vecchi schemi di pensiero, comportamenti tossici o relazioni dannose. I rituali durante questa fase possono essere potenti mezzi di purificazione e di trasformazione personale.

La pulizia e la purificazione energetica sono parte integrante della Luna calante. È un aspetto cruciale di questa fase, poiché l'energia della pulizia è in aumento e può essere utilizzata per liberare spazi fisici, come la casa, e spazi energetici, come il proprio corpo e la mente, da impurità e negatività. Questa pulizia prepara il terreno per nuovi inizi e per una connessione più profonda con se stessi e con il divino.

Nella pratica Wicca, i rituali durante la Luna calante possono essere molto simili a quelli della Luna crescente e della Luna piena, ma con un focus specifico sul rilascio e sulla purificazione. La creazione di un cerchio magico è spesso parte integrante di questi rituali, poiché aiuta a creare uno spazio sacro in cui lavorare con l'energia della Luna calante. Le meditazioni, le preghiere e altre pratiche spirituali sono strumenti preziosi per connettersi con questa fase e per lavorare con la sua energia.

Le offerte fatte alla Luna calante possono essere simboliche di ciò che stiamo rilasciando o delle nostre intenzioni per il futuro. Questo può includere offerte di erbe, fiori o oggetti significativi. È un modo per onorare questa fase e per mostrare gratitudine per il suo potere di purificazione e di liberazione.

È un momento in cui possiamo liberarci del vecchio, purificarci e prepararci per nuovi inizi. È un periodo di connessione con l'energia della pulizia e della decomposizione, ma anche con la saggezza e l'accettazione della morte come parte naturale del ciclo della vita. Con rituali appropriati e un atteggiamento aperto, possiamo sfruttare appieno il potere di questa fase per la nostra crescita personale e spirituale.

La pietra dell'ossidiana è una pietra che rappresenta l'energia della Luna calante ed è utilizzata per la purificazione, la protezione e la guarigione emotiva.

CAPITOLO 7

Strumenti per la magia della Luna

Ogni strega piace praticare con i propri strumenti magici. Questi oggetti possono essere semplici o professionali, a seconda della pratica individuale della strega. Alcune preferiscono oggetti che rappresentano gli elementi e una buona scorta di candele, mentre altre preferiscono avere il set completo di strumenti d'altare Wicca. L'importante è trovare oggetti che piacciano e che siano adoperati solo per scopi magici, in modo da manifestare i propri obiettivi e scopi. Consiglio di separare i propri strumenti magici dagli altri oggetti della casa, conservandoli in un luogo protetto e sicuro. L'altare è il luogo ideale per riporre i materiali artigianali, ma se non si dispone dello spazio necessario, è possibile utilizzare un armadio o un cassetto dedicato. Nella Wicca, gli strumenti sono oggetti carichi di simbolismo e significato che vengono utilizzati per scopi spirituali e magici. Ogni strumento ha una storia, una funzione specifica, e rappresenta diverse credenze all'interno della pratica Wiccan. Ecco una panoramica degli strumenti comuni utilizzati nella Wicca:

Bollitore o Calderone: Il bollitore è considerato il simbolo della Dea ed è utilizzato per mescolare, incantare o bruciare ingredienti magici. Rappresenta il principio femminile e l'elemento dell'acqua.

Bacchetta: La bacchetta è spesso fatta di legno e rappresenta il principio maschile e l'elemento del fuoco. Viene utilizzata per dirigere l'energia in cerimonie e rituali, tracciare cerchi magici e lanciare incantesimi.

Pentacolo: Il pentacolo è una stella a cinque punte incisa su un disco o una lastra di metallo, legno o pietra. Rappresenta l'elemento della terra e simboleggia l'equilibrio e la protezione. Viene posizionato sull'altare per rappresentare il regno terrestre.

Calice: Il calice rappresenta l'elemento dell'acqua ed è associato al principio femminile. È utilizzato per contenere liquidi durante i rituali, spesso vino o acqua, e simboleggia l'unità tra la Dea e il Dio.

Spada: La spada è l'arma sacra nella Wicca e rappresenta il principio maschile e l'elemento dell'aria. Viene utilizzata per proteggere il cerchio magico e come simbolo di autorità spirituale.

Incensi e Brucia-Incensi: Gli incensi vengono bruciati in appositi brucia-incensi e rappresentano l'elemento dell'aria. L'incenso purifica l'aria e crea l'atmosfera adatta ai rituali. Ogni tipo di incenso ha significati specifici legati alle erbe e agli oli utilizzati nella loro creazione.

Campana: La campana è utilizzata per purificare lo spazio, avvisare gli spiriti e segnalare l'inizio e la fine dei rituali. Il suo suono è associato alla vibrazione dell'energia.

Libro delle Ombre: Il Libro delle Ombre è un diario personale in cui i praticanti registrano le loro esperienze, incantesimi, rituali e conoscenze. È considerato un'opera sacra e un'eredità spirituale.

Pugnale Athame: L'athame è un pugnale a doppio taglio con una lama non affilata. Rappresenta l'elemento del fuoco ed è utilizzato per tracciare cerchi magici, incanalare energia e simboleggiare l'unione tra la Dea e il Dio.

Candele: Le candele sono utilizzate per rappresentare gli elementi del fuoco e dell'aria nei rituali. Possono essere di diversi colori, ognuno con un significato specifico, e vengono accese per focalizzare l'energia.

Cristalli e pietre: Le pietre e i cristalli vengono utilizzati per la loro energia e proprietà specifiche. Ogni pietra ha attributi unici che possono essere sfruttati nei rituali o nelle meditazioni.

Bacchette degli Dei: Questi sono oggetti naturali come bastoni o corna che rappresentano il Dio. Sono utilizzati nei rituali per onorare il Dio e la sua energia.

Scopa delle Streghe: La scopa delle streghe è simbolo di purificazione e protezione. Viene utilizzata per "spazzare via" le energie negative e per pulire fisicamente o simbolicamente uno spazio.

Ogni strumento ha una storia e una funzione specifica all'interno della Wicca, ma è importante ricordare che il potere di questi strumenti risiede nella fede e nell'intenzione del praticante. Non è obbligatorio possedere tutti gli strumenti, è importante praticare con quelli che risuonano maggiormente con voi stessi.. La pratica Wiccan è altamente individuale e aperta all'interpretazione personale, il che consente ai praticanti di creare un rapporto significativo con gli strumenti che scelgono di utilizzare. In ogni caso, sviluppare un rapporto speciale con i propri strumenti magici e conservarli in un luogo giusto è essenziale per la propria pratica magica.

Pentacolo

Il pentacolo è uno dei simboli più importanti nella Wicca e viene utilizzato come strumento magico per la protezione e l'energizzazione della pratica magica. Questo simbolo è una stella a cinque punte, all'interno di un cerchio, che rappresenta la connessione tra l'elemento dell'acqua e della terra. In questo testo, esploreremo in dettaglio il significato del pentacolo nella Wicca, la sua funzione e come viene utilizzato nella pratica magica.

Il pentacolo è un simbolo molto versatile e viene utilizzato in molteplici scopi all'interno della pratica magica. In primo luogo, viene utilizzato come strumento di protezione e di benedizione. La forma a cinque punte del pentacolo rappresenta le cinque direzioni della natura (nord, sud, est, ovest e centro), che simboleggiano gli elementi della terra, dell'acqua, dell'aria, del fuoco e lo spirito. Queste direzioni rappresentano anche i punti cardinali, che hanno una funzione protettiva nella pratica magica.

Il pentacolo viene utilizzato per attivare e potenziare l'energia magica durante i rituali. Durante il rituale, esso viene posizionato al centro dell'altare e viene utilizzato per invocare l'energia degli elementi, dell'acqua e della terra. Questa energia viene poi utilizzata per manifestare l'intenzione del rituale, come la guarigione, la prosperità o la pace interiore.

La costruzione del pentacolo può variare a seconda delle preferenze del praticante. Il pentacolo tradizionale viene spesso realizzato in metallo, legno o pietra, con il simbolo a cinque punte inciso o dipinto sulla superficie. Tuttavia, esistono anche pentacoli fatti a mano, utilizzando materiali naturali come foglie, rami, fiori o sabbia. Inoltre, ci sono pentacoli che incorporano cristalli, gemme o pietre preziose per potenziare l'energia magica.

Il pentacolo viene quasi sempre mostrato sull'altare, al centro di uno spazio sacro dedicato alla pratica magica, ma può essere utilizzato in altri modi, ad esempio, indossato come gioiello o portato in una borsa come amuleto per la protezione personale.

La funzione principale del pentacolo nella pratica magica è quella di creare un ponte tra il praticante e il mondo spirituale, in particolare l'energia degli elementi, dell'acqua e della terra. Il pentacolo viene utilizzato per invocare e canalizzare queste energie al fine di manifestare l'intenzione del rituale. Inoltre, il pentacolo svolge una funzione protettiva, in quanto crea un cerchio di protezione intorno allo spazio sacro e al praticante.

Spada

La spada o athame è uno strumento magico di grande potenza nella pratica. Questa lama semplice viene utilizzata principalmente per il taglio simbolico di corde e legami, così come per il taglio letterale di oggetti usati nel lavoro magico. Il potere della spada è legato all'energia dell'est e all'elemento aria, e può essere utilizzata per compiere riti e rituali sacri che richiedono un'azione specifica.

L'utilizzo della spada o athame per il "taglio" rappresenta un modo molto potente per invocare certe energie o per liberarsi da cose specifiche. Questo strumento è associato alla mente e ai pensieri, che vi aiuterà a concentrarvi durante le vostre esplorazioni magiche. Non c'è nulla di sinistro nell'adoperare la lama, non viene utilizzata per eseguire sacrifici rituali o fantasie proposte spesso nella cinematografia fantasiosa. La spada o l'athame è uno strumento simbolico che vi aiuterà a influenzare la vostra magia in modo diretto. Quando viene utilizzata durante la magia della Luna, scoprirete che la spada sarà al massimo della sua potenza quando verrà caricata dalla luce della luna. Inoltre, la spada è uno strumento utile per bandire energie indesiderate o per tracciare linee di protezione. L'utilizzo di questo strumento per rituali e incantesimi di Luna Calante è una scelta molto comune.

La spada ha un potere che deriva dall'energia dell'aria, mentre il pentacolo ha un'energia associata alla "Madre Terra" e quindi più femminile. La Luna femminile porta un importante equilibrio alla vostra lama in modo che sia in armonia con la natura del vostro lavoro artigianale. La lama della spada rappresenta l'energia maschile e, insieme al pentacolo, rappresenta una polarità importante nella pratica della Wicca. Per quanto riguarda la costruzione della spada, i materiali possono variare da metallo a legno, ma il più comune è l'acciaio inossidabile. Molti di noi le costruiscono in autonomia, mentre altri le acquistano già pronte.

Calice

Il calice, anche noto come coppa, è uno strumento comune nella nostra pratica e rappresenta l'elemento Acqua. I wiccan considerano il calice più un simbolo della Dea piuttosto che uno strumento in sé. A differenza del Santo Graal, che rappresentava il sangue di Cristo, il calice simboleggiava il grembo della Dea. Solitamente, il calice viene utilizzato per contenere vino o acqua benedetta durante i rituali e gli incantesimi.

Nella maggior parte dei casi, il calice viene posizionato ad ovest durante gli incantesimi e rituali, rappresentando la pienezza dell'abbondanza emotiva. Grazie alla connessione della Luna con l'Acqua, il calice diventa uno strumento lunare molto potente. L'Acqua è governata dall'energia della Luna e l'uso di essa nei rituali amplificherà le vibrazioni della Luna.

L'Acqua utilizzata nei rituali può essere offerta come mezzo per condurre l'energia attraverso le intenzioni spirituali, o come un'offerta allo Spirito. In alternativa, si può sorseggiare l'Acqua bagnata dalla Luna dal proprio calice durante il rituale stesso. E' uso comune usare il calice anche come simbolo per richiedere abbondanza nella propria vita, chiedendo alla Luna di "tirare le maree delle Acque nella vita" per riempire il calice al momento giusto.

Il calice può rappresentare il serbatoio necessario a contenere tutte le intenzioni utili a migliorare la propria vita. Grazie alla connessione tra la Luna e l'Acqua, il calice è uno strumento ideale per qualsiasi incantesimo lunare e porta l'energia della Luna all'altare o al tavolo rituale.

Terreno, sale ed erbe

Nella Wicca, il terreno, il sale e le erbe sono elementi significativi che vengono utilizzati per scopi magici e rituali. Ognuno di essi ha un significato specifico. Ecco una breve panoramica del significato di questi elementi:

Il Terreno: Rappresenta l'elemento della Terra. Rappresenta la stabilità, la fertilità, la solidità e la connessione con la natura.

Simboleggia la Base e la Fondazione: Il terreno è utilizzato per creare cerchi magici o cerchi sacri, poiché rappresenta la base su cui si costruisce la magia e la spiritualità.

Utilizzato nei Rituale di Terra: Il terreno può essere utilizzato in rituali di terra, ad esempio per la benedizione o la consacrazione di oggetti, simboleggiano la stabilità e l'ancoraggio.

Il Sale: Esso è naturalmente associato all'elemento terra. Simboleggia la purezza, la preservazione e la protezione.

Purificazione: Il sale viene usato per purificare oggetti, spazi o persone, per creare cerchi magici purificatori e per benedire e proteggere oggetti sacri.

Simboleggia la Vita e la Guarigione: Il sale è anche associato alla vita, poiché è stato utilizzato storicamente per conservare alimenti. Quindi, può anche rappresentare la vitalità e la guarigione.

Le Erbe: Rappresentano l'elemento dell'Erba o delle Piante. Sono fortemente associate all'elemento dell'aria e all'elemento della terra. Simboleggiano la crescita, la vitalità e la connessione con la natura.

Utilizzate nella Magia delle Erbe: Esse vengono utilizzate per scopi magici e rituali. Ogni erba ha le sue proprietà energetiche uniche e viene selezionata in base agli obiettivi magici o spirituali del praticante.

Utilizzate per la Purificazione e la Guarigione: Alcune erbe sono utilizzate per purificare e proteggere, mentre altre sono utilizzate per scopi di guarigione. Possono essere utilizzate per preparare pozioni o come offerte agli spiriti o agli dei.

Questi elementi sono considerati sacri nella pratica Wicca e vengono utilizzati con rispetto e intenzione. Il loro significato varia a seconda del contesto e degli obiettivi specifici del rituale o del lavoro magico. La Wicca è una religione che celebra la natura e la connessione con gli elementi naturali; quindi, questi elementi sono centrali nella sua pratica.

L'erba di chickweed viene impiegata per trasmettere amore e romanticismo nella vita delle persone ed è governata dalla Luna. Potete utilizzare questa erba all'interno del vostro cerchio o come parte di un incantesimo d'amore sotto la Luna Crescente per attrarre l'amore della vostra vita.

Le foglie e i rami del vostro giardino possono essere utilizzati per rappresentare l'elemento Terra. Utilizzare i materiali naturali raccolti direttamente dalla natura è uno dei modi migliori per portare l'energia elementare nella tua pratica magica. Ci sono molte erbe che sono associate all'energia dell'universo.

Fumo e piume

Ci sono molti modi per incorporare simbolicamente l'aria nei rituali e negli incantesimi, oltre all'uso del fumo, ad esempio includere l'uso di campane, bolle di sapone, aquiloni, ventagli e penne. Le campane possono essere suonate per rappresentare il suono dell'aria in movimento. Le bolle di sapone possono rappresentare la leggerezza e la trasparenza dell'aria, mentre gli aquiloni possono rappresentare la libertà e l'elevazione dell'aria.

I ventagli e le penne possono essere usati per rappresentare l'aria in movimento. I ventagli per creare una corrente d'aria all'interno del cerchio magico, mentre le penne per tracciare simboli nell'aria per attivare l'energia dell'elemento.

In generale, è possibile utilizzare qualsiasi oggetto che abbia un'associazione con l'aria o il vento per rappresentare l'elemento nell'ambito della pratica magica. E' importante scegliere gli oggetti significativi e pertinenti alla propria pratica personale.

Le piume vengono usate per purificare la vostra area di lavoro. Potete utilizzarle come un'estensione della vostra mano per spostare l'energia stagnante o negativa fuori dal vostro spazio, facendo attenzione a dirigere l'energia in una direzione specifica. Potete anche usare le piume per "spazzare via" le energie indesiderate, ad esempio passando una piuma leggermente sopra il corpo o l'oggetto da purificare. Ricordate sempre di usare la vostra intenzione durante queste pratiche. Potete tenere una piuma nella vostra mano durante il lancio del cerchio, o utilizzarla per tracciare i simboli dell'Aria. Infine, un altro modo per incorporare l'elemento Aria nei vostri rituali è attraverso la vostra voce. E' utile cantare o recitare mantra per creare un suono che rappresenti l'energia dell'aria. Non vi resta che sperimentare questi strumenti e trovare ciò che funziona meglio per voi e per la vostra pratica magica.

Candela e calderone

Nella pratica Wicca, l'utilizzo della magia del Fuoco è un elemento essenziale per la maggior parte degli incantesimi. Quando usiamo il Fuoco, lo stiamo utilizzando per illuminare il nostro lavoro, proprio come la Luna illumina il mondo intorno a noi. Il Fuoco del sud è un elemento importante per molte pratiche di magia, con l'aggiunta di candele, di un calderone la magia sarà inequivocabile. La candela è uno degli strumenti più importanti per una strega, poiché è composta da tutti e quattro gli elementi: la Terra, l'Acqua, l'Aria e il Fuoco. Lo stoppino rappresenta la Terra, la cera rappresenta l'Acqua, la fiamma rappresenta il Fuoco, mentre l'aria rappresenta ciò che circonda la candela. Senza ossigeno, il Fuoco non brucerebbe, proprio come noi non respireremmo senza di esso. La candela può essere utilizzata per incorporare tutti gli elementi nella pratica magica.

Le candele sono disponibili in una varietà di colori e possono essere utilizzate per i rituali di magia lunare. Ad esempio, una candela d'argento viene utilizzata per portare l'energia lunare nella fiamma della candela. Inoltre vengono adoperate in combinazione con il calderone, uno strumento di base della stregoneria che viene associato alla preparazione di pozioni e infusioni sul fuoco. I calderoni sono disponibili in tutte le forme e dimensioni e sono utilizzati per bruciare erbe e incantesimi scritti su carta. Possono essere utilizzati in qualsiasi luogo, prestando attenzione al tipo di magia che si sta praticando. Un calderone viene usato anche per creare l'aspetto simbolico della Luna, quando viene riempito d'acqua e posizionato vicino alla fiamma di una candela o sotto la Luna Piena.

L'utilizzo delle candele e dei calderoni sono elementi importanti nella pratica magica, essi hanno la funzione di amplificare la connessione perfetta con l'ambiente nei rituali. Le candele sono utilizzate per la meditazione e per stabilire le intenzioni del nuovo mese. È importante avere una varietà di candele di diverse dimensioni, forme e colori per la pratica magica, in quanto alcuni incantesimi richiedono bruciare alcune candele per giorni fino al loro spegnimento naturale.

Sali da bagno

I sali da bagno sono utilizzati come parte di un rituale di purificazione e per creare un'atmosfera rilassante durante il bagno rituale. Vi sono molti tipi di sali che possono essere utilizzati nella pratica Wicca, e la scelta dipende spesso dall'intento specifico del praticante. Alcuni esempi comuni includono:

Sale marino: viene utilizzato per la pulizia energetica, per la rimozione di energia negativa e per favorire l'energia dell'elemento acqua.

Sale Epsom: è noto per le sue proprietà calmanti viene utilizzato per ridurre lo stress e l'ansia, ma anche per favorire la guarigione fisica e per aiutare a rimuovere le tossine dal corpo.

Sale rosa dell'Himalaya: per la purificazione e per aiutare a creare un'atmosfera di amore e pace. Utilizzato per favorire l'energia dell'elemento terra e per aiutare a creare una connessione con la natura.

Bicarbonato di sodio: per la pulizia energetica e per la rimozione di energia negativa. Viene anche utilizzato per favorire l'energia dell'elemento aria e per aiutare a creare una connessione con il mondo degli spiriti dell'aria.

Oli essenziali: vengono aggiunti ai sali da bagno per aiutare a creare un'atmosfera specifica e per favorire l'intento del praticante.

Ad esempio, l'olio di lavanda impiegato per la purificazione e la calma, mentre l'olio di eucalipto per la pulizia energetica e la chiarezza mentale.

Pendolo

Il pendolo è uno strumento per la divinazione e la ricerca di informazioni. È costituito da un oggetto pesante, come una pietra o un cristallo, sospeso a un filo o a una catenella. Il praticante tiene il filo o la catenella con una mano, mentre l'oggetto sospeso si muove liberamente.

Il pendolo viene utilizzato per fare domande e ottenere risposte attraverso i movimenti dell'oggetto sospeso. Il movimento del pendolo può essere influenzato dall'energia del praticante, dalle domande che vengono poste o dalle risposte che si stanno cercando. Ad esempio, il pendolo può oscillare in senso orario o antiorario, da sinistra a destra o avanti e indietro, a seconda della risposta che si cerca.

Prima di utilizzare il pendolo, è importante che il praticante si concentri sulla domanda. Il pendolo deve essere purificato e programmato per il lavoro divinatorio. Ci sono molte tecniche che possono essere utilizzate per la pulizia e la programmazione del pendolo, e la scelta dipende dalla preferenza personale del praticante. In generale, il pendolo è uno strumento di divinazione per ottenere informazioni sul futuro, sulla salute, sul lavoro e su altri aspetti della vita.

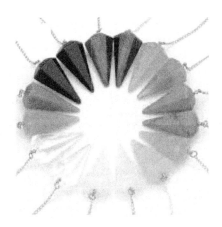

Pietra di luna nera

La pietra di luna nera è una varietà di pietra di luna che viene utilizzata per la sua energia e le sue proprietà magiche. La pietra di luna nera ha una colorazione scura, che può variare dal grigio scuro al nero, ed è caratterizzata da una lucentezza bluastra o argentata. È associata alla luna e alle energie femminili, ed è impiegata per favorire la connessione con la Dea e con gli spiriti della natura. La pietra di luna nera è considerata una pietra protettiva, che può aiutare a respingere le energie negative e a favorire la purificazione.

Considerata una pietra di trasformazione, che può aiutare a superare i blocchi energetici e a favorire la crescita personale. Favorisce l'intuito e la saggezza interiore, e a trovare equilibrio emotivo. Può anche essere utilizzata come pietra da meditazione, come amuleto protettivo, o come elemento decorativo all'interno di un altare o di uno spazio sacro. Durante i rituali essa favorisce la connessione con la luna e con le energie femminili e per respingere le energie negative durante la pratica magica. È importante ricordare che la pietra di luna nera, come ogni altra pietra o strumento magico, ha una propria energia e deve essere pulita e programmata prima di essere utilizzata nella pratica.

Labradorite

Questa è la mia pietra preferita. È ottima per lavorare su nuovi inizi, creatività, trasformazione, e durante la luna scura. La labradorite è una pietra preziosa grazie alle sue proprietà magiche e protettive. È caratterizzata dalla sua lucentezza bluastra o verdognola, che può creare effetti di luce e colori luminosi quando la pietra viene girata o inclinata.

La labradorite è associata alla luce e alle energie celesti, ed è considerata una pietra di trasformazione e di protezione. La labradorite è utilizzata per proteggersi dagli attacchi psichici e dalle energie negative, e per favorire la connessione con gli spiriti della natura e con la propria intuizione. La labradorite è anche una pietra di crescita spirituale, che aiuta a superare blocchi energetici e a favorire la scoperta della propria vera natura. Favorisce la comprensione dei propri sogni e delle proprie visioni, e aiuta a sviluppare la propria saggezza interiore. Pietra da meditazione, come amuleto protettivo, o come elemento decorativo all'interno di un altare o di uno spazio sacro. Oltremodo favorisce la connessione con le energie celesti e amplificando l'energia magica.

Pietra dell'eclissi

La pietra dell'eclissi, nota anche come ossidiana dorata, è una pietra di origine vulcanica che viene utilizzata per le sue proprietà magiche e protettive. La pietra dell'eclissi deve il suo nome alla sua connessione con i cicli celesti e alle energie dell'eclissi. Essa è caratterizzata dalla sua colorazione scura e dalla presenza di inclusioni dorate o rossastre. Queste inclusioni possono creare effetti di luce e colori luminosi quando la pietra viene girata o inclinata.

La pietra dell'eclissi è una pietra di trasformazione, che può aiutare a superare i blocchi energetici e a favorire la crescita personale.

Carte e Oracoli

I mazzi di oracoli sono strumenti utilizzati come supporto per la divinazione e la lettura degli eventi futuri. Sono composti da una serie di carte, ognuna delle quali rappresenta un simbolo o un'immagine associata ad una particolare energia o significato. I mazzi di oracoli possono essere utilizzati per ottenere informazioni e intuizioni su questioni personali o universali, per comprendere le dinamiche che si verificano in una determinata situazione, o per ottenere una prospettiva più ampia sui propri percorsi di vita. Ci sono molti tipi di mazzi di oracoli disponibili, ognuno con il proprio set di simboli e significati. I più popolari nella pratica Wicca includono il tarocco, l'oracolo degli angeli, l'oracolo dei fiori, l'oracolo delle rune, l'oracolo dei cristalli e l'oracolo delle dee. La scelta del mazzo di oracoli dipende spesso dalla preferenza personale del praticante e dalle energie o intuizioni che si desidera lavorare. Alcuni preferiscono lavorare con più di un mazzo di oracoli per ottenere una prospettiva più ampia sui loro percorsi di vita. Per molti praticanti, l'uso dei mazzi di oracoli è parte integrante della loro pratica spirituale, per connettersi con il divino, esplorare il sé interiore o cercare conforto e orientamento.

Quando si utilizza un mazzo di oracoli, è importante avere una mente aperta e concentrarsi sulle domande o sui temi che si desidera esplorare. Sono utilizzati come strumenti di guida e di supporto nella pratica Wicca, ma non dovranno mai sostituire la propria intuizione e il proprio libero arbitrio nella presa di decisioni importanti.

Grimorio

Un grimorio, noto anche come libro delle ombre o libro di incantesimi, è un registro scritto di pratiche magiche, rituali, incantesimi e conoscenze spirituali. Il grimorio è un diario personale del praticante, in cui viene annotata la propria esperienza e le proprie conoscenze acquisite nella pratica magica. Esso può contenere una vasta gamma di informazioni, come le corrispondenze magiche degli elementi, le fasi della luna e le influenze planetarie, le erbe e le piante, le invocazioni e i rituali, i sigilli magici, le preghiere, gli incantesimi e le formule. Il contenuto del grimorio può essere personalizzato e adattato alle esigenze e alle preferenze del praticante, in modo che sia unico e personale. Il grimorio è un oggetto personale e sacro che viene passato di generazione in generazione, rappresentando la continuità e la connessione con le antiche tradizioni magiche.

È importante ricordare che il grimorio è un documento personale e privato e dove essere trattato come tale. Non dovrebbe essere condiviso con altri a meno che il praticante non decida di farlo, e va conservato in un luogo sicuro e protetto.

Cristallo di selenite

La selenite è un cristallo amato nella pratica Wicca per la sua capacità di portare chiarezza mentale e per le sue proprietà di purificazione energetica. È considerato un cristallo di pace, in grado di assorbire le energie negative e di emanare vibrazioni positive. Ecco alcuni dettagli e suggerimenti su come utilizzare la selenite nella vostra pratica spirituale:

Chiarezza Mentale: La selenite è un alleato prezioso quando si tratta di ottenere chiarezza mentale. Se vi sentite confusi o sopraffatti dai pensieri, potete tenere un cristallo di selenite nella mano durante la meditazione. Questo vi aiuterà a liberare la vostra mente da pensieri confusi e a ottenere una maggiore chiarezza delle idee.

Purificazione Energetica: E' nota per la sua capacità di assorbire le energie negative presenti nell'ambiente o nelle persone. Per purificare la vostra aura o uno spazio, passate delicatamente un cristallo di selenite sopra di voi o in giro per la stanza. Questo aiuterà a rimuovere qualsiasi energia indesiderata e a creare un ambiente più positivo e armonioso.

Comunicazione Spirituale: Molti wiccan adoperano la selenite come mezzo per comunicare con gli spiriti guida e il proprio sé superiore. Potete tenere la selenite sopra il terzo occhio o il cuore durante le vostre pratiche di comunicazione spirituale. Questo può facilitare la vostra connessione e ricevere messaggi o intuizioni chiare.

Meditazione e Ispirazione Creativa: La selenite è ideale per le sessioni di meditazione, poiché può favorire uno stato mentale tranquillo e rilassato. Tenere un cristallo di selenite durante la meditazione aiuta ad avere esperienze più profonde e ispirazioni creative. È particolarmente utile quando cercate risposte interiori o soluzioni a problemi.

Pulizia di Altri Cristalli: Ottima per purificare e caricare altri cristalli. Posizionate semplicemente i vostri cristalli sopra un pezzo di selenite per alcune ore o durante la notte. Questo li aiuterà a liberarsi di energie negative accumulatesi e a ripristinare la loro vibrazione originale.

Griglie Energetiche: Potete creare griglie energetiche utilizzando cristalli di selenite. Posizionate più cristalli di selenite intorno a una stanza o in un luogo specifico per amplificare le energie positive e purificare l'ambiente. Questa pratica è utilizzata per preparare uno spazio sacro o per rafforzare l'energia durante i rituali wiccan.

Bacchetta

La bacchetta è uno strumento magico tradizionale utilizzato per dirigere l'energia e manifestare la propria volontà. La bacchetta è realizzata in vari materiali, tra cui legno, metallo, cristalli e altri materiali naturali.

La scelta del materiale è basata sulla propria affinità personale con il materiale. La bacchetta viene utilizzata per dirigere l'energia, per tracciare cerchi magici, per invocare gli elementi e gli spiriti, per creare sigilli magici e per altri scopi similari. Inoltre, rappresenta l'elemento dell'aria in un'altare o in una cerimonia. La bacchetta può essere posizionata nell'angolo est dell'altare, che rappresenta l'elemento dell'aria, oppure tenuta in mano durante la meditazione o la visualizzazione per aumentare la concentrazione e la connessione con voi stessi. È un punto di riferimento tangibile per concentrare l'attenzione e per esprimere la propria volontà.

Molte persone scelgono di posizionare la loro bacchetta sull'altare come un oggetto di ispirazione e di connessione spirituale. Questo può servire come punto focale per la riflessione e la preghiera quotidiana, nonché come un modo per onorare gli Dei o le Dee wiccan. È importante pulire e consacrare la vostra bacchetta prima dell'uso per rimuovere qualsiasi energia residua e per stabilire una connessione personale con essa. Questo può essere fatto attraverso rituali specifici o pratiche di purificazione come l'uso di fumo di salvia o acqua salata.

La bacchetta è uno strumento versatile e significativo per creare e dirigere energia, per meditare e per collegarsi con il mondo spirituale. La sua presenza e il suo utilizzo nei rituali e nella meditazione arricchirà la vostra pratica e influirà a portare maggiore consapevolezza e connessione spirituale nella vostra vita.

Gioielli

I gioielli sono utilizzati come simboli magici e come oggetti di connessione con le energie spirituali. Ci sono diversi tipi di gioielli che possono essere utilizzati nella pratica Wicca:

Anelli: per rappresentare l'unità e la continuità dell'universo. Gli anelli possono essere utilizzati come amuleti o talismani per la protezione, la prosperità e l'amore.

Braccialetti: utilizzati per rappresentare l'equilibrio e la connessione tra il corpo e la mente. Possono essere utilizzati anche come amuleti per la protezione e la guarigione.

Collane: utilizzate per rappresentare la connessione tra il praticante e le energie spirituali dell'universo, ma anche come amuleti per la protezione, la prosperità, l'amore e la saggezza.

Orecchini: rappresentano la saggezza e la connessione con il proprio spirito interiore. Anch'essi vengono indossati come amuleti per la protezione, la guarigione e l'amore.

Ci sono alcuni simboli magici rappresentati sui gioielli, ad esempio:

La triquetra: è un antico simbolo celtico a tre punte che rappresenta l'unità dei tre mondi (il mondo fisico, mentale e il mondo spirituale).

Il pentacolo: simbolo a cinque punte che rappresenta i quattro elementi (terra, aria, fuoco e acqua) e l'etere, o l'elemento spirituale.

La stella a sei punte: è un simbolo magico antico che rappresenta l'equilibrio tra il maschile e il femminile, e la connessione tra il cielo e la terra.

Besom

Si tratta di una scopetta fatta di rametti di betulla, con un manico di legno e un ciuffo di setole naturali. Il Besom viene utilizzato principalmente per la pulizia energetica degli ambienti, in particolare per rimuovere le energie negative o indesiderate. Esso trasforma le energie stagnanti in energia positiva, e la sua presenza aiuta a creare un ambiente magico e sacro. ma anche come strumento per la creazione di cerchi magici. Tradizionalmente, il Besom serve per "spazzare via" le energie negative dal cerchio, creando uno spazio protetto per la vostra pratica magica. Utilizzato come strumento di divinazione. Associato alla Dea e al Dio, agisce come simbolo di fertilità e rigenerazione. Rappresenta il potere della Dea come Madre Terra, che nutre e protegge tutte le creature viventi. Inoltre, esso rappresenta la purificazione e la trasformazione, utile per pulire e purificare gli ambienti all'inizio e alla fine di un ciclo o come segno di benvenuto agli ospiti.

Boline

Si tratta di un coltello con una lama curva, generalmente a mezzaluna, con un manico di legno o di metallo. La Boline viene utilizzata principalmente per tagliare erbe, piante e altri materiali adoperati nella pratica magica, come candele o tessuti, oppure per incidere simboli su oggetti o candele durante la preparazione di rituali e incantesimi. Utile per la raccolta di erbe e piante per scopi magici, poiché il timing e la modalità con le quali vengono raccolte possono influenzare la loro reale efficacia magica. Associata all'elemento aria, al simbolismo della mente e dell'intelletto. E' uno strumento efficace per la precisione e l'attenzione ai dettagli durante la preparazione di incantesimi e rituali.

Può rappresentare il potere della Dea come creatrice e custode della natura. Il suo utilizzo rispettoso e consapevole durante la raccolta delle piante rappresenta una connessione profonda con la natura e una maggiore efficacia nei rituali magici.

La parola "boline" deriva dal termine latino "bollina" o "bulla", che significa "coltello". Possono essere realizzate in vari materiali, tra cui metallo, legno o osso. La scelta del materiale è una questione personale e può essere influenzata dalle corrispondenze energetiche desiderate. Alcune praticanti preferiscono boline con manici intarsiati o decorati per aggiungere un tocco personale alla loro pratica.

Come con gli altri strumenti magici, è importante pulire e consacrare la vostra bolina prima dell'uso. Questo può essere fatto attraverso rituali specifici o pratiche di purificazione come l'uso di fumo di salvia o acqua salata. La consacrazione stabilisce una connessione personale tra il praticante e lo strumento. La sua presenza in un altare wiccan aggiunge un elemento tangibile e potente alla pratica magica e spirituale.

CAPITOLO 8

Magia della luna

Dall'inizio della civiltà umana, la Luna ha rivestito un ruolo importante nelle pratiche e nei miti delle culture di tutto il mondo. Per milioni di anni, la Luna è stata una fonte di luce e un mezzo per misurare il tempo. Come il Sole, anche la Luna è stata associata a molte Dee e divinità in varie culture. Questo corpo celeste, utilizzato sia nella magia che nei miti, è stato collegato a molte ideologie della nostra esistenza, come l'aldilà, la rinascita, la morte, il mistero, la fertilità, la passione e l'amore. La Luna continua ad essere una presenza importante nel paganesimo, nella stregoneria e nelle pratiche wiccan. Le congreghe celebrano i rituali durante le fasi di Luna Piena, al fine di onorare la Dea durante gli Esbats, ma questa pratica può essere effettuata anche individualmente.

Il potere della luna

Gli scienziati di tutto il mondo riconoscono che la Terra possiede una propria energia unica, diversa da quella ricevuta dal Sole. Allo stesso modo, la Luna emana un'energia che è sottile ma distintiva, che si differenzia dall'energia maschile del Sole in quanto è molto femminile. Questa energia è stata associata alla Dea e descritta come magnetica, il che ha senso considerando la sensazione di essere "attratti" dalla Luna. Le persone particolarmente sensibili possono percepire un vero e proprio cambiamento nei loro corpi durante le fasi di Luna nuova o piena, mentre altre potrebbero sentirsi più consapevoli dell'ambiente circostante.

Magia delle erbe

La magia delle piante non è una novità e può essere fatta risalire ai tempi dell'antico Egitto, dove gli egizi utilizzavano erbe e piante per curare malattie e per creare pozioni magiche. Oggi, la magia delle piante è ancora utilizzata per molteplici scopi, inclusi incantesimi d'amore, incantesimi di protezione, auto-potenziamento e guarigione. Ogni pianta ha la sua magia e, se combinata con un incantesimo, aggiunge una sana dose di potere. È interessante notare che alcune piante sono particolarmente potenti per certi tipi di magia. Ad esempio, la lavanda è utilizzata negli incantesimi d'amore, mentre l'aglio è utilizzato per la protezione. La salvia bianca è una pianta sacra per molte culture indigene americane ed è utilizzata per purificare l'aria, allontanare gli spiriti maligni e attirare le energie positive. Indipendentemente dall'esperienza del praticante che esegue il lancio dell'incantesimo, i risultati non tarderanno ad arrivare.

Lancio di incantesimi

Lanciare un incantesimo è una pratica che ha radici antiche e che ha attraversato molte culture e tradizioni diverse nel corso della storia umana. L'incantesimo è utilizzato per molteplici scopi, dalla guarigione alla protezione, dall'amore all'abbondanza. Un incantesimo è una formula magica composta da parole, gesti e simboli utilizzata per influenzare la realtà fisica e ottenere un determinato risultato. L'incantesimo è una forma di magia, che si basa sulla convinzione che le parole e le azioni possono creare cambiamenti nell'energia e nella materia dell'universo, ed in effetti è così.

Il lancio di un incantesimo è un processo che richiede una certa preparazione e attenzione. In primo luogo, è importante avere una chiara intenzione e una buona comprensione del risultato che si vuole ottenere. Deve essere progettato per ottenere un risultato specifico, e deve essere scritto in modo chiaro e preciso. Si può anche includere la creazione di un sigillo o di un talismano che rappresenti l'intenzione dell'incantesimo. Una volta che si ha un'idea chiara dell'incantesimo da lanciare, è importante prepararsi fisicamente e mentalmente per il rituale. Questo può includere la scelta di un luogo appropriato, la creazione di un'atmosfera magica attraverso l'uso di luci, incenso o candele e la preparazione del proprio corpo e della propria mente attraverso la meditazione o la visualizzazione. È importante scegliere gli strumenti giusti in base all'incantesimo che si sta lanciando e al risultato che si vuole ottenere. Ad esempio, le candele hanno la funzione di rappresentare gli elementi della natura o per creare un'atmosfera magica, mentre le erbe per la loro capacità di influenzare la magia e la guarigione. Il lancio di un incantesimo richiede anche l'utilizzo della voce e della mente. La formula magica deve essere pronunciata con intenzione e con la giusta tonalità, per creare l'energia necessaria per il lancio dell'incantesimo. La mente deve essere concentrata sull'obiettivo dell'incantesimo, visualizzando il risultato desiderato e inviando l'energia magica correttamente. Dopo aver lanciato l'incantesimo, è importante concludere il rituale in modo appropriato. Questo può includere la recitazione di una formula di chiusura, la liberazione dell'energia magica accumulata durante il rituale e la pulizia degli strumenti utilizzati.

Magia delle candele

La magia delle candele ha una lunga storia e molte tradizioni differenti. È una forma di magia che utilizza le candele come strumenti per concentrare e proiettare l'energia magica. Le candele sono uno strumento potente e funzionale alla guarigione, protezione, e alla prosperità.

Scegliere una candela che rappresenti l'obiettivo dell'incantesimo è molto importante. Ad esempio, se si sta cercando di attirare l'amore, si può scegliere una candela rossa, diversamente, se si cerca la pace e la tranquillità, si può scegliere una candela blu. È consigliato comprare candele di buona qualità per evitare lo spegnimento indesiderato. Una volta scelta la candela giusta, è importante prepararsi mentalmente e fisicamente al rituale. Fondamentale la creazione di un'atmosfera magica attraverso l'uso di luci, incenso o musica. La preparazione del proprio corpo e della propria mente attraverso la meditazione o la visualizzazione. Pronti per il rituale, si può accendere la candela e pronunciare l'incantesimo. È importante tenere la mente concentrata sull'obiettivo dell'incantesimo e visualizzare il risultato desiderato mentre la candela brucia. Le candele creano l'atmosfera magica ricercata da ogni praticante, ad esempio, una candela profumata può creare una sensazione di calma e di rilassamento, mentre il colore delle candele utilizzate rappresenteranno gli elementi della natura. Terminato il rituale, è importante concludere con un testo di chiusura per lasciar andare l'energia magica accumulata durante il rituale.

Praticare la magia della luna

La pratica della Magia della Luna è una forma di magia che si basa sui cicli mensili della Luna e sul loro impatto sull'energia delle cose. Una volta compresi i concetti fondamentali delle fasi, degli Elementi e della Ruota dell'Anno, sarà facile capire come utilizzare le energie della Luna per i propri rituali e lavori artigianali.

Il concetto di nascita-morte-rinascita che si riflette nei cicli lunari e stagionali, è un tema centrale nello studio della Wicca e del culto della natura. Celebrare il ritmo naturale della Luna attraverso la pratica della Magia della Luna, è una pratica importante per i wiccan e per coloro che si identificano con la spiritualità della natura. Le fasi della Luna sono utilizzate per determinare la pratica della magia, in quanto ognuna di esse ha un'energia e un significato specifico. Per esempio, durante la Luna Piena, Scura o Nuova, potrebbe essere appropriato celebrare un

Esbat cerimoniale per sfruttare i poteri della Luna e le grandi trasformazioni che essa porta. Altri rituali possono essere focalizzati sull'utilizzo dell'energia lunare per incantesimi specifici e lavori artigianali. Il potere della Luna è in grado di influenzare la vita di una persona. Per esempio, se si vuole attrarre qualcosa nella propria vita, sarà importante utilizzare l'energia della Luna crescente. Se si desidera invece lasciar andare qualcosa, sarà più appropriato utilizzare l'energia calante della fase lunare.

I principi della Magia della Luna consistono nel coordinare i propri rituali e incantesimi personali intorno ai cicli mensili della Luna. Ci sono molte forme diverse di magia che possono essere utilizzate in accordo con la Luna, come la magia delle candele o la magia degli incensi. In generale, la pratica della Magia della Luna è una forma di magia che direziona il potere alla propria manifestazione e adorazione, in quanto si lavora con il ritmo naturale della Luna e con le sue energie cicliche.

Bagni di luna

Godere dell'energia della Luna attraverso i bagni di Luna è un semplice e piacevole gesto verso se stessi e verso la natura. Sedersi sotto la luce lunare, in qualsiasi fase essa si trovi, permette di assorbire la sua potente energia e di percepire le sensazioni delle sue fasi. Quando si fa il bagno di Luna, si onora e si riconosce la presenza del potere della Luna nella propria magia, e il proprio potere personale come un elemento importante nella trama cosmica dell'universo. I bagni di Luna possono essere fatti in qualsiasi fase lunare, anche se la maggior parte di noi praticanti preferisce la luminosità della Luna Piena e riserva le altre fasi per scopi specifici. La scelta del momento migliore per fare il bagno di Luna dipende dall'intuizione e dalle intenzioni personali. I bagni di Luna sono una pratica molto antica, che risale a tempi preistorici, quando le persone vivevano in simbiosi con la natura e seguivano i cicli lunari per programmare le loro attività quotidiane. Ogni fase lunare rappresenta un'energia diversa, che può essere utilizzata per la propria magia personale.

Il bagno di Luna è un modo semplice per connettersi con la natura e con la propria spiritualità. Può essere fatto in modo molto semplice: basta trovare un posto tranquillo all'aperto, possibilmente vicino all'acqua, e sedersi sotto la luce della Luna. Si può anche pensare di aggiungere alcuni ingredienti naturali all'acqua, come sali da bagno, erbe, fiori o oli essenziali, per aumentare l'effetto curativo e rilassante del bagno. Per prepararsi al bagno di Luna, è importante creare un'atmosfera rilassante e meditativa. Si può accendere qualche candela o incenso, mettere della musica dolce o dei suoni naturali, e respirare profondamente per calmare la mente e il corpo. Mentre si è immersi nell'acqua, l'attenzione deve essere rivolta sui propri pensieri e sulle proprie emozioni, lasciandosi andare alla meditazione e alla contemplazione. I bagni di Luna possono essere un modo per rilassarsi e rigenerarsi, ma possono anche essere usati per scopi specifici, come la guarigione, l'abbondanza, l'amore e la prosperità. Per questo motivo, è consuetudine fare il bagno di Luna durante i rituali e le pratiche magiche.

Tempo di raccolta della luna

La raccolta della Luna consiste nel prendere erbe e piante per utilizzarle nella propria magia e nei propri lavori artigianali. Quando si esplorano i regni della magia delle erbe e delle piante, è importante conoscere la modalità della loro raccolta, in quanto alcune tipologie di esse necessitano una raccolta notturna, ovviamente sotto la luce della luna. Parlare con le piante e ottenere un feedback è più complicato, questo livello di conoscenza richiede ulteriori studi. Per i principianti è consiglio di limitarsi a godersi un raccolto notturno invece di uno diurno. La raccolta sotto la Luna aggiunge un potere e un beneficio speciale alle erbe che sceglierete di utilizzare nei vostri incantesimi. Raccogliere i materiali di base per i propri incantesimi sotto una Luna luminosa è un'esperienza magica e avventurosa. E' importante scegliere solo le parti della pianta che si desidera utilizzare, rispettando la pianta stessa. Prima di ogni raccolta, è bene mostrare rispetto a Madre Natura, chiedendo sempre il permesso alla pianta o al fiore prima di ogni taglio o estrazione, poiché questo atto di rispetto verso la natura aggiunge ulteriore potere al processo di raccolta. Terminata la raccolta, essa va asciugata correttamente e conservata in modo appropriato. La conservazione delle erbe in un luogo fresco e asciutto è importante per preservarne la potenza magica. Inoltre, è possibile utilizzare la luce della luna per aiutare a caricare ulteriormente le erbe e le piante raccolte. Posizionarle sotto la luce della luna piena per una notte aumenterà la loro potenza magica e la loro efficacia nei lavori futuri.

Piantare con la luna

La semina lunare rappresenta un momento importante per la nuova semina. In termini pratici, la semina durante la luna crescente può essere effettuata in modo molto simile alla semina tradizionale. Noi wiccan sfruttiamo l'energia positiva della luna crescente amplificandola attraverso la pratica di rituali specifici, come l'utilizzo di erbe o l'incorporazione di simboli nella semina. La semina durante la luna crescente è un aspetto importante della tradizione Wicca e rappresenta un momento di grande potenzialità per la coltivazione delle piante.

Pulire, caricare e consacrare

Il lavoro magico si concentra sull'utilizzo dell'energia. La magia stessa è energia, quindi quando si lanciano incantesimi o rituali, si cerca di attrarre forze positive o allontanare quelle indesiderate. La legge di attrazione è uno dei principi fondamentali della magia e implica l'attirare energia attraverso pratiche specifiche. La pulizia è una tecnica utilizzata per rimuovere le energie vecchie, indesiderate dai propri strumenti e attrezzi rituali. Questo può essere effettuato attraverso un incantesimo o un rituale specifico, o semplicemente immergendo l'oggetto in un bagno di sale caldo per qualche minuto. Pulire gli strumenti è importante per poterli consacrare e riportarli alla loro energia originale. La carica è quel processo atto ad aggiungere energia ai propri strumenti e ingredienti magici. Questa energia può essere aggiunta attraverso energie naturali, come quella della Luna, o attraverso specifiche pratiche rituali.

La consacrazione è un rituale o una cerimonia eseguita per rendere sacro un oggetto o un luogo. Può essere una cerimonia molto elaborata che prevede l'utilizzo di specifici strumenti e istruzioni, oppure può essere un gesto semplice come impostare i propri cristalli sotto la luce della Luna Piena. La consacrazione aumenta la potenza e l'energia degli oggetti, preparandoli per l'utilizzo. Utilizzare l'energia della Luna per la pulizia, la carica e la consacrazione degli strumenti è un modo per comprendere il potere dell'energia lunare e migliorare la propria pratica magica.

Fuochi e lume di candela

Gran parte della nostra cultura ruota attorno agli Elementi, e uno dei modi più potenti per accendere la passione, l'energia e la performance di un incantesimo è il Fuoco. Esso è la forza vitale creativa che dà vita alla tua arte ed è anche il mezzo attraverso il quale si può accedere alla luce interiore. Che sia la Luna piena o la mezzaluna, la sua visione ci ha sempre ipnotizzato. Uno dei modi migliori per onorare la magia della Luna è la fiamma di una candela o l'accensione di un fuoco all'aperto. Esso è il nostro faro di luce e di speranza, la connessione con il bagliore della Luna è una forma molto potente di acquisizione energetica. Il Fuoco è uno dei quattro Elementi della pratica Wicca, insieme all'Acqua, alla Terra e all'Aria. È associato all'energia, alla passione, all'azione e alla trasformazione. Le candele, il falò e le luci delle stelle sono tutti legati al Fuoco e alla magia della Luna. Questo splendido pianeta ha un impatto diretto sull'energia del Fuoco e può influenzare l'intensità e la potenza dei rituali e degli incantesimi. La Luna Piena, ad esempio, è un momento di grande potenza, in quanto raggiunge il suo massimo splendore e la sua energia è al top. In questo periodo, il Fuoco viene utilizzato per amplificare la propria magia e per connettersi alle energie della Luna in modo più profondo. La luce della candela e il fuoco del falò sono il mezzo per onorare e connettersi con la Luna, per accendere la passione e per amplificare la propria magia.

Incantesimi e rituali

Ascoltare e rispettare i cicli della Luna e della natura è essenziale nella nostra pratica. Essa è considerata una fonte di energia potente e le fasi lunari influenzano il potere degli incantesimi e degli stessi rituali. Ad esempio, la Luna Piena è associata alla massima potenza magica e quindi utilizzata per amplificare gli incantesimi di guarigione e di abbondanza. Al contrario, la Luna Nuova è un momento per iniziare nuovi progetti e per manifestare nuove idee. È importante scegliere il momento giusto della giornata per eseguire un incantesimo o un rituale. Ad esempio, l'alba è considerato un momento di inizio e di rinascita, mentre il tramonto è considerato un momento per rilassarsi e lasciar andare ciò che non si desidera più. La pratica è un'arte unica e personale, seguire i cicli della natura e della Luna è una pratica comune nella maggior parte delle tradizioni pagane, utile per una connessione profonda con la magia e con la natura stessa.

CAPITOLO 9

La Triplice Dea

La Dea Tripla è un concetto fondamentale nella cultura Wicca, rappresenta la manifestazione della divinità femminile attraverso tre aspetti diversi ma interconnessi: la Vergine, la Madre e l'Anziana.

Questi tre aspetti sono spesso rappresentati dalla Luna crescente, piena e calante. La Vergine rappresenta l'innocenza, la purezza e la vitalità della giovinezza. Essa è associata al principio della nuova vita, della speranza e dell'entusiasmo per il futuro. La Madre rappresenta la fertilità, la cura, la protezione e la generosità. Essa è associata alla fertilità della terra, alla fecondità e alla crescita. L'Anziana rappresenta la saggezza, la consapevolezza e l'esperienza. È associata alla morte, alla trasformazione e al rinnovamento. Il concetto della Dea Tripla ha le sue radici nella mitologia antica, dove il triplice aspetto della divinità femminile è stato rappresentato in varie culture e periodi storici come ad esempio, nell'antica Grecia con le Dee Hecate, Artemide e Demetra, o nella mitologia romana con le Dee Trivia, Luna e Proserpina.

Nella cultura Wicca, la Dea Tripla è associata alla pratica magica e spirituale, e rappresenta l'equilibrio tra i diversi aspetti della vita. Essa rappresenta la connessione tra la natura, la spiritualità e l'essere umano, e simboleggia la capacità di adattarsi alle diverse fasi della vita e di accettare la morte come parte del ciclo della vita. Inoltre, la Dea Tripla svolge una funzione importante nella pratica da noi esercitata, essa viene invocata durante i rituali e gli incantesimi. La sua energia è impiegata per la guarigione, la protezione, la prosperità e la connessione con la natura.

Ci sono altri modi per collegare e onorare la Madre, la Fanciulla e la Crona. Di seguito altri significati del simbolo della Dea Triplice:

Connessione al Divino Femminile

Connessione a tutte le donne

Dee: Ecate, Kore, Persefone, Demetra

Cicli di vita, nascita, morte e rinascita, nella continuazione delle fasi lunari

Regni e piani: cielo, inferi e terra

La fanciulla

Rappresenta la giovinezza della vita di una donna. Periodo per crescere come riflesso della Luna crescente verso la totale pienezza. Nei cicli della natura, la Fanciulla è pensata come la stagione della primavera, dell'alba e del sorgere del sole. Rappresenta la spensierata aura erotica, l'eccitazione, i nuovi inizi, il principio femminile, l'espansione, l'inizio, l'incanto, la nuova vita, il fresco potenziale e la bellezza. Negli esseri umani, rappresenta l'indipendenza, l'intelligenza, l'ingenuità, la fiducia in se stessi, la giovinezza e l'innocenza. Rappresenta anche la creatività, l'espressione di sé, la scoperta e l'esplorazione. I wiccan possono adorare la fanciulla come le Dee celtiche Brigid e Rhiannon, la Dea nordica Freya, o le Dee greche Artemide e Persefone, insieme a molte altre.

La madre

Durante la Luna Piena, la Fanciulla si trasforma in Madre e dà alla luce l'abbondanza della Terra. La stagione che lei rappresenta è l'estate, il periodo più fruttuoso dell'anno poiché i campi e le foreste sono fiorenti, i giovani animali crescono verso la maturità. L'ora del giorno che rappresenta è il mezzogiorno. Nel regno umano, rappresenta l'amore, la pazienza, il potere, la cura di sé, la stabilità, la realizzazione, la fertilità, la maturità, la pienezza della vita, l'età adulta, la responsabilità e il nutrimento. È la donatrice di vita ed è associata alla manifestazione. La Madre è l'aspetto più potente dei tre. Fu la Dea Madre che ispirò a Gerald Gardner la visione del femminile divino. Alcune delle antiche Dee che rappresentano la Madre nella maggior parte degli altari wiccan sono Bad e Danu, la Dea celtica; Cerere, la Dea romana; Selene e Demetra, le Dee greche; e Ambika, la Dea indù.

La Crone

Quando la Luna cala e la notte si fa più scura, la Crone entra nel suo potere. È associata alla fine della stagione della crescita, alla notte e al tramonto. È la parte saggia e anziana della Dea e governa le vite passate, la rinascita, la morte, la fine e l'invecchiamento insieme alla guida, la profezia, le visioni, il compimento, il culmine, la compassione, il riposo, la saggezza e le trasformazioni. La Crone è una figura importante che rappresenta la saggezza, l'esperienza e la maturità. Questa figura è associata alla Dea Tripla, insieme alla Vergine e alla Madre. La Crone è la terza fase della vita della Dea e rappresenta il ciclo della vita, la morte e la rinascita.

La Crone è rappresentata come una donna anziana, associata alla notte e al buio, e rappresenta la fine del ciclo della vita. La sua energia è potente, profonda, rappresenta la conoscenza, la saggezza e l'esperienza che si acquisisce durante il percorso di vita. E' una guida spirituale, che aiuta le persone a comprendere il ciclo della vita e a trovare la pace interiore. Figura protettrice e alleata nel superare le difficoltà e ad affrontare la morte con serenità e accettazione. La magia della Crone è una magia di saggezza e conoscenza, importante per trovare la pace interiore. È indubbiamente la custode della conoscenza e della storia, in grado di trasmettere tale conoscenza alle generazioni future. Una figura sacra con un dono prezioso per chi cerca la saggezza e la comprensione.

CAPITOLO 10
Rituale della luna e basi dell'incantesimo

C i sono milioni di incantesimi eseguiti con erbe, cristalli o pietre. Il Rituale della Luna è un rituale fondamentale nella tradizione Wicca, che coinvolge la celebrazione della luna e la sua influenza sulla magia. Essa rappresenta l'energia femminile e il potere creativo della natura. Il Rituale della Luna è una celebrazione di questo potere e una pratica per connettersi con esso.

Il Rituale della Luna normalmente si svolge durante le fasi della Luna Piena o della Luna Nuova. Durante il rituale, i praticanti si riuniscono in cerchio e creano uno spazio sacro attraverso l'uso di candele, erbe, pietre e simboli sacri. La cerimonia inizia con la chiamata ai quattro Elementi (Aria, Fuoco, Acqua, Terra) nei "Quattro Angoli del Mondo" (Nord, Sud, Est, Ovest), per creare un cerchio protettivo di energia.

In seguito, viene invocata la Dea e il Dio della natura, rappresentando il femminile e il maschile divino. La Dea rappresenta la fertilità, la rinascita e la potenza creativa della natura, mentre il Dio rappresenta la forza e la potenza della natura. Durante il rituale, i partecipanti onorano queste figure divine invitandole ad unirsi nel cerchio. Successivamente viene effettuata l'offerta della libagione, un'offerta di cibo e bevande simbolica alle figure divine. Questo gesto simbolico rappresenta la gratitudine per l'abbondanza e la prosperità nella vita dei partecipanti. Dopo l'offerta, i partecipanti si concentrano sull'intenzione del rituale e creano un'atmosfera energetica magica attraverso l'uso di canti, danze e preghiere. Questa energia viene poi focalizzata in un incantesimo, che può essere un desiderio specifico o una richiesta di aiuto nella vita dei partecipanti. L'incantesimo viene poi lanciato, solitamente attraverso la recitazione di una poesia o di una preghiera specifica. Questo è il momento in cui l'energia viene rilasciata e inviata nell'universo per manifestare il desiderio.

Infine, il cerchio viene aperto e i partecipanti si salutano e si ringraziano a vicenda. Il Rituale della Luna è una pratica potente e significativa della nostra spiritualità, in cui i partecipanti si connettono con l'energia creativa della natura e la usano per creare un cambiamento positivo nella propria vita. Gli incantesimi e i rituali in questo diario sono pensati per essere ampiamente accessibili alla maggior parte delle persone. Sono scritti per praticanti solitari, ma possono essere facilmente adattati per adattarsi a gruppi di utenti magici, note come congreghe. L'unico requisito costante è che devono essere eseguiti durante la fase appropriata della Luna o dell'evento lunare.

Preparazione per il rituale

I rituali e gli incantesimi richiedono molta energia e possono influire in modo diverso su ciascun praticante. Alcune persone canalizzano l'energia senza alcuna difficoltà, altre possono sentirsi prosciugate dopo un rito. La relazione del praticante con la propria energia influenza il risultato del rituale. Indipendentemente da ciò, un praticante magico avrà spesso un forte bisogno di cibo, acqua e riposo al termine del rito. Per assicurarsi che tutti i partecipanti siano riforniti e idratati, è usanza avere degli snack e delle bevande pronte. L'acqua è l'ideale poiché aiuta ad idratare il corpo e a lenire la sete causata dall'energia spesa durante il rituale. Vanno bene anche succhi di frutta, acque aromatizzate e tè, metre le bevande artificiali non sono connesse con la natura. Gli snack ideali per il post-rituale includono noci, frutta e verdure, mentre per occasioni particolari come feste, celebrazioni personali o eventi lunari rari, alcuni wiccan preferiscono avere pasti pronti. Qualunque sia la scelta, è importante che sia sana e rispetti le restrizioni dietetiche dei partecipanti. Infine, è importante che il rinfresco dopo il rituale onori sia i praticanti e il Divino onorato nel rito. L'idea è di rimanere connessi con il mondo circostante e di continuare a nutrire e a sostenere l'energia positiva del rito.

Bagno rituale

E' un'antica usanza che attraversa diverse culture e pratiche magiche. Noto anche come bagno magico, in cui l'acqua è considerata uno degli elementi sacri. Questo rituale è utilizzato per purificare l'anima e il corpo prima di un evento importante, come un rito o una celebrazione. Può essere eseguito in diversi modi, ma in generale prevede l'utilizzo di erbe, oli essenziali e cristalli nella vasca da bagno. Prima di iniziare il rituale, è importante preparare l'ambiente creando un'atmosfera magica e rilassante. Molti praticanti preferiscono accendere candele profumate o utilizzare l'incenso per creare un'atmosfera magica. Questo rituale coinvolge l'uso dell'acqua, che è considerata un elemento sacro, per purificare sia il corpo che l'anima in preparazione di eventi importanti come rituali o celebrazion

Preparazione dell'ambiente: Prima di iniziare il bagno rituale, è fondamentale creare un'atmosfera magica e rilassante. Questo può essere realizzato in diversi modi, tra cui l'uso di candele profumate, incenso, musica tranquilla o luci soffuse. L'obiettivo è quello di trasformare il bagno in uno spazio sacro e propizio alla meditazione e alla purificazione.

Ingredienti Chiave: Durante il bagno rituale, vengono utilizzati vari ingredienti per potenziare l'esperienza, ad esempio, erbe specifiche, oli essenziali, cristalli, sali da bagno e fiori. La scelta degli ingredienti dipende spesso dall'obiettivo del rituale. L'uso di camomilla e lavanda può favorire la calma e il rilassamento, mentre le rose possono essere utilizzate per promuovere l'amore e la spiritualità.

Intenzione e Visualizzazione: Durante il bagno rituale, è importante stabilire un'intenzione chiara per il rituale. Questa intenzione può riguardare la purificazione, la guarigione, la protezione o qualsiasi altro obiettivo personale. Mentre si è immersi nell'acqua, è comune visualizzare l'energia negativa o le tensioni che vengono lavate via, lasciando spazio per l'energia positiva e la trasformazione.

Purificazione del Corpo e dell'Anima: Il bagno rituale è sia fisico che spirituale. Mentre il corpo fisico è immerso nell'acqua, la mente e l'anima vengono purificate attraverso la meditazione e la concentrazione sull'obiettivo del rituale. Personalmente trovo che il contatto con l'acqua sia estremamente rilassante e permette di liberare lo stress e la negatività accumulata.

Consacrazione dell'Acqua: L'acqua utilizzata per il bagno rituale dovrà essere consacrata prima dell'uso. Questo processo coinvolge la benedizione dell'acqua con parole e preghiere specifiche per rendere l'acqua sacra e carica di energia positiva.

Rinnovamento e Ringraziamento: Una volta completato il bagno rituale, è importante riconoscere il processo di purificazione e ringraziare gli elementi e le forze spirituali che hanno partecipato al rituale. Ciò viene eseguito attraverso una breve preghiera o un momento di gratitudine.

Il bagno rituale è un potente strumento di purificazione per il corpo e per l'anima, è un atto di cura verso se stessi che rafforza il legame tra il praticante e il mondo spirituale.

Infine, il bagno rituale può essere utilizzato anche per celebrare momenti importanti nella vita di una persona, come il matrimonio o la nascita di un figlio. In questi casi, il bagno rituale può rappresentare un momento di purificazione e benedizione per la nuova fase della vita.

L'Abito rituale

L'abito rituale è un elemento importante, poiché rappresenta l'identità del praticante e la sua connessione con gli Dei e la spiritualità. In generale, l'abito rituale è composto da una tunica e da altri accessori, come cinture, mantelli e amuleti.

La tunica è l'elemento principale dell'abito rituale ed è solitamente realizzata con tessuti naturali come il cotone, la seta o il lino. Il colore della tunica può variare a seconda del significato simbolico che si vuole attribuire al proprio abito rituale. Ad esempio, il bianco può rappresentare la purezza e la luce, mentre il nero può rappresentare il potere e la forza. Oltre alla tunica, l'abito rituale può includere altri accessori come cinture, mantelli e amuleti. La cintura, ad esempio, può essere utilizzata per indicare il livello di iniziazione del praticante o per rappresentare un determinato elemento o aspetto della spiritualità Wicca. Il mantello, invece, può essere utilizzato per proteggere il praticante durante le celebrazioni all'aperto o per rappresentare un determinato grado di iniziazione.

Gli amuleti, infine, sono oggetti di protezione e potere per aumentare la forza e la connessione con gli Dei. Essi sono composti da diversi materiali come pietre, metalli o legno e possono essere personalizzati in base alle esigenze e alle credenze del praticante. Oltre ad essere utilizzato durante le celebrazioni e riti, l'abito rituale può essere utilizzato anche per la meditazione e la preghiera, poiché aiuta il praticante a concentrarsi sulla propria identità spirituale. L'abito rituale può essere personalizzato in base alle esigenze e alle credenze del praticante, poiché ogni percorso spirituale è unico e personale.

Creare un cerchio

Creare un cerchio protettivo è una pratica fondamentale nella magia Wicca. Il cerchio funge da barriera energetica che separa lo spazio rituale dall'energia esterna, proteggendo i praticanti e mantenendo la concentrazione sull'atto magico. Ecco come creare un cerchio protettivo:

Preparazione dell'Area: Prima di iniziare a creare il cerchio, assicurarsi che l'area sia pulita e ben preparata. Questo può includere la pulizia fisica dello spazio, l'allestimento dell'altare e la disposizione di oggetti magici o strumenti rituali.

Scelta del Materiale: I praticanti hanno diverse opzioni per il materiale da utilizzare per creare il cerchio. Alcuni incidono un cerchio permanente sul pavimento della loro area rituale, mentre altri preferiscono usare un grande anello di corda o di stoffa. Altri ancora usano materiale come il sale o il gesso per creare un cerchio temporaneo. La scelta del materiale dipende dalle preferenze personali e dalla praticità. Io personalmente ho un'area destinata al rituale con un cerchio permanente, altrimenti uso il sale quando sono in esterno.

Camminare nel Cerchio: Prima di aumentare l'energia, ogni partecipante dovrebbe percorrere il perimetro interno del cerchio in senso orario. Ciò mette i praticanti in sintonia con l'energia della Terra e stabilisce una connessione con il cerchio.

Visualizzazione: Il conduttore del rituale guida la visualizzazione del cerchio diventando una sfera di energia che racchiude tutti i partecipanti. Durante questo processo, il praticante può chiudere gli occhi e immaginare il cerchio come una barriera protettiva che impedisce all'energia non desiderata di entrare.

Consacrazione del Cerchio: Il cerchio va consacrato con parole o gesti specifici per renderlo sacro e caricato di energia positiva. Questa è un'opportunità per chiedere il supporto degli elementi, degli dei o delle forze spirituali.

Mantenere il Cerchio: Durante il rituale o l'incantesimo, i partecipanti devono rimanere all'interno del cerchio per mantenere la sua integrità. È importante evitare di interrompere il cerchio a meno che non ci sia un'emergenza. Per lasciare il cerchio, il conduttore può creare una porta d'uscita temporanea.

Chiusura del Cerchio: Alla fine del rituale, il cerchio deve essere chiuso per liberare l'energia accumulata e consentire la sua dispersione nell'universo. Questo viene fatto camminando in senso orario lungo il perimetro del cerchio e visualizzando la sfera di energia che si dissolve.

Creare e mantenere un cerchio protettivo è una pratica cruciale nella Wicca. Serve a garantire che l'energia sia concentrata e che il rituale si svolga senza interferenze esterne. È una dimostrazione di rispetto per gli antichi rituali e per l'energia magica stessa.

Le quattro torri di guardia

La terra, l'acqua, l'aria e il fuoco sono considerati elementi sacri, ognuno dei quali rappresenta una direzione cardinale. La pratica wicca prevede l'utilizzo dei Quattro Quartieri o delle Quattro Torri di Guardia per evocare l'energia degli elementi prima di ogni rituale o incantesimo. Il Nord rappresenta l'elemento Terra, che simboleggia la stabilità, la solidità e la fertilità. Questo elemento è associato alla Dea della Terra, alla stagione invernale e alla fase della Luna piena. Il Sud rappresenta l'elemento Fuoco, che simboleggia la passione, l'energia e la trasformazione. Questo elemento è associato alla Dea del Fuoco, alla stagione estiva e alla fase della Luna calante. L'Est rappresenta l'elemento Aria, che simboleggia la libertà, la conoscenza e l'intelletto. Questo elemento è associato alla Dea dell'Aria, alla stagione primaverile e alla fase della Luna crescente. Infine, l'Ovest rappresenta l'elemento Acqua, che simboleggia l'emozione, l'intuizione e la fluidità. Questo elemento è associato alla Dea dell'Acqua, alla stagione autunnale e alla fase della Luna nuova.

Gli incantesimi utilizzati per evocare le Torri di Guardia cambiano a seconda della fase della Luna che viene onorata. Tuttavia, una chiamata generale ad ogni Torre di Guardia può essere sufficiente in molte occasioni. Questi incantesimi sono utilizzati per invocare l'energia degli elementi e per chiedere il loro sostegno durante il rituale o l'incantesimo. Al termine del rito, l'energia viene rilasciata prima di abbassare il cerchio protettivo. Le Torri di Guardia rappresentano l'energia neutra degli elementi e il loro utilizzo richiede una profonda conoscenza dei simboli e delle corrispondenze che le legano alle fasi della Luna e alla Triplice Dea.

Esecuzione del rituale

Nel caso dei rituali, l'energia viene utilizzata per interagire con l'essere o l'entità che viene onorata durante la performance. Nel caso degli incantesimi, l'energia viene messa direttamente nell'incantesimo stesso come carburante, permettendogli di funzionare. Per i nuovi praticanti, vi consiglio di seguire i rituali esattamente come sono esposti nei testi specifici della materia e nei manuali di pratica. In definitiva, l'energia è un elemento chiave nella magia, e utilizzarla in modo efficace è fondamentale per il successo di qualsiasi rituale o incantesimo.

Fine del rituale

La fine di un rituale è un momento altamente significativo, poiché permette al praticante di rilasciare l'energia che è stata accumulata. Come il cerchio protettivo evoca l'energia all'inizio del rituale, il fine del rituale richiede che tale energia sia rilasciata. Il fine del rituale può essere visto come un momento di gratitudine e di ringraziamento alla divinità che è stata onorata e alle energie che sono state evocate. Il rilascio dell'energia avviene in modo mirato, seguendo un ordine preciso. Il praticante si sposta verso le Torri di Guardia e rilascia le energie in senso antiorario. Il rilascio delle energie delle Torri di Guardia avviene nell'ordine inverso in cui sono state evocate. Se il praticante ha evocato le energie delle Torri di Guardia nell'ordine di nord, est, sud e ovest, rilascerà le energie iniziando dall'ovest e lavorando all'indietro. Questo permette al praticante di muoversi in senso antiorario. Durante il rilascio delle energie, il praticante ringrazia la divinità onorate. Il praticante dovrà meditare cercando di comprendere il significato più profondo del lavoro magico intrapreso. Questo momento di riflessione e contemplazione aiuta a sviluppare una maggiore comprensione della pratica magica e dell'obiettivo spirituale.

Pulizia

La pulizia è una fase essenziale, poiché aiuta a liberare oggetti e strumenti da energie indesiderate e a prepararli per utilizzi futuri. Pulire dopo un rituale è particolarmente importante, specialmente se si è svolto all'aperto in quanto l'energia del luogo può influenzare gli oggetti utilizzati. Ecco alcune pratiche di pulizia comuni nella wicca:

Pulizia all'aperto durante la Luna Piena: Personalmente preferisco lasciare gli oggetti utilizzati durante il rituale all'esterno in una notte di

Luna Piena. La sua luce è purificante e rigenerante, quindi ripulisce e ripristina l'energia degli oggetti.

Incenso o fumo sacro: L'utilizzo di incenso o di erbe sacre è un metodo comune per purificare oggetti e strumenti. Bruciare incenso o erbe specifiche e passare gli oggetti attraverso il fumo è un modo efficace di rimuovere le energie indesiderate.

Visualizzazione: La visualizzazione durante il processo di pulizia è importante. Immaginare un flusso di luce purificante che avvolge e pulisce gli oggetti è una modalità molto seguita.

Acqua e sale: Si utilizza una soluzione di acqua e sale per tale pulizia.. L'acqua è considerata un elemento purificante, mentre il sale rappresenta la terra. Questa combinazione è utilizzata per purificare qualsiasi oggetto, che sia un bagno o una spruzzata è uguale.

Il potere del sole: Esporre oggetti al sole per la purificazione è un'altra soluzione, poiché la luce solare è considerata purificante e carica di energia positiva.

Rispetto per l'ambiente: Il rispetto per l'ambiente è basilare. I praticanti sono chiamati a ridurre il loro impatto ambientale durante i rituali, evitando di danneggiare la natura o di lasciare tracce dei loro rituali. Questo è in linea con il principio di "fai ciò che vuoi, purché non danneggi nessuno". La pulizia è un atto di purificazione e preparazione oltre ad essere un segno di rispetto verso le forze della natura e dell'energia universale rivolta ad influenzare tali oggetti.

CAPITOLO 11
Incantesimi preferiti

L a Wicca è una religione che promuove l'apprendimento e l'esperienza personale come mezzi per acquisire conoscenze spirituali e pratiche. La pratica è intrinsecamente legata all'acquisizione di conoscenze e alla ricerca dell'illuminazione spirituale. Questo è un aspetto fondamentale che differenzia la Wicca da molte altre tradizioni religiose e spirituali.

Molti gruppi wiccan seguono il principio del "tredici mesi e un giorno" o, più comunemente, "un anno e un giorno" come periodo di formazione e studio intensivo per gli aspiranti wiccan. Durante questo periodo, essi sono immersi nell'apprendimento delle basi della pratica Wicca, tra cui la comprensione delle corrispondenze degli elementi, le fasi lunari, le celebrazioni stagionali e il lavoro con la divinità.

In aggiunta a queste conoscenze pratiche, gli aspiranti studiano anche la storia, la mitologia e la filosofia di questa religione. Questo periodo di studio serve a fornire una base solida e completa sulla quale costruire la propria pratica. La Wicca è una religione molto diversificata, con numerose tradizioni e approcci, e gli aspiranti possono essere esposti a una varietà di insegnamenti e prospettive durante il loro anno e un giorno di studio.

Una caratteristica distintiva del periodo di studio è l'importanza data all'esperienza personale. Gli aspiranti sono incoraggiati a sperimentare direttamente ciò che stanno studiando. Ciò può comportare la creazione di talismani e amuleti personali, la pratica della meditazione, la conduzione di piccoli rituali personali o la partecipazione a cerimonie wiccan.

Questa componente pratica è fondamentale per comprendere appieno la spiritualità wiccan e sviluppare un legame personale con essa.

Al termine del periodo di studio, gli aspiranti sono valutati dalla congrega o dal loro mentore per verificare se sono pronti per l'iniziazione. Questa valutazione non riguarda solo la conoscenza teorica, ma anche la loro esperienza pratica e il loro sviluppo personale. Una volta giudicati idonei, possono iniziare i primi passi nella congrega, segnando un'importante svolta nella loro crescita spirituale.

Lo studio di un anno e un giorno è un'antica tradizione wiccan che aiuta i principianti a sviluppare una comprensione profonda e personale della religione. Inoltre, dimostra il loro impegno e la loro dedizione alla pratica e alla crescita personale. Questo processo di apprendimento e crescita prosegue anche dopo l'iniziazione, poiché la Wicca è una religione che valorizza l'apprendimento continuo e l'evoluzione spirituale.

Trovare il giusto circolo o congrega

La ricerca di un circolo o di una congrega wiccan nella tua zona può essere una sfida, ma è un passo significativo per coloro che desiderano connettersi con altri praticanti e condividere le esperienze spirituali. Ecco alcuni suggerimenti per trovare il giusto circolo o congrega:

Cercate online: Internet è una risorsa preziosa per trovare informazioni su gruppi wiccan nella vostra zona. Cercate forum, blog o siti web dedicati alla Wicca e alle pratiche pagane locali. Molte congreghe wiccan pubblicizzano i loro eventi e le loro attività online.

Eventi pubblici: Molte congreghe organizzano eventi pubblici, come celebrazioni dei sabba o workshop aperti. Partecipare a tali eventi è un ottimo modo per conoscere i membri della congrega, vedere come operano e valutare se sono in linea con i tuoi valori e le tue aspettative.

Social media: I social media, come Facebook, possono essere una fonte di informazioni su gruppi wiccan locali. Molti circoli e congreghe hanno pagine o gruppi dedicati che pubblicano eventi e comunicano con i membri.

Negozi pagani: Le botteghe o i negozi dedicati alle pratiche pagane spesso fungono da punto di incontro per la comunità Wicca locale.

Fiera delle religioni o eventi locali: Partecipare a fiere delle religioni, eventi culturali o mercatini locali potrebbe portarvi in contatto con praticanti wiccan o gruppi che partecipano a tali eventi.

Attenzione a segnali d'allarme: Cercate di evitare gruppi che sembrano troppo dogmatici o che richiedono somme di denaro per l'iniziazione. La Wicca è una religione che promuove la libertà e il rispetto delle scelte personali. Se qualcosa sembra troppo costrittivo o economicamente orientato, potrebbe non essere il gruppo giusto per voi. Una congrega wiccan seria sarà sempre rispettosa delle tue scelte personali, della tua privacy e del tuo percorso spirituale. Se non rispettano questi principi, potrebbe non essere un ambiente sano per la tua crescita spirituale.

Ascoltate il vostro istinto: Quando incontrerete membri di una congrega wiccan o se parteciperete ad eventi, ascoltate il vostro istinto. Sentitevi a vostro agio e cercate di percepire una connessione spirituale. La vostra intuizione è un buon indicatore della compatibilità.

Pratica solitaria: Ricordate che non è obbligatorio unirsi a una congrega wiccan per praticare questa religione. Molte persone scelgono di essere praticanti solitari e trarre ispirazione dai libri, dalla natura e dall'esperienza personale. Vi consiglio di iniziare con la pratica solitaria, di vivere la spiritualità in assoluta autonomia, innescando una complicità meravigliosa tra il vostro essere interiore e l'universo che vi circonda.

Praticanti solitari

Un praticante solitario è colui che non appartiene ad una congrega o a un gruppo. Questo tipo di pratica è anche conosciuta come Wicca solitaria o Wicca eclettica. Ci sono molti pregi nella pratica solitaria, i praticanti infatti hanno la possibilità di personalizzare la propria pratica in modo che rispecchi le proprie esigenze spirituali. La pratica solitaria offre un livello di libertà e flessibilità che può essere difficile da trovare all'interno di una congrega.

I praticanti solitari possono scegliere di celebrare i sabba e gli esbat quando vogliono, senza dover coordinare gli eventi con altri membri di una congrega, oppure possono dedicare più tempo e attenzione alla meditazione, alla riflessione e allo studio individuale. Possono dedicare più tempo alle proprie pratiche di divinazione, magia e altre forme di lavoro spirituale. La pratica solitaria può comportare dei limiti oggettivi, ovvero l'impossibilità di apprendere dalle esperienze altrui. La scelta di praticare in solitario o di unirsi ad una congrega dipende dalle esigenze individuali del praticante.

CAPITOLO 12

Ritmi della luna

Energia lunare e magia

Nella nostra cultura, la Luna rappresenta l'energia femminile e la connessione con la natura. L'energia lunare è considerata una fonte di potere magico, che può essere utilizzata per una varietà di scopi, tra cui la guarigione, la protezione, la prosperità e l'amore. La Luna ha un ciclo di 28 giorni, che è diviso in quattro fasi principali: la Luna Nuova, il Primo Quarto, la Luna Piena e l'Ultimo Quarto. Ognuna di queste fasi ha un'energia unica e può essere utilizzata per diversi tipi di magia. La Luna Nuova rappresenta l'inizio di un nuovo ciclo e simboleggia la rinascita e il rinnovamento. Questa fase è ideale per i rituali che si concentrano sulla semina di nuove idee, progetti e intenzioni. Si utilizza la Luna Nuova per creare incantesimi per attirare la prosperità e la crescita. Il Primo Quarto rappresenta la fase di crescita e sviluppo, ed è utilizzato per la magia legata alla forza e alla determinazione. Questa fase è ideale per creare incantesimi per la protezione e la guarigione, così come per la manifestazione di desideri e sogni. La Luna Piena rappresenta la massima potenza lunare ed è utilizzata per la magia legata all'amore, alla fertilità e alla saggezza. Questa fase è ideale per creare incantesimi per il successo, la fortuna e la prosperità, e per la divinazione. L'Ultimo Quarto rappresenta la fase di declino e di chiusura del ciclo lunare. Questa fase è ideale per i rituali che si concentrano sulla rimozione di energia negativa e blocchi, e per la chiusura di cicli e relazioni.

La magia lunare coinvolge più delle volte l'utilizzo di cristalli, erbe, oli e incensi che sono associati alle diverse fasi lunari. I praticanti utilizzano anche la visualizzazione e la meditazione per connettersi con l'energia lunare e potenziare i loro incantesimi e rituali.

Conoscenza delle fasi Lunari

Prima di considerare la relazione tra la Luna e la magia, è importante identificare le fasi del ciclo lunare in modo dettagliato. Approfittare delle energie prodotte dalle fasi lunari, comporta inevitabilmente una conoscenza del loro processo per un incantesimo proficuo. Ogni fase lunare ha un'energia e un potere unico. Conoscere il processo delle fasi lunari è importante perché consente ai praticanti Wicca di selezionare il momento giusto per eseguire incantesimi e rituali. Per esempio, se un praticante desidera creare un incantesimo per attrarre la prosperità, potrebbe eseguirlo durante la Luna Nuova, poiché questa fase rappresenta l'inizio di un nuovo ciclo e simboleggia la rinascita e il rinnovamento. La pratica di celebrare i cicli lunari è un modo per i praticanti di onorare la sacralità della natura e di celebrare la vita stessa. Infine, comprendere il processo aiuta a creare un senso di equilibrio e armonia nella propria vita.

Ciclo delle 4 fasi

Seguendo il ciclo lunare, il ciclo si suddivide in quattro trimestri, ognuno dei quali dura 7 giorni, per un totale di 28 giorni, che corrispondono alla durata media del ciclo lunare. Questo sistema è anche conosciuto come il "Ciclo delle Quattro Fasi".

Il primo trimestre, noto come la "Luna Nuova", inizia quando la Luna non è visibile nel cielo notturno. Questa fase è spesso associata alla semina di nuove idee o progetti, all'inizio di nuove relazioni o alla pianificazione di nuovi obiettivi.

Il secondo trimestre, noto come la "Luna Crescente", inizia quando la Luna inizia a crescere fino a diventare una mezzaluna visibile nel cielo notturno. Questa fase è associata alla costruzione di energia, all'espansione e alla crescita dei progetti e delle relazioni avviate nel primo trimestre.

Il terzo trimestre, noto come la "Luna Piena", inizia quando la Luna è cicolare e luminosa nel cielo notturno. Questa fase è associata alla massima potenza dell'energia lunare e alla realizzazione dei progetti e delle relazioni avviati nei trimestri precedenti. La Luna Piena è celebrata come un momento di ringraziamento e di celebrazione per i frutti del nostro lavoro.

Il quarto trimestre, noto come la "Luna Calante", inizia quando la Luna inizia a diminuire fino a diventare una mezzaluna. Questa fase è associata alla riflessione, al rilassamento e alla purificazione. È il momento di lasciar andare ciò che non ci serve più, di liberarci da vecchi schemi di pensiero o comportamenti, e di prepararci per il nuovo ciclo che sta per iniziare.

CAPITOLO 13

Creazione di un grimorio lunare

IL Grimorio è lo strumento più prezioso e personale di noi Wiccan. Conosciuto anche come il *Libro delle Ombre*, esso è il contenitore di tutte le vostre informazioni ispiratrici, incantesimi, poesie, preghiere, ricette di erbe, corrispondenze e protocolli rituali. Esso rappresenta il diario del nostro viaggio nella cultura Wicca. Per la pratica solitaria, è sviluppato pagina per pagina, ed è un registro della crescita e dello sviluppo della propria pratica. Il Grimorio è un luogo sacro e personale in cui vengono registrate le esperienze spirituali, le intuizioni e le conoscenze acquisite nel corso del tempo. È uno strumento importante per la crescita personale e spirituale, poiché aiuta a tenere traccia dei propri progressi e ad approfondire la propria conoscenza della spiritualità Wicca.

Per essere efficace, il grimorio deve essere redatto in modo accurato e completo. Ogni informazione registrata dovrebbe essere scritta con attenzione e chiarezza, in modo che sia facilmente leggibile e comprensibile anche dopo anni. E' importante custodirlo in un luogo sicuro e protetto, dove non possa essere letto o manomesso da persone non autorizzate. Il contenuto del grimorio può variare da persona a persona, poiché è basato sulla pratica e sull'esperienza individuale. Tuttavia, ci sono alcune informazioni che sono comuni alla maggior parte dei grimori, ad esempio:

Riti e cerimonie wiccan, tra cui la celebrazione dei Sabbat e degli Esbat.

Incantesimi e pratiche magiche, come la creazione di pozioni e talismani.

Informazioni sugli elementi, come la loro corrispondenza con i vari aspetti della natura.

Simboli e corrispondenze, come la comprensione dei significati dei colori, delle piante e dei cristalli.

Meditazioni e pratiche di visualizzazione, come la connessione con il proprio io superiore e con le energie divine.

Inoltre, il grimorio può contenere anche riflessioni personali, poesie, preghiere e qualsiasi altra informazione che l'individuo ritiene importante per la propria pratica spirituale.

CAPITOLO 14
L'influenza della luna sull'anno Wicca

L a Luna è davvero una forza centrale nella spiritualità Wicca e riveste un ruolo fondamentale nell'orientare l'anno wiccan. Molti di noi praticanti vedono la Luna come la "Madre dei Misteri" poiché incarna le fasi della vita, morte e rinascita. Questo legame profondo con la Luna è evidente nelle celebrazioni wiccan e nelle pratiche rituali. Lasciate che un praticante esperto condivida con voi alcune informazioni approfondite sulla connessione tra la Luna e l'anno wiccan.

Fasi della Luna e Potere Magico: Come avete già appreso, le diverse fasi lunari sono intrinsecamente collegate all'uso della magia wiccan. Durante la Luna crescente, quando la Luna diventa sempre più luminosa, l'energia è in aumento. È il momento ideale per lanciare incantesimi finalizzati ad aumentare, manifestare, o avviare nuovi progetti. Il potere di creare è sottolineato da questa fase, rendendola cruciale per tutti i wiccan che cercano di portare nella loro vita cambiamenti positivi.

D'altro canto, quando la Luna diminuisce, durante la fase calante, l'energia è ideale per l'incantesimo di riduzione. Se si desidera eliminare cattive abitudini, liberarsi da energia negativa o declinare una situazione, questo è il momento migliore. È durante queste fasi della Luna che i wiccan lavorano attivamente per "tagliare" legami o influenze dannose.

Il Significato dell'Esbat: L'Esbat è una delle celebrazioni più rilevanti nella pratica Wicca. È una festa dedicata alla Luna Piena, momento in cui la sua luce raggiunge il culmine. Questo è il momento in cui onoriamo la Dea e il suo ciclo di vita, morte e rinascita. Gli Esbat si svolgono mensilmente e servono a rinnovare la connessione con la Dea e a rafforzare la nostra connessione con l'energia lunare.

La Ruota dell'Anno e le Celebrazioni Sabbat: La Ruota dell'Anno rappresenta il ciclo delle stagioni e dei Sabbat che attraversiamo. Ogni Sabbat ha le sue specifiche energie e poteri magici. Capire la Ruota dell'Anno è essenziale per sfruttare al meglio queste energie. Ad esempio, Samhain, celebrato il 31 ottobre, è un momento in cui le energie della morte e della rinascita sono particolarmente intense. Durante questa celebrazione, ci connettiamo con i nostri antenati e pratichiamo la divinazione per ottenere visioni e la direzione corretta.

Al contrario, Yule, celebrato intorno al 21 dicembre, è un momento di rinascita e celebra il ritorno della luce solare. Durante Yule, celebriamo l'abbondanza e la gioia che derivano dalla rinascita del Sole. Ogni Sabbat è un'opportunità per sintonizzarsi con le energie naturali della Terra e connettersi con il divino in modi specifici.

La Luna e la Ruota dell'Anno sono due aspetti fondamentali della pratica Wicca che guidano le celebrazioni, i rituali e il lavoro magico. Il nostro legame con questi cicli naturali ci permette di onorare la Dea e il Dio e di lavorare in armonia con le energie che ci circondano.

CAPITOLO 15

Segni della luna

C i sono molte ragioni per seguire i cicli lunari. I segni della Luna sono uno dei più comuni, essi mostrano in quale casa astrologica riposa la Luna. I segni lunari, o segni zodiacali della Luna, rappresentano l'influenza della posizione della Luna nel cielo al momento della nascita su una persona. Questa posizione influisce sulla personalità e sulle emozioni di una persona e può variare a seconda del segno zodiacale in cui si trova la Luna. Il segno lunare rappresenta l'aspetto emotivo e inconscio della persona e ci dà un'idea della sua natura interiore, dei suoi istinti e delle sue reazioni emotive. Inoltre, può aiutare a comprendere come una persona gestisce le proprie emozioni e come interagisce con gli altri. Ecco una panoramica dei segni lunari e delle loro influenze:

Ariete - La Luna in Ariete può portare ad una personalità energica e impulsiva, con una forte spinta all'azione. Le persone con questo segno lunare tendono ad essere impulsive e a volte possono essere viste come aggressive. Tuttavia, sono anche molto appassionate e hanno un forte desiderio di successo.

Toro - La Luna in Toro può portare ad una personalità stabile e paziente, ma anche testarda. Le persone con questo segno lunare sono spesso molto legate alla loro casa e alla loro famiglia e hanno bisogno di sicurezza emotiva. Tendono ad essere apprezzati per la loro lealtà e la loro capacità di prendersi cura degli altri.

Gemelli - La Luna in Gemelli può portare ad una personalità socievole e curiosa, ma anche piuttosto instabile. Le persone con questo segno lunare sono spesso molto intelligenti e creative, ma possono avere difficoltà a concentrarsi. Sono bravi nella comunicazione e amano fare amicizia con gli altri.

Cancro - La Luna in Cancro è il segno lunare più forte, perché la Luna è il pianeta dominante di questo segno. Le persone con questo segno lunare sono molto emotive e sensibili, ma possono anche essere molto protettive e difensive. Hanno un forte legame con la famiglia e la casa e possono essere molto nutrienti e premurosi verso gli altri.

Leone - La Luna in Leone può portare ad una personalità calda e generosa, ma anche un po' egocentrica. Le persone con questo segno lunare sono spesso molto creative e desiderano essere al centro dell'attenzione. Sono orgogliosi della loro indipendenza e del loro coraggio.

Vergine - La Luna in Vergine può portare ad una personalità metodica e perfezionista, ma anche critica. Le persone con questo segno lunare sono spesso molto intelligenti e organizzati, ma possono avere difficoltà a rilassarsi. Sono molto preoccupati per la loro salute e il loro benessere.

Bilancia - La Luna in Bilancia può portare ad una personalità diplomatica e armoniosa, ma anche indecisa. Le persone con questo segno lunare sono spesso molto affascinanti e piacevoli, ma possono avere difficoltà a prendere decisioni importanti. Sono molto preoccupati per le relazioni e l'equilibrio nella loro vita.

Scorpione - La Luna in Scorpione può portare ad una personalità intensa e passionale, ma anche possessiva.

Eventi lunari

La Luna segue un ciclo abbastanza prevedibile, ma ci sono alcune eccezioni e fenomeni che possono rendere i calendari lunari un po' più complessi da seguire. Un praticante esperto può darti alcune informazioni aggiuntive su questi aspetti:

Eclissi Lunari e Solari: Le eclissi sono eventi straordinari in cui la Terra, il Sole e la Luna si allineano in modi che possono oscurare temporaneamente la luce lunare o solare. Le eclissi lunari si verificano durante la Luna Piena, quando la Terra si interpone tra il Sole e la Luna, causando l'oscuramento temporaneo della Luna. Questi eventi sono considerati potenti nel mondo della magia Wicca e vengono celebrati con rituali specifici. Le eclissi solari, invece, si verificano durante la Luna Nuova, quando la Luna si interpone tra la Terra e il Sole, causando l'oscuramento temporaneo del Sole. Anche queste eclissi possono avere un impatto significativo sulla pratica Wicca.

Le "Superlune": Alcune Luna Piene possono apparire più grandi e luminose del solito a causa della loro posizione più vicina alla Terra. Questi eventi, noti come "Superlune", possono accentuare l'energia lunare e influenzare la magia e le pratiche rituali. Queste Luna Piena "Superlune" possono essere un'opportunità per lavorare con energie particolarmente potenti e focalizzare l'attenzione su obiettivi specifici.

Luna di Sangue: Una "Luna di Sangue" è una Luna Piena dal colore rosso o arancione. Questo fenomeno è causato da particolari condizioni atmosferiche o da particelle atmosferiche che filtrano la luce lunare. Questi eventi, spesso legati a eclissi lunari, hanno un significato simbolico importante. La Luna di Sangue è associata a temi di trasformazione, rinnovamento e passaggio.

Le "Blue Moon": Una "Blue Moon" si verifica quando ci sono due Lune Piene nello stesso mese del calendario gregoriano. Questo fenomeno non è comune ma è successo . Le "Blue Moon" non sono di colore blu, questo termine è stato coniato per definire un evento raro. È importante tenere traccia di questi eventi lunari e delle loro implicazioni, poiché offrono opportunità uniche per connettersi con l'energia divina e amplificare la magia e la pratica spirituale.

La luna blu

La Luna Blu è davvero affascinante, è una fonte di ispirazione per i noi praticanti. Questa Luna Piena extra speciale rappresenta un'opportunità unica per lavorare con energie straordinariamente potenti e può essere un momento significativo nella pratica.

Doppia Potenza: Essendo una sorta di "superluna", la Luna Blu raddoppia l'energia della Luna Piena. Questo la rende un momento straordinario per intensificare il lavoro magico e concentrarsi su obiettivi importanti.

Celebrazione della Dea: La Luna Blu offre un'opportunità ideale per onorare la Dea nella sua forma lunare. Creare rituali speciali dedicati alla Dea durante la Luna Blu è un'occasione imperdibile. Questi rituali includono offerte, invocazioni e pratiche di meditazione per meglio connettersi con la Dea e celebrare la sua potente influenza sulla Terra e sulla vita umana.

Riflessione e Meditazione: La Luna Blu è anche un momento per la riflessione e la meditazione profonda. La potente energia di questa Luna può aiutarvi ad esplorare aspetti più profondi di voi stessi, a guadagnare chiarezza mentale e a ricevere intuizioni significative.

Manifestare Desideri: La Luna Blu è particolarmente favorevole per lavorare sulla manifestazione dei desideri. Scrivere le proprie intenzioni e desideri su pergamene speciali o candele e poi bruciarli durante la Luna Blu. Questa azione simbolica rappresenta il trasferimento dei desideri nell'universo con l'assistenza dell'energia lunare potenziata.

Ricordati che la magia wiccan è una pratica personale e intuitiva, quindi durante una Luna Blu, seguite la vostra guida interiore e lavorate in modo che si adatti meglio ai vostri obiettivi e alle vostre intenzioni. La Luna Blu è davvero un momento straordinario per la per celebrare la bellezza e la potenza della natura femminile.

La luna di sangue

La Luna rappresenta la Dea, il principio femminile della creazione, mentre il Sole rappresenta il Dio, il principio maschile. La Luna di Sangue è vista come un momento di grande potenza magica e spirituale, in cui la Dea si manifesta in tutta la sua forza. Questo evento si verifica quando la Luna piena si trova in congiunzione con un'eclissi lunare totale. Questo fenomeno astronomico è molto raro. Quando accade, molti praticanti si riuniscono per celebrare il potere della Dea e per lavorare sulla propria crescita spirituale. Durante la celebrazione della Luna di Sangue, i praticanti possono svolgere diversi rituali e cerimonie che possono includere la creazione di un cerchio magico, l'invocazione degli elementi, la recitazione di incantesimi e la meditazione. La Luna di Sangue è vista come un momento in cui la Dea è particolarmente vicina alla Terra, e quindi si cerca di stabilire un contatto diretto con essa attraverso la meditazione e la preghiera. Ciò aiuta a rafforzare il legame spirituale tra il praticante e la Dea, e a favorire la propria crescita personale.

La luna del raccolto

A differenza degli altri eventi lunari di questo capitolo, la Luna del Raccolto si verifica ogni anno. Non dipende da un'eclissi o dalle condizioni atmosferiche. A differenza della maggior parte degli altri eventi lunari, la Luna del Raccolto è strettamente legata al movimento della Terra stessa.

La Luna del Raccolto è l'ultima Luna Piena prima dell'equinozio d'autunno. Per comprendere appieno l'importanza di questa fase si deve capire l'importanza dell'equinozio.

Ci sono due equinozi ogni anno, uno a settembre e uno a maggio. Per quelli dell'emisfero nord, l'equinozio di marzo è conosciuto come l'equinozio di Vernal, mentre l'evento di settembre è conosciuto come l'equinozio d'autunno. I titoli sono invertiti per quelli dell'emisfero sud.

Durante ogni equinozio, il centro visibile del Sole è direttamente sopra l'equatore. A prima vista, questa informazione potrebbe sembrare poco rilevante. Tuttavia, questi due giorni sono i più vicini alla Terra per un perfetto equilibrio tra notte e giorno. Questo rende entrambi i giorni importanti per noi wiccan. La ricerca di equilibrio e la connessione con la natura fanno sì che gli equinozi siano giorni ideali per rituali e incantesimi specifici.

Oltre all'equilibrio quasi perfetto tra luce e buio, l'equinozio d'autunno è associato al più grande raccolto autunnale in tutta Europa, Gran Bretagna e Irlanda. Molto prima del Calendario Gregoriano, o di qualsiasi altro calendario unificato, gli agricoltori sapevano che il cambiamento del tempo e della luce del giorno era un monito per ultimare i raccolti estivi. L'idea del raccolto, combinata con il senso di equilibrio dell'equinozio, crea l'energia specifica che rende la Luna del Raccolto così importante nella fede Wicca.

La Luna Piena è sempre un momento di nutrimento e abbondanza. È uno degli ultimi eventi lunari estivi prima dell'arrivo dell'autunno. Molte delle festività autunnali hanno lo scopo di ricordare i morti e di onorare la natura mentre gran parte di essa muore o si prepara all'inverno.

La Luna del Raccolto è un momento di gratitudine e di ringraziamento per tutto ciò che è stato ottenuto durante l'estate, e un momento per prepararsi all'arrivo del freddo e delle tenebre dell'autunno e dell'inverno.

Eclissi

Le eclissi si distinguono dagli altri eventi lunari, perché dipendono dal Sole e dalla Terra tanto quanto dalla Luna. Sia le eclissi lunari che le eclissi solari sono cariche di un'atmosfera magica. Entrambi influenzano la magia in modi diversi.

L'eclissi lunare

Ci sono diversi tipi di eclissi lunari. Vanno da parziali a totali e dipendono da quanto esattamente sono oscurate. Durante l'eclissi lunare, la luna si trova in uno stato di transizione, dove la sua energia è particolarmente potente e può essere utilizzata per scopi magici. La luna rappresenta la dea nella tradizione Wicca e l'eclissi lunare è vista come un momento in cui la dea è nascosta o oscurata. Ciò viene interpretato come un momento di riflessione e introspezione, in cui i praticanti si concentrano sull'esplorazione del loro mondo interiore e sulla ricerca di una maggiore comprensione di sé stessi.

Durante l'eclissi lunare, noi wiccan eseguiamo una vasta gamma di rituali e pratiche magiche, uno dei quali è la meditazione, che aiuta a concentrarsi sulla propria energia e sulle proprie intenzioni. Si possono eseguire rituali di purificazione per eliminare i vecchi schemi di pensiero o comportamenti negativi. Altri rituali che possono essere eseguiti includono la creazione di pozioni, l'incantesimo di protezione e l'utilizzo di cristalli e pietre per amplificare l'energia magica. Molti di noi praticanti utilizzano questo momento per connettersi con gli spiriti degli animali, in particolare quelli che sono associati alla luna, come il lupo o la civetta. L'eclissi lunare è anche un momento per connettersi con gli spiriti degli antenati per chiedere la loro guida e la loro protezione attraverso delle offerte.

L'eclissi solare

Anche l'eclissi solare ha un significato importante, in questo caso, il sole rappresenta il Dio nella tradizione Wicca. L'eclissi solare è un momento in cui il Dio è nascosto o oscurato, quindi da leggere come un'opportunità per l'auto-riflessione, la meditazione e la ricerca di una maggiore comprensione di sé stessi. Durante l'eclissi solare, i wiccan eseguono rituali e pratiche simili a quelli dell'eclissi lunare, ma con un'enfasi diversa sulla luce e sulla forza maschile. Si utilizza questo momento per creare nuovi progetti, stabilire obiettivi per il futuro e per eseguire rituali di protezione e di guarigione. Alcuni rituali includono la creazione di amuleti di protezione, l'utilizzo di cristalli e pietre per amplificare l'energia solare, e la meditazione per connettersi con il potere della luce.

CAPITOLO 16
Incantesimi di magia lunare

Incantesimi della luna crescente

Incantesimo del denaro

Una candela verde

Olio essenziale di menta piperita

Un piatto o un vassoio

Un pezzo di carta bianco

Una penna verde

Un piccolo sacchetto verde

Erbe di cannella

Erbe di rosmarino

Passi da seguire:

Preparate il vostro spazio sacro, assicurandovi che sia pulito e libero da distrazioni.

Accendete la candela verde e ungetela con l'olio essenziale di menta piperita, concentrandovi sull'intenzione di attirare il denaro nella vostra vita.

Scrivete sul foglio bianco l'importo di denaro richiesto. Potete scrivere frasi positive sul denaro come "Sono aperto/a alla prosperità" o "Sono benedetto/a con abbondanza".

Accendete le erbe di cannella e rosmarino sul piatto o vassoio e posizionate la carta sopra il fumo.

Visualizzate l'energia dell'abbondanza fluire verso su di voi mentre tenete la carta sopra le erbe.

Piegate la carta in quattro e inseritela nel sacchetto verde con le erbe di cannella e il rosmarino.

Concludete l'incantesimo ringraziando le energie della natura e della magia per la loro assistenza spegnendo la candela.

Durante l'incantesimo, è importante concentrarsi sull'intenzione dell'abbondanza e sull'essere grati per ciò che si ha concesso la vita. Il sacchetto verde può essere portato con voi come amuleto o posizionato in un luogo speciale nella vostra casa per attirare l'energia positiva come veicolo per la prosperità economica. Ricordate che la magia non sostituirà la capacità di una posizione lavorativa e del risparmio finanziario, ma ha la funzione di creare un'energia positiva e un atteggiamento mentale utile per il raggiungimento ti tale scopo.

Incantesimo per ottenere un lavoro

Materiali:

Candela verde

Graffetta

Banconote

Indicazioni:

Prendete la candela e accendetela. Assicuratevi di tenere entrambi i lati della banconota vicino alla fiamma. Incollate la banconota ad una vostra foto. Spegnete la candela mentre inserirete la banconota e la foto nel vostro portafoglio o nella borsa. Portatelo con voi durante il colloquio di lavoro. La buona fortuna vi seguirà e aumenterete la possibilità di ottenere il lavoro e una solidità economica.

Vitalità della luna crescente

Avrete bisogno dei seguenti strumenti e oggetti:

1-2 ceri/candele gialle o arancioni

Un calderone o un contenitore sicuro per il fuoco

Un disco per accendere la fiamma o la carbonella

Scorza di agrumi essiccata

Radice di zenzero secca

Camomilla secca

Petali di rosa secchi

Un pezzo di citrino

Questo incantesimo è praticato per ottenere vitalità e salute sfruttando l'energia della Luna e di alcune erbe aromatiche. Questo incantesimo dovrebbe essere svolto durante la luna crescente.

Preparate il vostro calderone e fate bruciare la legna o la carbonella. Dal Fuoco, accendete gli stoppini delle vostre candele e fatele bruciare sul vostro altare, o nel vostro spazio di lavoro vicino al calderone.

Mettete il pezzo di citrino vicino alle candele e alla fiamma del calderone e osservate il tremolio della luce del fuoco nel riflesso del cristallo. L'energia del fuoco aumenterà il potere del citrino.

Quando il fuoco avrà fatto il suo corso e si sarà spento, spargete le erbe secche nella pentola.

Godetevi gli aromi immaginando la vostra salute in pieno rinnovamento e il vostro corpo in uno stato di salute perfetto.

Prendete il citrino appoggiandolo sul vostro cuore recitando le seguenti parole:

"Luna selvaggia, quasi piena,

Sono prosciugato e ho bisogno del vostro amore.

Tienimi nel tuo luminoso abbraccio.

Fammi sentire la tua grazia crescente.

Sentirò il mio potere aumentare,

Mentre sento la fiamma del fuoco,

Mentre sento il fumo del potere,

La mia vitalità cresce.

Spargi su di me la tua grande e luminosa luce,

attingendo energia dalla Luna crescente,

Così sia!"

Lasciate che le erbe continuino ad aromatizzare l'ambiente, e rilassatevi con il citrino e la luce delle candele accese.

E' consigliabile andare a letto presto per un buon sonno rigenerativo.

Indossate il citrino il giorno seguente. Sentirete crescere la vostra vitalità!

Un incantesimo per la salute mentale

Per lanciare questo incantesimo, avrete bisogno di assemblare una candela rossa, un olio essenziale di vostra scelta, e un oggetto appuntito con cui incidere la candela. Per questo incantesimo prendiamo una candela rossa, il colore della forza e del coraggio. Olio essenziale personalmente gradito; non prendete il primo olio che vi capita sotto mano. Ricordate, questo incantesimo serve a darvi forza. Usate l'olio per ungere la vostra candela. Usate un oggetto appuntito per incidere le parole "felice" e "gioia" sui lati della candela. Mettete la candela in un portacandela e accendetela. Chiudete gli occhi e immaginate la vostra anima illuminata dalla luce della candela, riscaldandola, mentre reciterete questo verso per tre volte:

"Addio disperazione e rabbia

Ora starò bene e sarò forte

Sentirò gioia e luce

Sarò felice

Così sia"

Lasciate bruciare la candela . Fissate la fiamma e immaginate che il fumo porti via tutti i pensieri negativi e i sentimenti di dolore e disperazione che vi opprimono. La vostra infelicità diminuirà al consumarsi della candela.

Bagno rituale di felicità

Il rituale del bagno di purificazione è utilizzato per purificare il corpo e la mente prima di un rituale o di una celebrazione importante. Questo rituale ha lo scopo di eliminare le energie negative e preparare la persona ad entrare in uno stato di meditazione e concentrazione. La procedura inizia con la preparazione del bagno con acqua calda, sali da bagno e piante aromatiche come la lavanda o l'eucalipto. Il praticante si immerge nell'acqua e si concentra sulla sensazione di pulizia e purificazione del proprio corpo e della propria mente. Durante il bagno è possibile recitare una preghiera per concentrarsi sul proprio intento di purificazione. Una volta terminato il bagno, ci si asciuga per poi indossare indumenti puliti e bianchi. In seguito, si accende un'incenso o una candela per creare un'atmosfera di tranquillità, di meditazione e procedere al rituale o alla celebrazione in uno stato di purezza e concentrazione. Il significato del bagno di purificazione nella Wicca è quello di liberare la persona dalle energie negative e prepararla ad entrare in contatto con gli elementi e le energie divine durante il rituale. La purificazione del corpo e della mente è essenziale, poiché permette alla persona di essere più consapevole delle proprie energie e di connettersi meglio con le forze spirituali.

Il rituale del bagno richiede pochissimi ingredienti. Scegliete una candela colorata a colonna. Una candela gialla promuoverà la felicità, la gioia, la speranza e l'autostima. Una candela di colore arancione è perfetta per promuovere la gioia e il successo. Una candela blu è la scelta per la pace, la tranquillità e la calma. Dopo aver scelto il colore della candela per promuovere l'emozione che intendete ottenere, mescolate insieme una tazza di petali di rosa, una tazza di fiori di gelsomino e una tazza di sali da bagno non profumati con cinque gocce di olio essenziale di rosa, lavanda o gelsomino. Mescolate bene il tutto e lasciatelo scorrere nell'acqua calda della vasca. Illuminate la stanza con alcune candele di vostro piacimento. Non accendete la candela dell'incantesimo finché non sarete immersi nell'acqua. Rilassatevi per qualche minuto per scacciare le preoccupazioni e i pensieri negativi. Accendete la candela dell'incantesimo e recitate questo verso:

"Dove l'acqua limpida scivola via,

O Dea, a te mi rivolgo in preghiera,

I pensieri malvagi lascio andare via

E la calma e la serenità mi rendano compagnia."

Ponete la candela dell'incantesimo sul lato della vostra vasca e sdraiatevi nell'acqua. Chiudete gli occhi e lasciate che l'acqua vi copra con il suo tepore. Quando vi sentirete sufficentemente rilassati, lasciate che l'acqua scorra via e asciugatevi con un accappatoio pulito, mai indossato. Lasciate la candela dell'incantesimo accesa fino alla fine.

Incantesimo per scacciare la gelosia

Il periodo della Luna crescente è un ottimo momento per eliminare dalla propria vita il cattivo umore, la gelosia, i pensieri negativi, e tutto ciò che vi ostacola nella vita quotidiana. Ogni volta che si esegue un rituale di allontanamento, è importante trovarsi in uno stato d'animo positivo, mai eseguirlo quando si è arrabbiati. Per eseguire questo incantesimo di esilio, occorre:

un barattolo di vetro con un coperchio,

tre spicchi d'aglio freschi,

un cucchiaino di timo,

menta e rosmarino essiccati,

aceto di sidro di mele.

Disponete questi oggetti sull'altare e mettete le erbe nel barattolo. Coprite le erbe con l'aceto di sidro di mele e chiudere bene il coperchio. Il barattolo deve essere completamente sigillato. Agitare delicatamente il barattolo mentre visualizzate il sentimento della gelosia allontanarsi dalla vostra vita. Quando visualizzerete il barattolo colmo della vostra energia, ponetelo sull'altare fino alla successiva fase della Luna crescente del mese successivo. Infine va portato in un luogo lontano dalla propria residenza e dal luogo di lavoro, gettandolo nella spazzatura rispettando le norme sulla raccolta differenziata. Il barattolo non dovrà essere più riaperto.

INCANTESIMI DI LUNA CALANTE

Incantesimo della pulizia con le erbe

Preparazione:

Scegliete un luogo tranquillo all'aperto o un'area ben ventilata della vostra casa.

Raccogliete le seguenti erbe: salvia, rosmarino e lavanda. Assicuratevi di avere anche un recipiente ignifugo, come un'incensiere o un piattino resistente al calore.

Procedura:

Trovate un momento durante la fase calante della Luna, quando la luce lunare sta diminuendo. Questo è un periodo favorevole per la purificazione e la rimozione delle energie indesiderate. Accendete un carbone vegetale nel vostro recipiente ignifugo e lasciate che bruci fino a quando si copre di cenere grigia.

Prendete un pizzico di salvia secca e ponetelo sul carbone ardente. Visualizzate le energie negative e le impurità che desiderate purificare mentre il fumo della salvia si alza nell'aria.

Aggiungete una piccola quantità di rosmarino e lavanda sul carbone. Mentre le erbe bruciano, concentrate la vostre intenzioni sulla pulizia e sulla rimozione delle influenze indesiderate dalla vostra vita. Osservate il fumo diffondersi nell'aria e immaginate che porti via con sé tutte le energie negative, purificando l' ambiente e voi stessi.

Potete anche recitare l'incantesimo con una preghiera con le seguenti parole: "Con la potenza delle erbe e la luce della Luna, purifico il mio essere e il mio spazio, liberando ogni negatività e risanando l'armonia. Così sia."

Rimanete presenti e consapevoli durante il processo di purificazione, lasciando che le erbe brucino completamente. Ringraziate la Luna e le erbe per la loro guida e l'aiuto nella pulizia. Lascitea che il carbone si raffreddi completamente prima di smaltirlo in modo sicuro. Ricordate, l'incantesimo di pulizia con le erbe nella fase calante della Luna è un atto sacro. Siate rispettosi e consapevoli delle vostre intenzioni mentre eseguirete l'incantesimo, mantenendo sempre l'etica della filosofia Wicca di non nuocere a nessuno.

Incantesimo per il sonno

Preparazione:

Cercate un luogo tranquillo nella vostra camera da letto o in un'area dedicata al riposo per eseguire l'incantesimo.

Raccogliete le seguenti erbe: camomilla, lavanda e melissa. Assicuratevi di avere un sacchetto di tessuto o una piccola borsa di cotone.

Procedura:

Trovate un momento durante la fase calante della Luna. Questo è un periodo propizio per favorire il sonno e la tranquillità. Preparate il vostro sacchetto di erbe. Mescolate la camomilla con la lavanda e la melissa all'interno del sacchetto. Con il sacchetto tra le mani, concentrate la vostra mente sul desiderio di un sonno riposante e sereno. Visualizzate voi stessi immersi in un sonno profondo e ristoratore.

Potete recitare l'incantesimo con le seguenti parole: "Con le erbe della Luna e chiara intenzione, chiamo il sonno calmo e sereno. Che avvolga le energie rilassanti, guidandomi a un riposo profondo. Così sia."

Una volta che avrete concentrato la vostra intenzione sul sacchetto, posizionatelo sotto il vostro cuscino o accanto al vostro letto, in modo che le energie delle erbe possano diffondersi nell'ambiente. Prima di coricarvi, respirate profondamente, rilassatevi e permettete alle energie serene delle erbe di avvolgervi. Ringraziate la Luna e le erbe per la loro guida e l'aiuto nel favorire il sonno. Durante la notte, lasciate che le erbe svolgano il loro lavoro procurandovi un sonno tranquillo e profondo.

Di seguito un'altro incantesimo che vi aiuterà a guarire e ringiovanire il vostro spirito, e a rinnovare la vostra forza interiore e a combattere le malattie.

Materiale:

un pezzo di carta bianca,

un pezzo di quarzo fumé,

due o tre rametti di lavanda secca o fresca.

Il quarzo fumé è la migliore scelta di pietre per questo incantesimo perché è conosciuto come la pietra dei sogni. Inoltre, i suoi poteri di disintossicazione vi aiuteranno a prepararvi ad addormentarvi rapidamente. Assicuratevi che la camera da letto sia stata preparata con biancheria pulita e condizionata con aria fresca. L'illuminazione della stanza dovrebbe essere fioca e la camera da letto dovrebbe essere tranquilla. Sedetevi comodamente nel letto e tenete in mano il pezzo di quarzo fumé. Concentratevi sulla bellezza della pietra e sulla sua energia intrinseca, liberando la vostra mente da tutti i pensieri. Quando finalmente vi sentirete calmi e a terra, allora chiudete gli occhi e tenete la pietra nella vostra mano dominante, ripetendo questo verso tre volte:

"Sulla volta celeste, la luna splende alta,

Noi, suoi custodi, le affidiamo il nostro riposo,

Nell'abbraccio notturno, veglierà sui nostri sogni."

Poi prendete la pietra insieme alla lavanda e piegate il pezzo di carta intorno a loro. Fatelo scivolare sotto il cuscino, sdraiatevi e preparatevi per un buon sonno.

Incantesimo di purificazione con la ginestra

Materiali:

Ramo

Pietra semi-preziosa o moneta

Fiori colorati

Indicazioni:

prendete un ramo fresco da qualsiasi albero prima dell'alba. Assicuratevi di ringraziare l'albero dopo aver spezzato uno dei suoi rami. Poi, raccogliete alcuni fiori colorati e legateli al ramo come una scopa. Spazzate il pavimento della vostra casa usando la scopa improvvisata, immaginando che tali fiori assorbano la negatività dalle stanze della vostra casa. Finita la pulizia, bruciate la scopa in un luogo lontano dalla vostra abitazione prima del sorgere del sole.

Incantesimo per migliorare il metabolismo

Seguite attentamente le seguenti istruzioni:

Riunitevi in un luogo tranquillo e sicuro, formando un cerchio con le vostre mani unite. Concentratevi sulla vostra intenzione di migliorare il vostro metabolismo, di bruciare calorie e di ottenere energia vitale. Chiudete gli occhi e respirate profondamente, lasciando andare ogni tensione mentre vi immergete in uno stato di calma e concentrazione. Ripetete il seguente incantesimo per tre volte, mantenendo una connessione mentale e spirituale con il vostro intento:

"Dentro di noi, il fuoco brucia forte,

Metabolismo vivo, energia che riporta.

Calorie si consumano, peso che si dissolve,

Vitalità in noi, la salute si risolve."

Immaginate un fuoco brillante e scintillante che brucia nel vostro interno, alimentando il vostro metabolismo e trasformando ogni caloria in energia positiva. Visualizzate voi stessi in uno stato di salute, vitalità, ed equilibrio. Aprite gli occhi e sollevate le mani unite verso il cielo, inviando l'energia dell'incantesimo verso l'Universo, come un dono di gratitudine. Chiudete il cerchio con un gesto di unione, sentendo l'energia del rito diffondersi in voi e attorno a voi.

Ringraziate gli elementi e le forze superiori per avervi accompagnato in questo incantesimo. Portate con voi la consapevolezza del vostro intento di migliorare il vostro metabolismo e di mantenere uno stile di vita sano. Ricordate che l'incantesimo non sostituisce una dieta equilibrata e una attività fisica regolare, ma vi aiuta a sostenere il vostro intento di miglioramento nutrizionale.

Incantesimo di autopurificazione

Radunatevi in un luogo tranquillo e sicuro, formando un cerchio con le vostre mani unite. Concentratevi sulla vostra intenzione di purificare le vostre energie, liberandovi da influenze negative e creando uno spazio di armonia e positività. Chiudete gli occhi e respirate profondamente, rilasciando ogni tensione, immergetevi in uno stato di calma e concentrazione. Ripetete il seguente incantesimo per tre volte, mantenendo una connessione mentale e spirituale con il vostro intento:

"Energia pura, scorri in noi,

Libera impurità, placa la tempesta.

Dissolvi le ombre, risveglia la luce,

Spazio sacro, armonia che resta."

Immaginate una luce bianca e brillante che avvolge tutto il vostro essere, dissolvendo ogni negatività e purificando ogni parte di voi. Visualizzatevi immersi in un flusso di acqua cristallina, sentendo come essa pulisce e rigenera la vostra energia vitale. Aprite gli occhi e sollevate le mani unite verso il cielo, inviando l'energia dell'incantesimo verso l'Universo, come un'offerta di gratitudine. Chiudete il cerchio con un gesto di unione, sentendo l'energia del rito diffondersi in voi e attorno a voi.

Ringraziate gli elementi e le forze superiori per avervi accompagnato in questo incantesimo di purificazione. Portate con voi la consapevolezza del vostro intento di mantenere uno spazio purificato e armonioso, proteggendovi dalle influenze negative e mantenendo un equilibrio energetico positivo.

Incantesimo di pulizia dall'energia negativa

Formate un cerchio, concentratevi sulla vostra intenzione di purificare voi stessi e il vostro spazio da ogni energia negativa, creando un ambiente di pace e armonia. Chiudete gli occhi e respirate profondamente, rilasciando ogni tensione mentre vi immergete in uno stato di calma e concentrazione. Ripetete il seguente incantesimo per tre volte, mantenendo una connessione mentale e spirituale con il vostro intento:

"Energia negativa, vai via,

Liberaci da ogni oscurità e disarmonia.

Purifica il nostro essere, purifica il nostro spazio,

Lascia che la luce brilli in ogni abbraccio."

Immaginate una luce bianca e brillante diffondersi intorno a voi, cancellando ogni energia negativa e riempiendo lo spazio con una luce potente e armoniosa che vi circonda. La barriera protettiva di energia positiva farà il suo compito respingendo ogni influenza negativa creando uno scudo intorno a voi . Aprite gli occhi e alzate le mani unite verso il cielo, offrite questa energia all'Universo, con cuore aperto e mite. Chiudete il cerchio, sentendo l'energia del rito in voi e intorno a voi, grazie agli elementi e alle forze superiori, con profonda gratitudine.

Incantesimo per bandire le cattive abitudini

Concentratevi un momento sulle cattive abitudini da eliminare. Visualizzatele come se fossero oggetti esterni. Recitate il seguente incantesimo per tre volte, con determinazione e convinzione:

"Abitudini nocive, ora vi scacceremo via,

Non avrete più potere sulla nostra via.

Con forza e volontà, vi allontaneremo,

E in cambio, abitudini positive coltiveremo."

Immaginate un potente vortice di energia intorno a voi, circondando le cattive abitudini da spazzare via definitivamente. Desiderate fortemente che tale vortice risucchi queste perfide abitudini, portandole lontano da voi e dissolvendole nell'energia dell'Universo .Visualizzatevi pregni di energia positiva, liberi dalle cattive abitudini e pronti a coltivare nuovi modelli di comportamento sani e positivi. Ripetete la seguente affermazione con convinzione:

"Sono libero/a dalle cattive abitudini,

Sono forte e determinato/a nel cambiamento.

Coltiverò abitudini positive e benefiche,

La mia vita si riempirà di luce e positività."

Respirate profondamente, percependo l'energia positiva riempire il voi stessi, liberando tutte le tensioni e le influenze negative. Ringraziate gli elementi e le forze superiori per avervi accompagnato in questo incantesimo di liberazione.

Ricordate che l'incantesimo è un potente strumento di manifestazione, ma richiede anche impegno e azione da parte vostra. Siate consapevoli delle vostre azioni e impegnatevi attivamente nel coltivare nuove abitudini positive. Con determinazione e costanza, potrete liberarvi delle cattive abitudini e creare una vita più sana e felice.

Incantesimo d'esilio

Trovate un luogo tranquillo e sicuro dove poter essere liberi da distrazioni. Rilassatevi e centrare la vostra mente. Prendete un pezzo di carta bianca e una penna. Scrivete il nome delle persone negative da allontanare. Se non conoscete i loro nomi, scrivete semplicemente "persone negative". Concentratevi sulle emozioni e sugli effetti negativi che queste persone hanno su di voi. Proteggere la vostra energia e il vostro benessere è la funzione di questo incantesimo. Ripetete per tre volte, con determinazione il seguente verso:

"Personaggi negativi, vi negherò,

Il vostro flusso malevolo respingerò.

Con amore e luce, mi proteggerò,

In un cerchio di positività mi avvolgerò."

Immaginate un cerchio di luce bianca formarsi intorno a voi, creando una barriera protettiva. Questo cerchio rappresenta l'energia positiva che respinge ogni influenza negativa e vi mantiene al sicuro. Visualizzate voi stessi all'interno di questo cerchio di luce, sentendo la sua protezione avvolgervi completamente. Immaginate che ogni energia negativa rimbalzi sul cerchio, incapace di penetrare. Prendete il pezzo di carta con i nomi delle persone negative e bruciatelo usando una candela. Mentre il fuoco consumerà il foglio, immaginate che ogni legame negativo con queste persone si spezzi e si dissolva. Ripetete la seguente affermazione con convinzione:

"Sono circondato/a da amore e positività,

Le persone negative sono esiliate.

La mia energia è protetta e purificata,

Attraggo solo persone positive e illuminate."

Ringraziate gli elementi e le forze superiori per avervi accompagnato in questo incantesimo di protezione da influenze negative. Mantenete una vibrazione positiva e l'energia positiva vi proteggerà. Coltivate un ambiente di positività e cercate la compagnia di persone che vi sostengono e vi nutrono spiritualmente.

INCANTESIMI DELLA LUNA NUOVA

Rituale per trovare un'occupazione lavorativa

Tenete con voi un talismano, potrebbe essere un anello, un ciondolo della Luna o un cristallo. Dopo il rituale, assicuratevi di tenere il vostro oggetto con voi per i successivi trenta giorni.

Avrete bisogno di:

Talismano

Candela verde

Carta

Penna

Busta verde

Prima di iniziare il rituale, eseguite la solita procedura, ovvero, un bagno di sale per rilassarvi, aggiungendo, se lo desiderate, alcune erbe che corrispondono al vostro intento e all'incantesimo. Preparate l'ambiente e la zona dove verrà svolto il rituale con un po' di salvia. Fate in modo che il vostro spazio sia rilassante, sicuro e privato. Può essere fatto all'interno o all'esterno, basta assicurarsi che sia un posto privato e sicuro. Eliminate qualsiasi fonte di distrazione e rumore e, se potete, tenete fuori i vostri animali domestici in modo che non vi distraggano. Potete mettere un po' di musica soft meditativa. Raccogliete le cose di cui necessitate e iniziate.

Accendete la candela, prendete carta e penna e scrivete una lista di lavori che vi piacerebbe esercitare, possibilmente il tipo di azienda e la mansione specifica. Girate il foglio e su questo lato scrivete 5 cose che portereste al lavoro. Sigillate il foglio all'interno di una busta verde e poi lasciate la lettera e la candela in una zona di casa visibile. Alla successiva

Luna Piena, accendete di nuovo la candela e bruciate la busta. Completato il ciclo lunare le vostre intenzioni alla ricerca di un lavoro verranno ascoltate.

Incantesimo d'amore con la luna nuova

Questo incantesimo vi aiuta a trovare o riscoprire l'amore. Funziona sia per chi ha già un compagno/a per riaccendere la passione nella tua relazione, o se desiderate chiamare un nuovo amore nella vostra vita.

Avrete bisogno dei seguenti strumenti e oggetti:

3 candele coniche (rosa o rosse o entrambe)

Incenso alla cannella o alla rosa

Una piccola pentola

Alcuni terreni

Semi di fiori selvatici

Acqua fresca in un calderone, un calice o un altro piatto (caricare con l'energia della Luna Nuova prima di iniziare l'incantesimo)

Petali di rosa

Un piccolo pezzo di carta

Uno strumento di scrittura

Questo incantesimo dovrebbe aver luogo su un altare o un luogo di lavoro. Lanciate il vostro cerchio di protezione e lavorare all'interno di esso. Potete lavorare all'esterno sotto la Luna, o al chiuso. Sta a voi decidere.

Mettete le candele in un triangolo sul vostro altare o sul vostro spazio di lavoro. Fate in modo che il punto del triangolo sia il più lontano da dove siete seduti.

Accendete l'incenso e lasciatelo bruciare. Diffondete il suo aroma nel vostro spazio di lavoro e intorno al vostro corpo per un maggiore beneficio.

Mettete il piccolo vaso di argilla al centro del triangolo di candele. Assicuratevi che abbia un foro di drenaggio e un piatto per raccogliere l'acqua.

Una alla volta, accendete le candele, cominciando dalle due più vicine a voi accendendo per ultima la punta del triangolo. Mentre procederete all'accensione delle candele, recitate le seguenti parole:

"Ti invoco, fanciulla luna,

Per benedire la mia magia con la tua giovinezza".

Una volta che le candele sono accese, sul pezzo di carta scrivete le seguenti parole, (ci sono due versioni: una per chi ha già una relazione, e una per chi chiede un nuovo amore):

Esempio 1:

"Fanciulla Luna, ti chiedo di

riaccendere il mio amore.

Con un nuovo inizio, speranza e gioia,

Chiedo al mio amato piu'passione e sentimento profondo,

Attraverso ogni inverno, pioggia e tempesta.

Ti chiedo la tua grazia crescente,

Per trovare l'amore più sincero.

Per tutto quello che sei e che fai,

Grazie mia Luna Nuova.

E così sia!"

Esempio 2:

"Fanciulla Luna, ti supplico di aiutarmi a portare un nuovo amore entro la prossima Luna Piena.

Con un nuovo inizio, speranza e gioia,

Chiedo un nuovo amore da custodire.

Chiedo passione, romanticismo e fedeltà.

Ti chiedo la tua grazia crescente per il mio nuovo amore.

Per tutto quello che sei e che fai,

Grazie mia Luna Nuova.

Così sia!"

Piegate la carta e inseritela nel vaso. Copritela con della terra fino alla cima del vaso.

Cospargete i semi di fiori selvatici in cima al terreno. Bagnate il terreno con l'acqua sacra. Mentre innaffiate, pronunciate le seguenti parole:

"Con la grazia dell'Acqua della Luna Nuova,

Nutro la terra e prendo questo posto,

Per far crescere questi semi d'amore,

Li guarderò crescere sotto la Luna dell'amore.

E così sia".

Lasciate il vaso sull'altare o sull'area di lavoro fino allo spegnersi delle candele, o quantomeno concedetevi almeno trenta minuti di luce di candela in modo da conferire ai semi la magia del Fuoco.

Una volta terminata la procedura, ponete il vaso su una finestra, o in uno spazio sacro all'esterno. (Ovviamente nei periodi più freddi dovrà rimanere al chiuso).

Dopo aver trovato il posto giusto affinchè i semi possano prendere la luce del sole, cospargete i petali di rosa intorno al vaso, disegnando una corona intorno alla base. Lasciateli intorno al vaso per tutto il tempo dell'incantesimo (fino al germogliare dei fiori).

Questo incantesimo crescerà nel tempo con la Luna crescente. Mantenete vivo l'incantesimo accendendo una candela accanto al vaso anche di notte, o accendendo dell'incenso accanto ad esso. Meglio se il vaso viene illuminato dalla luce della Luna ogni notte, tempo permettendo. Lasciate fiorire l'amore!

Pulizia delle Erbe

Materiali:

Erbe preferite

Acqua

Mettete le vostre erbe preferite in un calderone o in una pentola d'acqua e poi cuocere a fuoco lento per mezz'ora. Lasciate che il meraviglioso aroma riempia tutta la vostra casa.

Incantesimo di purificazione della ginestra

Materiali:

Ramo

Pietra preziosa o una moneta

Fiori colorati

Indicazioni:

Procuratevi un ramo fresco assicurandovi di ringraziare l'albero dopo aver spezzato uno dei suoi rami. Raccogliete alcuni fiori colorati e legateli al ramo per fare una sorta di scopa. Spazzate il pavimento della vostra casa usando lo strumento improvvisato. I fiori assorberanno tutta la negatività della vostra casa. Quando avrete finito, portate la scopa lontano da casa possibilmente in un incrocio stradale prima del sorgere del sole.

Rituale della luna nuova per liberare un amore passato

Hai bisogno di:

Una foto del tuo ex

Piatto ignifugo

Prima di iniziare il rituale, fate un bagno di sale rilassante. Può essere eseguito all'interno o all'esterno, basta assicurarsi che sia un posto privato e sicuro. Tenete lontano i vostri animali domestici in modo da non distrarvi. Lo scopo di questo rituale è di ottenere un nuovo inizio sentimentale lasciando andare via la relazione recente. Prendete la foto del vostro/a ex e date fuoco alla parte inferiore. Mentre la foto brucia, immaginate la fine della relazione e tutte le emozioni che ne derivano. Il fuoco rende cenere la foto e i sentimenti si trasformeranno radicalmente. Seppellite la cenere così che la vostra vecchia relazione possa essere trasformata per far crescere una nuova relazione amorosa.

Incantesimo di autopurificazione

Materiali:

Candela bianca

Candela verde

Candela nera

Indicazioni:

La candela bianca rappresenta l'energia positiva, mentre la candela verde rappresenta la guarigione. La candela nera rappresenta l'energia negativa.

Per lanciare questo incantesimo, accendete la candela bianca e recitate un testo di vostro gradimento per pulire il vostro corpo dalle energie negative. Accendete la candela nera e ripetete lo stesso incantesimo. Infine, accendete la candela verde e recitate le seguenti parole per chiedere agli elementi della terra, del vento, del fuoco, dello spirito e dell'acqua di aiutarvi ad eliminare le energie negative:

"Con voce chiara e cuore acceso,

Alle forze degli elementi mi rivolgo,

Terra, vento, fuoco, spirito, acqua,

Vi invoco per guarire dalle energie negative.

Elemento Terra, con la tua stabilità e radici profonde,

Ti prego, libera il mio corpo dalle negatività connesse,

Che la tua forza rigenerante mi attraversi e penetri,

Curando e purificando, come un'antica eredità.

Elemento Vento, con la tua danza leggera,

Ti chiedo di portare via ogni energia oppressiva,

Soffia via le nubi oscure,

Lasciando spazio alla luce e al benessere per sempre.

Elemento Fuoco, con la tua fiamma ardente e passionale,

Infondi in me il calore che guarisce e rinnova l'anima,

Rimuovi ogni ferita e risveglia l'energia vitale.

Elemento Spirito, con la tua saggezza e connessione divina,

Vieni a me con la tua luce, guidami sulla via,

Libera il mio corpo da ogni maledizione e illusione,

Rendimi unico con l'universo, in perfetta comunione.

Elemento Acqua, con la tua fluente purezza e dolcezza,

Lavami con le tue acque cristalline, pulisci ogni impurità,

Che la tua corrente curativa scacci via le ombre dell'oscurità,

Rigenerandomi e nutrendomi di vita e serenità.

Con la forza degli elementi che si fondono insieme,

Mi affido al loro potere.

Che il mio corpo sia guarito, libero da ogni negatività,

Così sia, così sia, così sia, in eternità".

Quando avrete finito, potete rilassarvi per quindici minuti prima di riprendere la vostra quotidianità.

Incantesimo per i tuoi percorsi spirituali

Se i vostri percorsi spirituali sono bloccati, lo saranno anche gli incantesimi.

Avrete bisogno di:

due tazze di acqua filtrate,

una candela bianca,

un cristallo di quarzo chiaro

un cono di incenso profumato alla cannella.

Usate lo schema degli Elementi nel vostro altare depositando il materiale menzionato. L'incenso a est per rappresentare l'aria, la candela a sud per rappresentare il Fuoco, il cristallo a nord per rappresentare la Terra, e la ciotola d'Acqua a ovest per rappresentare l'Acqua. Accendete l'incenso all'interno del vostro cerchio. Strofinate le vostre mani con intensità per qualche istante fino a sentirle calde, prendete il cristallo nella vostra mano dominante per qualche istante.

Questo processo trasferirà una parte della vostra energia al cristallo, e vi aiuterà a rendere il vostro incantesimo più forte. Ora, accendete la candela bianca per inglobare l'elemento del Fuoco nel vostro cerchio. Immergete la punta delle dita nell'acqua per completare il getto del cerchio con l'elemento dell'acqua. Ora ripetete il seguente verso:

"Ti invoco per la potenza e il potere

Tutti gli elementi della luce universale

Apri tutte le strade e le porte per me

Aiutami come puoi, così sia"

Meditate mentre fissate la luce brillante della candela. Immaginate una grande strada davanti a voi, un percorso chiaro per il vostro prossimo viaggio. Dopo aver lasciato bruciare completamente la candela, ringraziatela con devozione. Tenete il cristallo sempre con voi. Se nel tempo, doveste sentirvi nuovamente bloccati, tenete semplicemente il cristallo in mano e visualizzate il percorso libero e aperto davanti a voi.

Rituale della luna nuova per il romanticismo

Avrete bisogno di:

3 candele rosse

Un quarzo rosa

Una piccola pentola

Semi a scelta

Un pezzo di carta

Una penna

Una busta rossa

Partire con il solito bagno di sale per rilassarvi. Accendete le tre candele rosse. Aggiungete un po' di terra nel vaso e seminate. Aggiungete il resto della terra versandolo nel vaso, e posate il quarzo sopra. Prendete carta e penna e scrivete un testo sul proprio partner. Assicuratevi di essere il più specifici possibile. Nel retro del foglio scrivete una lista di pregi che intendete amplificare. Mettete il foglio in una busta rossa e sigillatela. Recitate le seguenti parole sedendovi difronte al vaso:

"Con candele accese e cuore aperto,

Chiamo gli spiriti dell'amore nel mio cospetto,

Concedetemi il dono di trovare la poesia dell'amore,

Lo spirito romantico del mio partner predisposto ad amarmi.

Attraverso il velo della magia e dell'energia,

Invoco l'amore in ogni sua forma e intensità,

Che il mio partner possa essere avvolto,

Dalla passione ardente e dalla dolcezza.

Con gli incensi che danzano nell'aria,

Creo un'atmosfera di amore e magia,

Che il mio partner sia ispirato,

A manifestare un romantico amore mai dimenticato.

Che il mio desiderio sincero e puro,

Attragga l'attenzione del mio amato futuro,

Che i suoi occhi brillino con un raggio ardente,

E la sua anima si apra al sentimento coinvolgente.

Che si presenti a me con un cuore sincero,

E che la passione bruci tra noi come fuoco vero,

E che il nostro amore sia eterno e vivo come un abbraccio intimo.

Così sia, così sia, così sia."

Tenete la busta sotto il vostro cuscino finché i semi piantati crescano sufficentemente per essere ripiantati all'esterno. Bruciate la lettera e mettete la cenere sotto le radici della vostra pianta prima di piantarla nel vostro giardino. Ogni volta che passerete davanti ad essa, ricordate la sua funzione e le motivazioni che vi hanno portato a praticare tale incantesimo.

Incantesimo per attrarre successo e abbondanza

Dovrete essere colmi di gratitudine, gioia e fede: gli ingredienti chiave del successo, se ambite a far risplendere tali qualità nella vostra vita. Questo incantesimo è stato sapientemente concepito per attrarre il successo e abbondanza.

Sale marino

un piccolo piatto bianco

sette petali freschi o essiccati di una rosa rossa

una candela bianca.

Collocate il piatto sul vostro altare, tracciando un cerchio con il sale marino sulla superficie pulita. Adagiate delicatamente i sette petali di rosa al centro di tale cerchio di sale. Collocate la candela bianca al cuore del medesimo cerchio salino e accendetela. Immaginate che ogni porta della vostra esistenza si schiuda simultaneamente, rivelando vie nitide e percorribili. Recitate a voce alta l'incanto che segue:

"Da questo momento in poi, solo la buona fortuna e l'energia positiva fluiranno in di me".

Svuotate la mente e concentratevi sulle nuove opportunità che si presenteranno. Spegnete la candela e custoditela con cura. Ripetete il rito ogni giorno per i successivi sei giorni. Nell'arco del settimo giorno, lasciate che la fiamma della candela si spenga spontaneamente.

INCANTESIMI DI LUNA PIENA

Incantesimo della pulizia con il tè

Preparate il vostro calderone o tazza speciale colma d'acqua pura. Accendete 3 candele bianche di luce divina.

Aggiungete foglie di tè,

erbe aromatiche scelte con amore ricche di energia e potere.

Versate sulle foglie il vostro intento, l'intenzione di purificare, corpi, anime e spiriti, pronti a guarire e risvegliare. Sotto il manto di luna piena, le forze si riuniscono e l'energia dell'Universo si riverbera, intensa e viva. Con un bastone o un cucchiaio, mescolate con cautela creando un vortice magico, che eliminerà ogni traccia di malessere.

Recitate ad alta voce le parole del potere:

"Con la luce della luna e la forza degli elementi,

Purifichiamo questo tè, eliminando ogni impurità,

Che possa nutrire e guarire, portando armonia e verità."

Lasciate riposare il tè sotto la luna piena, nel frattempo, meditate e connettetevi con l'energia universale, assorbendo l'amore e la pulizia che la luna vi offre come dono speciale.

Infine, con gratitudine nei vostri cuori, versate il tè nelle tazze accuratamente pulite e assaporate il liquido purificato, la sua essenza divina, in modo che i vostri corpi, le vostre menti siano in pace. Questo incantesimo di pulizia del tè in luna piena, vi porterà armonia e benessere. Con l'energia della luna e la magia degli antenati, sarete purificati e rinnovati.

Rituale del diario con luna piena

Spesso le persone tendono ad essere più emotive durante la Luna Piena. Una delle scelte migliori che possiamo fare in questa fase lunare è quello di esporre e scrivere tutti i nostri sentimenti più oscuri. Possiamo farlo all'aperto sotto il chiaro di luna o all'interno.

Prendete carta e penna e iniziate a scrivere tutte le vostre sensazioni, verità represse, impedimenti di ogni tipo,ciò che conta è porsi delle domande difficili. Man mano che usufruirete del potere della Luna, imparerete a risvegliare sempre più la vostra intuizione, che vi guiderà nelle vostre azioni. Dopo aver scritto le vostre verità , recitate le seguenti parole:

"Lascio andare ciò che non mi appartiene più,

per una trasmutazione di profondo splendore,

nella danza della guarigione e dell'ascensione,

alla ricerca del mio bene supremo interiore.

Soffio via le ombre che mi imprigionano,

perché il mio spirito è libero e sgombro ".

Bruciate la carta con il testo e depositatelo su un piatto.

Restituite le ceneri alla Madre Terra e accogliete la luce della Luna lavare via le vostre insicurezze, negatività e gabbie mentali.

Incantesimo per ottrarre amore

Siate positivi nel pensare all'amore mentre lancerete questo incantesimo.

Avrete bisogno di:

olio essenziale di gelsomino,

candele rosa per l'incantesimo,

fogli di carta semplice e penne o matite.

Per prima cosa, ungete le candele con l'olio essenziale di gelsomino. Scrivete una lettera al vostro partner d'amore. Pensate al vostro futuro mentre la scrivete. Descrivete la vostra felicità di coppia e tutte le cose che amate del partner. Mettete la lettera su un tavolo o sul vostro altare, e mettete le candele sopra di essa. Pronunciate le seguenti parole ad alta voce mentre accendete le candele:

"Con queste parole invochiamo il cielo stellato,

Richiamiamo le energie che ci avvolgono, incantato,

Per far brillare l'amore, intenso e vibrante,

Come fiamme che danzano, ardenti e amanti.

L'Universo ascolta il nostro grido d'amore,

E risponde con forza, dall'alto della sua grandezza,

Le candele rosa, simboli del nostro desiderio,

Illuminano il cammino, nel buio e nella chiarezza.

Sentiamo la fiamma dentro di noi crescere,

L'amore che ci avvolge, potente e sincero,

Nel cerchio magico, intrecciamo le nostre mani,

Un legame eterno, che nulla può spezzare, mai.

L'amore che esprimiamo, con parole e carta,

Si diffonde nell'etere, come dolce melodia,

Inscriviamo nei versi, i nostri sentimenti puri,

Che si alzano al cielo, come preghiere con armonia.

Quando le candele si consumano, lentamente,

Lasciamo che la cera sigilli il nostro intento,

L'energia trasmutata nella terra madre,

Affinché l'amore cresca, senza fine e senza spavento.

E ora, nel mondo esterno, diamo vita all'incanto,

A testimoniare il nostro amore, con cuore e con ardore,

Nel suono di una risata, nell'abbraccio appassionato,

Acceleriamo gli effetti, nell'universo che ci onora."

Quando avrete finito di meditare, piegate in due il foglio e lasciate che la cera coli su di esso in modo da sigillarlo. Quando le candele saranno bruciate del tutto, seppellite i resti delle candele e mettete la lettera in un posto sicuro. Potete iniziare con dei gesti romantici al vostro partner per accelerare gli effetti rigeneranti dell'incantesimo.

Incantesimo per la solidità economica

Materiali necessari:

Candele verdi

Cristalli di pirite o tormalina verde

Pezzi di carta verde

Penne o matite

Procedura:

Trovate un luogo tranquillo dove potete concentrarvi senza distrazioni. Accendete le candele verdi e posizionatele di fronte a voi. Prendete i cristalli di pirite o tormalina verde nelle vostre mani dominanti. Chiudete gli occhi per alcuni istanti e focalizzate la mente sull'intento di attrarre l'abbondanza economica. Aprite gli occhi e prendete i pezzi di carta verde e le penne. Scrivete sui fogli di carta verde l'importo o la situazione finanziaria che desiderate raggiungere in modo realistico e responsabile. Ad esempio, "avrò una visione aperta per cogliere opportunità che mi porteranno un reddito stabile e prospero".

Posizionate le carte piegate vicino alle candele verdi. Prendete i cristalli di pirite o tormalina verde nelle vostre mani e pronunciate l'incantesimo seguente:

"Spiriti dell'abbondanza, ti invoco con clemenza,

Attraverso queste pietre verdi, porta ricchezza e prosperità.

Con le fiamme delle candele, accendete il vortice della fortuna in me,

Liberate le energie positive in modo da influenzare il mio percorso.

Che l'abbondanza economica fluisca verso di me,

In armonia con l'universo,

Così sia."

Ripetete l'incantesimo per almeno cinque minuti, visualizzando un futuro prospero e finanziariamente stabile. Ringraziate gli spiriti dell'abbondanza per la loro presenza e chiudete l'incantesimo. Ricordatevi di agire in linea con le vostre intenzioni, cogliendo le opportunità che si presentano e adottando una mentalità di gratitudine e apertura verso l'abbondanza. La magia funziona meglio quando è supportata da azioni concrete nella vostra vita quotidiana.

Bagno di divinazione della luna piena

Questo rituale del bagno si basa sul rituale precedente. Uno degli ingredienti principali è l'Acqua della Luna caricato con il Fuoco. Avrete bisogno dei seguenti strumenti e oggetti:

Acqua caricata dalla luna piena o dal fuoco

Almeno 5 candele

Un bastoncino di salvia bianca

Questo è un rituale meditativo molto semplice. Se desiderate aggiungere un diverso tipo di incenso o fare un tè magico particolare, aggiungete alcune erbe di vostra scelta.

Fate un bagno caldo a lume di candela, il profumo della salvia bianca dovrà riempire l'ambiente. Rilassatevi per alcuni minuti meditando. Nel passo successivo dovrete impiegare l'acqua della Luna, stabilite una posizione eretta nella vostra vasca da bagno e portate l'acqua della Luna vicino a voi, tenendola tra le mani pronunciando le seguenti parole:

"Nelle onde del volto che la Luna abbraccia,

Vedo me stesso,

Richiedo il dono della visione, dell'intuizione, della vista,

Per scrutare oltre, illuminato dal raggio pieno.

Svelami la soglia, consentimi l'accesso,

Sono pronto a scrutare l'universo attraverso il tuo aspetto.

Spalanca il mio occhio su dimensioni inedite,

E così avviene, in tale quiete e serenità"

Versate l'acqua di luna nella vasca da bagno e lasciate il recipiente da parte. Immergete la testa nell'acqua con lo sguardo verso il cielo ma con gli occhi e il naso fuori dall'acqua. Rilassatevi e ascoltate il ritmo del vostro cuore. Chiudete gli occhi e fate scorrere le immagini che vi propone la vostra mente. Potete rilassarvi nell'acqua per tutto il tempo desiderato. Usciti dalla vasca, assicuratevi di lasciare accese solamente le candele, senza luce artificiale evitando apparati tecnologici per il resto della notte.

Rituale di purificazione della luna piena

Preparazione:

Trovate un luogo tranquillo e sicuro all'aperto, preferibilmente in un'area naturale, dove poter eseguire il rituale senza essere disturbati. Assicuratevi di avere tutti gli strumenti necessari, come una candela bianca, un calice d'acqua, un recipiente per il fuoco e un incensiere.

Creazione di uno spazio sacro: Prima di iniziare il rituale, create uno spazio sacro per connettervi con l'energia della Luna piena. Tracciate un cerchio intorno a voi con gli strumenti studiati in precedenza, visualizzando una luce purificatrice che delimita il vostro spazio.

Accensione delle candele: Accendete la candela bianca, che rappresenta la purezza e l'energia lunare. Meditate sul suo bagliore, concentrandovi sull'illuminazione interiore e sulla purificazione.

Chiamate gli elementi: Rivolgetevi agli elementi della natura, chiamando l'energia di ogni elemento. Potete iniziare con l'invocazione dell'aria, dell'acqua, del fuoco e della terra, riconoscendo la loro presenza e chiedendo il loro supporto nel rituale.

Purificazione con l'acqua: Prendete il calice d'acqua e sollevandolo verso la Luna, recitate una preghiera o un incantesimo di purificazione. Immaginate l'energia della Luna che si riversa nell'acqua, caricandola di potere purificatore. Spruzzate delicatamente l'acqua sulla vostra fronte, sulle guance e sulle mani, sentendo la sua energia purificatrice che vi avvolge.

Offerta al fuoco: Accendete il fuoco nel recipiente apposito e concentrandovi sulla fiamma, offrite una preghiera o una dedica alla Luna piena. Potete bruciare un pezzo di carta con scritto un desiderio o un'offerta simbolica come segno di gratitudine.

Ringraziamenti e congedo: Dopo aver eseguito l'offerta, ringraziate la Luna piena e gli elementi per la loro partecipazione al rituale. Chiudete il cerchio che avete tracciato all'inizio, visualizzando la luce che si dissolve mentre torna alla sua fonte originale.

Riflessione e meditazione: Dopo il rituale, prendete del tempo per riflettere sulla vostra esperienza e meditate sul significato della purificazione. Potete annotare i vostri pensieri e le vostre sensazioni in un diario, concedete alla vostra mente di essere in pace e di assorbire l'energia della Luna piena.

Infusione magica della luna piena

La luce della Luna Piena amplificherà tutto ciò che farete in questo arco temporale, quindi è il momento perfetto per infondere l'energia lunare nei vostri strumenti spirituali, come i cristalli, l'incenso e gli oli essenziali. Suggerisco di purificare questi oggetti strofinandoli con la salvia prima di iniziare questo incantesimo, così da renderli chiari e puri, pronti ad assorbire l'energia della Luna. Per caricarli, dovete impostare un'intenzione per ciascun oggetto e metterli in un luogo dove possano ricevere la massima illuminazione lunare durante la notte. Ad esempio, se avete un cristallo che desiderate utilizzare per uno specifico scopo, potete dichiarare la vostra intenzione per quel cristallo e recitare:

"Accolgo la magia e la luce della Luna Piena per potenziare e benedire questo cristallo, aprendomi a tutti i suoi doni per il mio più alto bene".

Raccogliete tutti i vostri oggetti la mattina successiva. Alcuni cristalli e strumenti spirituali possono reagire alla luce del Sole. Ringraziate la Luna per l'energia dispensata. Continuate ad approfondire la vostra connessione con la Luna Piena e utilizzate questa energia per amplificare le vostre pratiche spirituali. Sarete sorpresi nell'osservare come la luce lunare influenzerà positivamente la vostra magia e il vostro benessere.

Conclusione

La magia della Luna è il luogo in cui troverete la vostra casa magica, abbracciatela. Rafforzate i vostri incantesimi con immagini della Luna, canzoni in suo onore e rappresentazioni di tutte le fasi lunari. Invocate tutti gli aspetti della Dea e imparate a camminare nelle ombre della Luna.

Scoprirete che lo studio della magia della Luna vi porterà beneficio. Comprendere la Luna e i corpi celesti che si muovono intorno ad essa servirà solo ad aumentare il vostro potere. Nei vostri studi scoprirete che la magia della Luna si interseca con altri rami della magia celeste, come la magia delle stelle e la magia del Sole.

Nella Wicca, la Luna è molto venerata. È una presenza importante nella vita di tutti i wiccan, sia che pratichino in una congrega o come solitari. L'energia della Luna è più sottile di quella del Sole, è più ricettiva e femminile nei suoi tratti. La Luna ha un potere magnetico, coloro che hanno una natura sensibile, sentiranno un vero e proprio cambiamento fisico durante la celebrazione della Luna Nuova o della Luna Piena. Altre persone saranno semplicemente consapevoli che ci sarà più energia nell'aria.

L'energia che ricevete dalla Luna è perfetta per lavorare alle vostre intenzioni. Quando la Luna sta crescendo in dimensioni, praticherete incantesimi per portare qualcosa di nuovo nella vostra vita, se invece vorrete bandire una cattiva abitudine dalla vostra vita, allora lavorerete durante la fase calante della Luna. Quando la Luna è nuova creerete incantesimi con nuove intenzioni, durante la Luna Piena raccoglierete ciò che avete seminato e festeggerete le ricompense che avrete ottenuto.

Ora avete tutti gli strumenti e le informazioni per iniziare a praticare la magia della Luna nella vostra vita quotidiana.

Printed by Amazon Italia Logistica S.r.l.
Torrazza Piemonte (TO), Italy

56881571R00399